EM 经济、管理类课程教材

U0642351

市场营销学

（第2版）

主　编　柳思维
副主编　邹乐群
　　　　易松芝　　石青辉

中南大学出版社

21世纪经济、管理类课程教材编委会

本书编写成员

再版说明

随着我国经济体制改革的深入和市场经济体系的不断完善，市场营销环境因素发生了很大的变化。为了适应这种变化，市场营销理论也在不断地创新，市场营销观念、市场营销手段和市场营销模式都出现了新的变化。

本书就是在出版 4 年、印刷 5 次之后，以社会经济变化和市场营销理论与实践发展为依据而进行的修改。修改之处主要是：

（1）调整和增加了某些章节。即第一章中增加了"近年来市场营销学的建设和发展出现的新变化"，第二章增加了第三节的"竞争导向营销观念"和"目前流行的热点营销理念"，将第四章和第五章合并为一章，增加了"市场营销组合理论的新发展"，调整了第十一章"品牌与包装策略"，增加了第十五章"市场营销道德"。

（2）增加了一个案例。即在每章之后附有案例，案例主要是针对各章的理论知识点而编写的，以帮助学生消化市场营销理论知识。

再版过程中，除了该书原有作者外，其他同志作出了大量的贡献。张贵华教授撰写了新增加的"第十五章 市场营销道德"、晏国祥博士撰写了"第八章第三节 市场营销组合理论新发展"、瞿艳平博士修改了"第十章 品牌与包装策略"。案例编写分工如下：第一章（尹元元），第二、三、四、五章（石青辉），第六章（李莉），第七章（肖文金）、第八章（晏国祥、姜曙光）、第九章（徐勋美）、第十章（瞿艳平）、第十一章（唐婧）、第十二章（程凯）、第十三章（刘建芬）、第十四章（肖文金）、第十五、十六章（张贵华）。

全书由柳思维教授主编，石青辉教授协助参与了全书再版的修订及总纂工作。

再版中由于编者水平有限，虽尽可能完善，但肯定还存在不足，企盼各位同行和广大读者提出中肯批评。

主编　柳思维

2007 年 7 月底于"淘江斋"

总　序

　　21 世纪的中国高等教育蕴含着一系列的突破与创新，其中教材的创新即是重点之一。湖南省经济、管理类课程教材，是在湖南省"九五"、"十五"规划立项教材建设的基础上，面向 21 世纪而推出的一套容量大、体例新、质量精、系统性强、适应面广的全新系列教材。它既汇聚了我省过去十多年来在经济管理类教材建设中所取得的主要成果，又代表了我省在新时期积极探索教材改革与创新的最新发展趋势。

　　该系列教材拟推出共 26 本，包括：政治经济学、微观经济学、宏观经济学、会计学、统计学、国际贸易、国际金融、货币银行学、财政学、管理学、管理信息系统、财务管理、市场营销学、经济学、技术经济学、发展经济学、产业经济学、国际经济学、计量经济学、投资学、保险学、企业战略管理、生产管理、人力资源管理、项目管理、组织行为学等。这套系列教材基本上涵盖了经济管理类各专业的核心课程，成为一个具有可塑性的核心教材库，可供经济管理类各专业各层次根据学生的专业培养目标而进行挑选和组合。在我的印象中，如此浩大而具有系统的教材建设工程，在我省尚无先例。

　　参加该系列教材建设的单位包括湖南大学、中南大学、湘潭大学、湖南师范大学、湖南农业大学、长沙理工大学、湖南科技大学、湖南商学院、南华大学、吉首大学等十多所省内著名高校。编写委员会的主要成员都是来自于这些高校且在省内外有重要影响的经济学、管理学专家，他们不仅在所属学科研究领域具有权威性，而且对教学和教材编写的组织管理颇具经验。所有参编人员均有长期从事经济学和管理学教学的丰富实践基础，他们既深知我国高等教育的发展现状，又了解本学科教与学的具体要求。毫无疑问，该系列教材的面世，既是我省多所著名高校携手合作的结果，也是来自于经济学、管理学教学与科研前沿和一线的众多教授和专家集体智慧的结晶。

该系列教材编写的指导思想是：以培养学生的综合素质为主，贯彻经济学、管理学学科研究与教学的最新思想，遵循学科自身发展规律和教育规律，以教育部颁布的教学大纲为指导并结合学术发展的最新成果，编写出切合社会发展实际和高等教育需要的，具有学科性、前瞻性、启发性，低起点、高出点的真正好学、好教，有利于学生创造性地掌握学科知识并在此基础上形成自己创新思维的高等教育教材，以推动我省高等财经教育事业的蓬勃发展。

我们诚恳地希望各界同仁及省内外广大教师关注并支持这套教材的建设，及时将教材使用过程中遇到的问题和改进意见反馈给我们，以供修订时参考。

王耀中

2003.7 于长沙

序　言

彭星间①

从 20 世纪初到现在，市场营销学已诞生整整 100 周年了。进入 21 世纪，面临经济全球化、政治多极化、文化多极化不断发展的新形势，市场营销学在日益激烈的国际市场竞争中愈来愈显现出它的蓬勃生机与活力。20 世纪 80 年代以来，伴随着中国改革开放的步伐，现代市场营销学从西方引入我国。在加快中国国民经济市场化和构建社会主义市场经济体制的过程中，市场营销学发挥了巨大的作用。学术界的同仁们为市场营销学的普及、应用和中国本土化创新付出了极大的努力，中国市场营销学术园地越来越枝繁叶茂、欣欣向荣。由湖南省各高等院校著名营销学教授、专家共同联合编写的《市场营销学》于今年由中南大学出版社正式出版，为市场营销学术园地增添了新秀，值得庆贺。作为一名几十年从事营销学教学与科研的学者，我为市场营销学的不断繁荣和日益兴旺倍感慰藉和高兴。

这本书的成功首先是源于三湘学术界的联合与团结协作。在该书主编柳思维教授的倡导下，中南大学、湖南大学、湖南师范大学、湘潭大学、长沙理工大学、湖南商学院、湖南农业大学、吉首大学、衡阳师范学院、长沙大学等十多所大学从事营销学教学与科研的著名中青年学者一道团结攻关，共同研讨，打破单位封闭、互相隔绝的模式，联合进行教材建设，这本身就是一种创新，值得称道。它有利于在学术上资源共享，取长补短，互相促进；更有利于提高教材的编写质量。

本教材在体例和结构上的创新也有一定特色。作为"21 世纪经济学、管理学系列教材"，该书本着"好学、好教、好用"的原则，在结构上设四大篇，即总论篇、战略篇、策略篇、管理篇，将市场营销学的主要内容按逻辑顺序展开，每篇之间又紧密联系，互相支撑。这种安排既便于高校经济类、管理类和其他专业本科生教学按不同专业教学要求对教材内容进行取舍，形成不同教学模块，也适合各类专科教学需要进行优化组合。在体例上，每章开头有提示，结尾有小结，并有思考练习题。这种安排既有利于教师统筹安排教学，又有利于学生预习、复习并

① 中南财经政法大学工商管理学院教授、博士生导师，全国高等院校市场学教学研究会顾问，中国高校第一批市场营销学博士点创始人之一。

系统地掌握本学科的知识体系。

　　本书在编写中既广泛汲取各种中外营销学教材的精华和长处,对于市场营销学中成熟的、通用的、规范的概念、原理,该书都较好地进行了引用和保留;又注重内容上的创新,及时地将学科建设和发展的新成果、新信息、新资料吸引进来。在一些章节,对于原有的论述大胆地进行了丰富和充实,如在第一章对市场营销学重要作用的论述就分别从微观和宏观两个方面进行了系统的论证,特别是按照党的十六大精神和"三个代表"重要思想对市场营销进行新的阐释,读来颇有新意。此外,在市场营销学战略篇、策略篇、管理篇中,不乏上述有创意的新见解。书中首次设立了营销效益章,这也是一个有益的尝试。

　　综观寰宇,在新技术革命和全球化推动下,世界经济进入了一个新的发展阶段,各国企业和产品争夺市场份额的竞争更加激烈;国内经济发展的列车正进入"全面建设小康社会"的新轨道,以满足人民消费增长需要为核心的市场营销创新正成为经济结构调整和经济增长的主要动力。因此,研究市场营销、发展市场营销科学是我们一项重要的战略任务,期望广大中青年学者在市场营销的教学科研中进一步解放思想,勇于开拓,努力创新,不断为社会奉献出高质量的新成果。

2003 年 7 月于武汉首义山思园

目　　录

第三篇　策略篇

第四篇　管理篇

第一篇 总论篇

第一章　市场营销导论

　　研究市场营销学的逻辑起点是市场，要准确把握市场的内涵，首先应从经济学的角度去了解市场的涵义及市场的实质，其次，还应从管理学的具体角度看待营销学所讲的市场的多重涵义，并且还应了解市场的不同分类。市场营销的涵义是不断发展的，最有代表性的权威的释义是菲利普·科特勒的提法。市场营销具有重要的经济作用，可以从微观主体与宏观活动两个层面深入理解市场营销的经济功能与作用。市场营销学的产生发展经历了不同的阶段。市场营销学是一门建立在经济科学、行为科学、管理科学基础之上的一门交叉应用性科学，是一门研究企业营销活动过程、营销实务及营销活动规律的边缘性管理科学。《市场营销学》基本内容包括营销总论篇、营销战略篇、营销策略篇、营销管理篇，学习营销要注重创新，要运用各种科学方法。

第一节　市场与市场营销

一、市场的涵义

　　市场经济是以市场机制配置社会资源为主的一种经济形式。市场营销活动的起点和终点都是市场，任何企业的产品营销活动都必须以市场为中心。因此，研究市场营销首先必须对市场的涵义有一个基本的了解。

　　市场是一个古老的概念，最早人们把市场视为商品交换的场所，中国古籍中早有"市井"一说，《史记·平准书》注则认为，"古人未有市及井，若朝聚井汲水，便将货物放井为货卖，故言市井也"。[①] 后来人们一般称"市井"为商贾云集和居住的地方及交易集中之处。作为商品交换场所，市场是一个相对的具体的概念，往往与一定的空间及具体地点相联系。

　　西方经济学家多从经济运行机制的角度来释义市场，如保罗·萨缪尔森、威廉·诺德豪斯合著的《经济学》中称"市场是买者和卖者相互作用并共同决定商品或劳务的价格和交易数量的机制"[②]。马克思主义经典作家对市场这一概

---

① 中国商业百科全书. 北京:中国大百科全书出版社, 1993:499
② 保罗·萨缪尔森,威廉·诺德豪斯. 经济学(第16版)(中译本). 北京:华夏出版社, 1999:21

念进行了深入的研究和科学的论述。首先,揭示了社会分工与市场的关系,论证了社会分工是市场产生和发展的前提。市场作为一个古老的范畴是商品经济中社会分工的表现,"生产劳动的分工,使它们各自的产品互相变成商品,互相成为等价物,使它们互相成为市场"。其次,论述了构成市场的物质内容是供给与需求。供求关系是市场的基本经济关系,供求矛盾是市场的基本矛盾。再次,从"流通领域"与"交换关系总和"的高度对市场进行了新的释义。马克思曾指出:"市场即商品流通领域。"①这里的市场不仅是指一个个具体的交换场所,而且是从整个社会商品流通的全局来看的。社会商品流通是以货币为媒介的商品交换过程,是商品与货币形态不断互相转化的交换过程的整体。市场作为商品流通领域是抽象的、开放的、变动的。因此,作为商品流通领域的市场是比交换场所更为科学的一个概念。目前正在兴起的网上电子商务交易,又开辟了一个全新的流通领域,即网络市场。市场作为商品交换关系的总和,是从经济实质上来看的市场概念,不论任何市场,包括新兴的网上市场,从现象上看都是商品与货币的关系,供给与需求的关系,而实质上更体现了卖者与买者的关系,体现了各个商品交换经济主体之间的经济关系。在现代市场经济条件下,相当多的交换活动不一定在具体的交换场所表现出来,但它却实实在在地发生了,如通过电脑网络进行的网络交易等。因此,从交换关系总和的角度来看市场,更能够说明现代市场发展的趋势与特点。

以上都是从经济学角度来看的市场概念,而营销学讲的市场,则更多的是从管理学的角度来看,这样,市场有以下几种涵义:

1. 市场是买主与卖主力量的结合体

这一个涵义是从市场买卖双方力量比较上提出来的。当市场出现供不应求,卖方在市场上占有主导地位时便称这样的市场为卖方市场;而当市场供大于求,买方在市场上占有主导地位时便称之为买方市场。

2. 市场是指一定的商品销路

一般情况下人们指某种商品有市场,也就是商品有销路,能够销售出去;没有市场就是指没有销路。

3. 将市场理解为需求

所谓需求,是指一定时期内社会用于购买各种商品和服务的货币支付能力。需求量一般用一定货币额来表示,某种商品的需求多少,就决定了某种商品市场的大小,没有需求也就没有市场。

---

① 马克思恩格斯全集(第25卷). 北京:人民出版社,1975:718

4. 从消费者的购买力与购买欲望角度来概括市场的涵义

美国著名市场营销学家菲利普·科特勒(Philip Kotler)认为,"市场是由一切具有特定需求和欲望,并且愿意和可能从事交换,来使需求和欲望得到满足的潜在顾客所组成","市场规模的大小,视具有需要、拥有他人需要的资源,并愿将此资源换其所需的人数多少而定"①。因此,市场就包含三个因素,即消费者人口、消费者具有的购买能力、消费者具有的购买欲望。这一市场概念可以用一个公式来表示,即:市场 = 消费者 + 购买力(消费需求)+ 购买欲望。从这个角度看市场是比较现实的,因为构成任何一个现实的市场,除了商品供给这个基本因素外,还必须有消费者,而消费者既要有购买力,又要有购买欲望,才能形成现实的市场需求,如果市场的商品供给不能满足消费者的需要,也就不能激起消费者的购买欲望,也就不能成为现实的需求。因此,市场就是消费者、购买力、购买欲望三个因素的有机统一体。

5. 从潜在的需求看市场

从营销学的角度看,有时市场是特指潜在的需求。所谓潜在需求,是指目前尚无法满足消费者某种需要的需求,是现实购买力的延期。运用潜在需求市场的概念,分析市场的发展趋势和了解消费者需求的结构有重要的作用。一般讲,企业研究市场既要研究现实的需求,更要研究潜在的需求。

以上对市场概念的研究也说明了市场并不是一个一成不变的概念。在现代市场经济条件下,市场是不断发展的,市场可以从不同的角度进行分类,各种不同类型的市场构成庞大的市场体系。按照市场交换的内容,整个市场可以分成两大类:一是商品市场;二是生产要素市场。其中商品市场可从两个方面进行分类,一是按商品的用途分为消费品市场与生产资料市场。消费品市场还可分为食品市场、衣着品市场、日用品市场、住宅品市场、文化用品市场等;生产要素市场可以分为资本市场、劳动力市场、金融市场(包括证券市场)、技术市场等。每一类市场还可以不断地细分为各种不同的子系统市场。二是按商品存在的形态划分为有形实物形态的商品市场与无形的服务市场,后一种无形的服务市场随着经济发展与科技进步将会有更大的发展。随着现代科学技术的发展,随着人们消费水平的提高和消费的多样化和个性化,还会出现越来越多的新型市场。同时,由于各种现代化的技术手段在市场交易活动中的大量运用,市场的交换深度与交换广度在不断地扩展,我们更应以发展的观点、系统的观点来理解市场,如当今出现的"网络市场"及虚拟经济下的"虚拟市场"便是市场涵义的又一延伸。

---

① 菲利普·科特勒. 市场营销管理(第6版). 北京:科学技术文献出版社, 1991: 17

从竞争态势来对市场进行分类，更是营销学应当认真研究的问题。按竞争态势可把企业进入的市场模式分成四种类型：①纯粹竞争市场，又称为充分竞争市场。这是指同一个产业市场或同一个行业、同一种产品市场中有非常多的经营者，经营同一类或同一种商品，每个经营者只分割市场（占有率）的一小部分，谁也无法控制和主导整个市场，经营者进入或退出这种纯粹竞争市场的成本低、壁垒小、自由度高。②非垄断性竞争市场。这是指同一个行业、同一个产业或同一个产品市场中有许多经营者，每一个经营者的经营量只占总需求量的小部分，产品的替代性大，非价格竞争激烈。③寡头垄断市场。这是指在某一产品市场和产业市场上，由少数几家大的经营者控制了市场上商品的生产量和销售量，同时也有众多的小规模经营者。寡头垄断市场的形成，往往与资源的有限性、技术的先进性、资本规模的集中性和规模经济效益的排他性有关。由于存在着上述特点，加上大企业的垄断，进入这个市场很困难，汽车、电视机、电冰箱等产品市场就属于这种市场。④纯粹垄断市场。这种市场主要是指某个行业某种产品市场上，只有一个生产者和经营者，实行市场独占，因而也称之为独占市场。独占市场没有别的竞争者。纯粹垄断市场一般是很少的，但在某些公共用品经营中，如电力公司、自来水公司等通常实行垄断经营；此外，某些通过专利取得垄断地位的企业，也可通过极高的声誉而居于垄断地位；还有个别的依靠政府的政策和保护进行垄断经营，但这种情况是很少的。

同时，市场也可按照交换的空间、时间来划分，如按交换的空间范围就可分为近地市场、区域市场、全国市场、国际市场、世界市场等。而按交换的时间来划分可有淡季市场、旺季市场、平时市场、节日市场等多种市场类型。

二、市场营销的涵义

在现代市场经济条件下，市场营销活动几乎渗透了第一、二、三产业的各个领域和部门，无论是商品市场还是生产要素市场，无论是有形产品市场还是服务产品市场，都存在一个营销的问题，即使是非盈利性的社会事业活动和公共产品经营，也要重视营销问题。因此，市场营销可以理解为所有以满足人们的各种需要和欲望为目的的，变潜在交换为现实交换的各种经营活动过程。这一个定义使市场营销适用于一切市场领域，这个概念也可称为广义市场营销概念。

从微观和企业的角度，人们对市场营销有各种不同的理解。最早，人们把营销等同于销售或推销、行销，认为市场营销就是把产品和货物出售给消费者。很显然，这种理解过于狭窄，也没有从整体上对市场营销作出科学的解释，因为销售仅仅是指营销中的一个环节，而不是营销活动中的全部，这正如菲利普·科特勒所说："销售不是市场营销的最重要部分，销售是市场营销'冰山的尖端'。"①因此，美国市场营销学会（American Marketing Association，AMA）定义委员会1960年给市场营销下过这样一个定义："市场营销是引导货物和劳务从生产者流向消费者或用户的企业商务活动过程。"这种解释比照传统的营销概念有了较大的发展，但是仍不能够准确地反映现代市场经济条件下企业以消费者为中心、以市场为导向的包括生产、流通、服务在内的营销活动全过程。

由此看来，市场营销的涵义不是一成不变的，而是随着市场的发展和企业营销活动的发展而不断发展的。1985年美国市场营销学会又认为："市场营销是关于构思、货物和服务的设计、定价、促销和分销的规划与实施过程，目的是创造能实行个人和组织目标的交换。"这一定义把产品和货物的设计构思纳入了营销活动，并把创造能实现个人和组织目标的交换作为营销的目的，从而使市场营销的概念有了极大的丰富和发展，特别是阐明了营销活动是一种策划性的活动，是一种创造性的活动。因此，西方市场营销学界也广泛流传着一句话，"市场营销是一门科学，也是一门艺术"。科学与艺术都离不开创造。

由于市场营销学还处在不断的发展中，西方市场营销学者对营销的定义表述甚多，达几十种之多。尽管如此，这几十种不同的定义，大体上仍可分成三个方面：或着重把市场营销看做是对社会现象的认知，强调市场营销是向社会创造与传递生活标准；或把市场营销视为一种为消费者服务的理论，认为市场营销是针对消费者的需求提供令人满意的商品和劳务；或侧重于认为是通过一定的销售渠道把生产企业与市场联系起来的过程。不过这其中最有代表性的还是菲利普·科特勒等人的定义。他们认为"市场营销是个人和群体通过创造产品和价值，并同他人交换以获得所需所与的一种社会及管理过程"。②这一个定义比较简洁和明了地概括了市场营销的实质性内容，对于我们更准确地把握市场营销的定义具有十分重要的作用。要准确理解上述定义，还应弄清需要、欲望、需求、产品、价值、满足、质量、交易等相关概念。

我们认为市场营销一般是指企业的微观营销活动，可以把它概括为：微观经济活动主体为适应市场的变化以满足社会的需要和自身发展的目标为宗旨而进行产品的构思、设计、开发和实施的商务活动的全过程，这一活动过程包括了市场调查与预测、市场细分与市场定位、产品的设计与开发、产品定价、渠道选择与促销、产品的物流与商流、提供全过程服务等一系列围绕市场运行的业务经营活动与管理活动。市场营销的实质是调整微观经济主体与市场、消费者、竞争者、社会和其他经营者关系的过程，因此，市场营销应是业务经营活

① 拉尔夫·亚历山大和AMA定义委员会. 市场营销定义(英文版), 1960: 15
② 菲利普·科特勒等著. 俞利军译. 市场营销导论. 华夏出版社, 2001: 6

动与管理活动的有机统一。

上述的这一定义表述适用于各种市场的营销活动。因为不论是商品市场营销，还是其他市场营销，都必须以市场环境及其变化作为营销活动的基本条件，都要把满足社会需要与实现微观主体自身发展目标有机结合起来，都要着眼于以市场为前提和依托的全过程的经营管理。

三、市场营销的作用

争夺市场占有率和市场份额的竞争是 21 世纪初国内外市场发展的一个突出特征，因而市场营销的重要性越来越突出，既关系到每一个企业的生死存亡，又关系到一个国家经济的可持续发展。1996 年党的十四届五中全会通过的《中华人民共和国国民经济和社会发展"九五"计划和 2010 年远景目标纲要》，第一次将市场营销列入党中央文件中，明确指出，"国有企业要按照市场需求组织生产，搞好市场营销，提高经济效益"，并要求"建立科研、开发、生产、营销紧密结合的机制"。1997 年，原国家经贸委关于国有大中型企业岗位培训的文件还专门将市场营销的知识培训列为一项重要内容。1999 年 6 月，江泽民同志在青岛召开的华东七省市国有企业改革座谈会的谈话中专门论述了国有企业要从偏重生产型向注重市场经营型转变，要重视市场营销战略问题。同年 10 月，中共十五届五中全会通过的《中共中央关于国有企业改革与发展中若干重大问题的决定》明确地指出："企业要适应市场，制定和实施明确的发展战略、技术创新战略和市场营销战略，并根据市场变化适时调整。"这是党中央第一次在重大的决定中，将市场营销战略与企业发展战略、技术进步战略并列为企业最重要的三大战略，说明我们全党对市场营销重要性的认识已经提高到一个新的高度。市场营销的战略作用，我们可以从以下两个方面来说明。

(一) 市场营销与微观活动主体的存在与发展

1. 营销是企业一切经济活动的中心环节

在市场经济条件下，市场是企业进行经济活动的前提和依托。企业要有效地进行生产经营活动，首先必须进行准确的市场细分与市场定位，为此要进行市场调查、预测、分析等一系列活动，而这些活动正是市场营销的重要内容。同时，企业生产经营所需的一切人、财、物要素也必须通过营销活动才能筹措。更为重要的是，企业产品要能成为有效供给而被消费者、用户所接受，也必须通过市场营销活动才能实现。如果企业在产品销售上失败，则肯定会被淘汰，其他一切经济活动既无必要，也不可能顺利进行。因此，市场营销是企业生死攸关的生命线，市场营销不成功的企业肯定是被市场淘汰的落后者。

2. 营销是实现企业产品价值和企业经济效益的一项决定性活动

市场经济条件下，企业产品能否从流通领域顺利地转入消费领域，实现马克思所称的最关键的"惊险的跳跃"，主要取决于市场营销。市场营销活动的最终目的就是要让产品离开市场而为消费者或用户所接受，使其在发挥使用价值的同时，最终也实现其价值。而实现的商品价值中，既包括生产商品的成本，又包括企业生产者所创造的剩余价值，即价值转化形态的企业上交税金和自身利润。因此，市场营销是实现企业产品价值和企业经济效益的决定性活动，是加快企业经济活动节奏，提高资金周转效率，降低交易成本的关键。

3. 营销是搞活企业资本运营的有效手段

资本的使命在于循环和增值。企业资本运营就是把企业所拥有的有形和无形的存量资本及增量资本通过运筹、谋划和优化配置，最大限度地实现其资本增值目标的一种活动。企业资本的运营既包括企业产品资本的运营（即从货币资本到生产资本再到商品资本的循环），也包括企业虚拟资本的运营（企业股票的股市交易）；既包括企业有形资本的运营，也包括企业无形资本的运营，还包括企业产权资本的运营。市场营销对于在搞好企业产品经营的同时，推进企业搞活资本运营具有十分重要的意义。如企业无形资本的创造、保护、增值和转让，就取决于营销活动中的策划、广告、公关、促销活动是否成功。

4. 营销是企业不断提高市场竞争力、不断开拓市场的基本活动

企业的市场竞争力是指在同行业同类产品市场上企业产品、企业形象等综合性的竞争能力，主要通过产品的市场占有率、盈利率及企业和产品在社会公众中的美誉度、知名度来体现。企业在市场上竞争力的基础主要取决于企业人、财、物的综合素质和技术水平、管理水平的高低，但市场营销活动对于在实际商务活动中提高企业的竞争能力具有重要的促进作用。此外，只有通过市场营销活动，才能不断拓展企业产品的销售市场和辐射半径，使企业产品的销售空间不断延伸。

5. 市场营销创新正成为企业一切创新的前提、动力和归宿

面临客户经济时代的到来，市场创新成为企业发展的关键。市场创新就是要培育需求、开发高忠诚度的顾客群。所有企业都面临一场以市场创新为主导的企业革命。市场营销创新带动企业制度创新、技术创新、管理创新。同时，企业其他各项创新都最终要靠市场应变力、适应力、竞争力来检验。

总之，企业要能获得持续的快速的发展，要能盘活资本和取得最大的资本增值，要能有效地防范和避免各种市场风险，就必须真正重视市场营销，搞好市场营销。特别是在买方市场条件下，企业的发展不受供给的约束，而主要受需求的约束，只有搞好市场营销才能有效地实现企业产品供给与市场需求的有效结合。市场营销正成为企业活动的整体职能，市场营销战略与企业的发展战

略、企业的技术进步战略一道构成了现代企业的三大战略。

(二)市场营销与宏观经济的发展

市场营销不仅对企业的发展具有十分重要的作用,同时,对促进我国经济快速、持续、健康和谐地发展以及加快建立和完善社会主义市场经济体制也有着十分重要的意义。

1. 加强市场营销有利于促进生产的发展

首先,搞好市场营销有利于促进国民经济和工农业生产保持一定发展速度。邓小平同志指出:发展是硬道理。中国是一个发展中国家,21 世纪之初又面临严峻的就业压力和其他诸多的社会问题,没有一定的实实在在的经济增长速度,一切问题都难以解决。而在市场经济条件下,"生产过程就整体来看,是生产过程与流通过程的统一"①。生产的发展速度又在一定程度上由流通速度和市场销售状况决定。而当生产要素供给已不成为经济增长速度的主要约束力量时,产品的需求与市场流通便成为关键的约束力量。在买方市场条件下,生产速度对市场营销的依赖程度不断提高,扩大市场营销的规模将会加快经济增长速度。

其次,搞好市场营销有利于促进经济增长方式的转变,从数量扩张型为主的粗放经营,转向以质量扩张型为主的集约型经营,并以此带动和促进经济结构的调整和优化,确保经济增长的质量与增长的速度同步发展,更好地实施可持续发展的战略。

再次,搞好市场营销有利于促进新兴工业化的发展。新兴工业化是以市场为导向的,以信息产品等高科技产业为龙头的产业革命,加强市场营销有利于促进工业技术创新、供给创新、市场组织创新,提高产业集群能力及工业竞争能力。

2. 加强市场营销有利于加速国民经济市场化,加快社会主义市场经济体制的建立和完善

江泽民同志在党的十五大报告中指出:"要加快国民经济市场化进程","尽快建成统一开放、竞争有序的市场体系,进一步发挥市场对资源配置的基础性作用"②。在"十六大"报告中,江泽民同志再次重申要"健全统一、开放、竞争、有序的现代市场体系"。发展市场营销,有利于促进企业以市场为导向,尽快成为自主经营的市场主体;发展市场营销,有利于促进各类市场的进一步发展和完善,加快社会主义市场体系的尽快形成,更好地发挥市场机制的作

---

① 马克思恩格斯全集(第 25 卷). 人民出版社,1975:29
② 中国共产党第十五次全国代表大会文件汇编. 人民出版社,1997:25

用。尤其要指出的是，在国民经济市场化的进程中，特别要注重发展第三产业，提高第三产业增加值在国民经济增长份额中的比重，无论是传统服务业，还是新兴服务业，都要进一步拓展领域，扩大项目。随着知识经济时代的到来，各种新兴服务产业更是亟待发展。搞好市场营销，可推动服务市场的进一步完善，有利于促进第三产业的健康发展。

3. 加强市场营销有利于更好地满足人民群众的消费需要，不断提高人民群众消费水平，促进和谐社会建设

党的十六大确立了全面建设小康社会的战略目标，这个目标的实现过程是人民生活水平和生活质量不断提高的过程，是人的素质不断提高和人的全面发展过程。市场经济条件下，要使人民群众的消费需要得到满足，必须通过市场营销实现商品供给与消费需求的有效结合。应当看到，进入 21 世纪后，随着我国现代化建设事业的顺利推进，人民群众生活水平正稳步提高，进入小康阶段后消费的多层次性、多变性、多样性以及个性化特征越来越明显，搞好市场营销可以使人民群众手中的货币购买力与市场商品供给得到最有效的实现。同时，搞好市场营销，可以拓宽消费领域，引导合理消费，"在改善物质生活的同时，充实精神生活，美化生活环境，提高生活质量"①。人民群众安居乐业，生活幸福，心情舒畅，正是建设和谐社会的重要内容，也是形成和谐社会的重要基础。

4. 营销活动对于加快社会总资本的循环，增加国家资金积累更具有十分重要的促进作用

资金积累不仅取决于生产的规模与速度，更取决于市场营销的规模与速度。市场营销活动的成功可大大减少商品在流通环节和市场中的滞存，加快整个社会总资本周转与循环的速度。既可加快商品价值的最终实现，从而确保企业上缴国家税收的真实性，又可大大节约社会交易成本，加快资金积累的速度。从我国目前实际状况来看，产品流通不畅的现象严重，物流成本占 GDP 比重大大高于国际平均水平。如果加强营销，加快产品流通，使物流成本达到国际平均水平，一年就可减少近万亿元的资金占用，并可多增加企业利润。由此可见，营销活动对于盘活资金，加快社会总资本的循环与周转，加快资金积累的作用十分突出。

---

① 中国共产党第十五次全国代表大会文件汇编. 人民出版社，1997：25

第二节　市场营销学的形成与发展

一、市场营销学在西方发达国家的产生和发展

（一）市场营销学的萌芽阶段

市场营销学是在资本主义自由竞争阶段向资本主义垄断阶段过渡时产生的，其最早的产生地在美国。19 世纪末，由于第二次科技革命的推动，社会生产力迅速提高，社会产品迅速增多，但资本主义社会的基本矛盾却限制居民消费需求的有效增长，因而"商品过剩危机"如同瘟疫一样不断重复，企业的产品销售遇到了困难。在这种情况下，垄断企业争夺市场销路的竞争异常激烈，正如列宁指出的，"从自由竞争中成长起来的垄断并不消除竞争，而是凌驾于竞争之上，与之并存，因而产生许多特别尖锐特别剧烈的矛盾、摩擦和冲突"①。一些企业于是开始运用科学方法对市场进行调查和预测，并采取一系列措施来调节和扩大产品在市场的销售。实践中提出的问题也给美国的商科高等教育带来了课程建设的新突破。1902 年至 1903 年，美国加州大学、伊利诺斯大学等校的经济系最早开设了广告宣传和推销术等课程。这可以视为是市场营销学的萌芽阶段。

（二）市场营销学的初步形成和产生阶段

20 世纪初，西方主要资本主义国家均完成了工业革命，工业化、城市化的步伐加快，大量农村人口转化为城市人口，城市规模扩大，市场需求也有较快增长。特别是由于电力的广泛运用，生产自动化水平大大提高，劳动生产率迅速提高，社会产品涌入市场的数量和规模比以前扩张更快，产品销售问题越来越受到工商企业界的关注，一些高等院校开始开设市场营销课程。1902 年至1910 年，美国密歇根大学、加州大学、伊利诺斯大学、宾州大学、俄亥俄州立大学、西北大学、匹茨堡大学、哈佛大学、威斯康星大学先后开设了工业分销课程。但早期的教学中，商业、商务、分销与营销通用，"市场营销"这一概念尚未分离出来。1910 年前后，"市场营销"概念形成。1912 年世界上第一本市场营销学教材由赫杰特齐教授主编，在美国哈佛大学正式出版，当时这本教材以"Marketing"命名。应当说市场营销学在这一时期初步形成和产生，不过这一时期市场营销学主要传播于大学讲坛。

---

① 列宁选集（第 2 卷）. 北京：人民出版社，1972：807～808

　　（三）市场营销学的传播应用阶段

　　1929 年至 1933 年，整个资本主义世界爆发了 20 世纪以来最严重的一次以生产过剩为主要特征的经济危机，大量的产品被销毁，危机使美、英、德、法等国的工业生产及出口贸易急剧萎缩，大批工商企业倒闭，大量工人失业。如此严酷的市场背景，推动和促进了社会各界，特别是企业界对市场营销学的研究与应用，出现了产、学、研共同结合研究市场营销的局面，市场营销学建设和市场营销思想发展进入一个重要的阶段，特别是对市场营销功能的研究有新的进展。1932 年克拉克和韦尔达在《美国农产品营销》一书中从七个方面论述了市场营销功能，即集中、储藏、财务、承担风险、标准化、推销、运输。1934 年美国市场营销学教师协会定义委员会提出市场营销有九大功能，即商品化、购买、推销、标准化和分级、风险、管理、集中、财务、运输及储藏。1942 年，克拉克在《市场营销原理》中则把市场营销功能归纳为三个方面：交换功能——销售和购买；实体分配功能——运输和储藏；辅助功能——金融、风险承担、市场情报沟通和标准化。这一时期美国还组建了"全美市场营销学协会"，参加者中既有企业家，又有大学教师，还有科研人员。这标志着市场营销学的发展进入了一个以应用为主的新阶段。

　　（四）市场营销学的理论创新与革命

　　20 世纪 50 年代以来，由于以原子能技术、计算机技术、空间技术、新材料技术、生物工程技术为代表的第三次科技革命的不断深入，社会生产的技术手段、物质手段有了新的突破，新商品层出不穷，生产过剩的危机进一步加剧。同时，由于消费者运动的兴起，消费者维护自身权益的意识不断增强，消费者心理日趋成熟。在这种背景下，产品的市场销售更为困难。市场营销学仅仅局限于从企业利益出发来研究市场已不适应当时的情况。因而出现了一场所谓"市场营销学"革命，即市场营销学研究的中心由以产品为中心转到以满足消费者需要为中心，以适应社会发展为中心，形成了一系列新的重要营销概念，市场营销思想进一步成熟，营销理论也在不断创新。1956 年，美国市场营销学者温德尔·史密斯提出了按顾客差异进行"市场细分"的概念。在尼尔·鲍顿和理查德·克莱维特教授研究营销组合要素的基础上，1960 年麦卡锡提出了著名的 4P 组合，后来菲利普·科特勒提出了 6P 和 10P 组合。美国学者乔尔·迪安与西奥多·莱维特先后采用和运用了"产品市场生命周期"论。1961 年西奥多·莱维特教授又集中研究并提出了"市场营销近视症"这一概念。1971 年乔治·道宁首次在《基础营销：系统研究法》一书中提出"市场营销系统"概念。1972 年阿尔·赖斯和杰克·特鲁塔提出了产品市场定位的概念。这一时期杰拉尔德·蔡尔曼和菲利普·科特勒还提出了"社会营销"的概念。1981 年布姆斯和比特纳提出了服务营销的 7P 理论。1986 年，罗伯特·劳特伯恩提出了与 4P 相对应的 4C 组合理论。20 世纪 90 年代，美国学者丹伦·休斯蒂又提出以顾客为主的 4R 营销组合理论。

（五）市场营销学的新的大发展阶段

20 世纪 90 年代以来，世界政治经济格局发生了一系列重大变化。由于第三次科技革命的继续深入，各主要发达资本主义国家纷纷调整其经济战略及经济结构，大力发展高科技产业，加强和扩大其在世界经济中的竞争力。随着前苏联解体和东欧剧变，两极对峙的冷战格局基本结束，世界正朝着多极化的格局发展。在世界处于和平与发展的大背景下，由于科技革命的推动以及 WTO 取代 GATT 的顺利运转，各个国家和地区之间的经济联系与渗透日益紧密，不少国家都实行了市场取向改革与对外开放，经济发展全球化、国内国际市场一体化的趋势更为明显，国际市场竞争空前激烈。同时，世界各国经济的发展又都面临着资源破坏、环境污染、人口增多等共同性难题。企业之间的市场竞争不能不影响社会经济的可持续发展。在这种情况下，原有市场营销学的主要内容必须充实更新，才能适应形势的发展。一方面，市场营销学不断引进其他学科的新内容、新知识，如引进管理、系统工程、信息经济等学科的内容；另一方面，市场营销学也不断形成了一些新概念、新知识，如基点营销、关系营销、绿色营销、体验营销、互联网络营销、战略营销、文化营销、直复营销以及营销策划、营销道德等。同时，市场营销学广泛用于各个新的市场领域，如服务市场、旅游市场、保险市场、资本市场和非营利部门的活动领域，菲利普·科特勒还专门出版了《国家营销》、《社会营销》等专著。此外，营销学的研究出现进一步细分的趋势，许多新兴专业型的分支独立成为一门专门的学科，如《营销渠道》、《顾客管理》、《产品品牌》、《现代推销》等一系列新学科、新专著、新教材纷纷面世。

进入 21 世纪后，市场营销学更出现了许多新变化，主要有：一是其他学科知识与营销学交叉形成了新的营销理论或新概念，如高速营销、网络营销、色彩营销、数据库营销、深度营销、置入式营销等；二是营销学更注重向战略营销研究的方向发展，关注和重视整体营销、长期营销、战略营销；三是注重从管理工程的角度研究营销，数据、模型、工程等技术方法更多用于营销学研究中；四是注重行为营销的研究，对消费者行为、客户行为及其心理研究也更关注，如对体验营销的重视。

二、市场营销学在中国的形成和发展

中国是世界四大文明古国之一，中华民族的祖先创造了悠久灿烂的古代文明。中国古代商业也曾在世界上领先，但在整个奴隶社会、封建社会，由于自然经济一直占统治地位，市场是极其有限的。尽管在唐、宋、明、清盛世的某个时期也出现过商业和市场的繁荣，如北宋画家张择端绘制的《清明上河图》所反映的那样，但从总体上看，封建统治者长期的轻商、抑商政策，大大阻碍了中国商业和市场的发展。因而，中国古代关于市场经营的思想、观点尽管有不少精华，但确实是不系统的。

1840年鸦片战争后，西方列强入侵，近代中国被沦为半殖民地半封建社会，商品经济和市场畸形发展，中国成为西方列强掠夺原材料的场所与倾销工业品的市场。在同洋货的竞争中，中国一批民族工商业者也创造了许多行之有效的营销竞争经验。与此同时，西方的商业、行销方面的科学知识也开始传入中国，上海、南京、重庆等地少数高等院校也开设过市场营销方面的讲座。但在当时特殊的社会背景下，科学发展极其困难，不可能产生符合中国实际的市场营销学。

新中国成立初期，鉴于当时特殊的国际环境和国内社会经济发展的现状，我国主要学习和引进了前苏联高度集中的计划经济体制，资源的配置和商品流通均实行指令性计划指标调控，市场的作用被人为限制。由于体制约束以及长期在指导思想上受"左"的错误影响和"以阶级斗争为纲"的冲击，生产上不去，商品供给短缺，卖方市场格局不断延续，企业根本不重视市场营销。相反，一些正常的市场营销活动都被视为资本主义的东西而加以否定、限制和取消。因此，在十一届三中全会以前，不但不可能形成中国的市场营销学，就连西方市场营销学也不可能引入国内进行介绍。

党的十一届三中全会以后至20世纪80年代末，是中国市场学真正开始形成和初步发展的时期。这是因为一方面由于思想上的拨乱反正，迎来了思想大解放，全党重新确立了马克思主义的实事求是的思想路线；另一方面是中国市场化改革的顺利启动及市场作用的不断强化，越来越多的国内企业都面临市场竞争的考验。此外，对外开放不断深入，国内市场与国际市场的联系不断加深。这些原因使得适应市场需要的中国市场营销学应运而生。这一时期也可大致分为两个阶段：

第一个阶段是1979～1984年，是国外市场营销学全面引进的阶段。从80年代初暨南大学等校开设市场学课程开始，国外各种版本的市场营销学教材相继引进，国内一批财经商业院校和理工科大学、综合大学都组织编写出版了第一批市场营销学教材。由于时间紧，这一时期出版的各种版本的教材，主要内容大都是引用西方各种版本的内容，以引进为主。这一时期比较著名的教材有中国人民大学邝鸿教授主编的《市场营销学》和上海财经大学梅汝和教授编著的营销学教材等。

第二阶段是1985年至90年代初，是开始创建中国特色市场营销学的发展阶段。1984 年 10 月，党的十二届三中全会作出了加快城市经济体制改革的决定，并第一次明确提出了"社会主义经济是有计划的商品经济"这一命题，市场在社会经济生活中的作用不断强化。1987 年秋，党的十三大又明确提出了"国家调节市场、市场引导企业"的论断。理论上的不断突破，带来了市场营销学建设的大发展。这一时期出版了一批结合中国实际、有一定代表性、反映中国市场特色的市场营销学教材，如吴健安编著的《市场学》（云南出版社 1985 年版），甘碧群、盛和鸣编著的《市场学通论》（武汉大学出版社 1987 年版），彭星闾主编的《企业市场营销学》（中国展望出版社 1987 年版），纪宝成主编的《市场营销学教程》（中国人民大学出版社 1989 年版）。其中纪宝成主编的《市场营销学教程》获得了国家教委优秀教材二等奖，这是当时全国市场营销学界唯一获奖的教材。

20 世纪 90 年代以来，特别是 1992 年邓小平南方谈话发表和党的十四大以后，中国国民经济市场化的进程明显加快，中国市场营销学的发展也进入到一个新的发展阶段。这是由一系列条件决定的：

（一）理论创新是推动我国市场营销学新发展的思想基础

党的十四大确立了社会主义市场经济理论，确立了中国经济体制改革的目标是建立社会主义市场经济体制。这是中国的又一次思想大解放，又一次理论创新。经济理论的创新进一步确立了市场营销在经济发展与企业发展中的战略地位和作用，并为深入研究市场营销问题提供了正确的理论指导。

（二）体制改革与企业改革的深入

党的十四大后，我国经济体制改革步伐加快，特别是财税、金融体制以及企业改革不断深入，国有企业不断摆脱传统体制的束缚，全面进入市场自主经营，在减少对行政保护依赖的同时，更多地依赖市场开拓；同时，国有企业的产权制度改革全面推进，相当多的国有企业从竞争性产品领域退出，演变为非国有的股份制企业与民营企业，割断与政府的直接联系后走向市场；而其他非国有经济的实体更是放手在市场自主经营。在这种情况下，几乎所有市场主体都比以往更加关注和重视市场营销，极大地推动了市场营销学建设的深化。

（三）市场格局与市场竞争的变化

1997 年以来，中国市场进入了适度快速增长和相对平稳的发展时期，市场供求格局由长期的卖方市场正向常态性买方市场转化。连续几年市场上的可供商品绝大部分是供求平衡和供大于求，短缺经济在消费品市场领域基本结束，市场由过去的供给约束转向需求约束。在这种局势下，市场竞争突出表现为争夺产品销路与市场占有率的竞争。因此市场营销竞争也出现了许多新变化。实践的发展不断丰富了市场营销学的内容，也提出了许多新的研究问题，大大促进了学科建设的发展。

（四）国内市场与国际市场的进一步接轨和互相融通

20世纪90年代以来，经济全球化趋势更为明显，中国对外开放也不断扩大，特别是加入WTO以后，我国进一步降低了进口关税，对世界各国的贸易壁垒不断弱化，并不断放宽外资外企进入中国市场的范围，朝着建立一种开放型经济的目标在努力。随着外国企业、外国商品、外国资本进入中国市场的增多，国内外市场接轨扩大，正呈现"国内市场国际化、国际竞争国内化"局面，同时，中国的企业、商品、资金也正走向世界各地，中国已进入世界贸易大国的行列。国内外市场的融通与接轨也使商品贸易、服务贸易、技术贸易之间的竞争更加激烈，这也促进了市场营销学研究的深入，推动着市场营销学的广泛应用。

由于上述因素的作用，20世纪90年代以来，中国市场营销学的发展出现了一系列新的变化。一方面，在指导思想上更加自觉地坚持以邓小平理论和"三个代表"重要思想为指导，特别是认真学习邓小平关于发展社会主义市场经济的理论，坚持科学发展观，以此来推动市场营销学研究的深入。另一方面，注意研究和拓展市场营销学的研究领域和应用范围，探索市场营销学发展中的新问题，丰富市场营销学的知识体系，如彭星闾教授主编的《市场营销学》和罗国民教授等编著的《绿色营销学》及其他一些带有创新性营销学版本问世就说明了这一点。此外，除了对商品市场的营销研究进一步细分到一类商品或一种商品外，更加注意紧密联系中国实行两个根本转变的实际，丰富市场营销学的研究内容，如开始注意探讨产权市场、房地产市场、文化市场、技术市场、人力资本市场、资本市场的营销问题，并从营销角度研究企业的发展战略等。此外，加强了中外市场营销学的比较研究，国际通行的EMBA及MBA硕士课程中的"市场营销"课程以各种方式在国内出版发行，包括各种英文原版的营销学教材也大量引进和出版，一批世界性市场营销学丛书在国内也相继面世，如菲利普·科特勒（美）等人的《市场营销管理》（亚洲版）于1997年由中国人民大学出版社出版，中外合资联合出版的市场营销学教材也纷纷面世。同时，市场营销研究中的国际学术交流活动也十分活跃。1995年6月，由中国人民大学、加拿大麦吉尔大学、康克迪来大学联合主办的第五届"市场营销与社会发展"国际会议在北京成功举行，朱镕基同志还会见了部分国外市场营销学者。此后，中外市场营销学者的交流、协作发展更经常，层次也更高。

进入21世纪后，中国市场营销学的建设进入了一个创新的发展阶段。特别是党中央、国务院强调企业要重视市场营销战略，国务院总理的《政府工作报告》中强调加强和改进企业营销管理，这极大地推动了我国市场营销学建设。

在新一轮的大学扩招中，开办市场营销专业的高等院校越来越多，从事市场营销教学与科研的教师队伍迅速扩大，许多省都将市场营销学专业、市场营销学教材列为省级重点专业、重点教材。人事部颁布了营销师职称系列的考试标准及有关条例。中国市场学会、中国高等院校市场教学研究会在联系中国实际进行营销理论与实践的创新方面卓有成效地组织举办了一系列重大活动，不断取得了新的成果，也极大地促进了市场营销学的发展。特别是近几年来我国市场营销学的建设和发展出现了以下一些新变化：

（1）近年来国内的高层次的市场营销研究机构不断涌现，搭起了新的学术交流平台，进一步加强了市场营销学在全国范围内的沟通与交流。

由清华大学、北京大学等高校发起自 2004 年以来每年举办的"中国营销科学学术年会"推动了中国营销与世界营销的接轨，并成立刊物《营销科学学报》，简称 JMS，带动了国内营销学向国际标准化前进。（2004 年清华大学承办年会，2005 年北京大学承办年会，2006 年武汉大学承办年会，2007 复旦大学与上海财经大学承办年会）

中国市场营销研究中心英文名称为"Marketing Research Center of China"，英文简称"MRCC"。中国市场营销研究中心（以下简称中心）成立于 2006 年 1月，是由中国营销界著名学者、中国人民大学商学院博士生导师郭国庆教授牵头组建的非营利性专业学术机构。中心的宗旨是创造更多的学术机会，搭建更好的研究平台，推动国内外市场营销学者的学术交流与合作，促进市场营销理论与实务的结合，提升中国企业营销水平。

以充分学习和把握西方消费者行为研究最新成果，创新地推进中国本土的消费者研究为目标，2005 年以中山大学卢泰宏教授为中心成立了"CMC 中国营销研究中心"。

"现代市场营销研究中心"是上海财经大学的校级重点研究基地，它依托上海财经大学经济、管理类学科齐全，科研力量雄厚，研究条件优良的优势，实行开放式的管理和研究模式，围绕市场营销学的理论与实践问题展开深入研究，努力成为上海乃至全国市场营销学术领域最好的研究平台之一。研究中心主任为晁钢令教授。

（2）市场营销学教学成果获得了国家级教学成果奖。继中南财经政法大学的市场营销学 2001 年获国家级教学成果奖后，2005 年由中国人民大学纪宝成教授牵头编著的市场营销学系列教材获国家级教学成果一等奖，实现了市场营销学国家教学成果一等奖的突破。

（3）部分高校的市场营销学列为国家级精品课程。以万台芬教授为课程负责人的中南财经政法大学的市场营销学、以吴晓云教授为课程负责人的南开大学的市场营销学、以吕一林教授为课程负责人的中国人民大学的市场营销学、以王方华教授为课程负责人的上海交通大学市场营销学先后获得国家级精品课程称号。

（4）市场营销学精品教材开始崭露头角。教育部办公厅公布的 2007 年度普通高等教育精品教材书目中，由郭国庆主编、钱明辉副主编的《市场营销学通论》(第三版)，由彭石普主编的《市场营销原理与实训教程》，由徐育斐、孙玮琳主编的市场营销策划(第二版)，被教育部评为 2007 年度普通高等教育精品教材。

第三节　市场营销学的研究对象与内容

一、市场营销学的研究对象

从市场营销学的学科属性来看，它是一门建立在经济科学、行为科学、现代管理科学基础之上的一门交叉性应用科学，也是一门管理边缘学科。我们可以给市场营销学下一个简单定义：市场营销学是研究市场经济下以满足社会需求为中心的企业营销活动原理的科学，抑或是研究企业营销活动过程、营销实务及营销活动规律性的一门交叉性边缘性的应用科学。这一定义表明：

（1）市场营销学不是研究整个市场问题的经济理论科学，而是侧重研究微观经济主体的市场营销活动的应用科学。因此，市场营销学尽管也涉及不少市场范畴，但不应该去广泛研究市场体系、市场机制、市场调控、市场秩序、市场管理等一类宏观市场理论问题。我们不赞成市场营销学研究中充实这一方面的内容，如果尽量向宏观市场理论问题延伸市场营销学研究的范围，就会模糊这门学科的特定研究对象。因此，必须明确市场营销学是研究市场经济下企业的营销活动过程及其规律性，其研究的立足点、着眼点是市场微观主体——企业，是从卖主的角度研究市场经营问题，是从搞好整个企业的经营管理角度去研究企业产品的营销活动及其规律性的。

（2）"以满足社会需求为中心的企业营销活动"表明了市场营销学研究的企业营销活动为需求服务的多样性。在市场经济条件下，社会资源配置以市场机制配置为基本形式和主导形式，任何社会需求与有效供给的结合都必须通过一定的营销活动来实现。社会需求是多样性的。按用途分有生产需求、消费需求、投资需求，按使用价值形态划分有物质产品需求与劳务(服务产品)需求，按需求主体分有居民个人的需求、企业需求、政府需求。以满足社会需求为中心，就突破了传统的单以满足消费需求为中心的狭义市场营销范围。实际上，在市场经济条件下，微观经济主体提供用以满足社会需求的产品越来越多样化，不但有各种物质形态的产品，而且包括能满足人们各种需要的服务（无形产品），一种思想、一个创意的点子、一个策划的方案都会成为满足社会需求的有价产品，同样，也都要经过营销活动去实现其价值。当然在整个社会需求中，消费需求是最终需求，是有决定意义的需求，市场营销学应重点研究消费需求，但社会需求远比消费需求的涵盖面广。市场经济条件下，企业的营销活动都应为满足特定的社会需求服务，因此用"满足社会需求"的提法更科学一些。

（3）研究"企业营销活动过程的营销实务及其规律性"，表明了市场营销学研究营销活动的系统性与全程性。营销活动过程不是"销售"二字所能代替的，它说明了营销活动作为企业在市场经济下最基本的实践活动，不仅仅是将产品生产出来后推销的问题，而且包括生产前的市场调查预测、市场细分与定位、产品的构思与开发设计、产品的分销与促销、产品销售后的服务等一系列活动过程。这一系列活动过程中的每一个部分都是一系列实务活动的组合，如商流实务、物流实务、信息流实务等，这些营销实务都具有较强的专业性。市场营销学必须研究营销实务活动过程及营销实务。但科学研究不能仅仅停留在表面现象的探讨上，而应透过现象去研究事物内部发展的规律性。企业的营销活动本身有特定的矛盾运动，这种矛盾运动由内在的规律制约。因此，市场营销学还必须不断探索营销活动中的规律性，以便更好地顺应客观规律的要求，努力提高营销管理的水平。

（4）市场营销学是"一门交叉性、边缘性的应用科学"。这一定义表明，市场营销学是一门应用性很强的科学，并且是属于微观管理的应用性学科。其交叉性、边缘性表明营销学是各门学科的综合，这也是现代新兴学科发展的趋势。多种学科交叉渗透、兼容并蓄，又表明了市场营销学的巨大生命力。著名市场学权威菲利普·科特勒曾形象而生动地论述了市场营销学的学科交叉特色，"营销学的父亲是经济学，其母亲是行为科学；数学乃营销学的祖父，哲学乃营销学的祖母"[①]。随着实践的发展，市场营销学不但交叉运用了上述各门科学的知识，而且广泛吸收了管理学、人类学、文化学、传播学、运筹学、信息学、会计学、统计学、价格学等多种学科的知识。

以上是就市场营销学的涵义及研究对象作一般的分析。如果要给我国社会主义市场营销学下一个定义，则可概括为：社会主义市场营销学是研究社会主义市场经济条件下，以满足社会需求为中心的企业营销活动过程、营销实务及其规律的交叉性、边缘性的管理应用科学。社会主义市场经济已写入了我国的

---

① 菲利普·科特勒.市场营销学的新领域.1987 年蒙特利尔国际会议论文集

宪法和党章，社会主义表明了中国市场营销学与西方市场营销学的社会制度属性的区别。而市场经济作为一种世界性的通行的经济形式，又具有许多通行的带有共性的内容，因而中外市场营销学的研究都离不开企业，离不开企业以满足社会需求为中心的营销活动。西方的经济学和管理学专家以及企业家对市场营销学定义的表述有数十种之多，如有的认为市场营销学是"研究企业如何创造和传递生活标准给社会公众"（美国马尔利姆·麦在纳尔及保罗·马苏的观点）；有的认为"市场营销学研究全部的商业活动，亦即商品和劳务从生产者到最终消费者的运动"（美国营销学专家克罗里尔的观点）；还有一种有代表性的观点，强调"在满足消费者利益的基础上，研究如何适应市场需求而提供商品或劳务的整个企业活动，就是市场营销学"（日本工商界观点）。上述各种表述的是企业的以及企业适应市场需求的全部活动，因此，中国的市场营销学也离不开这个核心。

二、本书研究的基本内容

《市场营销学》作为湖南省高等学校面向 21 世纪推出的经济学、管理学系列教材之一，我们在编著中力图在结构、体例、内容上有所创新。在原湖南省"九五"规划重点教材《市场营销学》和湖南省面向 21 世纪教材《市场营销原理》的基础上并吸收最新的营销学研究成果，在全书的结构上作了大的调整，将全书分为四篇，即市场营销总论篇、市场营销战略篇、市场营销策略篇、市场营销管理篇。这四篇也是全书的主要内容。

第一篇为市场营销总论篇，包括市场营销导论、市场营销哲学、市场及其购买行为分析。研究营销学首先应在逻辑的起点上弄清楚市场及市场营销的理论内涵，把握其理论实质，并了解市场营销学的产生发展沿革，掌握营销学的研究对象与方法。营销观念的发展及变化也是营销理论的重要内容，也是不同时期特定社会经济发展背景下营销实践活动的理性产物。观念是行动的指南，观念决定思路，思路决定出路。掌握营销观念的变化也有利于广大学生及营销工作者不断进行营销观念的创新。适应需求、满足需求、实现需求、创造需求是营销学的核心问题，离开了市场需求这个基础，就不可能有营销学的存在价值。因此，研究市场需求及购买行为理论就成为营销理论篇的一个重要部分。在这方面我们认为应将需求的基本理论构架及主要内容阐述清楚，并对各种市场购买行为的基本原理研究透彻。

第二篇是市场营销战略篇，包括市场营销战略、市场营销环境、市场调研与需求预测、目标市场营销战略四章。研究营销学首先要从总体上把握营销学的战略问题。营销战略也是当代企业必须要确立的重点战略之一。营销学是一门实用性强、针对性强、操作性强的商战指南,不首先了解营销战略问题就会陷入被动。因此,在了解和掌握营销基本原理与理论知识的基础上,必须研究学习掌握营销战略的主要内容,必须研究营销环境系统,了解制约营销活动成败得失的各种环境变量,寻找变化中的市场机会,搞好市场调研与需求预测,以便适应环境变化,制定适时、适地、适人、适物、适当的正确的营销战略,避免战略上的失误。同时要明确各种营销竞争战略的类型,准确判断本企业与竞争对手在竞争中的地位,选择与企业竞争地位及竞争发展目标相适应的战略类型,以使企业战略"知己知彼,百战不殆"。营销战略问题是营销管理的首要职能,它要通过营销战略任务目标的制定和实施来实现,并要采取科学的目标市场营销战略。

第三篇是市场营销策略篇,包括市场营销组合、产品策略、品牌与包装策略、定价策略、分销渠道策略、促销策略六章。营销策略是实施营销战略的具体内容,是实现营销战略的基本途径,也是构筑营销学基本知识的基础工程。没有正确的营销策略组合,营销战略就难以实施,再好的战略也只能是纸上谈兵。这一部分是市场营销学的核心内容与骨干内容,是企业进行营销活动和营销决策的主要部分,也是市场营销学中最为稳定和规范的内容。这一部分内容主要是研究企业如何有效地将各种营销手段和营销策略实现最优组合,以实现企业既定的营销战略目标,全部内容都是围绕企业营销决策及占领目标市场而展开的。这一部分内容包括市场营销组合策略即营销产品及其策略、营销定价及其策略、营销渠道及其策略、促销策略,也就是美国著名营销学家伊·杰·麦卡锡从营销决策角度归纳的"4P"策略。这几大策略被国内外市场营销学界和企业界公认是市场营销学的主要框架部分,也是该门学科的精华。多年来,不管市场营销学的版本、体例怎样变,上述"4P"策略的内容在不同版本的市场营销学中都是最为稳定和成熟的,只是在章节安排及文字表达、阐述上有所不同。产品、渠道、定价、促销构成了市场营销学研究的四大支柱,内容相当丰富,而且都可以联系各个具体市场进行延伸。鉴于品牌竞争已成为当代世界市场竞争的焦点,本书特在产品策略章后增加了"品牌包装策略"一章,这也是产品策略的一种延伸。在这一部分中不仅分别论述了各个不同的具体营销策略,而且特别强调要从整体上系统地对这几大营销策略进行动态组合,以适应市场的变化,切忌孤立地、分割地来运用这些营销策略,防止策略运用失灵、失误。由于市场不同,营销策略的组合必须因时制宜、因地制宜、因物制宜,使之达到一种最优的动态组合,这是学习研究营销组合策略的基本要求。近年来在营销学术界,有人提出营销学除了研究 4P 还应研究 4C(即顾客、满意、方便、沟通),有的甚至认为应重点从 4P 转向 4C 研究。我们认为 4P 与 4C 并不矛盾,且具有内在一致性，只是侧重点不同。我们认为4P侧重在营销过程的研究，而4C则是侧重于营销结果的研究，任何市场的营销组合是否成功，最终要看是否与顾客进行了良好的沟通，是否给顾客提供了全方位的方便与满意。因此，我们也未单列某些章节去专门研究4C，而是在全书中体现4C的要求。

第四篇是市场营销管理篇，本篇包括市场营销管理、市场营销道德、市场营销效益三章。将营销管理单独列为一篇，这是本教材的一个特点。单设这一篇并非前面各篇章不涉及管理问题，实际上营销学作为一门管理学科，管理知识的内容在全书中都涉及了。本章主要是从总体上对市场营销管理的最基本的职能做重点介绍，如营销组织、营销计划、营销控制等职能。同时，管理的核心问题和基本目标是要提高营销效益，这也是企业管理活动的出发点和动力，所以本篇增设了市场营销效益篇，对市场营销效益的内涵、营销效益的评估指标体系及提高市场营销效益的途径作了研究。市场营销的管理离不开道德调节，故本篇增设市场营销道德，着眼提高企业的营销道德水准。

三、关于市场营销学创新中的几个问题

在编著《市场营销学》的过程中如何正确地将近年来营销研究的新成果、新信息反映出来，是我们一开始就重点考虑的问题。本书编写提纲初稿完成后，湖南省市场学会和中南大学出版社专门组织了湖南省各高校的营销学专家、教授进行讨论，就教材建设中的热点、难点问题充分发表了意见，在集思广益的基础上，对市场营销学创新的问题达成了共识。

（一）努力体现《市场营销学》的学科科学性

我们认为《市场营销学》应是高等院校所有经济学专业、管理类专业（含工商管理类二级学科各专业）的一门必修课，因此本课程内容应围绕市场营销的基本原理做文章。所谓基本原理，是指一门学科中最核心、最本质、最稳定的知识骨架，也是最能体现本学科特色区别于其他学科的主要内容，因此《市场营销学》应体现营销学内容的基础性、稳定性、规范性、普遍性以及教学的适用性。这样也才能使该教材具有结构的严谨性与科学性。基于这种考虑，教材内容不能无所不包，贪多求全；教材结构不能牵强附会，随意拼凑。因此，教材要能全面、系统、集中体现市场营销学的基本原理、基本内容，以使学生更好地掌握市场营销学的精华与主要内容。

（二）学科创新要注重形式更应注重内容

为体现吸收营销学研究的新成果、新进展，可以多增某些热门的章、节，如信息营销、网络营销等。但我们认为教材编写固然要注重形式创新，但更应注重内容创新，形式要为内容服务，更重要的是应将新成果新信息有机地渗透

于全书的各有关部分，使原有的内容得到充实和完善，以更好地体现学科建设与发展的新进展、新成果。因此，在《市场营销学》的编著中，我们十分注重将营销学的新成果有机地渗透在全书中，如第一篇中关于市场及市场营销概念的发展及市场营销观念的变化，第二篇各章中关于现代电子商务与网上市场形成对营销战略中的影响，第三篇各章中关于信息技术与网络营销对企业产品策略、价格策略、渠道策略、促销策略的新的影响与策略组合的新发展，均力所能及地进行了充实与说明。

（三）关于《市场营销学》与其他营销学教材的分工与协调

我们在编著此书中遇到的另一个重要问题是如何处理好《市场营销学》与其他营销教材的分工与协调。我们始终坚持认为《市场营销学》与其他营销教材构成一个完整的专业课程体系，并且分工协调，各有其特定的细分研究领域。但在这个课程体系中，《市场营销学》居于核心地位与主导地位，其基本原理构架是其他专业教材要遵循与贯穿的，其他营销教材都是《市场营销学》中某些基本原理与核心内容的派生、延伸、深化与具体化，如《推销学》、《商务谈判学》、《市场策划》、《市场广告》等。因此，《市场营销学》对营销专业相关教材的主要内容只能突出重点与主线，点到为止，不必兼收并蓄，随意扩充。至于近年来某些营销学细分出来的许多新学科及具体的市场营销理论研究与具体营销市场问题研究的著述与教材，如影响很大的《派力营销丛书》以及山西经济出版社出版的一套营销教材等，更不可能在《市场营销学》一书中全部囊括。各种营销学专著、读物及营销学系列教材、丛书的不断出版正说明营销学发展具有强大的生命力及巨大的社会价值。同时也进一步说明在各种营销类教材、著述不断涌现的情况下，作为研究营销基本规律、基本内容的《市场营销学》一书更应突出其学科原理部分，以体现此作为基础教材的主导地位与特色。

四、学习研究市场营销学的方法

（一）按研究切入点和重点进行分类的研究方法

国内外各种市场营销学版本对营销学研究方法的分类，多按研究的切入点、侧重点不同而划分为不同类型，按照这种分类法，主要研究方法有：

1. 产品研究法

这是一种以产品研究实体为中心的研究市场营销的方法，强调以产品为主线，要求按产品的性质及特点进行分类，根据不同产品的市场环境和条件分别探讨产品的设计、性能、质量、价格、款式、包装等，并制定与产品相适应的促销策略。这种方法针对性强，能深入研究各种产品的营销问题，但经费成本较高。

2. 职能环节研究法

这是以研究营销职能及各环节为主的一种研究方法，它根据营销活动所具有的推销、购买、运输、装卸、仓储、融资、风险承担、信息服务等方面所集中的交换、供给、便利三大功能的角度来认识和研究营销问题，以寻找市场机会、开拓市场。其特点是能较深入研究各个职能环节的营销活动。

3. 机构研究法

这是以研究营销组织和营销渠道的各个营销机构为主的一种研究方法，它主要研究各个营销机构特别是各类中间商的经营状况，利用各个机构的统计资料以及成本、利润、销售趋势进行分析。其特点是有助于对营销机构及各种因素进行控制和管理。

4. 管理研究法

管理研究法又称决策研究法，这是以营销管理决策为重点的研究方法，要求综合运用产品研究方法、功能研究法、机构研究法，分析市场环境及变化，寻找市场机会，在调查研究掌握市场信息基础上，提出预测方案，实行最优目标市场决策。其特点是概括性强，适应面广。

5. 消费者心理研究法

这是一种以研究消费者心理和行为为侧重点的研究法，要求运用心理学和行为科学，对消费者在营销活动中的知觉、情绪、气质等心理因素与购买动机、购买行为的树立关系进行深入研究，同时要分析不同消费群体和个人的特殊心理及变化。这种研究法的特点是针对性强，有效性高。

6. 社会研究法

这是运用社会学、环境学、生态学理论来研究营销活动的一种方法。这种方法特别关注营销活动对社会利益带来的影响，强调要认真解决营销活动的外部负效应问题，抑制和减少营销活动的社会公害，以维护社会的整体利益和长远利益。

(二)研究营销学的科学方法

要学习运用好市场营销学，并能在学习和运用中创新，必须坚持以下科学方法：

1. 坚持理论与实际有机结合的方法

市场营销学是一门理论性和实用性很强的边缘交叉管理应用学科。学习研究营销学必须坚持理论和实际相结合的基本方法，坚持不唯上、不唯书、只唯实的原则。一方面要运用书本上的理论知识和原理，紧密联系改革开放以来中国市场的变化和企业营销活动的实际，深入研究入世后中国市场营销实践活动中的热点、难点、重点、焦点问题，推动营销实践的发展；另一方面应通过生动、丰富的营销实践活动来检验、校正、补充、完善书本知识，以继续推动我国市场营销理论的发展和创新；同时要通过对国内外市场营销实践活动的研究、分析、解剖，透过现象，抓住本质，发现规律，以上升到理论高度，更好地指导营销实践。

2. 系统研究方法

系统论是现代管理科学的基础理论之一，系统方法也是常用的一种科学方法，它注重从整体和各个部分上相互关联、相互作用、相互影响、相互制约上去研究问题，就营销学知识系统而言，市场营销学作为一门独立的学科是一个完整的学科体系，各个部分是互相联系、互相制约、互相作用的，共同构成一个有机整体。因此，应运用系统论的方法，注意学习研究市场营销学各个部分之间的内在联系，循序渐进，由浅入深，从点到面，从总体上把握全书的脉络和结构。就营销实践活动而言，也是一个开放变化的系统，营销各个职能、各个环节也互相制约、互相影响；同时影响营销活动的各种因素也形成不同的子系统，系统之间不断发生物质、信息、能量的交换。因此，研究市场营销学和市场活动，切忌孤立地、片面地看问题，而应运用系统科学的思维观念方法。

3. 定性研究与定量研究相结合的研究方法

定性研究是一种抽象的研究方法，有利于通过研究分析现象，寻找现象背后的规律，看到事物发展的趋势和规律性。因而，抽象方法就是由表及里、由此及彼、去伪存真、去粗取精的科学研究方法。市场营销是一种经济活动过程，分析市场营销活动，不可能用物理学的方法使用显微镜，更不可能用化学的方法使用试管和药剂，也不可能采用天文学方法用望远镜，而只能通过人的大脑的思维功能进行抽象的分析、推理、归纳、概括，舍弃事物的表面现象和非本质的东西，抽取事物内在的、本质的、必然的联系。但研究市场营销学仅有抽象的定性研究还不行，还必须与定量研究方法紧密结合起来。因为企业市场营销活动会产生各种信息输出，大量的经济活动都离不开定量分析，各种内生变量、外生变量都相互关联，因此，要对各种变量进行定量计算、分析、比较，只有掌握大量的真实数据和量化资料，才能使定性研究的结论符合实际、符合科学。如制定营销战略决策，就必须进行大量的市场调查，充分掌握第一手市场数据，才能提出预测方案和决策方案。

4. 静态研究与动态研究相结合、相比较的研究方法

研究经济活动、管理活动总离不开对静态和动态的研究。所谓静态研究也是一种历史研究，即对一定时期内进行的经济活动和经济现象进行分析和研究，了解一个经济主体基期的全部情况。动态研究，即在报告期内对经济活动发展变化及趋势的研究。研究营销学和营销活动必须采取这种动态与静态相结

合、相比较的研究方法，只有这样才能掌握营销学体系及一些基本范畴的由来、沿革及发展和适应。运用这一种方法，既要求我们以历史的眼光去了解营销学在不同时期经历不同发展阶段的历史必然性和存在的合理性，又要求我们以瞻前的思维去审视和反思现有营销学理论存在的不足。特别是在比较研究中，要注意用市场营销实践活动的动态性来弥补书本知识相对凝固的静态性，因为各种教材都是既往一定时期实践的总结，总是滞后于实践发展的，这就要求我们在动态中不断发展理论，创新科学。

☞ **案例背景资料**

现代营销之父——菲利普·科特勒

菲利普·科特勒(Philip Kotler)，生于1931年，是现代营销的集大成者，被誉为"现代营销之父"，现任西北大学凯洛格管理学院终身教授，具有麻省理工大学的博士、哈佛大学博士后及苏黎世大学等其他8所大学的荣誉博士学位。科特勒博士见证了美国40年经济的起伏坎坷、衰落跌宕和繁荣兴旺的历史，从而成就了完整的营销理论，培养了一代又一代美国大型公司的企业家。他多次获得美国国家级勋章和褒奖，包括"保尔·D·康弗斯奖"、"斯图尔特·亨特森·布赖特奖"、"杰出的营销学教育工作者奖"、"营销卓越贡献奖"、"查尔斯·库利奇奖"。他是美国营销协会(AMA)第一届"营销教育者奖"的获得者，也是至今唯一3次获得过《营销杂志》年度最佳论文奖——阿尔法·卡帕·普西奖(Alpha Kappa Psi Award)的得主。

科特勒博士著作众多，被翻译为20多种语言，被58个国家的营销人士视为营销宝典。其中，《营销管理》一书更是被奉为营销学的圣经(现已是12版)。其他也被采用为教科书的还有：《营销管理》、《非营利机构营销学》、《新竞争与高瞻远瞩》、《国际营销》、《营销典范》、《营销原理》、《社会营销》、《旅游市场营销》、《市场专业服务》、《教育机构营销学》、《亚洲新定位》、《营销亚洲》等。

科特勒博士一直致力于营销战略与规划、营销组织、国际市场营销及社会营销的研究，他的最新研究领域包括：高科技市场营销，城市、地区及国家的竞争优势研究等。他创造的一些概念，如"反向营销"和"社会营销"等，被人们广泛应用和实践。他亦曾担任许多跨国企业的顾问，这些企业包括：IBM、通用电气(General Electric)、AT&T、默克(Merck)、霍尼韦尔(Honeywell)、美洲银行(Bank of America)、北欧航空(SAS Airline)、米其林(Michelin)，等等。此外，他还曾担任美国管理学院主席、美国营销协会董事长和项目主席以及彼得·杜拉克基金会顾问。

科特勒博士还一直致力于全球营销知识的传播。比如对中国，早在2000年，菲利普·科特勒博士及其胞弟美国科特勒咨询集团(KMG)总裁、营销实战大师米尔顿·科特勒先生就开始在中国奔走呼吁：中国不光要做世界的"生产车间"，还要做世界的"营销车间"。此外，自2005年开始由科特勒咨询集团(KMG)联合众多国内外权威机构推出的"科特勒战略营销年会"(简称"KMF")旨在提升中国的营销能力和营销水准，提供一个中国企业领导人、营销经理人与国内外顶级营销领袖交流的平台和机会，它既是中国营销发展的风向标，也是培养杰出营销领导人的最佳平台。当然，这也是菲利普·科特勒博士向世界传播营销知识的重要平台之一。

案例思考题

1.通过案例，你觉得应如何学好市场营销？
2.你认为中国营销应如何与世界营销接轨？

本章小结

1. 研究市场营销首先要理解市场的内涵。经济学所研究的市场涵义着重从经济关系上去揭示。市场营销学研究的市场概念有其特定的内容。

2. 市场营销是市场经济条件下经济主体为适应市场变化以满足社会需要和自身发展的系统商务营运过程。市场营销对于社会经济的作用可分别从微观和宏观两个方面进行分析。

3. 市场营销学作为市场经济发展到一定阶段的产物，在西方发达国家经历了萌芽、产生、形成和不断发展阶段。市场营销学是不断发展的科学。

4. 中国市场营销学是改革开放中引进和发展起来的一门新型科学，正处在不断发展中，特别是20世纪90年代以来一系列重要因素促进了市场营销学的发展。

5. 市场营销学的研究对象说明了市场营销学是一门交叉性、边缘性很强的应用科学。

6.《市场营销学》的主要内容主要包括了市场营销基本理论、市场营销战略、市场营销策略、市场营销管理等四方面的内容。

7.《市场营销学》坚持创新和在创新中发展与保持基本内容稳定的关系。

8. 学习研究市场营销学要运用各种科学的方法，分清研究重点的分类法和学习研究营销学的科学方法。

思考题

1. 怎样理解"市场 = 消费者 + 消费需求 + 购买欲望"？
2. 为什么说市场营销是企业生存发展的基础？
3. 市场营销对于宏观经济发展有什么作用？
4. 20 世纪 90 年代以来哪些因素的出现促进了中国市场营销学的发展？
5. 市场营销学的研究对象是什么？为什么？
6. 市场营销学包括哪些主要内容？它们之间的内在关系怎样？
7. 学习研究市场营销学的科学方法有哪些？
8. 2003 年非典的冲击对我国产业市场营销带来什么影响？为什么？
9. 你认为市场营销学应怎样创新？

第二章 市场营销哲学

不同的人生哲学，必将形成不同的人生目标与人生过程。企业也如此，不同的营销哲学将会指导企业对市场采用不同的态度，从而导致不同的营销手段和不同的营销结果。本章通过利用系统论的方法，主要研究了市场营销哲学在不同历史背景下的发展和演变，重点分析了以消费者为中心的现代市场营销哲学的主要要点，并根据现代市场营销环境的变化及市场营销研究的发展，提出了关系营销观念、战略营销观念等新的营销哲学。营销哲学的新变化又促进了一系列新营销方式和手段的出现。

第一节 市场营销哲学的演变

一、市场营销哲学

市场营销哲学是指企业在组织和谋划其营销管理实践活动时，在处理企业、顾客和社会三者利益方面所持的态度、思想和观念。它是企业一切营销活动的出发点，是企业解决问题时的思维方法。企业市场营销哲学的形成既是一个复杂的社会过程，也是一定社会经济发展的产物。企业只有在一定的市场营销哲学指导下，才能使其营销活动较为顺利地开展，也就是说，市场营销哲学对企业营销活动能产生积极的、主动的指导和推动作用。

企业营销哲学的演变反映了社会生产力的发展及市场趋势从以卖方市场为主向以买方市场为主的发展，而且它总是随着社会经济的发展及市场营销环境的变迁而不断发展、演变的。一般来说，根据企业营销活动的出发点和中心点的不同，市场营销哲学的演变大体经历了三个阶段：即以企业利益为导向——以顾客利益为导向——以社会利益为导向。

（一）以企业为中心的营销哲学

以企业为中心的市场营销哲学，是指企业在开展营销时是以企业利益为根本取向和最终目标来处理企业营销问题的指导思想。它包括：

1. 生产观念（Production Concept）

生产观念是一种"以生产为中心，以提高生产效率为重点"的经营指导思想。生产观念认为：消费者总喜欢那些随处可以买得到并价格低廉的产品。这一观念大约存在于 19 世纪末至 20 世纪初期。在这段时间内，一些大型工业企业已在资本主义国家陆续建立并向集中化、垄断化方向发展，但由于科学技术的发展水平相对落后，生产效率较低，社会产品不够丰富，市场仍处在供不应求的卖方市场中，主动权由生产企业掌握，消费者对市场商品的需求没有选择余地。并且由于处在供不应求的"卖方市场"中，企业管理的中心问题便是稳定原材料来源，提高劳动生产效率，提高产品质量，降低成本，而不必考虑市场需求问题，销售工作也是不受重视的。这种观念可以概括为"生产什么就卖什么，生产多少就卖多少"。与这种观念相适应，企业的营销部门也很简单，仅仅设立一个销售部门且只管销售人员的活动，其他市场活动如市场计划、营销研究及广告活动等都还不系统、不经常。

总之，在这种观念指导下，企业认为有了产品就有了顾客，只要产品物美价廉就一定能获利，因此，在市场营销中表现出以下特点：

（1）企业注意力放在生产上，主要追求高效率、大批量，产品市场寿命周期长，更新换代慢。

（2）企业的出发点是企业自身，对市场需求状况不关心，主要解决市场产品有无及多少的问题。

（3）企业管理以生产部门为主体。

2．产品观念(Product Concept)

产品观念认为：消费者最喜欢高质量、多功能和具有某些创新特色的产品。在这种观念的指导下，企业总是致力于生产优质产品，并不断地改进产品，使之日臻完善，并深信自己所开发的产品一定会受到市场的欢迎，他们根本就不去了解消费者喜欢什么、需要什么。这一观念大约存在于 20 世纪初期至 30 年代左右。其社会背景是：市场开始由卖方市场向买方市场过渡，人民生活水平已有较大的提高，消费者已不再仅仅满足于产品的基本功能，他们开始追求产品在功能、质量和特点等方面的差异性。因此，如何较之其他竞争能在这些方面为消费者提供更优质的产品便成了企业急需解决的问题。但是，究竟提供什么样的优质产品？公司在设计时不让或很少让消费者介入，也很少进行需求情况调查。公司相信自己的产品工程师或设计工程师知道如何设计，甚至不需考虑竞争对手的产品。

产品观念和生产观念一样，也是典型的"以产定销"的指导思想。这种思想由于过分重视产品而忽视顾客需求，最终会引起"营销近视症"。总之，产品观念认为顾客需要质量优良、式样多变的产品，我们根据自己的设计和生产能力能满足顾客的这种需要。在市场营销中表现为如下特点：

（1）企业的注意力仍然是放在生产上，但强调产品的优质化和多样化，要求设计部门设计更多种类的产品。

（2）出发点也仍然是企业，对消费者需求一样不关心，但会给顾客提供更多可选择的机会，不管市场欢不欢迎。

（3）企业管理的重点转向设计和工程部门，在设计产品时企业只依赖工程技术人员而极少让消费者介入。

3. 推销观念（Selling Concept）

推销观念也称为销售观念，是一种"以推销为中心，以产品为出发点"的营销指导思想。这种观念认为：消费者购买产品时表现出一种惰性或被动心理，因此企业必须大力推销，努力促成顾客购买产品。推销观念大约存在于20世纪40年代前后。在这一时期，由于社会化大生产的发展，管理科学的进步，商品大量涌现，逐步出现了供过于求的现象，市场趋势由"卖方市场"逐步向"买方市场"过渡。在市场竞争日益激烈的情况下，企业发现如果只是产品质量好，价格公道，并不一定能卖得出去，要使商品能脱手，必须加强推销工作。特别是1929年～1933年波及世界范围的经济危机，使大量的工厂倒闭，工人失业，购买力相对下降，产品大量过剩，企业产品的销售问题十分严重。在这种形势下，各企业开始对推销工作重视起来，纷纷采用加强推销机构，增加推销工作内容，增加和培训推销人员，研究推销技术和大力进行广告宣传等办法，努力推销自己的产品。但是推销观念的实质仍然是以生产为中心，企业只是在推销上下功夫，而没有研究消费者的需要，这时的营销部门也未能成为指挥与协调其他职能部门的中心机构。这种观念的具体表现是"推销什么产品就能卖什么产品，推销多少就能卖多少。"

总之，推销观念的核心是卖企业所能生产的产品，是产品需要市场而不是市场需要产品。在市场营销中表现出如下特点：

（1）产品不变，企业仍根据自己的有利条件决定生产方向及产量，但加强了推销工作，提高了推销工作的地位。

（2）开始关心消费者，但主要是停留在如何吸引其购买，并未真正关心消费者的需求，也并不根据消费者需求安排生产，售后不注意信息反馈。

（3）企业开始设置销售部门，但仍处于从属地位。

（二）以消费者为中心的营销观念（Marketing Concept）

以消费者为中心的企业营销指导思想，即营销观念。这种观念认为：企业的一切计划与策略均应以消费者为中心，并提供恰当的产品来满足顾客的需要。营销观念的出现是市场营销学进入成熟阶段的产物和标志。

营销观念是一种"以消费需求为中心，以市场为出发点"的营销指导思想。从本质上讲是消费者主体论在企业营销活动中的具体体现。它认为：实现企业各项目标的关键，在于正确确定目标市场的需要的欲望，并且力争尽快地满足其需要和欲望。这种营销观念是从 20 世纪 50 年代开始形成的。第二次世界大战结束以后，大量的企业军转民，使得市场产品日渐丰富，同时随着第三次科技革命的出现，科学技术高速发展，主要资本主义国家的生产效率进一步提高，生产规模进一步扩大，社会产品供应量剧增，资本主义的生产力迅速提高，使市场出现空前繁荣；另一方面，由于资本主义国家及政府吸取了 30 年代初世界性经济危机的教训，采用了凯恩斯的政策主张，普遍实行了高工资、高福利和高消费的"三高"政策，刺激和促进消费者的购买力不断大幅度地增加，刺激了消费者的需求和欲望，推动社会经济持续稳定地增长。这样，一方面市场上产品品种和数量迅速增加，另一方面人们的收入也大幅度提高，对商品的选择性空前增强，使各个生产企业在市场处于空前激烈的竞争环境之中。整个资本主义世界市场的格局发生了根本性的变化，迅速由原来的卖方市场转变为以购买者为主导的买方市场。面对这一变化，原来的旧的市场营销观念已不能适应新形势的要求了，企业要能在激烈的竞争中求胜，只有首先分析和研究市场的需求，了解顾客现在和将来的需求，在此基础上确定生产什么产品，然后再采用各种有效的措施向顾客进行推销，在满足消费者需要的基础上，企业才能得以生存和发展。也就是说，企业的一切行为都要以市场需要为出发点，又以满足市场需要为归宿。其具体表现是："顾客需要什么，就生产或经营什么"，"哪里有消费者需要，哪里就有市场营销"。

目标市场、消费者需求、整合营销和盈利能力是现代营销观念的四个主要支柱，在营销观念指导下，企业的营销目标已不再是单纯追求销售量的增长，而是从长期战略观点出发，力求吸引顾客，占领市场。营销观念的出现，使市场营销活动产生了根本性的变化，也使市场营销产生了一次革命。它成为现代企业管理思想的重要内容之一，也是现代市场营销学的核心。在这种营销思想的指导下，市场从以生产者为主转变为以消费者为主，决定生产者生产什么产品的主导权不在于生产者，也不在于政府，而在于消费者，在于消费者的需求。因此，在营销观念的指导下，企业的市场营销活动就表现出了如下的特点：

1. 以顾客需求为中心，运用市场细分理论，满足目标市场顾客的需求与欲望。也就是说企业始终以满足目标市场上消费者的需求作为自己的首要任务，根据顾客需要来安排和组织自己的生产及营销活动，并常以顾客的观点来检查自身的营销策略。"顾客是上帝"、"顾客永远是对的"便是这种观点的体现。

2. 运用市场营销组合的合力作用，来全面满足消费者的需求。即企业在开展营销活动时，不再是单纯地强调生产或推销，而是综合运用产品、价格、渠道及促销等因素，使之达到最佳组合，全方位地满足消费者的需求。

3. 刺激新产品的发展，以品种多、规格齐全的产品来满足消费者的整体需求。在市场营销观念的指导下，企业注重新产品的开发，他们根据市场调查预测到的有关消费者的情况，开发新产品，从而使新产品符合消费者的需求，从整体上让消费者满意。

4. 在满足消费者需求的基础上，实现企业的利润目标。任何企业不取得一定的利润就无法生存和发展，在市场营销观念指导下的企业也不例外，也须制定相应的利润目标，不过其利润目标是通过满足消费者需求来实现的。因此，其利润也更加稳定、长远。

5. 企业建立了经营决策中心，且市场营销部门成为指挥和协调企业各部门、各环节的中心和纽带。

（三）以社会长远利益为中心的营销观念（Societal Marketing Concept）

在以社会长远利益为中心的营销观念中，社会营销观念是一种最为典型的。除此之外，还派生出了许多新的营销观念，如生态营销观念、共生营销观念、绿色营销观念，等等。这些适应新的经济形势而发展的营销观念，我们将在本章的第三节进行详细的分析。这里我们主要分析社会营销观念。

社会营销观念是一种既考虑消费者利益，又兼顾企业利润目标，同时还注重社会长远利益的营销指导思想，它产生于20世纪70年代中期。这种营销观念认为：企业开展生产、经营活动时，不仅要满足消费者需要，而且要能发挥本企业的优势，符合消费者和社会发展的最大的长远利益。社会营销观念的提出是协调市场营销活动与社会可持续发展之间矛盾的产物。由于营销活动中利益最大化的刺激，西方资本主义企业为了实现最大限度的利润，只顾企业通过满足消费者需要取得盈利，而不顾消费者和社会长远利益的营销手段，导致了些消极的后果，如产品过早淘汰造成社会资源的浪费，或因生产的产品导致大气、江、河、湖、海等的生态平衡遭破坏及环境污染等。于是，消费者为了保护自身的长远利益，广泛开展了"消费者权益运动"、"环境保护运动"等，反对企业在"以消费者为中心"的帽子下不择手段的经营，导致污染环境、浪费资源、破坏资源的行为。社会营销观念要求企业应兼顾社会、消费者、企业和自身三方面的利益，即要满足消费者需要，又要增进社会利益，还要获得企业满意的利润。

社会营销观念是对营销观念的补充与修正。在以消费者需要为中心的基础上，注重采取积极的措施，如提供更充分的信息、增加产品或服务的安全感、减少环境污染等来全方位体现消费者主体地位。同时视企业为一个整体，全部资源统一而有效地运用，并把企业满意的利润当作顾客满意的副产品，而决不仅仅把利润摆在首位，视为唯一。在社会营销的指导下，决策程序应该是考虑消费者与社会的利益，寻求有效地满足与增进消费者利益的方法，然后考虑利润目标，考察预期的投资报酬是否值得。

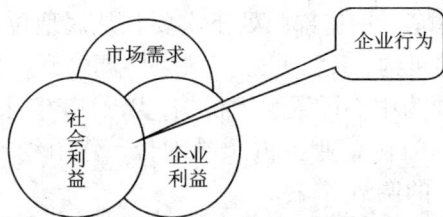

图 2-1　社会营销观念

二、传统与现代市场营销哲学的区别

市场营销哲学的演变经历了近一个世纪的历程。以 20 世纪 50 年代为界限，50 年代以前的以企业为中心的生产观念和推销观念，我们称之为传统的市场营销哲学，而 50 年代以后的以消费者为中心的营销观念和以社会长远利益为中心的社会营销观念等，我们称之为新的、现代的市场营销哲学。由于两种市场营销哲学产生的历史条件、经济背景不同，它们存在着不同的特点，有明显的区别。其区别如下：

1. 营销活动的出发点不同。现代市场营销哲学是以产品为中心，立足于企业本身，一切营销活动从企业出发，不重视市场调查，不了解消费者的需求。而现代营销哲学则要求企业的营销活动要以顾客需要为中心，以增进社会利益为出发点，调查顾客的需求和维护社会公众利益是企业进行营销活动的前提。

2. 营销活动的重点不同。传统营销哲学以产品为重点，认为企业生产什么产品顾客就购买什么产品，有了产品就有了顾客，而现代营销哲学则认为消费者需要的满足程度是重点，营销活动的关键放在如何满足消费者需求和提高消费者需求的满足程度上。

3. 营销活动的手段和方法不同。传统营销哲学认为企业的主要手段是提高产品产量，加强宣传推销，利用各种推销手段扩大产品的销售。而在现代营销哲学的指导下，企业则强调整体营销手段的运用，强调营销因素的合力作用，把所有市场营销活动看成一个有机的整体。

4. 营销活动的目标和结果不同。两种观念的最终目的都是获得利润。但传统营销哲学观念重视眼前利益，且是通过提高产量和扩大销量来实现，其结果是获得有限的短期利润；而现代营销哲学则从企业的长远利益出发，在营销活动上不仅考虑现实的顾客，也争取潜在的顾客，不仅考虑企业本身条件，也注意与社会公众之间的协调，其结果是获得长期的、稳定的利润。

5. 企业内部的组织设置及管理不同。实行传统营销观念的企业在其经营管理中以生产部门为中心，销售部门处于次要和从属地位，一般未设置市场服务、调研及公关等营销机构，且彼此之间缺乏协调一致；实行现代营销观念的企业则强调以市场需要为中心设置组织机构，以营销部门为主导，相应设置有关的职能部门，营销部门在企业中占领导地位，营销经理参与企业经营总决策，并成为各职能部门的调节者。

第二节　现代市场营销哲学的要点

一、现代市场营销哲学形成与发展的依据

现代市场营销哲学共同特点是企业在开展营销活动时，必须以消费者需求为中心，运用整体营销手段的合力作用，满足和实现消费者的需求，并在满足消费者需求的基础上，实现企业利润目标与社会长远发展目标的协调统一。

市场经济在资本主义社会已有数百年的历史，但现代营销观念的形成却只有四五十年的历史，这绝不是偶然的。应当看到这是在市场经济条件下，通过营销观念的变化来对生产关系进行局部调整以适应生产力发展的需要。营销观念作为企业的一种经营指导思想及市场经济条件下的一种管理思想，它的内容要求与生产力水平相一致并随社会生产力的发展而演变。资本主义社会生产的最终目的是资本家为了获取利润，但资本家利润最大化的目标却遇到了市场竞争的挑战。在资本主义国家，由于生产力水平的不断发展，科学技术日益进步，各企业向市场提供的产品品种日益增多，消费者选择的余地也愈来愈大，再加上消费者自身需求的多样性，每个企业所面临的竞争环境日益严峻，所生产出来的产品并不一定能全部实现其价值，唯有深入了解消费者需求，根据消费需求来安排和组织其生产经营活动，才可能使产品价值得以实现，企业才能取得满意的利润并在激烈的市场竞争中立于不败之地。同时由于可持续发展理念的普及，企业的营销必须注重与自然环境的协调，与资源的可持续利用与人的全面发展相协调，与防治生态污染和有益于社会稳定发展相协调，追求利润必须有一个合理的度。因此，现代市场营销观念既是资本主义基本矛盾日益尖锐、竞争日趋激烈的产物，也是资本主义企业经营管理经验不断总结和积累的结果。

必须指出的是现代市场营销观念的形成也是人们对市场认识不断深化的结

果。西方经济学界在长期的探索中对市场自身的"失灵"和功能缺陷有了进一步认识，纷纷提出要采取措施去矫正和弥补市场的"失灵"与"缺陷"，现代市场营销观念的形成也是矫正市场营销活动的盲目性和消极作用的一种结果。

二、现代市场营销哲学的要点

现代市场营销哲学是在 20 世纪 50 年代"营销观念"的基础上形成和发展的，它基于四个主要支柱：即目标市场（target market）、消费者需求（customer needs）、整合营销（integrated market）和盈利能力（profitability）。下面我们就这几个方面进行分析。

（一）目标市场

即要求企业在开展营销活动时首先必须寻找自己的目标市场，然后针对特定的目标市场制定适当的营销方案。

（二）消费者需求

研究消费者、满足消费者需求是现代市场营销观念的基础，只有在满足消费需求的基础上，企业才能实现其经营目标。满足消费者需求包括下面几个方面的内容：

1. 满足消费者的整体需求。这要求企业不仅要满足消费者的现实需求，还要挖掘消费者的潜在需求，积极开发未来的需求；不仅要满足消费者的生理需求，而且要重视消费者的心理需求；不仅要向消费者提供品质优良的产品，而且还要以一流的服务、便利的方式、较好的形象去满足消费者的无形需求。也就是说，既要选定适当的目标消费者，又要致力于为顾客服务和使顾客满意。

2. 满足消费者不断变化的需求。随着社会的发展，环境的改变，思想观念的变化及人们经济收入的提高，市场消费需求是不断变化的。这就要求企业以动态观点来分析市场和研究市场，要求企业所提供的产品、服务及经营方式等方面都要适应市场变化的需求，使企业在复杂多变的市场中站稳脚跟。

3. 满足不同消费者的不同需求。不同的消费者由于其性格、爱好、环境、观念的差异，表现为市场需求的不同。即使在同一目标市场上消费者需求大体相同，但由于现代社会生活的多变性和多层次性，使人们追求个性发展的欲望更为强烈，在产品或服务的需求上也更加强调个人风格，因而企业向市场提供产品时，也应尽可能地为满足人们发展个性的心理需求提供便利。

（三）整合营销

在企业开展营销活动时，必须综合运用各种营销手段，依靠各种营销可控因素的合力，协调好内、外关系，全面组织好整体营销活动，满足消费者全方位的需求。

1. 协调企业内部各职能部门之间的关系。在现代市场营销观念的指导下，运用整体营销手段开展营销活动，首先就必须从内部营销做起。即企业必须开展卓有成效的聘用、训练和激励全体员工为顾客服务的工作。这就要求彻底摈弃原来那种认为营销就是营销部门的工作而与其他部门无关的传统思想，调动研究开发部、人事部、财务部、生产部等各部门的主观能动性，使他们积极配合营销部门争取顾客、保住顾客，并采取相一致的行动，让顾客满意，保证企业整体利益的增长。总之，整体营销首先就是使企业内部各部门在以顾客为中心的前提下，各负其责，发挥各自应有的作用。

2. 发挥营销组合的合力作用。整体营销要求企业正确运用可控因素的组合，发挥包括产品、价格、渠道、促销等四大因素的整体效应，以保证企业营销目标的实现。它强调四大因素的合力作用而不是某一因素的最大作用，因为其中任一因素如不与其他因素达到最佳协调状态，即使其作用得到发挥，也可能并不会使企业营销活动达到最佳效果。所以，只有使企业产品、渠道、价格及促销活动协调一致，再加上各部门的共同努力，才能获得最大的效益。

为了实现整合营销，企业既要进行外部营销，又要进行内部营销。显然，外部营销是对企业之外的人进行营销，而内部营销即是指成功地雇用、训练和尽可能激励企业员工很好地为顾客服务的工作。事实上，内部营销须先于外部营销。

（四）盈利能力

在市场经济条件下，任何企业开展营销活动的目的，都有是为了取得一定的利润，从而保证企业的生存和发展。现代营销观念区别于旧的营销观念的重要一点，就是在顾客满意的基础上，运用整体营销手段，实现长期的、稳定的利润目标。为此，应注意以下几点：

1. 帮助顾客，当好顾客的参谋。企业必须向顾客提供一定的产品或服务，满足顾客需求，但每个企业都有自己的利润目标，不可能把产品或服务免费提供给顾客。因此，只有在保证企业营销活动顺利开展的前提下，给予最大让利，或者采取其他适当的措施，针对顾客特定需要给予实际的帮助，让顾客感到从购买中确实得到了好处而不是企业的取悦。

2. 运用营销矩阵分析。即从两个方面考察企业满足顾客的程度，职工行为重视个人及企业利益的程度和职工行为造福顾客的程度。也就是说，职工行为既要考虑让顾客满意，又力求使企业获得理想利润，既要保持顾客对企业的忠诚，又要让企业通过开展营销活动得以生存和发展。运用营销矩阵中所处的位置，并加以调整，使企业达到理想的位置，以便在企业与顾客利益一致的范围内开展营销活动。

3. 社会利益与企业利益的协调统一。顾客需求的无限性与资源的有限性存在着矛盾，企业必须根据顾客需求合理开发和利用资源，而资源的开发和利用既涉及企业自身，又会对社会产生影响，只有使企业利益与社会利益协调一致，才能实现企业长期而稳定的利益目标，使企业与社会和谐地发展。

另外，在贯彻和实施现代营销观念时，还要求企业必须分析研究所面临的宏观、微观环境，并针对不同的环境做出相应的决策，尽可能利用环境因素给企业营销活动带来的积极影响而避免消极作用，也只有如此，企业的营销活动才可能顺利进行。

总之，以消费者需求为中心，让顾客满意是企业营销活动的基本指导思想，但企业不能一味地强调让顾客满意而置自身条件于不顾，甚至连企业能否盈利也不考虑。现代市场营销观念要求企业不断地适应环境变化，充分利用和挖掘企业的一切资源，发挥自身优势，在企业、外条件的动态平衡中，实现其营销目标。

三、顾客满意与顾客忠诚度

企业在开展市场营销活动时，如何让顾客全面满意，并尽可能建立顾客的忠诚度，也是现代市场营销观念的一个显著的特点，由于这一观点在现代营销活动中的作用日益重要，在此，我们把它单独列出来进行分析。

(一)顾客满意与顾客让渡价值

顾客满意是一种心理感受状况，是顾客以对某一产品在满足其需要与欲望方面实际与期望程度的比较与评价。满意水平是可感知效果和期望值之间的差异函数，如果效果低于期望，顾客就会不满意；如果可感知效果与期望相一致，顾客就会满意；如果可感知效果超过期望，顾客就会高度满意。通过提高满意水平达到顾客满意，最终实现包括利润在内的企业目标，是现代市场营销的基本精神。

提高顾客满意水平要求企业提供给顾客的让渡价值最大。顾客让渡价值是顾客总价值与顾客总成本之间的差额。顾客总价值是指顾客购买某一种产品或服务所期望获得的一组利益，它包括产品价值、服务价值、人员价值和形象价值，等等。顾客总成本则是指顾客为购买某一产品所耗费的时间、精神、体力及所支付的货币资金等，所以它分为货币成本、时间成本、精神成本及体力成本。

树立顾客让渡价值的观念，可以使企业在制订各项市场营销决策时，综合考虑构成顾客总价值与总成本的各项因素之间的这种相互关系，从而用较低的生产与市场营销费用为顾客提供具有更多的顾客让渡价值的产品，争取更多的顾客，取得竞争优势，巩固和提高产品市场占有率。另外，由于不同的顾客群对产品价值的期望和对各项成本的重视程度是不同的，这样，企业就可以根据不同顾客的需求特点，有针对性地设计和增加顾客总价值，降低顾客总成本，提高产品的实用价值。

（二）价值链

企业为了获得高度的顾客满意，就必须创造更多的顾客让渡价值。于是企业就要系统地协调其创造价值的每一个部门与每一环节。这些共同完成企业营销工作的、为顾客创造价值的每一部门和每一环节就会形成一个价值链。从不同的角度考虑，价值链分为企业价值链和供销价值链。

1. 企业价值链。企业价值链是指企业创造产品不同价值的各相关部门的集合。如在企业的经营管理活动中，人事管理、技术开发、采购管理及生产加工、成品储运、市场营销、售后服务等不同部门和环节，其经营管理活动都是企业价值链上一个不可缺少的环节。每一环节经营管理的好坏，都会对其他环节的成本的效益产生影响。不过每一环节对其他环节的影响程度却不尽相同。一般而言，创造产品价值的价值链环节往往与产品技术特性紧密相关，而创造顾客价值的价值链环节，其成败主要取决于顾客服务。

在许多情况下，由于企业各部门往往强调部门利益最大化，从而从各自的角度出发重视本部门的工作，造成一些人为的障碍。于是企业就必须依据顾客价值和竞争要求，检查每项价值创造活动的成本和经营状况，寻求改进措施并作好各部门之间的协调工作。其中最为关键的工作又是要加强核心业务流程管理，即通过新产品开发流程、存货管理流程、交易流程及顾客服务流程而使各有关职能部门尽力合作。

2. 供销价值链。供销价值链即价值让渡系统，是企业将价值链向外延伸而形成的由供应商、分销商和最终顾客组成的价值链。创造顾客的高度满意，有时仅靠企业自己而难于实现，有了供销价值链成员的共同努力，情况就发生了根本变化。因此，许多企业致力于与其供销价值链上其他成员的合作，以改善整个系统的绩效，形成更强大的团队竞争能力，赢得更多的市场份额，实现更满意的利润目标。

（三）顾客忠诚度

顾客忠诚度是指顾客满意后而产生的对某一产品品牌或公司的信任、维护和希望重复购买的一种心理倾向，它是顾客满意的更深一个层次。建立顾客忠诚在现代营销活动中越来越被重视，因为在激烈竞争的市场上，开发新顾客比保住老顾客要花更高的成本费用。尤其是那些原材料及配件类生产企业，为了节省交易成本，希望尽量选择稳定的供应商和保持固定的客户。

如何建立顾客忠诚呢？首先必须把握时机，研究顾客和竞争对手，掌握全方位的信息资料；其次要采取积极行动，将顾客忠诚摆在优先位置上，确保企业的所有工作都有助于建立顾客忠诚，其中最基本的工作当然是满足顾客需求，让顾客产生满意感；再次要经常进行市场调查，了解顾客的满意程度，妥善处理顾客的不满；最后要与顾客建立伙伴关系，伙伴关系是建立顾客忠诚的终极形式，要培养顾客忠诚，就必须以此为企业的行动目标。

第三节　市场营销哲学新发展

随着经济的发展、社会的进步及理论研究的不断深入，自本世纪50年代树立以消费者为中心的市场营销观念以来，现代市场营销观念又蕴含了愈来愈丰富的内容，如系统营销、关系营销、服务营销及合作营销、环境营销等纷纷被企业贯彻于自己的经营管理实践过程中。

一、合作营销观念

合作营销也称共生营销，是指两个或两个以上的企业联合起来共同开发营销机会的营销指导思想。这种观念认为：在现代市场营销活动中，企业间的合作比竞争更重要。合作营销是由美国市场学家艾德勒提出来的。艾德勒在1996年于《哈佛商业评论》上发表了题为"共生营销"的文章而引起理论界的重视与传播。

在合作营销观念的指导下，企业与企业之间的你死我活的竞争矛盾得以解决，双方或多方携手协作，从而减少了恶性竞争，避免社会资源的浪费。

（一）合作营销的意义

开展合作营销，能够促进企业使用，共同寻求市场营销机会。在竞争营销观念的指导下，企业为了寻求营销上的成功，往往不择手段地去打击对方，最常见的手段就是降价倾销以取得竞争的优势。殊不知这样做的结果往往造成两败俱伤，造成社会资源的浪费。在这种情况下，人们使开始重新审视各企业之间的关系并重新协调这些关系。一些富于开拓的市场营销专家也指出：对立并非上策，合作才能走向共赢。

1. 合作营销有利于共同发展，也有利于巩固已有的市场地位。随着经济的发展，生产规模不断扩大，专业化程度也愈来愈强。一方面，市场容量愈来愈大，有利于大型企业开展营销，另一方面，市场空隙也越来越大，小型企业通过细分市场后，可以走进市场空隙，满足这部门市场的要求。若是两者联合起来，就更能增强企业的适应能力。如美国三大汽车公司就是通过与日本和韩国企业的联合来提高市场占有率的。

2. 合作营销有利于开辟新市场。企业要进入一个新市场，尤其是国际市场，往往受制于许多条件和因素，然而通过与当地企业的合作开发，则往往使许多问题迎刃而解。所以就合作是企业进入新市场的捷径，许多跨国公司进入中国市场就是采取合作营销的策略。

3. 合作营销有利于企业开展多角化经营。对大型企业而言，往往会制订出一个多角化经营的战略，以向新的领域寻找发展，但新领域对企业而言可能是完全陌生的，企业所承担的市场风险较大。而通过与相关企业的合作则大大降低了企业经营风险，使多角化经营顺利地进行。

4. 通过跨地区之间的合作，有利于企业进入国际市场。任何一个企业在进行跨国营销活动时，并不都是顺利的，必定要花费巨大的人、财、物力。而开展合作营销，情况则发生了极大的变化，通过与当地国原有企业的合作，利用其原有知名度，营销网络及对本国国情的熟悉 等优势，就顺当实现进入市场的目标。

（二）合作营销的形式

由于企业具体情况不同，合作内容、程度等方面各有特点，而决定着合作营销有多种多样的形式。通常而言，比较常见的有如下几种：

1. 水平合作。即企业间在某一特定营销活动内容上的平行合作，也称横向合作营销。这种形式适应于同行业的企业，他们合作开发新产品、合作开展广告促销活动或相互提供渠道网络等等。

2. 垂直合作。也称纵向合作营销，即企业在不同的营销活动内容上进行合作的方式。这种方式对规模较小而具有专业优势的企业而言是最佳选择。因为受资源限制，他们无法同时完成每一环节的营销活动，而通过合作，取长补短，建立互助关系，解决企业营销系统小而全、营销范围有限、营销效益不高的矛盾。

3. 交叉合作。也称全方位合作营销，是纵向合作营销和横向合作营销的综合，是不同行业的企业在不同营销活动内容或相同营销活动内容上进行全面合作。这种方式的合作空间较大，既可以通过技术转让或技术共享来进行技术合作，也可以利用资本股份参与他国企业进行资金合作，还可以在一定的契约规范下共同研制新技术和开发新产品进行合作研制。

二、系统营销观念

系统营销观念是20世纪70年代以来逐渐形成的，它是现代市场营销观念的发展。这种观念认为：企业是相互联系、相互影响的各要素组成的具有特定功能的整体系统。企业在开展营销活动时，必须强调商流、物流、资金流及信息流的协调统一，从而保证企业作为一个整体系统的顺利运行，因为，企业进行营销活动时，首先必须具备有起码的内部资源，诸如人力资源、技术资源或场地设备资源等等。同时拥有营销资源的企业还必须与企业所处的内外环境相适应，而影响企业营销活动的内外环境又处在一个变化的社会系统中，所以，企业营销活动是一系列因素的整体运动。

（一）系统营销观念的内容

1. 企业营销系统是一个复杂的大系统。系统营销观念认为，企业营销系统是由许多因素组成的宏大而复杂的大系统。它包括企业规模、产品结构、营销目标、市场功能及环境因素等等，其中任何一个因素的变化都会影响营销活动的开展，企业只有不断协调和理顺这一大系统之间的关系，才会保证企业营销活动的成功。

2. 企业营销系统是一个可分系统。企业营销系统虽是一个复杂的大系统，但并不是说各因素之间毫无规律地交错在一起。根据系统论的观点，可以把这个大系统理顺为许多子系统，如人事系统、物流系统、资金系统、信息系统等，企业只有从协调每一个子系统内部的关系入手，才能使整个系统得以正常运行。

3. 企业营销系统是一个对外界环境具有自我适应能力的控制反馈系统。外界环境对企业营销活动会产生影响，企业虽不能改变外界环境因素，却可以通过自身的调控去适应这种环境，这里包括三个步骤：首先，外界环境系统向企业营销系统提供资源。如果没有资金，没有场地设施，没有人力资源或不能获得市场信息，就无法开展营销活动，而这些资源只有从外部环境中获得；其次，企业各子系统对资源进行决策处理，形成产品提供给社会。企业从外部环境获得有关资源以后，根据自己的具体情况，作出正确决策，进行加工，再提供给社会，满足市场需要；最后，对市场进行信息反馈，以便对企业营销活动作出相应的调整。

（二）实施系统营销观念的要求

系统营销观念把企业营销活动的诸要素看成是一个大系统，因此，在运用这一观念时必须注意：

1. 明确系统的总目标与分目标之间 的关系。这就要求总目标与各分目标之间标准明确而可行，总目标与分目标具体，且应针对不同的条件制定相应的目标。总目标对分目标起指导作用，各分目标应为总目标服务。

2. 必须对系统进行分解。由于系统营销观念把企业当成一个具有特定功能的整体系统，因此，在开展营销活动时，必须对企业这个整体进行系统分解，把它分解为许多子系统，各子系统既分工负责，又相互协调，保证营销目标的实现。

3. 运用信息反馈，不断调整企业营销行为，以适应外界环境的变化。信息反馈系统对企业营销活动有重要的指导作用，企业必须重视信息反馈，并利用它来为营销决策服务。

三、关系市场营销观念

关系市场营销实质上是系统营销思想的进一步运用和发展。它是以"系统论"为基本指导思想，将企业置身于社会大环境中来考察企业的市场营销活动，认为企业营销活动是一个与消费者、竞争者、供应商、分销商、政府机构及社会组织发生互动作用的过程，正确处理与这些个人和组织的关系是企业营销的核心。关系营销观念的要点就是以建立与发展同相关个人及组织之间 的关系为基本出发点，市场营销活动的核心从传统的交易转到了建立稳定的关系。

（一）关系营销观念的特点

与一般市场营销观念相比，关系市场营销观念的特点表现在下列几个方面：

1. 注重保住顾客。一般市场营销往往是在满足消费需求的前提下，注重每次销售，希望从每次销售中获取利润；而关系营销则是注重如何保住老顾客，建立顾客忠诚度，在此基础上不断吸引新顾客，从而获得长期的利益，它并不计较单次销售或获利的多少，而看重的产潜在的市场销售和持续良好的顾客关系。

2. 以产品利益为导向。关系市场营销强调营销产品给顾客利益的满足，因此，在开展营销活动时注重宣传产品能帮助顾客解决的问题，突出利益差别；而一般市场营销则比较侧重产品特征，即在同类产品中，本企业产品有别于期货产品的地方，在外观或性能方面提醒消费者，让消费者认清产品特征。

3. 高度强调顾客服务。一般市场营销要求以消费者需求为中心，以适当的产品、适当的价格、适当的手段去满足这种需求，它的重点在于产品是否符合消费者需求，而没有注意顾客服务；关系市场营销观念认为，除了有满意的产品外，还应向消费者提供周到的服务。要从全方位去满足顾客需求，从而使顾客对企业产生满意感，树立忠诚，形成偏爱。

4. 高度的顾客参与。采用关系营销的企业，往往建立了高度的顾客参与制度，从市场调研，到产品策划，从产品投放市场到市场信息反馈，始终都邀请顾客参与，在参与过程中，让顾客谈感受、提建议，再不断地加以调整的改善，直到完全让顾客满意；一般市场营销观念虽然也要求顾客参与，但这种参与往往是有限的，没有贯穿于企业整个营销策划活动过程，因而获取的资料有失全面。

5. 与顾客保持密切联系。一般市场营销观念也要求与顾客保持联系，但这种联系只是适度的、间断的，因而其获得顾客的帮助也就有限，更难说让顾客永远偏爱于企业及产品；关系市场营销观念则要求与顾客保持高度的联系，即使顾客没有购买企业产品时也应定期访问，让顾客感到企业时时都在关心他，也消除顾客认为企业只有想从他身上赚取利润的偏见。

6. 质量是企业营销活动全过程的核心。关系营销观念认为，为了处理好企业与各方面的关系，应把质量问题贯穿于整个营销活动过程，不仅仅包括产品质量，也包括服务质量，还包括环境质量、人际关系质量等方面，也就是说，质量是所有方面都要考虑的问题；而一般市场营销观念也强调质量，但仅仅只把质量看成是产品的首要问题而忽视营销活动的各方面的质量。

(二)关系营销观念对企业营销活动的作用

自 20 世纪 90 年代以来，关系市场营销观念受到了企业界的广泛青睐，不少企业运用关系营销观念已取得了营销的成功。由于关系营销注重和把握了现代市场竞争的特点，强调建立和保持良好的人际关系，而不仅仅是产品满足的消费者需要，因而，被西方企业界视为"营销理论的一次革命"。

1. 有利于企业与顾客建立和保持良好的关系。市场竞争的实质就是争取顾客，只有有了顾客，并长期保住顾客，企业才能得以生存和发展。在关系营销关系的指导下，企业在贯彻以消费者为中心的基础上建立良好的人际关系，并让顾客在物质上和情感上都能感到满意。尤其在当代各企业提供的产品在质量、价格和功能上差异不大时，情感因素在消费者购买决策中就起到了关键的作用。因此，关系营销是现代企业营销的趋势，如最近在西方国家流行的电话服务就有较强的代表性：即不少企业界专门设立热线电话，向顾客提供与公司产品有关的一切服务，并定期通过电话与顾客联系，接受信息反馈，让消费者感到企业在时刻关注自己，从而产生心理上的满足。

2. 有利于创造良好的营销环境，顺利实现企业营销目标。首先，通过创造和谐的内部营销环境，来使全体员工朝着企业既定战略目标方向齐心协力并自觉地以顾客导向方式进行工作。其次，在关系营销指导下，企业不再视竞争者为对立，而是以协作和共同发展为目标，取长补短，有效实现资源共享、利益共分的发展目标。再次，关系营销注重与消费者等外部环境的协调，在实行关系营销观念的指导下，企业特别重视与消费者的沟通，通过提供信息与信息反馈系统，掌握消费需求的变化，加深顾客的感情信任，从而变潜在顾客为现实顾客，变新顾客为常顾客，建立高度的顾客忠诚。最后，关系营销通过与供销商之间的有效合作，使企业自身处在良好的微观环境中，顺利实现其营销目标。由于分销而产生的渠道成员之间的关系，既有协作而产生的共同利益关系，又有在彼此间的微观矛盾，在关系营销的指导下，这种微观矛盾就能得到较好的处理。另外，关系营销还通过对各种金融机构、新闻媒体、公共事业团体及政府机构等的有效协调，争取各部门的理解与支持，使企业在一个有利的市场营销环境中得以长足的发展。

四、战略营销观念

战略营销观念是指用战略的思想和方法开展市场营销活动并对市场营销活动进行管理的一种营销观念。它包含了消费者导向的思想，并把消费者导向放到一个更加广泛的社会背景中。战略营销观念产生于20世纪70年代，80年代得到了迅速的发展及普遍的运用，它的出现可以说是企业市场营销观念的第二次飞跃，与"营销观念"相比，其思考问题的层次更高，所涉及的问题更全面、更系统，具有更为丰富的完善的理论体系。战略营销观念实质上也可以理解为系统营销思想的延伸。

（一）战略营销观念产生的社会背景

进入20世纪70年代，西方经济所面临的市场营销环境发生了极大的变化，石油危机、成本上升、日本等新竞争者的加入、以及资本风险的影响，迫使西方企业调整自己的市场营销观念，此时，优化和配置资源、控制和保持资本成为当时企业的主导原则。进行战略管理首先在美国企业开始，同时，这种战略思想也逐渐渗透到市场营销领域中来，并逐渐成为企业市场活动的指导思想。

（二）战略营销观念的特征

战略营销观念的特征来源于战略的基本特征，具体来说表现在以下一些方面：

1. 方向性。战略营销强调方向性，它最先关注的是向什么方向开展市场营销。于是，把握宏观环境的变化规律，分析行业环境的发展趋势，掌握消费者的需求变化，成为确定其企业经营方向和目标的基本出发点。

2. 长期性。战略营销要求企业不仅能发现消费者的当前需求并满足其需求，而且要求能发现消费者的潜在需求并加以开发，使其成为企业长期的目标，以保证企业可连续的发展。

3. 创造性。战略营销观念的创造性贯穿于市场营销分析、规划、执行、激励和控制的全过程，只有创造才能形成与众不同的差别，或者以功能齐全制胜，或以成本低廉独占鳌头，或独辟蹊径取得优势。也只有创造，才能保证企业立于不败之地。

4. 协同性。战略营销是一个系统，它要求各项职能、各项目标、各项政策及各项活动等必须有高度的内在统一性，只有通过协同才能使各项创造顾客价值的分散活动形成紧密环节，保证系统效益最大化。

5. 多赢性。当代营销活动的目的不仅仅是双赢而多赢，即企业的营销活动要使参与者，包括所有关心企业活动的个体与组织，诸如企业的员工、管理者、银行、顾客及所在的社区、公众、政府等，都能获得各自的利益。这种多赢的特点是企业求得发展的壮大的基础。

总之，随着市场营销研究的不断深入和发展，自 20 世纪 50 年代以来，市场营销学家不断提出了新的概念，市场营销观念也不断被赋予了新的内涵。本章只是有选择地介绍上以上五种比较有代表性的新发展的市场营销观念，作为对营销观念体系的补充和完善。

☞　案例背景资料

北京动物园 VS 迪斯尼乐园

2006 年 4 月 15 日是我国开放最早、饲养野生动物种类最多的北京动物园的 100 岁生日。这样一个在百年历史上创造了多个"之最"的动物园悄无声息地度过了百岁生日，甚至连当天去动物园的游人也察觉不出当天的特殊之处。

如此不同寻常的动物园，百岁大寿只做了三件事：一、动物吃上了"生日蛋糕"。例如贵为兽中之王的狮子、老虎当天的主餐是新鲜的牛羊肉。二、清理兽舍。三、最近新添了一批小动物，共 13 种 26 只。

而对于"上帝"——来动物园游戏的顾客，动物园没有采取丝毫举措，和煦的阳光下，园内一切照旧。他们认为只要努力"酿酒"，自有客来。其实持这种营销观念的动物园绝不止北京动物园，这就难怪我国 90% 以上的野生动物园都处于亏损状态，甚至发生过由于资金紧张而饿死动物的惨事。

同样是动物园百岁生日，2001 年 12 月 5 日，在美国加利福尼亚州和佛罗里达州的迪斯尼主题公园举行名为"百年魔力"的庆祝活动，纪念该公司的创始人沃尔特·迪斯尼诞辰 100 周年。盛大的游行，壮观的焰火……庆祝活动历时 27 天。

洛杉矶的迪斯尼乐园里，工作人员们树起了沃尔特·迪斯尼和他创作的卡通形象米老鼠的塑像，还专门摆出了一个 7.6 米高的奶油蛋糕，上面是沃尔特

·迪斯尼的巨幅肖像。12月5日当天，公园还举行盛大的游行和表演。沃尔特·迪斯尼及其工作室创作的米老鼠、唐老鸭、吉菲和白雪公主等惹人喜爱的卡通形象和游人们一起参加了这一百年庆典。各个由真人扮成的卡通形象衣着鲜艳，在巨型奶油蛋糕后的舞台上且歌且舞，演出结束后燃放的焰火把庆祝活动推向高潮，整个迪斯尼世界沉浸在欢乐喜庆之中。

迪斯尼的百年庆典不仅给游客带来了巨大的欢乐而且突出了一个主题，纪念为公司做出巨大贡献的创始人沃尔特·迪斯尼先生。这就给所有的受众传达了这样一个信息：迪斯尼公司永远不会忘记对迪斯尼公司做出贡献的员工。迪斯尼历来把员工看得很重要，这从它的新员工培训就可见一斑。迪斯尼的新员工培训独具特色，是各行各业的典范。比如东京迪斯尼，有些扫地的员工是暑假打工的学生，虽然他们只工作两个月时间，但是培训他们要花3天时间。培训内容包括如何扫地，学会照相，怎么给小孩包尿布，辨识方向，这些对员工的培训在接待游客时往往产生很重要的作用。

迪斯尼还有很多重视游客的规定。比如迪斯尼的员工碰到小孩问问题时，都要蹲下，蹲下后员工的眼睛跟小孩的眼睛要保持同一个高度。因为那也是未来的顾客，所以要特别重视。从开业至今的十几年里，在东京迪斯尼曾经有两万多名小孩走失过，但最终都找到了家长。在东京迪斯尼里设立了10个托儿中心，只要发现小孩子走丢了，就用最快的速度把孩子送到托儿中心，并从小孩子的衣服、背包来判断大概是哪里人，衣服上有没有绣着他们家族的姓氏；通过询问小孩家里有没有兄弟姐妹，来判断他们父母的年龄；如果孩子描述不出妈妈的样子，就想办法在网上寻找……尽量用最快的方法找到孩子的父母，然后立刻用电车把孩子的父母接到托儿中心，这时孩子可能正在喝可乐，过得很快乐。这就是东京迪斯尼乐园的员工服务，所以东京迪斯尼成为世界上最成功、经营最好的迪斯尼乐园。

迪斯尼的营销观念是就是这样让顾客满意，让员工满意。

总之，所有企业的市场营销活动都是在特定的营销观念指导下进行的。企业的营销观念是否符合形势，对企业的兴衰成败关系极大。中国企业最薄弱的环节是经营，最差的能力是创新，最需要转变的是观念。

（资料来源：http//www.manaren.com. 2007 – 02 – 10 有改动）

[案例思考题]

1. 北京动物园和迪斯尼乐园是否贯彻同样的市场营销哲学？为什么？各有何区别？
2. 迪斯尼乐园的市场营销哲学包含了哪些要点？
3. 请用市场营销哲学理论来分析国内某些动物园经营亏损的原因。

本章小结

1. 市场营销哲学是企业在组织和谋划其营销管理实践活动时，在处理企业、顾客和社会三者利益方面所持的态度、思想和观念。随着社会生产力的提高和市场需求的变化，企业的市场营销观念一般经过了生产观念、推销观念、市场营销观念和社会营销观念等几个阶段。以 20 世纪 50 年代为界，之前的以企业为中心的生产观念和推销观念，把它归纳为旧的传统的市场营销观念，之后的以消费者为中心和以社会长远利益为中心的市场营销观念，我们称之为新的现代的市场营销观念。新旧市场营销观念有根本的区别，在不同市场营销观念指导下的企业，其营销部门的地位和作用各不相同。

2. 现代市场营销哲学的共同特点是：企业在开展营销活动时，必须以市场需求为中心，运用整体营销手段的合力作用，满足和实现消费者需求，并在满足消费者需求的基础，实现企业长期而稳定的利润。

3. 随着生产力水平的不断提高和经济的发展及理论研究的深入，现代市场营销哲学又得到了充分的发展，除了要彻底贯彻以"消费者需求为中心"的思想观念以外，不少企业又纷纷把合作营销观念、系统营销观念、关系营销、战略营销等观念，来作为企业经营管理的根本指导思想，以求在竞争愈来愈激烈的市场中立于不败之地。

思考题

1. 简述市场营销哲学的演变过程。
2. 简述现代市场营销哲学主要要点和作用。
3. 试论述关系营销的要点。
4. 什么是顾客满意，企业开展营销活动时如何让顾客满意？
5. 合作营销观念对现代企业实践有何重要启示？
6. 你认为在供过于求和供不应求的两种市场态势下，企业将会采用同样的市场营销哲学吗？为什么？
7. 简单地分析中国企业是如何运用现代市场营销观念的？

第三章　市场及其购买行为分析

　　市场是企业营销活动的出发点与归宿点，企业为了有效地开展市场营销活动，不仅要准确地认识和把握市场营销环境，而且还要着重研究与剖析市场需求及其购买者行为。市场可分为消费者市场和组织市场两大类。消费者市场是市场体系的基础。企业对消费者市场的分析，是从个体或微观角度认识需求。组织市场与消费者市场相比，既有相同点，又有其特殊性。组织市场又可分为产业市场、转卖者市场、政府市场。分析与掌握这两类市场及其购买行为的特点和规律，有利于企业更好地细分市场和选择目标市场，制定更有效的市场营销战略与策略。

第一节　消费者市场及其购买行为分析

一、消费者市场

（一）消费者市场的含义与分类

　　消费者市场，又称消费品市场或最终产品市场。它是指个人或家庭为满足自身的生活消费而购买商品与服务的市场。它是市场体系的基础。它的存在与发展，不仅直接影响人民群众的生活，而且制约着生产者市场、转卖者市场与政府市场的发展。因此，消费者市场是现代市场营销理论研究的主要对象。成功的市场营销者是那些能有效开发对消费者有价值的产品，并运用富有吸引力和说服力的方法将产品有效地呈现给消费者的企业与个人。

　　消费者市场可从不同的角度进行分类。按消费品的性质与最终用途划分，可以分为工业品消费者市场、农产品消费者市场及旅游娱乐消费者市场，或分为耐用消费品市场与一般消费品市场，或分为日用消费品市场、选购消费品市场与特殊消费品市场；按消费者的不同情况分为老年、中年、青年、少年儿童市场，男性、女性市场，高、中、低收入者市场等。消费者市场的正确分类，有利于市场营销人员深入分析消费者行为，有效地开展市场营销活动。

（二）消费者市场的特点

1. 购买者人多且分散，市场具有广泛性与多层次性

　　消费品生产是人类社会存在与发展的基础。人类一天也不能停止消费，因

而也就不能停止生产。这就决定了消费品市场具有广泛性，具体表现为：一是市场主体具有广泛性，全球所有的自然人均是消费者；二是市场交易对象具有广泛性，呈现出满足不同地域、不同民族、不同收入水平的较为分散人群的生理、安全、社交、尊重与自我实现需要的多层次性。

2. 购买者购买频率高而每次数量少，市场交易具有经常性与重复性

消费品的购买，一般以个人或家庭为单位，由于受消费品本身特点与家庭收入的制约，消费者每次购买的消费品以能满足一定时间内个人及家庭需要为限，一般来说购买的数量较少，在消费者的生活消费具有日常性与不可间断性的情况下，消费品市场的交易活动具有经常性与重复性的特点。

3. 购买者需求变化快，市场具有发展性与时代性

随着科技进步、社会生产力发展与人们收入水平的提高，人们的消费需求日新月异，其走势逐渐向着高水平的方向发展，这使得消费者市场呈现出与时俱进的发展性，主要体现为：一是消费者市场从卖方市场向买方市场转变；二是消费者市场从满足消费需要的数量型向质量型转变；三是消费者市场从满足生存性消费为主向满足发展性及享受性消费为主的方向转变；四是消费者市场从满足实物消费为主向满足实物、精神文化、服务消费并重的高层次发展方向转变，体现当今时代的特色。

4. 购买者一般属非专家型，市场具有弹性与可诱导性

消费者市场的购买者大都缺乏专门的商品知识与市场知识，对大多数消费品的品牌、性能、规格、质量、式样、使用、保养与维修缺乏专门研究。他们在购买时往往主要凭个人的感情与印象购买，容易受广告宣传等促销活动的影响，除生存性消费伸缩性较小外，高档消费品的消费及精神文化与服务等方面的消费，需求弹性大，市场呈现出情感性与可诱导性的特色。

5. 购买者的购买意向的不稳定性，市场呈现出流动性与全球性

随着城乡交往、地区间往来的日益频繁，旅游事业的发展，国际交往的增多，人口的流动性加大，加之全球经济过剩与经济发展的不平衡，市场竞争日益加剧，从而造成购买力流动性增强。主要表现为：一是在不同的商店，购买力时而投向甲商店，时而又投向乙商店；二是在国内市场上，购买力时而投向甲地，时而又投向乙地；三是在全球市场上，购买力时而投向国内，时而又进行全球采购，跨国经营运作。这些均反映消费者市场具有流动性与全球化的特色。

二、消费者购买行为模式的理性分析

(一)消费者购买行为的含义

所谓消费者购买行为，是指消费者为满足自身生活消费需要，在一定的购

买动机驱使下，所进行的购买消费品或消费服务的活动过程。消费者千差万别的购买行为，是以其千姿百态的心理活动作为基础的。消费者的心理活动，主要指消费者消费需求的产生与变化、购买动机的形成、购买决策的确定的思考过程。消费者购买行为是消费者心理活动的外在表现，是消费活动中具有决定意义的重要环节。研究消费者购买行为是极其困难而又有意义的事情。心理学与营销学专家为此作出了努力，他们在研究中归纳出以下七个主要问题：

（1）消费者市场由谁构成？（Who）

（2）消费者市场购买什么？（What）

（3）消费者市场为什么购买？（Why）

（4）消费者市场谁参与购买？（Who）

（5）消费者市场如何购买？（How）

（6）消费者市场何时购买？（When）

（7）消费者市场何地购买？（Where）

心理学与营销学专家们提出的这"6W"与"1H"的研究内容，又可概括为购买者（occupants）、购买对象（objects）、购买目的（objectives）、购买组织（organizations）、购买方式（operations）、购买时间（occasions）、购买地点（outlets）的"7O"研究内容。营销人员在制定针对消费者市场的营销组合之前，必须采用正确的研究方法，全面把握研究内容，深入研究消费者购买行为，才能有效开展营销活动。

（二）刺激－反应购买模式

现代市场营销中，面对纷繁复杂的社会经济生活，虽然不同的消费者之间的购买目的、对象、方式、时间、地点各不相同，但仍然有着某种共同的带规律性的东西。营销学与心理学专家在深入研究的基础上，揭示了消费者行为中的共性或规律性，提出了消费者购买行为的标准模式，称之为刺激－反应购买模式，如图 3－1 所示。

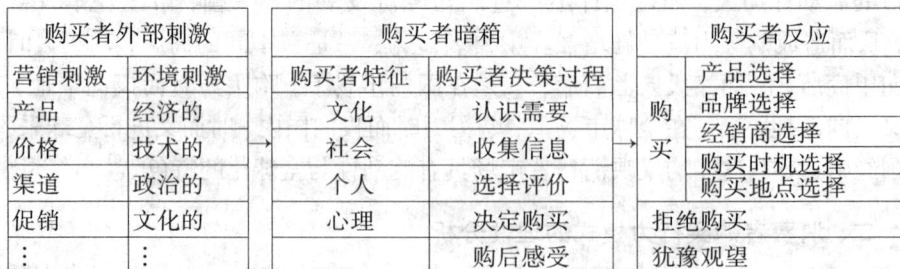

购买者外部刺激		购买者暗箱		购买者反应
营销刺激	环境刺激	购买者特征	购买者决策过程	
产品	经济的	文化	认识需要	产品选择
价格	技术的	社会	收集信息	品牌选择
渠道	政治的	个人	选择评价	经销商选择
促销	文化的	心理	决定购买	购买时机选择
⋮	⋮		购后感受	购买地点选择
				拒绝购买
				犹豫观望

图 3－1　购买者行为模式

从图 3 - 1 中可以看出，影响消费者购买决策过程的外部刺激因素有两大方面：一是企业市场营销制度，如产品、价格、渠道、促销等，这是企业精心策划的对购买者外部环境的刺激，既包括本企业的刺激，也包括其他企业的刺激，如本企业产品增加新功能、新式样，改变外观特色及包装形式，降价或提价促销等，均可视为对购买者行为的刺激；二是其他外部环境的刺激，包括企业不可控制的经济、政治、文化、科技等宏观环境的刺激。所有这些刺激进入购买者的"暗箱"后，经过一系列的心理活动，产生了人们能看得见的购买反应。消费者一旦决定购买，其反应便通过其购买决策过程表现在购买者的购买选择上，如产品选择、品牌选择、经销商选择、购买时机与购买数量选择等。营销人员的任务就是要了解处于刺激与反应之间的购买者"暗箱"中所发生的内容，以使企业采用的各种营销刺激具有合理性与有效性。这一"暗箱"由购买者特性与购买者决策过程的多因素，特别是心理活动因素所组成。尽管其主要内容具有隐蔽性与不可捉摸性，但营销人员仍然可以从各种各样的营销刺激对购买者行为所产生的反应中，推断出"暗箱"中的部分内容。

三、影响消费者购买行为的主要因素

在消费者市场上，消费者作出购买决策，采取购买行动，必然会受到各种外界因素及消费者自身属性的影响，如图 3 - 2 所示。

文化因素				
	社会因素			
文化		个人因素		
	相关群体	年龄及生命周期阶段	心理因素	
			动机	
		职业	感觉·知觉	购买者
亚文化	家庭	经济状况	后天经验	
		生活方式	信念与态度	
	身份与地位	性格与自我观念		
社会阶层				

图 3 - 2 消费者购买行为影响因素的模式

（一）文化因素

文化、亚文化、社会阶层等文化因素，对消费者的购买行为具有最为广泛和深远的影响。

1. 文化

文化是指人们在社会实践中形成的价值观念、道德规范、风俗习惯、宗教信仰、教育水准、国民文化素质、语言文字等。文化是人类欲望和行为最基本的影响因素。低级动物的行为主要受其本能的控制，而人类行为大部分是学习而来的，任何人都在一定的社会文化环境中学习与生活，他们认识事物的方式、价值观念及购买方式都会区别于不同的社会文化环境中的人们。如，西方许多国家普遍认为"13 与 3"是不吉利的数字，应当在商务交易活动中加以禁忌或回避，东方国家则没有这一禁忌与回避；英国禁用大象作商标图案，法国禁用核桃作商标图案，而中国则无这些禁忌。这些国家的文化背景各不相同，必然产生不同的购买行为。

2. 亚文化

任何文化都包含着一些较小的群体所具有的独特文化，即亚文化或次文化。亚文化以特定的认同感和社会影响力将群体成员联系在一起。亚文化主要包括：① 民族亚文化群。每个国家都存在不同的民族，每个民族都在漫长的历史发展过程中形成了独特的文化传统与风俗习惯及道德规范。② 宗教亚文化群。不同的国家存在不同的宗教，同一个国家也往往同时存在互有区别的宗教。不同的宗教具有不同的教规或戒律，导致其信仰、习俗、禁忌与价值观各不相同，进而导致购买行为的差异。③ 地理亚文化群。世界上处于不同地理位置的各个国家，同一国家内处于不同地理位置的各个省份和市县都有着不同的文化与生活习惯。四种族亚文化群。一个国家可能有不同的种族，不同的种族有不同的文化传统与生活习惯。如白种人、黑种人、黄种人的文化差异较大，其购买行为也有较大差异。

3. 社会阶层

社会阶层是指社会成员按一定层次排列的较同质且特点不变的群体。一个社会阶层不是由某一单独因素决定的，而是由职业、收入、财产、教育等综合因素决定的。每一阶层的成员具有类似的价值观、兴趣和行为。而处于不同阶层的人，其价值观、欲望目标、行为有明显不同，导致他们在消费取向、品牌偏好、产品选择等购买行为上有较大的区别。例如，美国社会学家将美国社会划分为七个阶层，即上上层、下上层、中上层、中间层、劳动阶层、上下层、下下层。这些阶层的经济地位、价值观念、生活方式、文化特色各不相同，其购买行为也存在差异。

（二）社会因素

消费者的购买行为从某种意义上说，也是一种社会行为，受到诸如相关群体、家庭社会角色等一系列社会因素的影响。

1. 相关群体

相关群体是指那些直接或间接影响人的看法和行为的群体。按照消费者与相关群体的关系，相关群体可分为所属群体与参照群体。所属群体又称为成员群体，即某人所归属或加入在其中的群体，它又可分为首要群体与次要群体。首要群体是指与消费者直接、经常接触的一群人，一般都是非正式群体，如家庭成员、亲朋戚友、同事与邻居等；次要群体是对其成员影响并不很经常但一般都较为正式的群体，如宗教组织、行业协会等；参照群体又称为向往群体或非成员群体，它仍然是对消费者行为有较大影响的群体。

相关群体对消费者购买行为的影响，一般表现在以下三个方面：一是相关群体为消费者展示出新的行为模式与生活方式；二是相关群体引起消费者的仿效欲望，因而它对事物的看法和对某些产品的态度也会影响消费者；三是相关群体促使人们的消费行为趋于某种"一致化"，从而影响消费者对某些产品和品牌的选择。

2. 家庭

家庭是社会组织的一个基本单位，对消费者的购买行为具有重要的影响。一个人在其一生中一般要经历两个家庭：第一个是父母的家庭，即从出生到父母养育长大成人的家庭；第二个家庭是指一个人婚后所组成的家庭。当消费者作出购买决策时，必然要受到这两个家庭的影响。一般来说，家庭决策大致可分为多种类型：一是各自做主型。家庭无权威中心或较为民主，各成员可自主作出购买决策。二是丈夫支配型。家庭以丈夫为权威中心，家庭购买以丈夫为主决策，其他成员参与决策。三是妻子支配型。家庭以妻子为权威中心，家庭购买以妻子为主决策，其他成员参与决策。四是民主型。家庭购买由全家所有成员共同商量决策。五是家庭内部分工型。一般来说，日用生活消费品由妻子做主购买，贵重消费品由夫妻共同商量作出购买决策。据美国学者研究认为：汽车、电视机、人寿保险的购买，以丈夫决策为主；洗衣机、地毯、衣饰、餐具等商品的购买，以妻子决策为主；住宅、家具、度假和户外娱乐，夫妻双方共同决定。

3. 身份与地位

一个人在其一生中会参加许多群体，如家庭、俱乐部及其他各种组织。每个人在各个群体中的位置可用身份与地位来确定。每个人在不同的群体中的身份是不同的。例如，某人在女儿面前是父亲，在妻子面前是丈夫，在公司是经理。每种身份都伴随着一种地位，反映了社会对他的总评价。消费者做出购买决策时，往往会考虑自己的身份与地位，企业将自己的产品调整为某一身份与地位的象征时，将会开拓某一特定身份与地位的目标市场。当然，人们以何种产品来表明某一特定身份与地位，会因社会阶层和地理区域的不同而不同。

（三）个人因素

消费者购买行为也受其个人因素的影响，包括受购买者年龄及其所处的生命周期阶段、职业、经济状况、生活方式、性格与自我观念的影响。

1. 年龄及生命周期阶段

消费者的需求与购买行为与其年龄有关，不同年龄的人对商品与服务的需要各不相同。人们在一生中购买的商品与服务是不断变化的，幼年时吃婴儿食品，发育和成熟时期吃各类营养丰富的食品，晚年吃各种低脂肪、高蛋白与高钙食品。同样，人们对衣服、家具和娱乐的喜好也同年龄有关。

消费者的需求和购买行为不仅受年龄的影响，还受家庭生命周期的影响。参照西方学者研究的成果，结合我国国情，可将家庭生命周期区分为以下阶段：一是单身阶段。消费者年轻，一般不住在家里，几乎没有经济负担，是新观念的带头人，购买取向以体现时代特征的个人消费为主。二是新婚阶段。消费者年轻，无子女，经济状况好，购买力最强，购买取向以家庭耐用消费品为主。三是子女婴幼阶段。消费者经济负担增加，又有增加储蓄欲望，购买取向以婴幼儿食品与用品为主，购买具有理性。四是子女学龄阶段。消费者经济负担较重，购买取向以儿童的学习用品与文体用品为主，适当添置或更新家庭用品，购买具有理性。五是子女成年阶段。消费者经济负担减轻，购买力增强，购买取向以住宅、家庭高档耐用品、旅游与度假用品及奢侈品为主。六是老年阶段。经济收入减少，耐用品及固定资产多，购买取向以有助于健康、睡眠和消化的保健品、医药用品及食品为主。七是老年独居阶段，即丧偶阶段。经济收入减少，购买取向以医疗用品、保健用品为主，特别需要得到情感关注与安全保障。

总之，消费者在不同的年龄与家庭生命周期阶段有不同的爱好、需求及购买行为，企业应针对不同的情况，及时制定与之相适应的营销计划，进行有效的营销策划，开拓各年龄段与家庭生命周期各阶段的新的目标市场。

2. 职业

个人的消费模式与购买行为受其职业的影响。例如，蓝领工人喜欢购买与自己工作性质相适应的工作服、工作鞋与有关用品，公司总经理喜欢购买高级住宅、轿车、昂贵的西服、旅游与度假的用品等，知识分子喜欢购买各类书籍与文化用品等，这些均是与职业有关的购买行为。企业营销人员应找出对自己产品与服务感兴趣的职业群体，根据其职业特点设计营销方案，开拓新的目标市场。

3. 经济状况

消费者的经济状况包括消费者可支配的收入、储蓄与个人资产、举债能力及对花钱的态度。消费者的经济状况决定着能否发生购买行为以及发生何种规模的购买行为，决定着购买商品的种类和档次。比如，我国中等收入的家庭不会选择购买汽车，低收入的家庭只能购买生活必需品，在选择商品时，更加注意低价与实惠，以尽可能少的支出，获取尽可能大的商品效用。企业营销人员必须针对消费者的经济状况，开发适销市场的产品，吸引目标顾客。同时，经常注意消费者个人收入、储蓄及存款利率的变化趋势，及时调整营销策略。

4. 生活方式

生活方式是指一个人在生活中所表现出来的活动、兴趣和看法的生活模式。虽然有些人来自相同的亚文化群、社会阶层及同一职业，但却有着不同的生活方式。生活方式能勾画一个人在世上的所作所为。不同生活方式的人，对产品和服务的见解及对营销策略的反应差异很大，直接影响其购买行为。

5. 个性与自我观念

个性是一个人所表现出来的经常的、稳定的、实质性的心理特征，通常可用外向、内向、保守、开拓、固执、随和等性格特征来描述。消费者的个性差异会导致购买行为的不同。例如，性格外向的人爱穿浅色与时髦的衣服，内向的爱穿深色与庄重的衣服。自我观念，亦称自我形象，它是与个性相关的观念。自我观念分为：实际自我观念，即某人实际如何看待自己；理想自我观念，即希望某人如何看待自己；他人自我观念，即认为别人如何看待自己。在营销学中的自我观念是指自己与别人如何看待自己，自己究竟是一种什么形象，并把购买行为作为树立自我形象的重要方式。企业营销人员应深入研究目标市场上消费者的个性与自我观念，努力发展那些能实现消费者个性与自我观念的产品和服务，并通过广告宣传，使消费者感到企业的产品与服务符合自我形象，以扩大企业产品的销售。

(四)心理因素

心理因素是影响消费者购买行为的内在因素，涉及动机、感觉和知觉、后天经验、信念与态度等方面。

1. 动机

人的行为是由动机支配的，而动机由需要而引起。一个人在任何时候都有许多或多层次需要，包括生理与心理的需要。一种尚未满足的需要，会产生内心的紧张或不适。当需要被激发到足够的强度时，便成为动机，动机是一种升华到足够强度的需要。人类关于需要与动机的理论有多种多样，其中美国心理学家马斯洛(A. H. Marslow)的需要理论在营销学中运用最为广泛。马斯洛认为，人的需要是以层次的形式出现的，按其重要程度的大小，由低级需要逐渐发展到高级需要，依次排列为：①生理需要，即获得维持和延续生命所必须的食物、水、阳光、空气、保暖、避热、睡眠等基本生存资料的需要；②安全需要，即人们在满足生理需要之后，进一步要求保护人身财产安全，免受战争动乱与防备失业等方面的需要；③社交需要，即期望同他人平等相处与友好交往，获得友谊、爱情与好的归属的需要；④尊重需要，即实现自尊、获得好评与受到他人尊重的需要；⑤自我实现需要，即充分发挥个人能力与创造力，实现自我价值及理想与抱负，取得成就的需要，如图3－3所示。

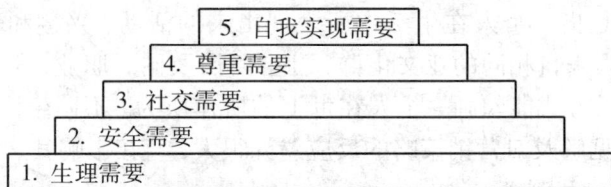

```
            5. 自我实现需要
         4. 尊重需要
      3. 社交需要
   2. 安全需要
1. 生理需要
```

图3－3　马斯洛的需要层次理论

　　马斯洛的需要层次论，揭示了人类的需要结构与需要变化的一般规律，可以帮助营销人员了解目标市场上消费者的多层次需要及需要发展的客观趋势，从而正确分析消费者的购买动机，制定合理的产品开发与优质服务计划，实现企业的营销目标。

　　在现实生活中，由于消费者的需要层次、兴趣、性格、价值观各不相同，因而在具体购买时，其动机的心理表现就不一样。一般常见的购买动机主要有：

　　(1)求实购买动机。它是以追求商品的实用性为主要特征的购买动机，其核心是"实用"。具有这种动机的消费者，特别重视商品的质量、功能、经久耐用与使用方便等。

　　(2)求廉购买动机。它是一种以追求商品的物美价廉为主要特征的购买动机，其核心是"经济"。这类消费者对价格反应敏感，喜欢购买价格优惠或折价处理的商品。

　　(3)求新购买动机。它是以追求新颖与时尚为主要特征的购买动机，其核心是"追求新奇"。具有这种动机的消费者特别注重产品的式样、功能、商标是否新颖，富有时代特色。

　　(4)求名购买动机。它是以追求名牌产品为主要特征的购买动机，其核心是"名誉、地位与炫耀"。具有这种动机的消费者，特别注重产品的商标、产地以及产品在社会中的知名度、美誉度与市场占有率。这也是消费者一种较普遍的心理动机,但社会地位与经济收入较高的消费者,所具有的这种动机更为突出,他们非名牌商品不买。

(5)求美购买动机。它是一种以追求商品的欣赏价值与艺术价值为主要特征的购买动机,其核心是"欣赏与美化"。具有这一动机的消费者,特别注重商品的造型、色彩、款式、艺术欣赏价值,以及对人体与家庭环境的美化作用。

(6)求安全购买动机。它是一种以追求产品使用安全、功能可靠为主要特征的购买动机。具有这一动机的消费者比较普遍。特别是在购买食品、药品、洗涤用品、卫生用品、家用电器、交通工具及外出旅游时,求安全的动机更为突出。

人们在现实的购买活动中,也许有时只有一种动机,但更多的情况下是多元动机,也许上述六种动机全存在,甚至还超出这一范围。但在多元动机中总有一个占主导地位的动机。企业营销人员必须针对各类不同的动机,做好营销策划,开拓各类不同的目标市场。

2. 感觉和知觉

感觉和知觉均属于感性认识,是指消费者的感官直接接触刺激物与情境所获得的直观、形象的反映。这种认识由感觉开始,如某商品的形状、大小、颜色、声响、气味等,刺激了人们的视、听、触、嗅、味等感觉器官,使消费者感觉到它的个别性。随着感觉的深入,各种感觉到的信息在头脑中被联系起来进行初步的分析综合,使人们形成对刺激物或情境的整体反映,这就是知觉。人们往往会对同一刺激物产生不同的知觉,这是因为人们会经历以下三种不同的知觉:

(1)选择性注意。在人们感觉到的刺激物中,真正引起人们注意的是少数,多数都被忽视掉了。有关调研结果表明,人们对以下三种刺激物较为注意,即与当前需要有关的刺激物、人们期待中的刺激物和非同寻常的刺激物。

(2)选择性曲解。人们倾向于对自己的先入之见,用支持而不是用挑战的方式来对信息作出阐释。每个人总想得到适合于他或他现有的思想形式的信息。选择性扭曲就是人们将信息加以扭曲,使之合乎自己思想的倾向。

(3)选择性记忆。人们在生活中,往往容易记住那些与自己态度、信念一致的东西,而忘却与己无关的东西。例如,某人可能只记住 IBM 品牌计算机的优点,而忽略了其他竞争品牌的优点,原因就是存在选择性记忆。每当他想购买计算机时,他就会更多地想起 IBM 品牌的许多优点。

3. 后天经验

后天经验是指人们通过自身的经历、感受与学习积累的经验。它能引起个

人行为的变化。人类后天经验是通过驱使力、刺激物、提示物、反应与强化的
相互影响而产生的，如图 3 - 4 所示。

这一模式中的驱使力是指人受本能
或心理动机作用而产生购买商品的冲动
力，刺激物是客观存在的能满足人购买
需要的商品或劳务，提示物是加深对"刺
激物"印象的次刺激物，如广告宣传、商
品的外观形态、陈列展览等，反应是指购
买者对"刺激物"采取的购买行动，强化

图 3 - 4 后天经验购买行为模式

是具体行动后进一步加深对刺激物的印象，包括正强化与负强化。

4. 信念和态度

人们通过购买行动，后天学习及其经验，树立起自己的信念和态度，而信
念和态度又反过来影响人们的购买行为。信念是指一个人对某种事物所持的看
法，如相信 IBM 品牌的计算机有较强的存储功能，海尔冰箱有较强的制冷与省
电的功能。制造商应及时了解自己的产品与劳务在人们头脑中的信念，因为这
些信念可以形成产品与品牌的形象。如果人们的信念是错误的，影响了产品的
销售，制造商就应进行宣传与沟通，改变人们的信念，有效开展促销活动。

态度是指一个人对某些事物或观念长期持有的好与坏的评价、感受与行动
倾向。态度使人置身于对某一事物产生好感或厌恶、亲近或疏远的情境之中。
消费者一旦形成了对某种产品或品牌良好的态度，以后就很有可能作出重复购
买的决策；反之，就不会购买。一个人的态度具有相对稳定的趋势，不容易改
变。企业应不断进行营销策划，使自己的产品与消费者的良好态度相一致。如
遇消费者不好的态度，不是改变其态度，而是改变产品的营销组合，进行新的
营销策划，使消费者重新审视，形成新的态度。

四、消费者购买决策过程

市场营销者不仅要分析影响消费者购买行为的主要因素，而且要研究消费
者如何作出购买决策，包括决策的参与者、决策的类型与决策过程的主要步骤
等方面。

(一)购买决策的参与者

消费者购买决策，往往有多人参与。以家庭购买汽车为例，购买汽车的建
议可能出自年幼的孩子，邻居则推荐所购汽车的品牌，丈夫决定汽车的类型与
式样，妻子对汽车外观有明确的要求，丈夫在与妻子商量后，作出最后决定，
年长的孩子根据父母决策意图去采购，最后，由全家共同使用汽车。于是我们

可以从中分析得出：参与购买决策的人有发起者（年幼的孩子）、影响者（邻居）、决策者（丈夫与妻子）、购买者（年长的孩子）、使用者（全家）共五个角色。发起者是指首先提出或有意想购买某一产品与服务的人；影响者指提出看法、建议或推荐产品、品牌或劳务对最终决策具有一定影响的人；购买者是指实际采购的人；使用者是指实际使用或消费某一产品或服务的人。

（二）购买决策的类型

消费者的决策制定会随着购买决策类型的变化而变化。购买一支牙膏、一副网球拍、一台家庭用的计算机及一部汽车，其购买行为有很大的区别。复杂昂贵商品的购买决策，往往包括购买者的更多考虑与更多的人介入。根据参与者的介入程度和品牌间的差异程度，可将消费者购买行为分为四种类型，如图3－5。

介入程度 品牌差异	低度介入	高度介入
品牌差异小	习惯性购买行为	化解不协调的购买行为
品牌差异大	寻求多样化购买行为	复杂购买行为

图3－5　消费者购买行为类型

1. 习惯性购买行为

对于价格低廉、经常购买的商品，消费者的购买行为最简单。这类商品的品牌差异小，消费者对其很熟悉，不需要花时间进行选择，也不需要经过收集信息、评价产品特点与进行购后评价等复杂的决策过程，企业对这类产品的营销，可以采取广告宣传、有奖销售、实物展销、价格折扣或优惠来激励消费者多买与重复购买。

2. 寻求多样化购买行为

有些产品品牌差异明显，但价格较低，消费者也不愿多花时间选择，而是不断变换所购产品的品牌。这样做并不是因为对产品不满意，而是为了寻求购买的多样化。针对这种购买行为，企业营销者应占据有利的货架位置、保证充足的多样化货源及采用销售促进等营销措施，才能有效吸引消费者购买。

3. 化解不协调购买行为

有些商品品牌差异不大，但价格高，消费者一般不经常购买，购买时有一定的风险性。对这一类商品，消费者一般到多家商店看货、比较，然后再购买回家。购买以后，或使用一段时间后，消费者也许会感到有些不协调或不够满意，也许商品的某个地方不够称心，或听到别人称赞其他品牌的同类商品。为了证明自己购买决策的正确性，此时消费者一般会在使用过程中积极、主动地去了解更多的有关情况，寻找种种理由来减轻、化解这种不协调。对于这类产品，一般如果价格合理，购买方便，机会合适，消费者就会决定购买。经营该类商品的企业，应运用价格策略与人员推销技巧，选择一个好的销售地点，及时向消费者提供商品信息与对商品的评价，使他们能光临选购，并相信其购买决定正确。

4. 复杂购买行为

当消费者购买一件贵重、不常买、品牌差异大、有风险而又非常有意义的产品时，其购买决策的心理过程是十分复杂的。由于消费者对此类产品缺乏了解，需要一个学习过程。首先收集信息，了解产品的性能、特点，通过分析、比较，从而对产品产生某种评价，最后才作出购买决策。针对这一复杂的购买行为，企业营销人员应采取积极有效的措施，及时帮助消费者了解本企业产品的功能、质量、外观特色等各种优势，用预期利益与销售促进的各种措施来激励消费者，做好销前、销中、销后的优质服务，扩大产品销售，提高产品的市场占有率。

(三) 购买决策过程

在复杂的购买行为中，遵循一般规律，消费者要完成某一商品购买决策的全过程应经历以下五个阶段，如图 3 – 6。

引起需求 → 收集信息 → 比较评价 → 决定购买 → 购后感受

图 3 – 6   消费者购买决策过程的阶段

1. 引起需要

消费者产生与认识需求是购买决策过程的起点。引起消费者认知其需求的原因，一般是消费者发现现实状况与想达到的状况之间有一定的差距，再加上受到某种内部与外部的刺激，消费者开始意识到一种需求。消费者通过认识与强化需求到一定程度时，便使驱使力转化为购买行为。因此，企业应充分注意以下问题：一是注意了解那些与本企业的产品实际上或潜在地有关联的驱使力；二是善于安排诱因，包括强化刺激物、提示物，以加深消费者对企业产品的印象，促使消费者对企业产品产生强烈的需求，并及时转化为购买行动。

2. 收集信息

消费者认识到自己的消费需求后，需要收集情报资料，寻找商品信息，以便比较分析与选择购买。消费者信息来源一般有个人来源、市场来源、公众来源、经验来源等方面。个人来源是指家庭、朋友、邻居、熟人所提供的有关商品的信息；市场来源是指推销员、经销商、广告宣传、产品展销会及产品拍卖的招标会提供的有关商品信息；公众来源是社会公众传播的信息，如消费者权益组织、政府部门、新闻媒体、消费者和大众传播的信息；经验来源是指从产品的现场试用或以往购买的实际使用所得的商品信息。企业市场营销人员针对消费者寻找信息的渠道，与消费者进行沟通，多渠道、多方式向消费者输送信息，使消费者形成对商品的良好信念与态度，促使消费者购买行为的发生。

3. 比较评价

消费者获取需购商品的信息后，将对不同品牌的商品加以分析、比较与评价。其比较与评价的主要内容有：

(1)产品属性，即产品能满足消费者需要的特性。例如，计算机的存贮能力、图像显示能力、软件的适用性、价格等。照相机的图片清晰度、照相速度、相机大小与价格等；旅馆的坐落位置、清洁程度、氛围与住宿价格等。尽管上述的都是消费者感兴趣的产品属性，但消费者对有关属性的考虑不尽相同，他们会更多地关心与自己有关的产品属性。市场营销人员应分析本企业产品具备哪些属性，以及不同类型的消费者分别对哪些属性感兴趣，以便进行市场细分，对不同需求的消费者提供具有不同属性的产品，既满足顾客需要，又最大限度地降低因生产不必要属性所造成的资金、劳动力和时间耗费。

(2)属性权重，即消费者对产品有关属性所赋予的不同的重要性权数。假设某消费者对 A、B、C、D 四种品牌产品的主要属性进行打分，如表 3-1 所示。

表 3-1　某消费者对计算机的品牌信念(计分)表

计算机品牌	属性及价格			
	存贮能力	图像显示能力	软件适应性	价格
A	10	8	6	4
B	8	9	8	3
C	6	8	10	5
D	4	3	7	8

假设某消费者心目中的权重系数是：存贮能力为40%，图像显示能力为30%，软件适用性为20%，价格为10%，则计算出每类计算机在某消费者心目

中的平均分值为：A 为 8 分，B 为 7.8 分，C 为 7.3 分，D 为 4.7 分。根据这一计算，应选择的理想品牌为 A 品牌计算机。这是某消费者根据所获信息进行分析比较所得的结论。企业应更多地关心属性权重与属性的平均值，提高产品的整体功能，满足消费者需要。

（3）品牌信念，即消费者对某品牌优劣程度总的看法。由于消费者个人经验、选择性注意、选择性曲解、选择性记忆的影响，其品牌信念可能与产品的真实属性并不一致。市场营销人员应针对这一情况，采取多方面营销策略，在消费者中树立良好形象或信念来促销。

（4）效用函数与评价模型。效用函数指描述消费者所期望的产品满足感随产品属性的不同而有所变化的函数关系。它与品牌信念的联系是，品牌信念指消费者对某品牌的某一属性已达到何种水平的评价，而效用函数则表明消费者要求该属性达到何种水平他才会接受；评价模型指消费者对不同品牌进行评价和选择的程序与方法。消费者选择的一般方法是，对其购买对象不断比较择优，从较多品牌中逐步缩小品牌范围到最后选出理想品牌。

4. 决定购买

经过对商品的比较评价后，消费者对选择集合中的产品已排列先后顺序，形成一种购买倾向。正常情况下，消费者就会购买自己选择的理想品牌。但是，如果遇到意外情况，或受到他人态度的影响，消费者也许会修正、延期或避免作出购买决策。所谓意外情况，包括消费者工作地点变动、预期收入未能实现、发现其他开支更为急需、家庭出现灾祸，或其他未预期到的情况发生；所谓他人态度，包括家人、亲友、同事、邻居或其他消费者对产品的信念与态度。他人态度的影响力取决于以下因素：一是他人否定态度的强度；二是他人与消费者的关系；三是他人的权威。此外，消费者如有购买风险感觉，也会影响购买决策，其影响程度随风险感觉的大小而定，而风险大小又是随着购买代价、不确定属性比例、消费者自信程度的大小而变化。企业营销人员应针对这一阶段的特点，积极采取营销措施。

（1）企业要向消费者提供更多的有关产品质量、功能等方面的信息，并与其他品牌进行对比分析，让消费者了解更多有利于我方产品销售的市场行情，以最大努力消除消费者对产品认识的不确定因素与购买风险感觉。

（2）企业要在各种销售服务如在收款、包装、送货、安装等环节上方便顾客，或使顾客感到在预期利益方面获得实惠或优惠，来诱导消费者变购买意图为最后的购买决策。

（3）企业营销人员应掌握火候成交，既不能急于求成，也不能拖延时间，以免夜长梦多，使消费者发生意外，应抓住消费者心理变化中的机遇，促使尽快成交。

5. 购后感受

消费者购买商品后，往往会通过使用或他人评判，对其购买选择进行检验，重新考虑购买这种商品是否明智、合算、理想等，这就形成购后感受。检验购后感受，确认满意程度，可运用以下理论。

（1）"预期满意"理论。这一理论认为，消费者的满意感（S）是消费者对产品期望（E）与该产品可觉察到的效用（P）之间的函数，即 $S = f(E, P)$。如果产品符合期望，即 $P = E$，消费者满意；如果产品超过期望，即 $P > E$，消费者就会非常满意；如果产品低于期望，即 $P < E$，消费者就会产生不满意感，将很快作出各种不同的反应：退货或停止购买，甚至抱怨与投诉。由于消费者期望的建立，更多的是依据市场来源信息，因而根据上述理论，如何进行广告宣传，传播市场信息，是值得企业研究的重要问题。企业既要充分宣传、肯定自己产品的优点与功能，吸引消费者购买，又要实事求是，使产品的实际效用与消费者的期望相一致，才能确保消费者满意。

（2）"认识差距"理论。这一理论认为，不论企业怎样运作，消费者购后几乎都会产生不满意感或不和谐感，原因在于市场上不存在与任何消费者的"理想产品"完全相一致的品牌。而那些不一致之处，尤其是低于基本要求的有关属性，便会被消费者当作"缺点"，甚至主观上夸大这些"缺点"，并在想象中不断完善未购品牌的"优点"，因此，消费者的不满意感就会增大。企业必须想方设法，使消费者的不满意感降到最低程度。

研究消费者购买决策过程，目的在于向企业提示，消费者购买的实现是五个购买阶段共同作用的必然结果。在每一阶段，消费者都有可能受各种内外部环境与刺激物的影响，改变购买主意。企业必须善于根据各阶段的不同情况，作好营销计划，采取切实有效的营销措施，促使消费者作出购买决策。

第二节　组织市场及其购买行为分析

企业市场营销对象，不仅包括广大消费者，还包括生产企业、商业企业、政府机构等各种组织机构。所谓组织市场，是指各类组织机构所形成的对企业产品和劳务需求的总和。它主要包括产业市场、转卖者市场与政府市场。

一、产业市场及其购买行为分析

（一）产业市场的内涵与特征

所谓产业市场，又叫生产者市场或企业市场。它是指一切购买产品和服务并将之用于生产其他产品或服务，以供销售、出租或供应给他人的个人和组织。在通常情况下，产业市场由农业、林业、水产业、制造业、建筑业、通讯业、公用事业、银行业、金融业、保险业、服务业等产业组成。产业市场与消费者市场相比较，具有以下不同的特征：

1. 市场购买主体不同

主要表现为：一是产业市场购买的主体是企业或组织，不同于消费者市场主体是生活消费主体的个人与家庭。虽然产业市场的购买行为也可能通过个人来进行，但个人只是企业或组织的代表。二是购买者属专家型，不同于消费品市场的非专家型的购买者。由于产业用品特别是其中的机器设备等的技术性强，企业通常都选择经过专门训练的内行的专业人员去负责采购工作。企业采购主要设备的工作较复杂，参与决策的人比消费者市场多，决策过程也更为规范，通常由若干技术专家和最高管理层组成采购委员会领导采购工作。三是购买者比较少，且地理位置相对集中。比如，发电设备生产企业产品的购买者是各地极有限的发电厂，大型采煤设备生产企业产品的购买者是少数大型煤矿，其产业用品客户大都集中于全国的一些大中型工业城市与一些工业发达的地区。

2. 市场购买方式不同

主要表现为：一是购买的次数少而每次购买的数量大。购买行为受生产周期及购买者少的制约，购买次数不会太多，但每次购买数量大，有时一个企业一次购买的金额可达到数千万元甚至超过亿元。二是直接采购。在通常情况下，产业市场购买者直接向供应方订货，而不经过中间商环节，价格昂贵或技术复杂的项目更是如此。三是互惠购买。产业市场的购买者往往这样选择供应商："你买我的产品，我就买你的产品"，即买卖双方经常互换角色，互为买方与卖方。例如，造纸公司从化学公司大量购买造纸用的化学物品，化学公司也从造纸公司那儿大量购买办公与绘图用的纸张，因而在购买中采取互惠或互利的做法。

3. 市场需求状况不同

主要表现为：一是派生需求。所谓派生需求，是指产业市场的需求是由消费品市场需求引伸出来的需求。例如，电视机制造商需要购买制造电视机的机器设备，是因为消费者需要购买电视机。如果消费者对电视机的需求增加，那么生产电视机的所有产业市场的需求也随之增加，反之，电视机需求减少，制造电视机的产业市场的需求也随之减少。二是需求弹性小。多数产业用品的需求受价格变化的影响不大。产业市场需求受生产发展的制约，在一定时期内，需求弹性不大。即使皮革的价格下降，制鞋商在皮鞋需求与生产方式不变的情况下也不会去购买更多的皮革。相反，如皮革价格上涨，制鞋商对皮革的需求也不会减少。三是需求波动大。所谓需求波动大，是指消费者需求的增长率能导致产业购买者需求的更高的增长率。西方经济学家称之为"加速原理"。有时消费者需求只增长1%，能导致产业需求增长20%。这种现象导致许多产业市场营销人员调整他们的产品线，扩大经营范围，以保持同商业周期的平衡。

4. 其他特点

主要表现为：一是产业市场目的明确，计划性强；二是产业市场采购人员或采购部门有明确的职责，其购买行为受组织制定的各种政策、制度的指导与制约；三是产业市场交易程序复杂，新购要经过报价、讨价还价与反复磋商的谈判，才能签订买卖合同，完成购买行为。

(二) 产业市场购买行为的类型

产业购买者不是只作单一的购买决策，而要作一系列的购买决策。产业购买者所作购买决策的数量及决策结构的复杂性，取决于产业购买行为的复杂性。产业市场购买行为可分为以下三类：

1. 直接重购

直接重购是指产业市场用户的采购部门完全按照过去的订货目录和基本要求向原供应商购买产品。它属于最简单的购买类型，不需要经过复杂的购买程序。直接重购的产品主要是原材料、零配件等。采购者根据供应商原供货行为，选择较为满意的供应商列入采购目录名单，已被列入目录名单的供应商，应尽最大努力，提供优质的产品与优质的服务，进一步提高采购者的满意程度。未被列入名单的供应商更应努力改进产品，增加新功能，并提供更满意的服务，以便使采购者重新考虑购买，逐步争取更多的订货。

2. 修正重购

修正重购是指产业市场用户的采购部门改变原先所购产品的规格、价格或其他交易条件后再重新购买。购买者向原供应商提出新的供货条件，同时向新供应商提出购买意向。这既给原供商增加了压力，又给新的供应商提供了机遇。原供应商应从客户需求出发，按新的供货条件，进行产品重新组合，采取最有效的措施，维护原有地位。新供应商应积极参与竞争，提供符合购买者需求与要求的优质产品和服务，争夺新市场。

3. 新购

新购是指产业用户初次购买某种产业生产用品或服务。这是最复杂的购买类型。新购产品大多数是不经常购买的产品项目或服务，如大型的先进的机器设备，建造新的厂房或办公大楼，安装办公自动化设备或计算机信息系统等。采购者需要在产品规格、数量、质量、性能、价格、服务条件、付款方式等方面作出购买决策，这给供应商带来平等的机遇与挑战。供应商应派出强有力的营销人员，积极向购买者提供优质产品、优质服务及商品信息，实现产业用品的销售。

（三）产业市场购买决策的参与者

不同的企业具有不同的采购组织。小企业仅有几个采购人员，大企业具有规模较大的采购部门，由一位副总经理主管，有的企业采购部门有权决定购买产品的规格、数量与质量，有的企业采购部门只能选择供应商，甚至只担负下订单的职责。同时，购买类型与规模的不同，其购买的复杂程度与参加决策的人数也不尽相同，在采购规模较大与较为复杂的购买行为中，参与决策的人员较多，一般有以下成员：

（1）使用者。他们是指公司内部具体使用欲购某种产业用品的人员。例如，运输车队要购买载重汽车，其使用者是汽车司机；钢铁厂要购买冶炼钢铁的机器设备，其使用者是炼钢工人。使用者往往是购买产业用品的最初提出者，他们在计划购买产品的品种、规格、品牌中起着重要的作用。

（2）影响者。他们是指企业内部与外部直接或间接影响购买决策的人员。他们通常协助企业的决策者确定产品的规格、型号、品牌等购买条件。企业的技术人员是最主要的影响者。

（3）采购者。他们是指被赋予权力按照采购方案选择供应商与商谈采购条款的人员。在较为复杂的采购工作中，采购人员还包括参加谈判的公司高层管理人员。

（4）决策者。他们是指企业中有权决定买与不买及购买产品的品牌、规格、数量与选择供应商的人员。有些购买活动的决策者很明显，有些却不明显，供应商应当设法弄清楚谁是购买的决策者，以便有效地促成交易。

（5）信息控制者。他们是指在企业内部和外部能控制市场信息流向使用者或决策者的人员。例如，企业的购买代理商与技术人员可以拒绝或终止某些供应商和产品的信息，秘书、接待员也可拒绝或终止有关供应信息，甚至电话总机的接线员与门卫也可以阻止推销人员与使用者或决策者接触。

（四）影响产业市场购买行为的主要因素

产业购买者在作出购买决策时受多种因素的影响，可以概括为四大因素，如图3-7所示。

1. 环境因素

目前和预期的经济环境，如需求水平、经济前景、价格或资金成本等因素对产业购买者的影响很大，例如，经济衰退时，产业购买者减少他们的设备、厂房等方面的投资，紧缩生产，削减存货。在这样的环境下，产业营销人员在刺激购买方面难有作为，但如果政府计划与减免投资税则会有所帮助。其他不可控制的因素，诸如政治法律环境、科学技术环境等均会对产业市场的购买行为有重要的影响。

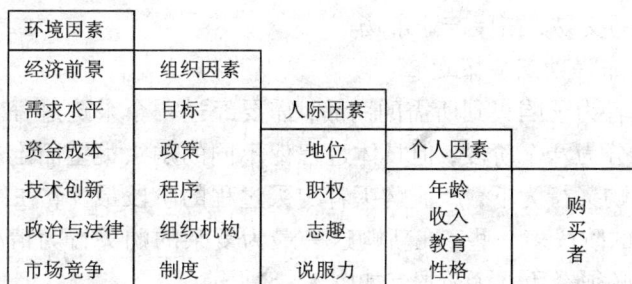

环境因素				
经济前景	组织因素			
需求水平	目标	人际因素		
资金成本	政策	地位	个人因素	
技术创新	程序	职权	年龄	购买者
政治与法律	组织机构	志趣	收入 教育	
市场竞争	制度	说服力	性格	

图 3－7　影响产业购买行为的主要因素

2. 组织因素

产业购买企业内部有关因素，即企业经营目标、采购政策、制度、程序及采购的组织结构等因素对购买行为有很大影响。比如，以追求总成本降低为目标的采购企业，会对符合本企业要求的尽可能低价的产品感兴趣；以追求市场领先为目标的采购企业，会对技术先进、优质、高效运行的产品更感兴趣。同时，有的采购企业建立采购激励制度，奖励工作业绩突出的采购人员，将导致采购人员为争取最佳成绩而向供应商施加压力。有的公司实行集中统一的采购制度，将原各事业部分散进行的采购工作集中起来，由公司采购中心统一进行，以利于找到更好的供应渠道，确保产品质量，降低采购成本。供应商必须了解与研究购买者内部这些组织因素的改变，有针对性做好营销工作，不断拓展销售市场。

3. 人际因素

产业购买企业内部参与购买决策的各个角色，即使用者、影响者、采购者、决策者、信息控制者的个人职务、地位、态度及相互关系对购买行为有很大影响。供应商必须了解采购人员在购买决策中扮演的角色及其相互关系，利用人际因素中的各种关系及核心人物的权力、职务与地位，促进产品销售，确保交易成功。

4. 个人因素

产业购买企业内部参与购买决策的有关人员的个人年龄、文化层次、个性偏好、风险意识等因素对购买行为的影响也不可忽视。不同的购买者会展示不同的购买风格与个性特征，受过良好教育的购买者，追求理智型的购买行为，个性强硬的购买者，总是同供应商反复较量，不愿作出让步；一般个性的购买者，总是喜欢从那些使他感到"亲近"的公司采购，他们倾向于从对他们表示尊敬和关心，并为他们提供优质服务的供应商那里采购。供应商应深入了解与分析采购人员不同的个性特征，并努力使自己的产品与服务来适应各种不同的需要，促成产品交易，拓展产业市场。

（五）产业市场购买决策过程

产业购买者为了购买到所需的商品，需要经过一个采购过程。理论界将产业购买过程划分为八个阶段，但具体过程依不同的购买类型而定。在直接重购这一最简单的购买行为下，产业购买者购买过程的阶段最少；在修正重购情况下，购买过程的阶段多一些；在新购这一最为复杂的购买行为情况下，购买过程阶段最多，必须经历八个阶段，如图 3－8 所示。

购买阶段	购买类型		
	直接重购	修正重购	新购
1. 认识需要	不必	需 要	需要
2. 确定需要	不必	可能需要	需要
3. 说明需要	需要	需 要	需要
4. 物色供应商	不必	可能需要	需要
5. 征求建议	不必	可能需要	需要
6. 选择供应商	不必	可能需要	需要
7. 正式订货	不必	可能需要	需要
8. 绩效评价	需要	需 要	需要

图 3－8　产业市场购买决策过程阶段

1. 认识需要

产业购买者认识自己的需要，明确所要解决的问题。这是在新购与修正重购情况下，购买者决策过程的起点。认识需要由以下两种刺激引起：①内部刺激。例如，企业设备老化或原料库存不足，需要更新设备或补充原料；企业开发出一种新产品，需要生产这种新产品的新设备或新材料；企业已购原材料的使用结果效果不好，需要寻找新的供应商等。②外部刺激。购买者可能在一次展销会上，或看到有关广告宣传，或接到推销人员的电话，发现有更理想或价格更优惠的产品，从而产生需要。供货厂家应加强这种外部刺激，引起或促使产业用户认识其需要。

2. 确定需要

产业购买企业发现自身对产业用品的需要后，必须通过价值分析确定所需产品的品种、规格、功能、特征、数量与服务等方面的需要。标准化产品易于确定，非标准化产品须由使用者、工程技术人员、高层经营管理人员与采购人员共同协商确定。供应商的市场营销人员应及时向购买者介绍产品特性，协助买方确定需要。

3. 说明需要

产业购买企业确定自己的需要后，还需对所购产品的品种、规格、型号、功能、质量、特征、数量和服务，写出详细的技术说明书，作为采购人员的采购依据。买方应委派一个专家小组从事这项工作，卖方也应通过价值分析向产业用户说明自己的产品性能如价格等方面均比其他品牌理想。必要时，可通过展示新工艺、新产品与各种营销手段或技巧，争取买方能列入选择范围，决不放过市场机会。

4. 物色供应商

产业购买者通过各种途径收集有关供应商的信息，将那些生产能力不足，或供货与服务信誉差的企业排除在外，而对那些认为合格的供应商则要通过电话、计算机查询，或登门拜访，进一步了解他们的产品及供货行为。最后，将那些有良好信誉与合乎自身要求的供应商列为备选对象。供应商应通过各种媒体宣传介绍自己，扩大知名度，树立良好信誉，争取列为供应商的备选对象。

5. 征求建议

产业购买企业向那些合格的供应商征求有关建议，即要求供应商提供建议书，以便进一步评价与进行比较筛选。供应商应根据对方的要求，将有关产品的技术性能、报价、可提供的服务及自身生产能力等情况以口头或书面的形式递交给购买企业，力求使建议书具有说服力与吸引力。

6. 选择供应商

产业购买企业有关人员对供应商提交的正式建议书进行评价，一般根据供应商产品质量、技术性能、产品价格、商业信誉、按时交货能力、优质服务等方面来评价供应商，选择最有吸引力的供应商。企业采购中心作出最后决定之前，也许还要和那些较中意的供应商谈判，争取较低的价格和更好的供货条件。最后，采购中心选定一个或几个供应商。西方国家许多精明的采购经理一般都宁愿有多条供应来源，以免受制于人，同时，可以使供应商之间展开竞争，更有利于购买者的采购行为。

7. 正式订货

产业购买企业将最终订单发给选中的供应商，订单上列明技术规格、所需数量、产品价格、预期交货时间、支付方式、退货条款、保证条款等事项。购买者对日常生产需要的产品，正逐渐从定期的采购订单向综合订单即"一揽子合同"或总合同过渡。这样，可以建立购买企业与供应商长期合作的较为密切的供货关系，供应商承诺根据需要与约定的价格随时供货，可以实现购买企业减少库存直至实现"零库存计划"，供应商则有了稳定的销售渠道。

8. 绩效评价

产业购买企业对各个供应商的供货行为及其绩效进行评价，以决定是否维持、修正或中止供货关系。评价方法是，询问使用者，了解他们对购买的产品是否满意，检查和评价各供应商履行合同的情况，或按照若干标准加权评估等。供应商应关注该产品的采购者和使用者是否使用同一标准进行绩效评价，以保证评价的客观性与正确性。

二、转卖者市场及其购买行为分析

(一)转卖者市场的内涵与特性

转卖者市场又称为中间商市场或再卖者市场。它是指那些通过购买商品和劳务以转售或出租给他人，以获取利润为目的的个人和组织。转卖者不提供形式效用，而提供时间效用、地点效用和占有效用。转卖者市场主要由各种批发商和零售商组成。就地理分布而言，转卖者市场较产业市场分散，但比消费者市场集中。转卖者市场经营种类繁多的转售产品。据有关调查证实，除一些重型或复杂的机械、定制的产品，以及制造商直接邮购或设站直销或上门推销的产品之外，绝大多数的产品都是通过中间商转卖到最终顾客的手中。供应商应将转卖商看做是他们顾客的采购代理人，而不应将其看做是自己的销售代理人。如果供应商能帮助中间商更好地为其客户服务，则将会在中间商市场上大有作为。

(二)转卖者市场的购买类型

1. 购买全新品种

供应商向转卖商提供一个新产品或新项目，转卖商将作出是否购买的回答。转卖商可根据新产品或新项目的进价、售价、市场需求、市场前景、市场风险等因素的分析后作出购买决定。

2. 选择最佳卖主

转卖商已经确定将要购买的品种，但需考虑选择最佳供应商。这一购买类型的发生往往与以下情况有关：一是各种品牌货源充足，但转卖商缺乏足够的经营场地，只能选择经营某些品牌；二是转卖商打算用自己的品牌销售产品，选择愿意为自己制造品牌产品的最佳生产企业。

3. 寻求更佳的购买条件

这是指转卖商试图从原有供应商那里获得更为有利条件的购买类型。这一购买类型的发生往往与以下情况有关：同类产品的供应商增多或其他供应商提出了更有吸引力的价格与供货条件，转卖商就要求现有供应商改善供货条件，诸如更多的优质服务、更大幅度的价格折扣、更宽松的卖方信贷等条件。转卖商并不想更换供应商，但会以现实的市场竞争状况对供应商施加压力，迫使其改善供货条件。

（三）转卖者市场购买的参与者

转卖商购买过程参与者的多少与商店规模有关。在较小的"夫妻店"里，业主通常亲自从事商品选择和采购业务。在大商业公司，采购是一项专门职能与专职工作。百货公司、超级市场、药品批发商、杂货批发商等，他们的购买方式各不相同，甚至在每一类商业公司内部，也可找到不同点，但仍然有许多共同点。以连锁超市为例，购买的参与者有：

（1）商品经理。连锁超级市场公司总部的专职采购人员，分别负责各类商品的采购任务，负责收集相关品牌信息，制定品牌组合方案并听取推销人员所作的新品牌介绍。不同的商品经理被赋予的权力各不相同。在一些连锁店里，经理有权接受或拒绝某种新产品或新项目。然而在另一些连锁店里，他们只能鉴别那些"显然拒绝的商品"和"显然接受的商品"。不管怎样，对新商品的最终销售最具影响力的是连锁店经理。在国内连锁店和独立的超级市场上，仓库里有 2/3 的新商品是连锁店经理决策订购的，只有 1/3 不是经理决策的。

（2）采购委员会。通常由公司总部的各部门经理和商品经理组成，负责审查商品经理提出的新产品采购建议，作出购买与否的决策。事实上，由于商品经理控制信息与提出建议，即使一种商品被连锁店采购委员会接受，连锁店的经理也可能不执行。因此，采购委员会的主要职能是起着平衡各种意见的作用，在新产品评估和购买决策方面产生重要影响，并代理商品经理向供应商提出拒绝购买的理由，充当二者之间的调解人。

（3）分店经理。通常是连锁超市下属各分店的负责人。他们掌握着分店一级的采购权。美国连锁超级市场各个分店的货源有 2/3 是由分店经理自行决定采购的。

（四）影响转卖者市场购买行为的主要因素

转卖者市场的购买行为同产业市场一样，也受到环境因素、组织因素、人际因素与个人因素的影响，就像前面的图 3-7 所列的那样。卖方必须对这些因素给予足够的重视，并推出那些能帮助转卖商降低成本或赚钱的策略。除此之外，采购者的个人购买风格也具有不可忽视的影响。西方学者根据采购者的个人风格列出了以下七类购买者：

1. 忠诚型购买者

这类购买者年复一年地从某一供应商处进行采购。这种忠实于卖者的采购，有利于卖者巩固销售渠道，具有稳定的销售收入与利益。这类购买者之所以这样做，或是卖方利益驱动，维持原供应商，可得到实惠；或是在卖方产品质量与服务满意感到其他供应商还无法代替；或是卖方感情投资驱动，长期合作，感情深重，并有过在困难时期互相帮助的经历，不愿更换供应商；或是购买者个性因素影响，购买者习惯于自己熟悉的商店，购买自己所熟悉的产品。供应商应注意分析上述使采购者"忠实"的多方面原因，采取切实有效的措施，维持忠实于自己的老顾客，使所有的顾客均尽可能转化为忠实的购买者。

2. 随机型购买者

这一类购买者由于受利益驱动，或是缺乏购买经验与购买心理不够稳定，喜欢不断变换与随机尝试选择供应商。他们对任何供应商都没有长期合作的关系与感情基础，也不认为某一供应商的产品与交易条件明显优于他人。对于这类购买者，供应商应在保证产品质量的前提下，提供理想的交易条件，同时增进交流，帮助解决业务或个人的有关困难，使之感到己方的产品与交易条件明显优于他人，成为己方的忠实购买者。

3. 最佳交易型购买者

这类购买者选择一定时间、地点的最佳供应商提供的最佳交易条件下进行采购。他们在与某一供应商保持业务关系的同时，还会不断地收集其他供应商的信息，并不断进行分析对比，一旦发现某一供应商具有更优质的产品与更佳的交易条件，就立刻转去购买。他们一般不会成为某一供应商的长期顾客，除非某一供应商始终保持产品的竞争优势和其他供应商无法比拟的最佳交易条件。面对这类购买者，企业只有改进技术与管理，提高劳动生产率，降低个别成本与价格，保持竞争优势，并提供优质服务，才能维持这类理智型的老顾客。

4. 创造型购买者

这类购买者会经常就他们所需产品、价格、服务及交易办法向供应商提出条件，或创造性的想法与建议。他们有思想，爱动脑，喜欢创新，常常在执行决策部门制定的采购方案时，最大限度地运用自己的权限，按照自己的想法去做。对于交易中的矛盾分歧能提出多个解决方案以使双方接受，如果实在无法调和，才更换供应商。对于这类采购者，供应商应给予充分的尊重与配合，尽最大努力采纳他们的正确意见与想法，使他们成为本公司的忠实购买者。

5. 广告型的购买者

这类购买者追求卖方的广告支持，或卖方同意就买方为产品所作的广告支付一部分广告费用。他们将此作为重要的交易条件。这种要求符合买卖双方的利益,供应商应给予充分重视,加强广告宣传,提供广告精品,或采用协作性广告,给予必要的合理的广告开支,以满足购买者的需要。

6. 斤斤计较型购买者

这类购买者对每次交易都斤斤计较,他们希望供应商每笔交易都能作出特别的让步,都能以最低的价格为他们提供产品与服务。他们在谈判中,反复讨价还价,一些蝇头小利都不放过。供应商与这类购买者打交道是不容易的,让步太多则无利可图,让步太少或适度让步则交易难以成功。对于这类购买者,供应商在双方交往与谈判中要有耐心与策略,以大量事实与数据说明自己已经作出了最大让步,并通过对比分析,使购买者明确他所获得的实际利益,争取达成交易。

7. 挑剔型购买者

这类购买者每次购买的总量不大,但品种繁多。他们重视不同品种的搭配,力图实现最佳产品组合,从而挑选那些结构最好的商品。供应商与他们交易会增加许多工作量,如算账、开单、包装与送货等。面对这类购买者,供应商不能有丝毫的厌烦感,而要提供细致周到的优质服务,争取交易成功。

(五)转卖者市场购买的决策过程

转卖者市场也与产业市场一样,在复杂的购买行为中,其购买过程须经过认识需要、确定需要、说明需要、寻求供应商、征求供应建议书、选择供应商、正式订货、绩效评价共八个阶段。选择最佳卖主与寻求最佳购买条件的购买决策可能跳过某些阶段,而购买全新产品则要完整地经历各个阶段,正如前面图3-8所列的那样。除此之外,转卖者购买决策还具有以下内容与特色。

1. 购买决策的主要内容

转卖商购买决策包括配货决策、供应商组合决策和供货条件决策。配货决策是指决定拟经营花色品种,即转卖商的产品组合;供应商组合决策是指决定拟与之从事交换活动的各有关供应商的组合;供货条件决策是指决定具体采购时所要求的价格、交货期、相关服务及其他交易条件。

2. 配货决策的特色

转卖商要作出下面这些采购决策:采取什么样的品种组合?从哪些卖方采购?以什么样的价格和其他条件进行谈判?品种组合或配货决策是首要的,它决定了转卖者在市场中的地位。转卖商配货策略有独家配货、专深配货、广泛配货、混合配货等。独家配货又叫独家品种组合,是指转卖商只经销一家制造商的产品,即所销售的不同花色品种的同类产品都属于同一品牌,或由同一家企业生产的。专深配货又叫深度型产品组合,是指从深度上经销一个产品群,其产品群来自许多制造商，即所销售的不同花色品种的同类产品是由不同品牌或不同厂家生产的产品搭配而成。广泛配货又叫广泛品种组合，是指从广度上经销系列产品，即经销某一行业的多系列、多品种产品。比如，某商店经销电视机、电冰箱、洗衣机、收录机等电器行业的多系列、多品种产品。混合配货又叫混合型品种组合，即跨行业经营多种互不相关的产品。比如，某商店经销电视机、服装、食品、书籍等。

三、政府市场及其购买行为分析

（一）政府市场的内涵与特征

政府市场指各级政府及下属各部门为了执行政府职能而购买产品、项目和服务所组成的市场。政府购买商品及服务的能力源于对纳税人提供的税收的再分配，其中一部分形成了财政预算中的政府支出。政府市场有以下特点：

1. 政府市场主体的特殊性

政府市场主体，也称采购主体，是指依靠国家财政资金运转的政府机关、事业单位和社会团体、公共机构等部门，而非个人和盈利性的企业。

2. 政府采购资金来源的公共性

政府采购资金来源于政府财政拨款和需要由财政偿还的公共借款，这些资金的最终来源为纳税人的税收和政府公共服务收费，在财政支出中具体表现为采购支出，即财政支出减去转移支出的余额。这种资金来源的公共性，既不同于个人消费品采购资金来源的私有性，也不同于企业采购资金来源于企业集体的性质。

3. 政府采购的行政性、社会性与广泛性

政府采购体现政府的意志与职能。它本身是一种行政办公与国家宏观调控及维护国家安全的一种运作过程。无论在国内还是国外，其采购行为都具有较强的行政色彩。同时，政府是财富的最大拥有者和分配者，始终是各国国内市场的最大用户。据统计，欧共体各国政府采购的金额占其国内生产总值的14%左右（不包括公用事业部门的采购）；美国政府在1989～1992年间每年仅用于货物与服务的采购就占其国内生产总值的26%。政府需求量大，其采购对象从汽车、办公用品到武器等无所不包，涉及货物、工程与服务等各个领域，具有明显的广泛性与社会性。

4. 政府采购的非赢利性

政府采购的目的不是为了赢利，而是为了执行政府职能，向社会提供公共产品，维护国家安全和社会公众利益。具体的购买目的包括：加强国防与军事力量；维持政府机构的正常运转；政府参与市场调节，稳定物价与市场；政府扶贫，调节收入分配、缩小地区差距与居民收入差距；政府对外国的商业性、政治性或人道性援助等。这些都明显具有非赢利性特点。

5. 政府采购的公开性、竞争性与公平性

所谓公开性，是指政府采购的有关法律和程序是公开的，采购过程也完全是在公开的情况下进行的，一切采购活动都要作出公开的记录，所有的采购信息都是公开的，没有秘密可言；所谓竞争性，是指政府采购目标的经济效益性，是通过促进供应商、承包商或服务提供者之间最大程度的竞争来实现；所谓公平性，是指所有参加竞争的投标商机会均等，并受到同等待遇。它包括所有符合条件的供应商、承包商、服务提供者都有权参与投标竞争，资格预审和投标评价对所有投标人都使用同一标准，采购机构向所有投标人提供的信息都应一致，不应对国内或国外投标商进行歧视等，应一律平等对待。

（二）政府市场的购买目标

1. 经济性目标

政府采购虽然与消费者市场、产业市场的购买行为有着不同的特点，但在采购目标上却基本相同，其采购政策、程序及目标必须与商业交易的经济性与商业惯例相吻合。国际政府采购规则都将促进政府采购的经济有效性作为其首要目标。例如，世界银行在贷款协议中规定："确保任何一笔贷款款项只能供贷款的目的之用，并在使用时充分考虑经济与效率，而不应适宜政治的或其他非经济性的影响和考虑。"世界贸易组织的《政府采购协议》也将经济性作为采购目标，试图通过政府采购中竞争范围的扩大，促进政府采购程序的经济性和效率；欧盟采购《公共指令》也认为，通过政府采购，缔约国可以获得国际采购的比较价格利益，从而促进缔约国政府采购的经济有效性。政府采购的经济有效性目标，是指以有利的价格等条件，以质量合乎要求，及时采购到货物、工程或服务。经济性是指采购资金的节约和合理使用。基于公共资金的性质，采购机构必须谨慎合理地使用采购资金。有效性是指采购的货物、工程、服务要具有良好的质量、功能与效率，要在合同规定的合理时间内完成招标采购任务，以满足使用部门的要求。

2. 廉洁性目标

采购过程的廉洁将有助于提高公众对采购机构及有关方面的信任程度，有助于使公众信任采购过程，信任政府部门。只有建立了这种信任关系，潜在的投标商才会积极参与政府组织的采购活动，进而实现采购的经济性。因此，政府应将廉洁性与防治腐败行为明确列为采购的目标。通常对政府购买中腐败问题的防治，一方面是加强政府采购中的公开性与公平性，使政府采购过程处于公众的监督之下；另一方面要在政府采购立法中增加惩罚欺诈行为和行贿受贿的条款。国际政府采购规则还规定了质疑、审查等程序，以实现政府采购的廉洁性目标。

3. 其他特定的社会经济目标

国际政府采购规则在确立上述目标时，还规定允许一国根据自身发展的需要，利用政府采购的法律和程序来促进一国具体的经济和社会发展的目标。这些目标包括：推动国民经济发展，鼓励发展本国、本地区经济，提高民族工业的竞争力，增强发展中国家的经济自主性，促进技术的转让和推广，优化本国进口产品的结构，改善国家的贸易平衡状况，节省外汇，促进就业，保护环境等。从这些目标出发，一般在国际政府采购中往往给予本国或本地区投标商以政策上的优惠，或优先考虑采购国产货物或服务等。

(三)政府市场购买过程的参与者

政府市场购买的参与者不同于消费者市场与产业市场购买的参与者。消费者市场购买的参与者是属于生活消费主体的个人与家庭；产业市场购买的参与者是属于生产消费主体的企业组织与个人，政府市场购买的参与者是属于执行政府职能的政府采购组织，一般分为两大类。

（1）行政部门的购买组织。如国务院各部、委、局；省、直辖市、自治区所属各厅、局；市、县所属的各科、局等。这些机构的采购经费主要由财政部门拨款，各级政府机构的采购办公室具体经办。

（2）军事部门的购买组织。军事部门采购的军需品包括军事装备(武器)和一般军需品(生活消费品)。各国军队都有国防部和国防后勤部(局)，国防部主要采购军事装备，国防后勤部(局)主要采购一般军需品。在我国，解放军总后勤部负责采购和分配一般军需品，总装备部负责军事装备的采购与分配。此外，各大军区、各兵种也设立后勤部(局)负责采购军需品。

(四)影响政府购买行为的主要因素

政府市场与产业市场及转卖者市场一样，也受到环境因素、组织因素、人际因素与个人因素的影响，但也有一些不同点。

1. 受到社会公众的监督

为了实现政府采购的经济性、高效运行与廉洁性目标，政府采购受到各方面的监督，尽管各国的社会经济制度不同，但政府采购受到社会公众监督是相同的。主要的监督者有：

（1）国家权力机关，即国会、议会或人民代表大会。政府的重要预算项目，必须提交国家权力机关审议通过，经费使用情况也受到监督。

（2）资金管理职能机构。有的国家成立专门的行政管理和预算办公室，审核政府的各项支出并试图提高使用的效率。

（3）社会中介组织，即政府采购的招投标机构、会计师事务所、律师事务所、审计师事务所、公证和仲裁机构、计量和质量验证机构、资产评估机构等组织。这些中介机构在履行各自的职能、开展业务、提供公证等服务的过程中，通过自身的公平、公正的行为来对政府采购行为实施监督。例如，招投标代理机构，可以在代理招投标采购的过程中，通过严格执行招投标程序来监督政府采购的公正性。会计师事务所可能通过验资、查账、资产评估、审核预决算等活动来实现对采购单位财务活动的监督。社会中介机构在财政监督中有着不可替代的作用，是政府采购监督的一支重要的力量。

（4）传播媒体。报刊、杂志、广播、电视等传播媒体密切关注政府经费的使用情况，对于不合理的采购，或采购中的腐败行为予以披露，起到了有效的舆论监督的作用。这些监督，包括日常监督与专项监督两个方面。无论是日常监督，还是专项监督，均包括对采购单位、采购资金、采购人员及供应商的监督，也包括对招、投标，含开标、评标、决标等购买过程的监督。

2. 受到国际国内政治经济形势的影响

政治影响表现为，某些国家为了维护社会稳定，对付外敌入侵，或对外发动战争时，军备开支和对军需品购买的数量就增多，如美国于2003年3月20日发动对伊拉克战争，在原军备开支的基础上，由国会批准增拨747亿美元军备开支，大大增加了政府对军需品的采购。相反，各国在和平时期，用于军备开支较小，军需品的采购量较小，而用于现代化建设和社会保障支出就大，国家用于非军事及采购的数量就比较大。其经济形势影响表现为，经济疲软时期，政府会缩减支出，相应减少政府采购。经济繁荣时期，政府则增加支出，相应增加政府采购。国家经济形势不同，政府用于调控经济的支出也会有所不同。我国出现粮食大丰收与"卖粮难"现象时，政府按照最低保护价收购粮食，增加了政府采购支出。美国前总统罗斯福在经济衰退时期实行"新政"，扩大国家投资，加强基础设施建设，刺激了经济增长。

3. 受到国家经济发展战略的调整及自然灾害的影响

例如，我国实施加快中西部地区发展、建设更高、更全面、发展更均衡的小康社会的战略，必然会加强国家参与市场调节，调整产业结构，加强扶贫、缩小贫富差距与地区差距，从而增加财政支出，相应增加政府采购数量。当国家遭受各类自然灾害时，必然会增加政府用于救灾的财政支出，相应增加政府的民用采购数量。

（五）政府市场购买过程的基本流程

政府采购的基本流程，是指政府采购工作顺序、联系方式以及各要素之间相互联系的一种运行模式。它是实施政府采购的行为规范。按照国际惯例，结合我国国情，政府采购一般要经过下面的基本程序：

1. 填报政府采购申报表

政府采购申报表由采购单位根据批准的政府采购计划进行编制，包括按采购计划所确定的项目及资金预算进行填报。它既反映采购单位实施政府采购项目的具体要求，包括性能、规格、技术参数、用途及采购时间和售后服务等要求，也反映了采购项目的采购预算，它是采购机关组织实施集中采购、制定政府采购方案的依据。

2. 制定政府采购实施方案

为了实现政府采购的经济有效性目标，采购机关在收到采购单位的采购申报表后，应根据采购内容及资金规模，制定一个细致、周全、统揽全局的政府采购实施方案。其主要内容有：

(1)说明采购的政策依据。采购机关应将采购单位采购申报表的内容与现行的政府采购法律、法规及规定相对照，说明或提出实施采购为什么要这样做及应该怎样做的政策依据。

(2)提出采购要求。采购机构应提出与政府采购目标相一致的具体要求，包括时间要求、产品或项目有关要求及效率要求。

(3)选择采购方式。组织实施政府采购，首先要确定政府采购方式，这是制定方案的主要内容。采购方式的好坏是决定政府工作效率及其成败的关键。可供选择的政府采购方式有公开招标、两阶段招标、选择性招标、询价采购、单一来源采购等方式。公开招标是指整个采购程序都在公开情况下进行，即招标、投标、开标、评标、决标、授予合同等程序都是在公开与公平竞争情况下进行的采购方式。两阶段招标是指采购过程明显地分为两个阶段招投标的采购方式：在第一阶段，采购机构就拟采购货物或工程的技术、质量或其他特点以及合同条款和供货条件等广泛地征求建议，并同投标商进行谈判以确定拟采购货物或工程的技术规范。在第二阶段，采购机构依据第一阶段所确定的技术规范进行正常的公开招标程序，邀请合格的投标商就包括合同价款在内的所有条件进行投标、谈判及成交。选择性招标是指只有收到了采购机构投标邀请的供应商、承包商或服务提供者才可以参加投标的采购方式。询价采购是指对合同价值较低的标准化货物的采购，采购机构只对几个供货商(至少三家)的报价进行比较以确保较低价格成交的一种采购方式。单一来源采购是指在紧急采购或采购标的来源单一等情况下，采购机构向单一的供应商、承包商或服务者征求建议或报价来采购货物、工程或服务的没有竞争的一种采购方式。采购机构应根据采购项目的不同特点选择最优的采购方式。

(4)确定采购的程序与组成人员。一般来说，政府采购可分为准备阶段、实施阶段与履行合同阶段，但不同的采购方式的采购程序会有所不同。采购机构应根据不同的采购方式确定相应的采购程序与采购的组成人员。采购组成人员不仅包括各级政府采购主体的代表，还包括经济、技术、法律等方面的专家，并明确分工，落实责任制。

（5）制定采购规则。为了防止采购过程中营私舞弊而制定采购机关、采购单位及供应商共同遵守的行为规范或规则。

（6）预算采购费用。原则上以年度费用预算为基础来进行每次采购的费用预算，一般不能突破年度预算所确定的采购经费。如因客观原因需要突破原预算必须依据"预算法"的要求与法定程序申报追加预算。采购方案经政府有关部门审批后方可付诸实施。

3. 发布政府采购信息

政府采购实施方案一经批复，就应着手发布政府采购信息。这是采购工作中一个重要步骤。发布政府采购信息是指通过新闻媒体或其他途径向所有潜在的供应商发出的广泛通告。主要包括：

（1）采购公告或总公告。其内容简明扼要，将参加政府采购的重要事项说清楚，包括拟采购项目的名称及概况（背景、项目内容），参与政府采购的时间及项目质量等方面的要求，获取招标文件与资料的联系方法等。此类公告可在当地电视台、报纸或互联网上刊登。有财政预算资金的采购，则还应刊登在当地的党报上。属国际招标的，还应当遵循国际惯例的要求，选择一家英文报纸进行刊登。

（2）投标邀请函。其内容较为详细，主要包括：一是招标文件编号；二是采购实体的名称与地址；三是采购项目的名称、性质、数量、交货地点与时间要求；四是获取招标文件的要求及办法；五是招标程序及评标标准；六是费用收取及支付方式；七是提交投标文件的方式、地点和截止日期。投标邀请函可以通过新闻媒介发布，也可以由采购机关或采购机关委托的社会中介机构直接寄给已经注册并取得市场准入资格的供应商。

4. 选择供应商

采购机构或招标人收到各供应商投标文件后，经过开标、竞标、评标来选择供应商。开标通常有两种形式：一是公开开标，即事先在报纸等媒体上公布开标信息，通知投标人，并在有投标人参加的情况下当众进行。二是在投标人不参加的情况下由招标单位和咨询专家集体开标。开标时，由公证人查验标箱及投标文件密封情况，确认无误后由工作人员拆封，验证投标资格。竞标是开标后投标人为成为中标人而进行的竞争，包括投标的答辩、对投标书所作的说明及其他手段参与的竞争。评标是招标人根据招标文件的要求，对投标人所报送的投标书进行审查及评议的过程，一般由招标人所组织的专家委员会或评标委员会来进行。评标委员会通过反复评审，综合多方面的因素，选择中标的供应商。

5. 正式订货

政府采购机构依据有关采购文件，与已选择的供应商签订购买合同。合同一经签署，即产生法律效力，从此便开始履行合同的正式购买阶段。合同履行的好坏是政府采购成败的关键。因此，必须加强对合同与采购过程的管理。

6. 绩效评价

政府采购机构检查合同履行情况，并征询使用者意见，检查与评价供应商的供货行为，以决定是否维持、修正或中止供货关系。

☞ 案例背景资料

日清，智取美国快食市场

在我国，方便面产销领域品牌繁多，可是，可令消费者真正动心的却寥寥无几，于是许多方便面企业感叹"人们的口味越来越挑别了，真是众口难调。"

可是，日本一家食品产销企业集团——日清食品公司，却不信这个邪，始终坚持"只要口味好，众口也能调"的独特经营宗旨，从人们的口感差异性出发，不惜人力、财力、物力，在食品的口味上下功夫，终于改变了美国人"不吃热汤面"的饮食习惯，使日清公司的方便面成为美国人的首选快餐食品。

日清食品公司在准备将营销触角伸向美国食品市场的计划制定之前，为了能够确定海外扩张的最佳"切入点"。曾不惜高薪聘请美国食品行业的市场调查权威机构，对方便面的市场前景和发展趋势进行全面细致的调查和评估。可是，美国食品行业的市场调查权威机构所得出的调查评估结论，却令日清食品公司大失所望——"由于美国人没有吃热汤面的饮食习惯，而是喜好'吃面条时干吃面，喝热汤时只喝汤'，决不会把面条和热汤混在一起食用，由此可以断定，汤面合一的方便面，是很难进入美国食品市场的。"日清食品公司并没有盲目迷信这种结论，而是抱着"求人不如求己"的信念，派出自己的专家考查组前往美国进行实地调研。经过商场问卷和家庭访问，专家考查组最后得出了与美国食品行业的市场调查权威机构完全相反的调查评估结论——美国人的饮食习惯虽呈现出"汤面分食，决不混用"的特点，但是随着世界各地不同种族移民的大量增加，这种饮食习惯在悄悄地发生着变化。再者，美国人在饮食中越来越注重口感和营养，只要在口味上和营养上投其所好，方便面有可能迅速占领美国食品市场,成为美国人的饮食"新宠"。

日清食品公司基于亲自调查的结论,从美国食品市场动态和消费者饮食需求出发,确定了"四脚灵蛇舞翩跹"的营销策略,全力以赴地向美国食品市场大举挺进。"第一脚"——针对美国人热衷于减肥运动的生理和心理需求,巧妙地把方便面定位于"最佳减肥食品",在广告宣传中,刻意渲染方便面"高蛋白,低热量,去脂肪,别肥胖,价格廉,易食用"等种种食疗功效。"第二脚"——为了满足美国人以叉子用餐的习惯,果敢地将适合筷子夹食的长面条加工成短面条,为美国人提供饮食之便;并从美国人爱吃硬面条的饮食习惯出发,精心加工出稍硬又有劲道的美式方便面。"第三脚"——由于美国人"爱用杯不爱用碗",于是日清公司别出心裁地把方便面命名为"杯面",并给它起了一个地地道道的美国式副名——"装在杯子里的热牛奶",期望"方便面"能像"牛奶"一样,成为美国人难以割舍的快餐食品;并根据美国人"爱喝口味很重的浓汤"的独特口感,在汤味佐料上力调众口,使方便面成为"既能吃又能喝"的二合一方便食品。第四脚——从美国人食用方便面时总是"把汤喝光而将面条剩下"的偏好中,一改方便面"面多汤少"的传统制作工艺,研制生产了"汤多面少"的美式方便面,并将其副名更改为"远胜于汤",从而使"杯面"迅速成为美国消费者人见人爱的"快餐汤"。

挟此"四脚灵蛇舞翩跹"的营销策略,日清食品公司果敢挑战美国人的饮食习惯和就餐需求。他以"投其所好"为出发点,不仅出奇制胜地突破了"众口难调"的产销瓶颈,而且轻而易举地打入了美国快餐食品市场,开出了一片新天地。

(资料来源:胡羽. 销售与市场. 2006(11). 有改动)

[案例思考题]

1. 通过此案例的分析,谈谈你对"需求是可以创造的"的理解?
2. 你认为日清公司成功开拓美国食品市场的关键是什么? 为什么?
3. 结合本案例,分析影响消费者购买行为的因素。

本章小结

1. 市场分为消费者市场与组织市场。这两类市场及其购买行为既有共同点,又有很大差异。从企业营销角度来研究这两类市场,核心是分别研究这两类市场的特点及其购买行为模式。通过这些研究,有利于企业制定正确有效的市场营销战略与策略。

2. 消费者市场是由生活消费主体的个人和家庭所组成的市场，它是产业市场乃至整个经济活动为之服务的最终市场。消费者市场的购买行为容易受文化因素、社会因素、个人因素、心理因素及企业进行广告宣传等促销活动的影响。企业应根据购买行为的不同影响因素做好相适应的营销策划，有效开拓消费者市场。

3. 组织市场是指各类组织机构所形成的对企业产品和劳务需求的总和。组织市场由产业市场、转卖者市场和政府市场所组成。这三类市场既有共同点，又有不同的特色。生产者、转卖者与政府的组织机构构成了对原材料、零部件、机器设备、供给品、军需品等需求的潜力巨大的市场。供应商企业不应忽视组织市场的庞大需求，应针对这类市场不同组成部分各自的特点及购买行为作出具体的营销策划，有效开拓这些市场。

4. 产业市场是指一切购买产品和服务并将之用于生产其他产品或服务，以供销售、出租或供应给他人的个人和组织。影响产业市场购买行为的主要因素有环境因素、组织因素、人际因素与个人因素。产业购买者购买过程阶段的多少，受购买者购买类型及有关情况的影响。其购买分为直接重购、修正重购与新购三种类型。在新购这一复杂的购买行为中，其购买程序包括认识需要、确定需要、说明需要、物色供应商、征求建议、选择供应商、正式订货、绩效评价共八个阶段。供应商企业应根据产业市场及其购买行为特点进行营销策划，有效开拓这一市场。

5. 转卖者市场是由那些通过购买商品和劳务以转售或出租给他人，以获取利润为目的的个人和组织所构成的市场。转卖者市场与产业市场相似，但也有其自身的特点。

6. 政府市场是由执行政府职能而购买商品、项目与服务的各级政府机构所组成的市场。政府购买具有自己的特色，其中最为重要的是，政府市场要实现经济性及廉洁性目标，必须加强社会公众的监督，必须遵循公开、公平、公正的原则，采取公开招标、两阶段招标、选择性招标、询价采购、单一来源采购等购买方式，其中招标采购是最为典型的普遍的购买方式。供应商企业不应忽视政府购买这一潜力巨大的市场，应深入研究政府购买的特色及招标、投标、开标、评标、决标与授予合同等购买过程及购买决策的参与者，有针对性地做好政府市场营销的策划工作，但必须坚决杜绝贿赂营销等非法手段，防止公共采购权力腐败。

思考题

1. 消费者市场有哪些特点？
2. 试分析消费者购买行为的标准模式，即刺激－反应购买模式。
3. 试分析影响消费者购买行为的主要因素。
4. 产业市场有哪些特点？
5. 影响产业市场购买行为的因素有哪些，如何运用这些因素开展有效的营销活动？
6. 政府采购市场具有什么特点？

第二篇　战略篇

第四章　市场营销战略

在市场竞争日趋激烈，风险与机遇并存的市场营销环境条件下，企业营销必须站在战略的高度，制定并实施市场营销战略。市场营销战略之所以越来越受到企业的关注和青睐，不仅因为它关系到企业全局，还因为占优势的战略比占优势的资源更为重要。营销战略愈高明，取胜的机会愈多，付出的成本也就愈少。本章将介绍市场营销战略的内涵、市场营销战略的地位与作用、市场营销战略的分类与选择及市场营销战略的制定和实施。

第一节　市场营销战略的内涵与作用

一、战略的含义及演变

在我国，战略一词自古就有，先是"战"与"略"分别使用，"战"指战斗、交通和战争，"略"指筹略、策略、计划。《左传》和《史记》中已使用"战略"一词，西晋史学家司马彪曾有以"战略"为名的著述。唐代诗人高适的《高常侍集二·自淇涉黄河途中》有这样的诗句："当时无战略，此地即边戍。"这里战略一词意为作战之谋略。明代军事家茅元仪编有《武备志》，其中第二部分为《二十一史战略考》。战略的含义大致指对战事的谋划。到了清代末年，北洋陆军督练处于1906年编出我国第一部《军语》，把"战略"解释为"筹划军国之方略也"。

西方战略管理文献中没有对"战略"给一个统一的定义。"战略"一词源于希腊语"Stratgos"，意为军事将领或地方行政长官。公元 579 年，东罗马皇帝毛莱斯用拉丁文写了一本名为 *Stratejicon* 的书，有人认为它是西方第一本战略著作。另有一种说法认为具有战略含义的概念首次出现于法国人颉尔特 1772 年写的《战术通论》，该书提出"大战术"与"小战术"的概念，"大战术"相当于今天所说的战略。

19 世纪瑞士人约米尼著《战争艺术》一书，他认为，战略是在地图上进行战争的艺术，它所研究的对象是整个的"战场"，而在地面上实际调动军队和作战的艺术就是战术。

总体来说，战略一词原是个军事方面的概念。在中国它起源于兵法，指将帅的智谋，后来指军事力量的运用。西方的战略概念起源于古代的战术，原指将帅本身，后来指军事指挥中的活动。不同的学者与经理给战略赋予不同的含义，在此向读者介绍西方有代表性的观点，帮助读者思考战略的真实含义，判断在某种特定的情况下，运用哪种战略定义更为合适。

1. 安德鲁斯的定义

安德鲁斯（K. Aadrews）是美国哈佛商学院的教授，他认为企业总体战略是一种决策模式，决定和揭示企业的目的和目标，提出实现目的的重大方针与计划，确定企业应该从事的经营业务，明确企业的经济类型与人文组织类型，以及决定企业应对职工、顾客和社会做出的经济与非经济的贡献。

2. 魁因的定义

魁因（J. B. Quinn）是美国达梯茅斯学院的管理学教授。他认为，战略是一种模式或计划，它将一个组织的主要目的、政策与活动按照一定的顺序结合成一个紧密的整体。他认为战略应包括以下内容：

（1）有效的正式战略包括三个基本元素。包括可以达到的最重要的目的（或目标）；指导或约束经营活动的重大政策；可以在一定条件下实现预定目标的主要活动程序或项目。在魁因的定义中，确立一个组织的目标是战略制定过程中一个不可分割的部分。

（2）有效的战略是围绕着重要的战略概念与推动力而制定的。所谓战略推动力是指企业组织在产品和市场这两个重要经营领域里所采取的战略活动方式。不同的战略概念与推动力会使企业的战略产生不同的内聚力、均衡性和侧重点。

（3）战略不仅要处理不可预见的事件，还要处理不可知的事件。因此战略的实质是建立一种强大而又灵活的态度，为企业提供若干个可以实现自己目标的抉择方式，以应付外部环境可能出现的例外情况，不管外部力量可能会发生哪些不可预见的事件。

（4）大型组织管理层次较多，每一个有自己职权的层次都应有自己的战略。重要的是，组织中所有的战略要具有一种总体的内聚力，即每一个低层次的战略都必须是实现高层次战略的内聚力的元素。同时，组织还应运用系统的方法去考察每一种分战略，检验它们是否按照战略的主要原则所制定。

3. 安索夫的定义

美国著名战略学家安索夫（H. I. Ansoff）与安德鲁斯一样，都是战略管理第一次浪潮的代表人物。他认为，战略是决策的基准。战略由如下的要素构成：①产品市场范围，即寻求新领域的范围；②成长向量，即在该项范围之内的行动方向；③竞争优势，即明确在该范围内所具有的有利竞争地位和特性；④协力效果，即判断进入新领域后是否有获取利益的能力的衡量标准。安索夫对

"战略"一词只限定在"产品－市场战略"意义上的使用，即划定企业经营范围。

4. 明茨博格的定义

加拿大麦吉尔大学管理学教授明茨博格（H. Mintzberg）对于战略的定义有着他自己的特殊认识。他指出，生产经营活动中，人们在不同的场合以不同的方式，赋予战略不同的内涵，这说明人们可以根据需要接受各种不同的战略定义。但他认为，战略是一种计划（plan），据此，它具有两个基本特征：一是战略在企业发生经营活动之前制定，以备人们使用；二是战略是有意识有目的地开发。战略是一种计策（ploy），使之对竞争对手构成威胁；战略是一种模式（pattern），它反映企业的一系列行动，只要有具体的经营行为，就有战略；战略是一种定位（position），是一个组织在自身环境中所处位置，对企业来讲，就是确定自己在市场中的位置，把战略看成一种定位的概念是通过正确地配置企业的资源，形成企业强有力的竞争优势；战略是一种观念（perspective），它需要通过组织成员的期望和行为而形成一种共享。明茨博格的定义，构成了战略的5Ps。

二、市场营销战略的内涵

市场营销战略是指企业为实现长远经营目标，对其市场营销活动制定的一种长期性、全局性、系统性的筹划谋略与行动总方案。市场营销战略首先是企业实现目标的一种手段，制定营销战略必须始终围绕企业成长与发展目标来进行。其次，它是一种竞争手段，是企业在市场竞争中克敌制胜的重要武器，因而市场营销战略应有针对性，应在充分研究竞争对手特点的基础上来制定。再次，营销战略的制定是一个动态过程，需要在辨识、选择市场机会的过程中不断地调查、修正。

市场营销战略的内容主要包括营销战略思路、战略目标与战略任务、战略重点、战略步骤、战略对策与措施。

与具体的营销战术相比，市场营销战略有以下特点：

（1）全局性。营销战略体现企业全局的发展需要和根本利益，关系到企业兴衰命运，所以带有全局性的特点。

（2）长期性。营销战略从当前企业现状和市场环境出发，着眼于未来，指导和影响未来较长时期内企业的生产经营活动。因此，制定营销战略时必须有远见，能预测市场的长期发展变化态势，才能在竞争中立于不败之地。例如：美国摩托罗拉（MOTOROLA）电子公司早在20多年前制定经营战略时，就预测到彩电行业的竞争会日益激烈，从而果断决策逐步甩掉其彩电生产线，全力投入无线通讯产品的开发，因此才获得当今世界无线通讯行业龙头老大的地位。

（3）未来性。俗话说："人无远虑，必有近忧。"从国家的角度来看，今天我们面临的许多积重难返的问题，正是过去缺乏战略考虑的结果。从企业发展的角度来看，企业今天的行动是为了执行昨天的战略，企业今天制定的战略正是为了明天更好地行动，因此企业战略的拟定要着眼于企业未来的生存和发展。当然，未来要以当前作为出发点，未来发展趋势的预测也要以企业的过去和现在作为依据，作为企业领导者要高瞻远瞩，面向未来，只有这样才能使企业营销战略具有未来性。

（4）系统性。市场营销战略是关于企业经营活动的总体部署，体现着企业高、中、低各个层次的发展要求。因而制定营销战略时，需要通盘考虑，统筹规划，系统地安排各职能部门的业务活动。

（5）适应性。市场营销战略必须与不断变化的市场环境相适应。营销战略的制定不是一蹴而就，需要经常性地修改、调整。这是因为，在市场竞争激烈化的今天，市场营销环境瞬息万变，企业面对的机会与威胁在不断地演变转换，原有营销战略不合时宜成为经常性的现象，对过时营销战略的及时修正便十分必要。

（6）风险性。市场营销战略是对未来事务的规划，它只能建立在企业对未来市场状况预测的基础之上。而市场状况错综复杂，变化无常，使得预测成为一项充满风险的行为。一旦预测失误，可能会导致企业一败涂地，万劫难复。因此，企业当局在制定营销战略时，必须经过充分细致的市场调研，征求各方面的意见，慎之又慎。

（7）竞争性。制定企业营销战略的目的就是在激烈竞争中壮大自己的实力，使本企业在与竞争对手争夺市场和资源的斗争中占有相对优势。因此企业营销战略就是针对来自环境及竞争对手等各方面的冲击、压力、威胁和困难，为迎接这些挑战而制定的长期行动方案。它与那些不考虑竞争、挑战而单纯以改善企业现状、增加经济效益、提高管理水平为目的的行动方案不同，只有当这些工作与强化企业竞争力量和迎接挑战直接相关时，才能构成营销战略的内容，营销战略就是在激烈的竞争与严峻的挑战中产生并发展起来，因此企业必须使自己的营销战略具有竞争性特征，以保证自己战胜竞争对手，保证自己的生存和发展。

（8）相对稳定性。营销战略必须在一定时期内具有稳定性，才能在企业营销实践中具有指导意义，如果朝令夕改，就会使企业经营发生混乱，从而给企业带来损失。当然企业营销实践又是一个动态过程，指导企业营销实践的战略也应该是动态的，以适应外部环境的多变性。但从总体上看，企业营销战略应具有相对稳定性。

三、市场营销战略的地位与作用

（一）市场营销战略的地位

1. 市场营销战略是关系到企业兴衰成败的关键性战略

企业作为一个社会组织，是社会分工和专业化发展的产物。其内部具有目的性、整体性和相关性等特点，并在此基础上形成一个系统。根据系统论的观点，一切系统必须在一定的外部条件状态中才能存在，并与各种外部条件发生相互交换，有着彼此依存的关系。对企业而言，这些外部条件及其状态，便是系统的环境。企业又是一个地区、一个国家乃至世界范围这些更大系统中的子系统。作为一个子系统，企业运行必须受到大系统中的其他因素，即有关环境的制约。环境大多数是不断变化的，其中有些更是瞬息万变，企业必须在自成系统的基础上，提高和强化自己对环境的适应性，即应变能力，这关系到企业前途和命运。制定营销战略计划，实施战略管理，透过战略的窗口把握时机，避开或消除不利影响，能够保证企业的目标、资源始终动态地、有效地与环境变化相适应，使企业的应变能力在明晰、正确的战略方向指引下全力发挥。实践也证明：有了正确的营销战略计划，即使计划执行得不好，管理不善，效率不高，企业或许还能盈利；营销战略计划错了，计划执行得越好，效率越高，赔得可能越多，甚至破产倒闭。

市场营销战略之所以重要，还表现在以下几个方面：

（1）企业营销活动的范围越来越广

自从德鲁克提出了"创造顾客"的观点之后，为满足顾客需要组织生产，以生产优质产品、开发新产品来引导消费、创造顾客，实现潜在交换，已成为现代企业营销的观念。企业已不再是一个闭关自守的"小王国"，而是一个面向社会、面向市场的开放系统。特别是全球市场的形成，使企业营销活动步入了一个更加广阔的天地。海阔凭鱼跃，企业营销战略决策显得更加重要。

（2）现代企业组织的规模越来越大

各种类型的大企业、大公司层出不穷。如集团性的跨国公司股份公司等，这些规模庞大的集团性企业，一般都由母公司、子公司、孙公司以及财务部、研究与开发部、生产部、营销部、会计部等纵横几大块组成，职工人数多则几万甚至十几万，分支机构遍布全球。如此规模的企业，如果在整个营销过程中，仅凭个人的经验决策行事是难以想象的。现在的趋势是在母公司整体发展战略的指导下，更加注重于各战略经营单位的独立核算，即由战略经营单位自己进行营销战略决策。

（3）现代企业营销受环境的影响和制约，对环境的依赖性越来越强任何一个现代企业都是生存在一个变化多端的社会和经济战略环境中，为了适应环境变化，必须进行战略决策。由于环境是一个相互联系的整体，牵一发而动全身，从而引起各种连锁反应，所以企业营销更应重视环境的变化。适应变化就会取得成功，不适应变化就会招致失败。

2. 战略计划是企业进行市场营销管理的基础框架

（1）从企业计划的不同层次或类型来看

一般来说，一个企业的内部结构及其计划、战略，在事实上都可能存在三个层次：

企业总部级。企业最高层负责制定整个企业战略计划，即企业总体战略。它要决定整个企业的战略方向，并决定相应的资源分配战略和新增业务战略。

经营单位级。一个企业内部通常会有若干个战略经营单位，分别从事不同的业务。各个经营单位要在总体战略指导下，制定自己的战略计划，即经营战略、实施战略管理，以保证本单位的经营活动能够始终指向企业的总体战略规定的目标。

产品级。较大的企业里，一个经营单位往往拥有若干条产品线产品项目和品牌。每一种产品都要分别制定市场营销计划，实施市场营销管理。

市场营销计划，必须从属于企业的总体战略及经营战略。市场营销活动及其规划，必须在战略计划的框架内进行。

（2）从市场营销部门与战略计划部门的关系来看

市场营销部门与战略计划部门的关系极为密切。市场营销部门向战略计划部门提供信息和意见。以便于战略计划部门对形势作出分析和评价；然后战略计划部门与各经营单位商谈目标。在这个基础上，各经营单位的市场营销部门制定市场营销计划，并贯彻、落实这些具体计划，即进行市场营销管理。市场营销活动的结果，由战略计划部门进行评价。这个过程往复循环进行，如图4-1。

在实际工作中，大多数的战略计划部门和经营单位，都要依靠市场作为主要的操作方法探测机会，并制定实现企业目标完成经营任务的市场营销计划。事实上，战略规划中的这一步，也就是市场营销的第一步，因为它确定了目标市场、合理的销售目标，以及实现目标所需的资源。财务、采购、制造、人事等部门的作用，就是确保市场营销计划有足够的人、财、物力去实施。

3. 市场营销战略是企业整体战略的"神经"

现代企业不仅要制定全面的根本发展战略，企业的市场营销部门还必须根据企业总体发展战略和环境变化制定相应的营销战略。如果说企业根本发展战

```
┌─────────────────┐           ┌─────────────────┐
│   市场营销部门    │           │   战略计划部门    │
└─────────────────┘           └─────────────────┘

┌─────────────────┐           ┌─────────────────┐
│ 1．提供信息和意见  │ ───────► │ 2．进行战略分析    │
└─────────────────┘           └─────────────────┘

┌─────────────────┐           ┌─────────────────┐
│ 4．制订市场营销计划 │ ◄─────── │ 3．为各经营单位规定任务 │
└─────────────────┘           └─────────────────┘

┌─────────────────┐           ┌─────────────────┐
│ 5．执行市场营销计划 │           │ 6．评价、检查计划执行情况 │
└─────────────────┘           └─────────────────┘
```

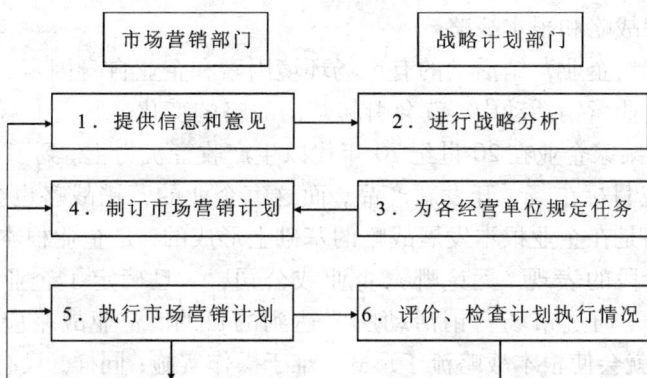

图 4 – 1　市场营销部门与战略计划部门的关系

略是确定企业生存和发展的根本，那么营销战略就是这个根本的"神经"或"枢纽"。营销战略既是企业战略的一个重要组成部分，又是实现企业根本发展战略的重要保证。这就是说，营销战略的制定及实施，可以极其迅速地体现于企业发展战略中，影响和制约企业整体的发展。

在现实生活中，企业根本发展战略是企业通过环境分析及对其本身力量的分析和估计所作出的整体规划。它关系到企业的主要力量在较长时期内的使用方向、重点和方法，是所属各战略经营单位营销活动的轴心。营销战略则是集中解决在市场决策上所制定的计划，它结合或概括了市场营销中每一个重要的策略，是企业战略不可或缺的组成部分。营销战略是企业整体战略的神经。因此市场营销战略与企业发展战略、企业技术进步战略一道构成为现代企业最重要的三大战略。

（1）根本战略和阶段战略

企业战略分为根本发展战略和阶段发展战略。企业根本发展战略指企业在整个发展期间的战略，它是由企业的根本性质及其与环境的密切关系决定的。它的最大特点是根本性和稳定性。它主要是通过企业战略计划来确定企业的生存、成长和发展等重大问题。企业阶段发展战略是企业发展中一定阶段的战略。营销战略实际上是一种阶段发展战略。它的最大特点是阶段性的相对稳定性。营销战略的这种阶段性和相对稳定性表明：一方面，在一定的营销活动阶段，它是市场营销活动的统帅、灵魂；另一方面，相对于企业根本发展战略来说，它又是实现企业战略目标的具体行动与策略。换句话说，营销战略既是企业整个营销活动的总规划，又是将根本战略转化成阶段性战略的一种战术手段。

（2）营销战略和根本战略

影响和制约企业营销活动的有市场环境因素和企业自身因素，这些因素的变化反映到企业营销活动中，就会引起营销战略的变化，形成了营销战略阶段性的特点。如某家企业在20世纪70年代以生产收音机为主。到了90年代就可能要重新寻找目标市场，开发新产品，而这家企业的营销战略也会随之变化。因为营销战略是在企业根本发展战略的基础上形成的，是企业根本战略在企业发展的一定阶段的表现。无论哪家企业或公司，一旦确定了企业根本战略目标，也就阐明了通过市场营销活动所要达到的目的。企业战略应包括营销战略，否则，它就会使根本战略流于形式，难于操作实施；同样，只有营销战略而没有根本发展战略也是不现实的，它就可能使营销战略成为无本之木、无源之水。营销战略和企业根本战略是企业战略的重要内容，二者缺一不可。

企业的根本发展战略通过战略计划过程来实现；企业的市场营销战略通过营销管理过程来实现。不管怎样，企业必须建立和开发信息系统，制定目标市场开拓战略、营销组合战略，增强企业的竞争意识。

（二）市场营销战略的作用

1. 界定市场环境变化中的市场信息机会

研究市场战略机会是市场营销部门的基本职责之一，所谓市场机会是指由于市场因素的变化而给企业带来的一种差别经营与差别盈利的机遇与空当，市场机会是客观存在的，例如消费者的需求尚未满足、或未能很好得到满足就是一种机会。寻找市场机会，要经常性地进行市场调研和预测，可运用发展新业务的思路，发现和识别市场机会。首先在产品与市场组合方式的范围内，从市场深入、市场开发、产品开发三个方面寻找机会，若不存在有吸引力的机会，可沿着一体化发展直到多元化发展的思路，继续寻求。

2. 寻求趋利避害的长期谋划

市场营销战略从企业的现状、环境出发，从长远的角度谋划企业的发展，预测市场变化的趋势，防范和化解企业发展中可能遇到的市场风险和市场危机，确定增加新业务，寻求利润新的增长点。

3. 选择发挥有限资源最大效能的整合良机

市场营销组合是企业可以控制的四个基本手段，为了保证营销目标的实现，对它们进行综合考虑、整体规划、合理编配、优化组合、扬长避短，使它们密切配合，发挥出系统功能，实现最佳的市场营销效果。

4. 实现企业可持续发展强势的关键

任何一个企业资源都是有限的，要使有限资源能实现企业可持续发展，科学的营销战略至关重要。营销战略关系到实现从企业有限资源到市场最大有效供给商品优势的转化，从企业商品优势到市场胜势的转化，从市场胜势到企业可持续发展强势的转化。

第二节　市场营销战略的分类及其选择

一、市场营销战略的类型

（一）按竞争地位划分

1. 市场领先者战略

市场领先者是指在同一产品市场上，企业的产品市场占有率居于同行业企业之首。竞争能力领先的企业，它处于众人关注的焦点，要想保持领先者地位，必须在三个方面采取行动：

（1）扩大市场总需求。当行业总的市场规模扩大时，占据最大份额的市场领导者往往受益最大。因此，市场领导者要积极地推动整个行业市场扩张。有三种方法：①寻找新使用者。每一种产品，都有吸引购买者的潜力。许多潜在购买者之所以没有去购买该产品，可能是由于不知道该产品或不了解其特性，或没有意识到自己对该产品的需要。作为市场领导者的企业，应责无旁贷地担负起宣传该类产品功用，刺激消费者购买欲望的重任。②开发产品新用途。企业可通过发现并推广产品的新用途招揽更多顾客，扩张市场规模。③扩大使用量。说服人们在每次使用产品时增加使用量。如宝洁公司劝告消费者在使用海飞丝洗发精洗发时，每次将使用量增加一倍效果更佳。

（2）保证市场份额。"进攻是最好的防守"，领导者保持市场份额的最佳办法是不断创新。领导者不仅要在现有产品的成本降低、价格调整、道路创新与促销活动等方面充当开路先锋，而且还要不断开拓新业务领域，在产品和业务的一体化与多元化方面有所发展。它常用的策略有阵地防御、侧翼防御、以攻为守、反击防御、机动防御、退却防御等。

（3）提高市场占有率。市场领导者设法提高市场占有率，也是增加收益、保持领先地位的一个重要途径。美国的一项研究（PIMS）表明，市场占有率是与投资收益率有关的最重要的变量之一，市场占有率越高投资收益率也越大。市场占有率高于40%的企业其平均投资收益率相当于市场占有率低于10%的企业的3倍。因此，许多企业以提高市场占有率为目标。

2. 市场挑战者战略

市场挑战者是指市场占有率仅次于领先者，并有实力向领先者发动全面攻击的厂商。它的基本战略是扩张市场占有率，从而增加盈利率。①攻击市场领导者的弱点。这是一个高风险与高报酬并存的战略，一旦成功，收益会极为可观。②攻击缺乏创新、财力不足的规模相仿的企业。挑战者要选择那些创新不足、财力拮据的同类企业，依靠产品或道路创新及价格折扣等策略，迅速夺取其原有市场份额。③攻击地区性小企业。与上述两种战略相比，这是一条更为便捷的成功之路。

3. 市场追随者战略

市场追随者必须知道怎样维持现有的顾客，以及怎样去争取一定数量的新顾客。追随者的方式有三种：①紧密地跟随。即追随者尽可能地在各细分市场及营销组合方面模仿领导者。这类追随者往往几乎以一个市场挑战者的面貌出现，但只要不激进地妨碍领导者，直接冲突就不会发生。这样的追随者也被描绘成寄生虫。②保持距离地追随者。即与领导者保持一定差异，而在主要市场的产品创新、价格调整、配销道路上追随领导者。因为这样做对领导企业的市场计划执行无妨，所以受领导者的欢迎。③选择性地追随。它指追随者在有些方面紧跟领导者，而在有些方面按自己的方式行事。它们通常是极具创新性的，在未来极有可能发展成为市场挑战者。

4. 市场补缺者战略

市场补缺者战略的关键在于实行专门化。具体方式有：

(1)最终用户专业化。公司可以专门为某一类型的最终用户提供服务。

(2)垂直专业化。公司可以专门为处于生产与分销循环周期的某些垂直层次提供服务。多数市场补缺者就专门为大公司不重视的小规模顾客群提供服务。

(3)顾客规模专业化。公司可以集中全力分别向小、中、大规模的顾客群进行销售。如向一家大公司提供其全部产品。

(4)特殊顾客专业化。公司可以专门向一个或几个大客户销售产品。有许多小公司就只向一个客户销售产品。

(5)地理市场专业化。这类公司只在全球某一地点、地区或范围内经营业务。如公司只生产显微镜，或者更窄一些，只生产显微镜上的镜头等。

(6)产品或产品线专业化。公司只经营某一种产品或某一类产品线。

(7)产品特征专业化。公司专门生产某一种产品或者具有某一属性的产品。

(8)加工专业化。这类公司只为订购商户生产特制产品。

(9)服务专业化。该公司向大众提供一种或数种其他公司所没有的服务。例如，一家银行可以独辟蹊径，接受客户用电话申请贷款，并将现金交予客户。

(10)销售渠道专业化。这类公司只为一类销售渠道提供服务。例如，某家软饮料公司只向加油站提供一种大容量包装的软饮料。

作为市场补缺者要完成三个任务：创造补缺市场、扩大补缺市场、保护补缺市场。例如，著名的运动鞋生产商耐克公司，不断开发适合不同运动项目的特殊运动鞋，如登山鞋、旅游鞋、自行车鞋、冲浪鞋等，这样就开辟了无数的补缺市场。每当开辟出这样的特殊市场后，耐克公司就继续为这种鞋开发出不同的款式和品牌，以扩大市场占有率。如耐克充气乔丹鞋、耐克哈罗克鞋。

（二）按产品与市场组合方式划分

1. 市场渗透战略

想方设法，更加积极主动地在现有市场上，扩大现有产品的市场占有率。市场渗透战略有三种主要方法：①促使现有顾客增加购买。包括增加购买次数，增加购买数量。②争取竞争者的顾客转向本企业。③吸引新顾客。使更多的潜在顾客、从未使用过该产品的顾客购买。

2. 产品开发战略

向现有市场提供新产品或改进的产品，目的是满足现有市场的不同需求。比如改变产品外观、造型，或赋予新的特色、内容；推出档次不同的产品；发展新的规格、式样等。

3. 市场开拓战略

市场开拓是将现有产品推向新市场。有两种方法：①在现有销售区域内，寻找新的分市场。比如一家原以企事业为主要客户的电脑企业，开始向家庭、个人销售电脑。②发展新的销售区域。如从城市市场转入农村市场，由国内市场转向国际市场。

4. 市场多角化战略

如果经营单位在原来市场营销系统的框架之内已经无法发展，或市场营销系统之外有更好的机会，便可考虑多角化发展战略。它包括同心多角化、水平多角化、综合多角化三种方式。但是进行市场多元化战略必须要有主业或依托主业进行多种经营，这样，企业成功的可能性大一些。

（三）按企业主要竞争手段划分

1. 总成本领先战略

企业努力减少生产及分销成本，使价格低于竞争者的产品价格，以提高市场占有率。在20世纪70年代，随着经验曲线概念的普及，这一战略已逐步成为企业普遍采用的战略。实现总成本领先需要有一整套具体政策，降低成本是贯穿战略的主题。

2. 差异化战略

企业努力发展差异性大的产品线和营销项目，以成为同行业中的领先者。如IBM公司就是因采用这一战略而成为计算机行业中的领先者。

3. 聚集战略

企业把经营的重点目标放在某一特定购买者集团，或某种特殊用途的产品，或某一特定地区上，企业集中力量于某几个细分市场，为某一特定目标服务而不是将力量均匀地投入整个市场。

(四)按企业市场发展划分

1. 发展现有业务战略

为保持企业的稳定持续发展，使企业现有业务的销售额、利润额或市场占有率，以比过去更快的速度增长，企业不仅要对现有业务进行评估调整，而且应不断拓展新业务领域。这是一种适应产品或者社会需求时最常用的成功战略。

2. 一体化成长战略

一体化成长战略指企业通过集团化的形式，融供应、生产、销售于一体来实现企业发展的战略。企业集团化的实现，可以通过兼并、控制其他相关企业或自己开设子公司的方式。企业集团化，从而实现集团内部供应、生产、销售一体化，可产生规模经济和整体优势，促进企业迅速成长，如图 4-2。

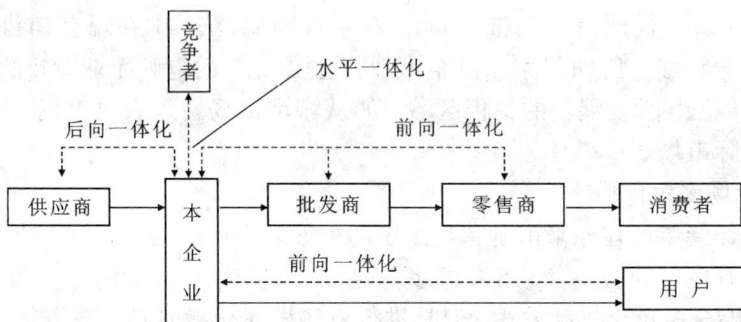

图 4-2　一体化成长战略图

一体化成长战略有三种形式：

(1)后向一体化：企业向后控制供应商或自己开办原料工厂，来实现供产一体化的成长战略。如，生产方便面的企业可建立自己的面粉加工厂、调味油厂、调料厂、包装袋厂等，或兼并收购上述类型的中小企业。

(2)前向一体化：企业向前控制分销商(包括代理商、批发商、零售商)或建立自己的分销网点，来实现产销一体化的成长战略。如，许多大中企业在各大城市都设立了自己产品的专卖店或连锁店。

(3)水平一体化：又称作横向一体化，水平整合。是指企业收购或兼并同类产品生产企业来扩大经营规模的成长战略。如，大的汽车制造商收购或兼并小的汽车生产公司。

近年来，企业集团化、一体化已成为我国企业界为适应市场经济和对外开放要求的一种普遍趋势。优秀企业欲更上一层楼，应注意研究这方面的问题。

3. 多元化成长战略

多元化成长战略又叫多角化成长战略。指朝多个方面发展新产品和开发多个市场并据以实现企业发展的战略。

多元化成长也有三种形式：

（1）同心多角化。企业对新市场、新顾客，以原有技术、特长和经验为基础，有计划地增加新的业务。比如拖拉机厂生产小货车，电视机厂生产各种家用电器。由于是从同一圆心逐渐向外扩展经营范围，没有脱离原来的经营主线，利用、发展原有优势，风险较小，容易成功。

（2）水平多角化。针对现有市场和现有顾客，采用不同技术增加新的业务。这些技术与企业现有的技术能力没有多大关系。比如一家原来生产农用拖拉机的企业，现在又准备生产农药、化肥。实际上，这是企业在技术、生产方面进入了一个全新的领域，风险较大。

（3）综合多角化。企业以新的业务，进入新的市场。新业务与企业现有的技术、市场及业务毫无关系。比如，汽车厂同时从事金融、房地产、旅馆等业务。这种做法风险最大。

多角化成长并不意味着企业必须利用一切可乘之机，大力发展新的业务。相反，企业在规划新的发展方向时，必须十分慎重，并结合现有特长和优势加以考虑。好大喜功很可能导致惨败。

（五）按企业市场营销环境划分

1. 剧增战略

这种战略主要是要在短时期内、大幅度地改变企业的竞争地位。在推出新产品的条件下，企业的任务主要是开拓可利用的市场。在现有产品的情况下，企业则要考虑采取取代该产品或进行低价倾销的措施。

2. 扩充战略

这一战略较上一战略弱，主要是要在改进竞争地位的同时，能够在较长的时期内更大程度地巩固自己的地位。这一目的可以通过企业形成临时性的超额能力来达到。不过，企业真正实施这一战略需要有良好的计划能力和敢于承担风险的能力。

3. 连续增长战略

这种战略主要是为了维持企业的竞争地位。企业采取这种战略，就要在一定的时期内对自己正在发展的市场给以新的投资。在新增投资时，企业应注意不要超过自己的投资能力，即要把握住投资的机会和时间。

4. 零发展战略

这种战略是指市场仍有发展，但企业有意放弃现有的竞争地位，即放弃保持目前市场占有率的努力。企业采取这种战略的主要出发点是因为现有的产品的竞争能力已较弱，如果刻意加强该产品的竞争能力，企业就要付出较大的代价。因此，企业实施这一战略便意味着不再进一步投资，不再强化推销活动。如果这种产品的收益还大于成本，企业就让其存在下去；一旦该产品的收益小于成本，则终止它。为此，企业的经理人员要把握住产品的延长时间，尽可能地延长该产品的寿命，或者采取果断措施，及时终止这种产品活动。

5. 巩固战略

这一战略只适用于饱和的市场，或者正在缩小但还没有完全消亡的市场。因此，巩固战略又可称为"稳定市场的零发展战略"。这种战略要求能在较短的时期内保持灵活性、适应性，以及具有一定的创造性。不过，企业在采取这种战略时，如果不能及早地认识市场的变化，则会有很大的风险。

6. 收缩战略

这一战略的经营活动是"负"向发展。企业在某种产品或市场处于衰退阶段时，则应在较大程度上相应地缩减有关的经营活动，甚至停止活动。当然，企业在采取这种战略时一定要谨慎从事。

二、企业营销战略的选择

(一)企业营销战略选择是企业重大的战略决策

企业营销战略选择是企业一项重大的战略决策，这是企业决策者通过制定的几种战略方案进行比较和选优，从中选择一种较满意战略方案的过程，是企业领导人的专业知识、工作能力、业务水平、实际经验、领导作风和领导艺术的集中体现。所谓满意方案是比较而言的，是在比较中发现和优化的。企业经营战略选择的过程是企业领导人高难度的战略思维过程，因此企业领导人必须要有战略头脑，即要具有高瞻远瞩的战略眼光，具有进行战略思维的素质和修养，具有对各种战略方案进行分析、比较、鉴别、判断及择优的能力。

(二)企业经营单位战略的选择

企业战略的选择分为两个层次，第一个层次是公司总部的营销战略的选择，其主要过程是：根据下属各经营单位的实力及所处行业的吸引力与发展阶段对整个公司进行统筹分析；判断企业各经营单位保持现有战略组合条件下的公司绩效；将预期公司绩效与公司战略目标比较，确定主要绩效差距；判定采用缩小绩效差距的备选战略方案(包括经营单位不同战略的组合);评价备选战略,作出战略抉择。第二个层次是企业经营单位的战略的选择,其主要过程是:分析企业经营单位根据环境要求采取相应战略后可能出现的结果;将预计结果和企业经营单位的战略目标相比较,确定绩效差距和战略重点;判定用来缩小绩效差距和解决战略重点的备选战略;评价备选战略,作出战略抉择。

对企业经营单位的战略进行分析及选择,类似于对从事单一产品市场的企业所做的分析,常用的方法有 SWOT 分析、战略选择矩阵、战略聚类模型等。这种分析的基本思路是:比较企业经营的内外部因素,不预定企业的优势和劣势、机会和威胁,从而根据具体情况选择战略。下面将简要介绍这几种分析选择的方法。

1. SWOT 模型分析

SWOT 分析是在西方广为应用的一种战略选择方法。SWOT 是英文的缩写。SW 是指企业内部的优势和劣势(strengths and weaknesses),OT 是指企业外部的机会和威胁(opportunities and threats)。SWOT 分析就是企业在选择战略时,对企业内部的优劣势和外部环境的机会与威胁进行综合分析,据以对备选战略方案作出系统评价,最终达到选出一种适宜战略的目的。

企业内部的优劣势是相对于竞争对手而言的,表现在资金、技术设备、职工素质、产品市场、管理技能、营销实力等方面。衡量企业优劣势有两个标准:一是资金、产品、市场、营销等一些单方面的优劣势;二是综合的优劣势,可以选定一些因素评价打分,然后根据重要程度进行加权,取各项因素加权数之和来确定企业是处在优势还是劣势。在战略上若企业内部优势强,就宜于采取发展型战略,否则就宜于采用稳定型或紧缩型战略。

企业外部环境是企业所无法控制的,企业外部环境中有的对企业发展有利,可能给企业带来某种机会,例如宽松的政策,技术的进步,就有可能给企业降低成本、增加销售量创造条件。有的外部环境对企业发展不利,可能给企业带来威胁,如紧缩信贷、原材料价格上涨、税率提高,等等。来自企业外部的机会与威胁,有时需要与竞争对手相比较才能确定。有利条件可能对所有企业都有益,威胁也不仅仅是针对本企业,因此,在有些情况下还要分析同样的外部环境到底对谁更有利或更无利,当然,企业与竞争对手的外部环境也是不可能完全相同的,但很多时候却有许多共同点,此时,对机会与威胁的分析不能忽略与竞争对手相比较。

SWOT 分析的做法:依据企业的方针列出对企业发展有重大影响的内部及外部环境因素,继而确定标准,对这些因素进行评价,判定是优势还是劣势,是机会还是威胁,举例见表 4-1。也可逐项打分,然后按因素的重要程度加权求和，以进一步推断优势有多大及外部环境的好坏。

表 4 - 1　SWOT 分析表

企业内部条件		企业外部条件	
优势	1. 技术先进 2. 质量管理好 3. 职工素质高 4. 管理基础工作好	机会	1. 有出口可能 2. 原材料价格下降
劣势	1. 资金不足 2. 设备老化 3. 企业规模小	威胁	1. 竞争和对手增多 2. 信贷紧缩

2. 战略选择矩阵

这也是一种指导战略选择的模型，结合企业自身优劣势和内外部资源运用两方面的情况，回答企业适用于何种战略的问题，如图 4 - 3 所示。

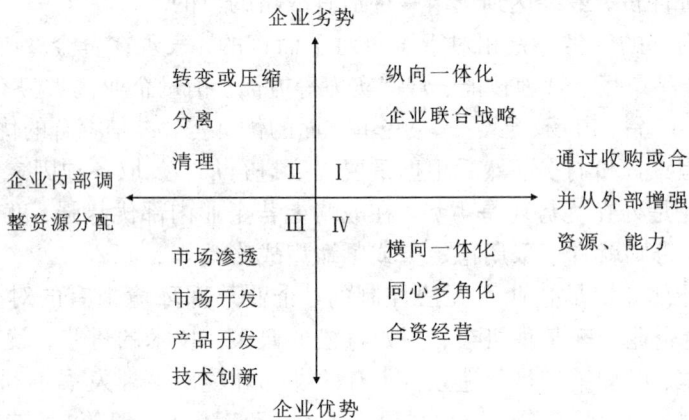

图 4 - 3　战略选择矩阵

象限Ⅰ中的企业往往认为，自己当前全力经营的业务增长机会有限或风险太大，它们可采用纵向一体化战略来减少原材料供应或向产品下游延伸的不确定性带来的风险，或采用企业联合战略，这样既能获利，管理部门又不用转移其对原有经营业务的注意力。但从外部来增强资源能力耗费的时间和资金量都很大，战略管理人员须注意防止在克服劣势中又造成另一些劣势的情况。

象限Ⅱ中是较保守的克服企业劣势的办法。企业采用压缩、精简的办法，将资源集中于有竞争优势的业务。如某种业务劣势已构成重大障碍或克服劣势将耗费甚大或成本效益太低，就必须考虑采用分离战略，把这种业务分离出去，同时获得补偿，当该项业务已经白白耗费组织资源并有导致破产危险时，可考虑采取清理战略。

象限Ⅲ是企业具有优势，例如企业产品的市场占有率要求企业扩大生产达到规模经济，而且企业认为能从内部增加投入来达到此目的，可从市场渗透、市场开发、产品开发及技术创新这四种战略中进行选择。

象限Ⅳ是企业具有优势，而且可通过向外部积极扩大势力范围以进一步增强企业优势，则可以从横向一体化、同心多角化经营或合资经营等战略进行选择。

3. 战略聚类模型

这是由市场增长率和企业竞争地位两个坐标所组成一种模型，是可供企业选择战略使用的一种指导性模型，它是由小汤普森（A. A. Thompson. Jr.）与斯特里克兰（A. J. Strickland）根据波士顿矩阵修改而成，如图4－4所示。

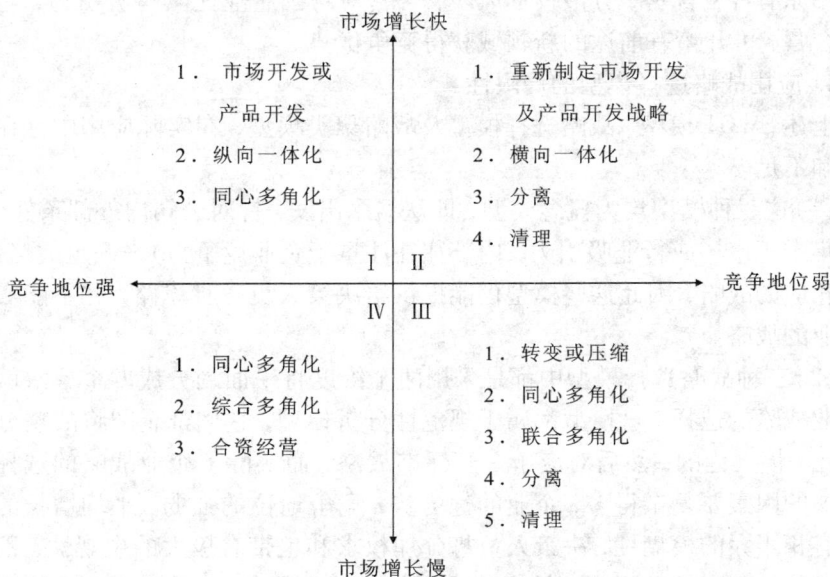

图 4－4　战略聚类模型

象限Ⅰ中的企业处于最佳战略地位，宜继续集中力量经营现有的业务，不宜轻易转移其既有的竞争优势。但如果企业资源有余力，可考虑纵向一体化，也可采用同心多角化经营。

象限Ⅱ中的企业必须认真评估其现有战略，找出绩效不佳的原因，判断有无可能扭转局面，使竞争地位转弱为强，四种可能的选择是制定或重新制定市场开发或产品开发战略、横向一体化、分离和清理。在迅速增长的市场中，即使弱小的企业也往往能找到有利可图的位置，因此首先应考虑制定或重新制定产品开发或市场开发战略。如企业无力获得成本效率（或因缺乏必要条件，或因无规模经济）则可考虑横向一体化，若再无力增强地位，可考虑退出该市场或产品领域的竞争，多种产品的企业可分离出耗费大、效益低的业务，如经营失败，最后还可以清理，以避免拖延造成更大的损害。

象限Ⅲ中的企业，通常是要减少其对原有业务的资源投入，压缩战略撤出的资源最少，既能得到转移投资所需资金又能促使职工提高工作效率，同心或联合多角化经营战略的一体化经营战略更便于进入有前途的竞争领域。如能找到持乐观态度的买主可以采取分离或清理战略。

象限Ⅳ中的企业，有通过各种经营转向增长形势看好的领域的实力。这些企业的特点是资金多而企业内部增长需要有限，可进行同心或联合多角化战略以利用原有经营优势，分散投资风险，合营对跨国企业尤其有吸引力，与国内企业合营，可开拓有前途的新领域获得竞争优势。

4. 应用战略选择模型的局限性

上述 SWOT 模型、战略选择模型及战略聚类模型，在实际应用中存在许多缺陷和不足。

(1)这三种模型均为概念模型，即从概念出发，针对公司内外部条件（往往外部集中于市场或行业吸引力，内部往往注重于企业竞争力）来确定战略位置，建议相应的战略，因此这些模型仅能提供给决策人员一种思路，并不能实际决策企业的战略。

(2)三种战略选择模型中都是采用两个维度将平面划分成四个象限就决定了企业战略的选择，这模型都属于规范性分析模型，它们都企图将战略分配成规范化、模式化的，然后对应于一套标准战略，而实际上企业战略的选择研究应考虑的因素要复杂得多，企业的优劣势、竞争地位的强弱、平均增长的快慢都带有相当大的模糊性，决策人员打分加权求和也带有极大的主观性，不能排除人的偏见和对情况了解不够深刻或判断失误的影响，因此要企业决策人把经营单位的经营状态确定在某个象限内，确是一件极为困难的事。

(3)战略选择是确定企业未来战略的一种决策，是非程序化决策，因此在进行战略选择时除了要对市场增长率、企业竞争地位、企业优劣势及企业外界环境等因素进行分析外，还往往要考虑许多非理性的非计量因素，例如企业领导人的价值观及对风险的态度等，这些非理性的非计量因素是用模型分析所解决不了的，决策是科学同时也是艺术。

总之，在进行战略选择时，应注意调查研究，掌握第一手资料，广泛听取各方面的意见，将定量分析与定性分析相结合，把实证性研究与规范性研究结合起来，才能选出切合企业实际、符合宏观及中观环境变化趋势的使企业兴旺发达的战略来。

（三）影响企业营销战略选择的行为因素

在战略选择中，如果经过检验能够确定出一个明显的最优战略，或者现行战略能够满足企业未来战略目标的要求，那么这种决策就比较简单，但这只是一种例外，决策往往是很难决断的。在企业战略决策过程中，决策者在经过综合评价分析后，经常面临多个各具优缺点的可行战略方案而决定不下来，这时，影响企业战略选择主要有以下几方面：

1. 现行战略的继承性

企业战略的评价分析往往是从对过去战略的回顾、审查现行战略的有效性开始的，它对最后作出战略选择往往有相当大的影响。由于在实施现行战略中已投入了相当多的时间、精力和资源，人们对之都承担了相应的责任，而制定战略的决策者又多半是现行战略的缔造者，因而企业作出的战略选择接近于现行战略或只是对现行战略作局部改变是不足为奇的，因为这种沿袭现行战略的倾向已渗透到企业组织之中。这种对现行战略的继承性或惯性作用有其优点，即便于战略的实施，但如果在现行战略有重大缺陷濒于失败时，仍拘泥于之，则将是一种危险，应当对此倾向有所警惕，必要时应作出相应的人事调整以克服这种惯性。

2. 企业对外部环境的依赖程度

全局性战略意味着企业在更大的外部环境中的行为，公司必然要面对所有者、供应商、顾客、政府，竞争者及其联盟等外部因素，这些环境因素从外部制约着企业的战略选择。如果企业高度依赖于其中一个或多个因素，其战略方案的选择就不能不迁就这些因素。企业对外部环境的依赖性越大，其战略选择余地及灵活性就越小。例如，一个企业主要生产为另一个企业配套的协作件，则其经营战略就不得不适应该协作单位的要求。

3. 企业领导人的价值观及对待风险的态度

企业领导人的价值观及对待风险的态度对战略选择影响极大。甘冒风险、对风险持乐观态度的决策者有较大的战略选择余地，最后会选择风险较大、收益也较大的战略方案；相反，不愿冒风险，对风险持畏惧、反对态度的决策者，其战略选择余地较小，风险型方案就会受到排斥，最后会选择较为稳妥的收益适中或较小的战略方案。过去的战略对保守型管理者的影响比对冒险型管理者的影响要大得多，因此企业领导人的价值观不同，对风险的态度不同，最后选定的战略是很不相同的。

4. 企业内部的人事和权力因素

许多事例说明，企业的战略选择更多地是由权力来决定，而非理性分析决定。在大多数组织中，权力主要掌握在最高负责人手里，在战略选择中常常是他们说了算。在许多企业中，主要领导人倾向于选择某种战略时，其他决策者就会同意这种选择。还有另一种权力来源，人们称之为联盟，在大型组织中，下属单位和个人（特别是主要管理人员）往往因利益关系而结成联盟，以加强他们在主要战略问题上的决策地位，往往是企业中最有力的联盟对战略选择起决定的作用。在决策的各个阶段都有相应的政治行为在施加影响，不同的联盟有不同的利益和目标，政治行为在组织决策中是不可避免的，应将其纳入战略管理之中，个人、下属和联盟之间的正式和非正式谈判和讨价还价，是组织协调的必要机制，确认和接受这一点，在选择未来战略中就能强化向心力，选择出更切实际的战略。因此，战略的选择往往是一个协商的过程，是企业内部各方面人事关系及权力平衡的结果，而并不是一个系统分析的过程。

5. 时间因素

时间因素主要从几个方面影响战略的选择：第一，有些战略决策必须在某个时限前作出，在时间紧迫、来不及作全面仔细的评价分析的情况下，决策者往往着重考虑采用这种战略方案产生的后果，而较少考虑接受这种战略方案效益，这时往往选择防御性战略；第二，战略选择也有一个时机问题，一个很好的战略如果出台时机不当也给企业带来麻烦，甚至是灾难性后果；第三，不同的战略产生的效果所需时间是不同的，如果经理人员关心的是最近二、三年内的企业经营问题时，他们大概不会选择五年以后才产生效果的经营战略，即战略所需的时间长度同管理部门考虑中的前景时间是关联的，企业管理者着眼于长远前景，则他们就会选择较长时间跨度的战略。

6. 竞争对手的反应

企业高层领导在作出战略选择时要全面考虑竞争对手将会对不同的战略作出哪些不同的反应，如果选择的是一种进攻型战略，对竞争对手形成挑战的态度，则很可能会引起竞争对手的强烈反击，企业领导必须考虑这种反应，估计竞争对手的反击力，以及对战略能否取得成功的可能影响。

除上述六项因素外，企业在最后作出战略选择时，应采取权变的态度，如果企业战略的基本假设条件发生变化，就要调整或修改已选定的战略。因此，没有入选的战略方案应当存档，在今后的战略调整或修改过程中仍会有较大的参考价值。

第三节　市场营销战略的制定和实施

市场营销战略的制定是从分析、解决最基本的战略问题开始的。战略计划的编制者首先要确定企业使命与战略目标。

一、制定企业战略目标

企业使命必须转化为各管理层次的战略目标。这涉及战略设计者怎样认识战略目标，战略目标包括哪些内容，怎样确定和表述战略目标。

（一）战略目标的定义

我们给出如下定义：战略目标（strategic target）是企业根据其使命所规定的在一定时期内预期取得的量化成果或努力方向。

战略目标具有如下特点：

（1）时间跨度较长。一项战略目标的实现时间可能长达 1 年以上。许多日本企业的战略目标实现时间长达 5 年。

（2）具有总体概括性。企业的战略目标是企业营销努力的总体执行和控制标准，需要分部门、分阶段实现。

（3）关系企业的生存发展。企业往往针对重大的机会和威胁来确定自己的战略目标。战略目标能否实现将直接关系到营销努力的成败。

（4）具有很大的激励作用和风险性。战略目标描绘的是企业发展远景，因而能调动企业管理层和广大员工的积极性，但战略目标的实现受外界环境影响极大，风险性不可避免。

战略目标的特点解释了它为什么应该受到战略计划者的重视。彼得·德鲁克因此特别强调战略设计中必须把企业使命转化为各战略业务单位的目标。他说，并不是因为有了工作才有目标，而是因为有了目标才能确定每个人应该做的工作。如果一个领域没有方向一致的分目标来指导每个人的工作，则企业的规模越大，人员越多时，发生冲突和浪费的可能性就越大。

（二）战略目标的内容

一个企业可能追求一个战略目标，也可能追求多个战略目标。这意味着战略目标有广阔的选择空间。根据战略目标的不同内容，可将其区分为以下几类：

1. 社会责任目标

企业组织作为一个社会中的子系统，可能承担或者必须承担一定社会责任，如促进社会经济可持续发展、贡献财政税收、赞助公益事业、提供就业机会、合理利用资源、消除污染、保护环境、保证供给、服务民众等。

2. 企业发展目标

追求发展是企业终其一生的冲动。为了发展，企业需要扩大生产经营规模、扩大业务种类和范围、提高技术和管理水平、增加销售和利润等。这些通常需要表现为一系列业务成长指标而纳入公司的战略目标体系。

3. 企业安全指标

有时候——当企业发展过快、环境变化太快或遇到强劲竞争对手打压的时候，企业必须保证能安全地活下去。这时应考虑诸如资产负债率、流动比率、应收账款周转率、存货周转率、盈亏平衡点等指标。

4. 市场竞争目标

为了获得竞争优势，企业会考虑诸如市场占有率、销售收入、利润率、成本水平、质量水平、顾客满意度、品牌知晓度和美誉度等指标。由于互联网经济的成长，参与网络竞争的企业还频频使用"瞄准能力"、"点击率"、"上网费用"、"时间成本"、"精神成本"等概念。

5. 企业能力指标

反映一个企业能力高低的指标有研究开发能力、业务能力、销售能力、获利能力、环境适应能力和竞争能力等。这些指标在不同的企业有不同的分解形式，经理们的理解也有很大差别，例如"核心竞争力"迄今仍众说纷纭。

6. 企业财务目标

财务状况反映一个企业的经营状况。许多企业会直接追求主要的财务目标，如资本构成、流动资金、固定资产增值、红利偿付等。由于现代企业各种利益关系异常复杂，往往很难用一个财务目标反映各种利益相关者的要求。

一个或多个经过选择、测定的战略目标，表明企业营销战略的努力方向或成就预期。把它或它们纳入企业营销战略计划，就成为目标管理的依据。

(三)怎样确定战略目标

为一个战略计划设计战略目标的工作比通常想象的要困难得多。由于可供选择的目标空间极大，企业往往会在许多极有诱惑力的目标之间举棋不定。即使多方比较作出了似是而非的取舍，多个目标之间的关系处理也是一件很令人挠头的事。因此必须作出一些规定，以原则性地解决怎样确定战略目标的问题。这些规定包括目标协同、目标次序、目标水平和目标结构。

1. 目标协同

如果企业追求多个战略目标，这些目标之间应该是协同一致的。在营销努力中，有些目标会相互支持，例如降低成本和增加利润；但是有些目标会相互对抗，例如低成本的生产目标和高价格销售目标。此外当不同的目标分别反映不同利益主体的要求时，各目标之间也可能产生冲突。战略计划者要注意建立多个战略目标之间的平衡关系。

2. 目标次序

目标次序表明：第一，目标必须按轻重缓急有层次地安排，有些目标属于公司层，还有些目标属于部门层、业务层和产品层；第二，目标必须按时序安排，有些目标是要近期实现的，有些目标是只能在战略后期考虑的。之所以要按次序安排目标，是因为企业有限的资源必须得到合理配置。

3. 目标水平

一个企业所建立的目标水平应该既有先进性又有可行性。这一水平必须在分析外部环境和企业资源能力的基础上形成，而不能是纯粹主观愿望的产物。因此，决策者的目标抱负水平（level of aspiration）在目标设计中不能起太大的作用，他们要更多地从机会和优势分析中寻找信息，要广泛听取各级管理人员的意见。

4. 目标结构

一个庞大的目标群，不经过结构性处理就不能进入管理程序。战略计划者必须按企业的组织层次划分出企业层目标、部门层目标、业务层目标和产品层目标；还必须按时序划分出长期目标、中期目标和短期目标，从而建立起一个合乎逻辑的目标体系。

遵从上述规定，建立一个战略目标体系需要计划人员多方分析、筛选，并与有关人员反复沟通和测算，其间可能历时数月，而且花费不菲。但是为了得到一个满意的和合理的战略目标体系，这些花费不能节省。

（四）怎样表述战略目标

战略目标最后也要形成文字写进战略计划。许多战略计划者希望辛辛苦苦制定的战略目标有一个好的表现形式，他们尝试用图形、表格或说明书等表述公司的战略目标。于是形成了下列要求，用以规范一个公司营销战略目标的表述。

（1）明确性。目标表述要求确切而不含糊。例如，"提高企业效益"这种表述较空泛，改为"在两年内把公司的投资收益率提高到12%"就有了可行性和可考核性。

（2）关键性。要突出企业营销战略中的关键问题，而不要喧宾夺主或主次不分。亚马逊网上书店把自己看成是利用互联网进行电子商务的发动者，认为成功的关键在于创造一种竞争者难以企及的零售模式。因此它的创始人贝佐斯把销售目标确定为：你说出什么，亚马逊就出售什么。

（3）数量化。为了使目标能顺利地与企业的计划、执行和控制接轨，目标的表述不应该是定性的或概念化的,而应该数量化。

（4）时限性。战略目标要有时间规定,不然就会沦落为"空头愿"。本·赛克斯为刚创建的埃克办公设备公司制定的目标是:"在三年至五年内成为一家高级办公设备系统和主流通讯网络的大型供应商。"埃克公司虽然至今还不能与 IBM 公司相抗衡,但是这张时间表确实起了很大的推动作用。

（5）激励性。好的目标表述要能激励士气。目标视觉化可以在员工中"唤起生命"。所以吴士宏把 TCL 面向互联网的战略目标艺术化地称为"天、地、人、家"和"伙伴天下":"天"是指互联网门户与网络增值信息服务;"地"是指把覆盖全国的家电销售网络改造成链接互联网的专业物流配送系统;"人"和"家"是指以全线互联网接入终端设备服务于最广泛的中国人和中国家庭;"伙伴天下"则是一种合作战略。

二、建立战略业务单位

企业使命和战略目标的确立意味着公司将有一个相对稳定的业务及竞争领域。为了恰当地描述和管理公司业务,需要建立战略业务单位。

（一）战略业务单位的概念

战略业务单位(strategic business unit,SBU)是指具有单独的任务和目标,并且可以单独制定计划而不与其他业务发生牵连的一个业务,或一条产品线、一个产品、一个品牌。

一个理想的战略业务单位应该具有下列特征:

* 它是一项业务或几项相关业务的集合;
* 它有一个明确的任务和目标;
* 它有自己的竞争者;
* 它有一位专职经理;
* 它能够从战略计划中获得利益;
* 它能够独立于其他业务单位,自主制定和执行计划。

战略业务单位是若干年前通用电气公司提出来的。该公司把它经营的庞大业务划分为 49 种,称这些业务为战略业务单位。当时的情况是,公司普遍经营着多种业务,而流行的事业部制并不能清楚地界定公司业务。例如某一个事业部可能会为几个不同的顾客群提供不同的服务,即经营着几项业务;而另外几个事业部的业务可能是密不可分的,即实际上是一项业务。这样,建立战略业务单位就给公司业务管理提供了一个清晰的分析框架。

20 世纪 90 年代以来,战略业务单位概念通过"业务流程重组"(BPR)得到企业界的进一步认同。根据哈默和钱皮的观点,业务流程重组是指公司应"一切从头开始"，"彻底地"以顾客需求为导向，把原来彼此分开的工作合为一项业务，并根据顾客需要来安排业务流程，把传统的职能部门变为流程工作团队，把等级制度变为水平结构，以改善企业的适应性、灵活性和创新性。现在，业务流程重组已成为最引人注目的管理时尚。

（二）评估业务组合

运用战略业务单位概念，可以对已有的业务组合进行评估，以确定哪些战略业务单位是"公司昨天的财源"，哪些战略业务单位是"明天的饭碗"，进而作出资源配置决策。有些公司采取笼统的凭印象作出判断的方法，效果并不好。有三种模型可以帮助公司进行业务组合评估：波士顿咨询公司（BCG）模型、通用电气公司（GE）模型和霍佛模型。

1. 波士顿咨询公司（BCG）模型

波士顿咨询公司是一家管理咨询公司。该公司于 20 世纪 70 年代创造了一种被其称为成长/市场份额矩阵的分析工具，这种分析工具以金牛和瘦狗的隐喻而闻名于世，并成为多元化公司进行业务组合评估和资源分配的主要手段。

成长/市场份额矩阵如图 4－5 所示。

在成长/市场份额矩阵中，纵坐标表示市场成长率，是指企业所在行业某项业务前后两年市场销售额增长的百分比。该成长率反映一项业务所在市场的相对吸引力。在分析中，通常以 10% 的平均增长率作为成长高低的界限，大于 10% 的增长率被认为是高的，小于 10% 的增长率被认为是低的。

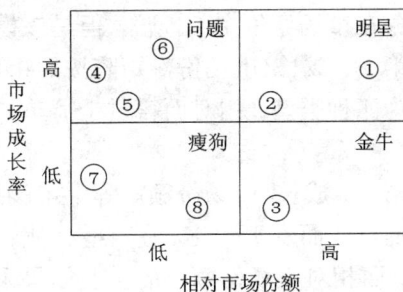

图 4－5　成长/市场份额矩阵

横坐标表示相对市场份额，是指企业某项业务的市场份额与这个市场中最大竞争对手的市场份额之比。以 1.0 为分界线，划分出高、低两个区域。某项业务的相对市场份额高，表示其竞争力强，在市场中处于领先地位；反之，则表示其竞争力弱，在市场中处于从属地位。

图中纵坐标与横坐标的交叉点表示企业的一项业务（产品或服务），而圆圈面积的大小表示该业务的收益与企业全部收益之比。图中八个大小不等的圆圈代表某个假设公司的八项业务。

分属四个象限的各类业务，其特点各不相同。明星类业务市场成长率和相对市场份额都高，表明其市场前景好，同时也是激烈竞争的对象，经常需要巨额资金来支持其快速成长。金牛类业务市场成长率低，相对市场份额高，因其发展潜力较小而只需要较少的投资来保持其市场优势，故能给企业带来大量利润。问题类业务市场成长率高，相对市场份额低，要求重点扶持，扩大其优势，跟上迅速成长的市场需要。瘦狗类业务市场成长率和相对市场份额都低，一般不大可能为企业提供较多的利润。

在理想的业务组合中，企业各类业务应大体均衡。一个失衡的业务组合不是有太多的瘦狗类业务或问题类业务，就是太缺少明星类业务和金牛类业务。公司可以采取四种战略决定每一个战略业务单位的未来，即发展、维持、收获或放弃。

随着时间的推移，各战略业务单位在成长/市场份额矩阵中的位置会发生变化。一个成功的战略业务单位，其生命周期从问题类业务开始，转向明星类，然后成为金牛类，再成为瘦狗类，最后从企业的业务组合中退出。因此，公司管理当局不仅要注意其业务在成长/市场份额矩阵中的现有位置，还要注意它变化着的位置，如果某项业务的预期轨迹不太令人满意，就应要求业务经理提出新的战略计划，并估计可能产生的结果。

BCG 模型的贡献是把企业不同的业务综合到一个简明的矩阵中，说明了各项业务在市场竞争中的地位。但是该模型有一定的局限性：

第一，成长/市场份额矩阵按照市场成长率和相对市场份额把企业的业务划分为四种类型，相对而言过于简单。实际上还有一些业务很难确切地归入哪一类。

第二，成长/市场份额矩阵中市场地位与获利之间的关系会因行业和细分市场的不同而发生变化。在有些行业，企业的相对市场份额大可能会导致成本增加，而相对市场份额小的企业如果采用产品差别化、市场再细分等战略，仍能获得较高利润。

第三，在实践中，一家公司要确定各项业务的市场成长率和相对市场份额往往是很困难的。有时候，取得的数据会与现实不符。

2. 通用电气公司（GE）模型

通用电气公司对 BCG 模型作了改进，用市场吸引力和分类业务优势两个变量来评定企业的各项业务，每个都分高、中、低三个等级，得出划分为九个象限的矩阵，如图 4 – 6 所示。图中标出了假设公司的七项业务，圆圈的大小表示市场规模，圆圈中的阴影部分代表公司业务的绝对市场份额。

为了衡量两个变量——市场吸引力和分类业务优势，战略计划者必须识别构成每个变量的各种因素，寻找测量方法，并把这些因素合成一个指数。构成市场吸引力的因素包括市场规模、市场成长率、历史毛利率、竞争密集程度、技术要求、通货膨胀、能源要求、环境影响以及社会、政治、法律等。构成分类业务优势的因素包括市场份额、份额成长、产品质量、品牌知名度、分销渠道、促销效率、生产能力、生产效率、单位成本、物资供应、开发研究绩效和管理人员水平等。根据每个因素的相对重要程度，可以定出它们各自的权数。该权数乘以某项业务在该因素上的等级分数（用 1,2,3,4,5 表示），即为某项

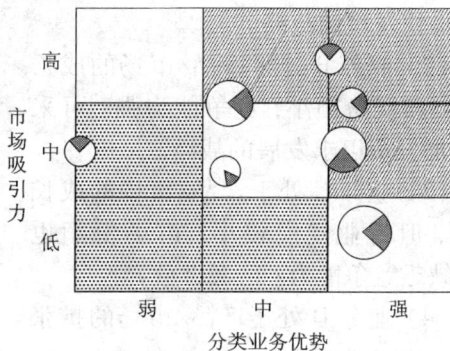

图 4-6　市场吸引力/业务优势矩阵

业务在该因素上的得分。将某项业务在每个因素上的得分加总，即得到某项业务在生产吸引力和分类业务优势两个变量上的值。根据该值即可确定某项业务在矩阵中的坐标。

从矩阵中九个象限的分布来看，右上方的三个象限处于最佳区域，对于该区域内的战略业务单位，应采取增长与发展战略，即追加投资，促进其发展。左下方的三个象限处于生产吸引力和分类业务优势都弱的区域，对于该区域内的战略业务单位，应采取收割或放弃的战略，不再追加投资或收回现有投资。对角线上的三个象限，是中等区域，对于该区域内的战略业务单位，应采取维持或有选择地发展的战略，保证原有的发展规模，同时调整其发展方向。

GE 模型比 BCG 模型更详细、更有适用性，可以更好地说明一个企业的业务组合状况，使企业更有效地分配其有限的资源。但是 GE 模型只作了一般性的战略思考，不能有效地解释一些新的业务在新行业中得到发展的情况。

3. 霍佛模型

针对 BCG 模型和 GE 模型的局限性，霍佛（Hofer, C. W.）设计出一个具有 15 个象限的矩阵，称为产品/市场演变矩阵，用以评估企业业务组合。见图 4-7。

图 4-7 中，纵坐标表示公司业务所处的产品/市场发展阶段，有开发、成长、扩张、成熟—饱和、衰退五个阶段划分；横坐标表示业务的竞争地位，分弱、中、强三个等级。七个圆圈是假设公司的七项业务，圆圈的大小表示市场规模，其中的阴影部分代表公司业务的绝对市场份额。对该公司业务组合的分析如下：

（1）业务 A 处于产品/市场的开发阶段，市场份额大，具有很强的竞争能

力，是潜在的明星业务。应采取大量投资、加快发展的战略。

（2）业务 B 处于产品/市场的成长阶段，市场份额小，竞争能力强。可采取增加投资以求发展的战略。

（3）业务 C 处于产品/市场的成长阶段，但行业规模较小，市场份额也低，缺乏竞争能力。可考虑放弃。

（4）业务 D 处于产品/市场的扩张阶段，市场份额高，具有较有利的竞争地位。企业不用进行大量投资，可采取维持战略。

（5）业务 E 和 F 同处于产品/市场的成熟－饱和阶段，有较大的市场份额，行业规模大，是能够带来丰厚利润

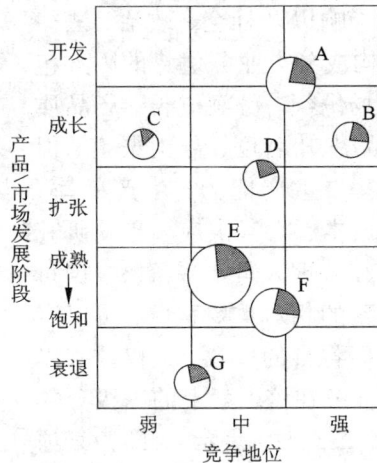

图4－7　产品/市场演变矩阵

的金牛业务，无需扩大投资。业务 F 已从饱和阶段向衰退阶段过渡，更不宜增加投资。应采取维持战略。

（6）业务 G 处于产品/市场的衰退阶段，行业规模小，市场份额低，是苟延残喘的瘦狗业务。应采取清算和放弃的战略。

根据企业追求的目标，霍佛提出有三种产品/市场组合策略可供选择，即成长组合、盈利组合和平衡组合。

三、市场营销战略的实施

（一）市场营销战略实施的意义

市场营销战略实施是指将市场营销战略计划付诸实施，使其转化为任务和行动，以实现营销战略所追求的目标的过程。

有关市场营销战略实施的一个积极的看法是，战略实施必须引起足够的重视，它不仅仅是战略计划的落实，还是战略计划的完善和发展。

讨论一下战略计划与实施的关系。公司可能有一个好的战略计划，也可能有一个不好的战略计划。因此，战略计划和实施的相互影响产生四种结果：成功、摇摆、艰难和失败，见图4－8。

1. 成功。如果战略计划是好的，实施也是好的，公司就为最终的成功做了它所能做的一切。这时公司的战略目标能顺利实现。

2. 摇摆。战略计划不好，但是实施"良好"，结果是摇摆：一种情况是，由

于经理们优秀的工作和务实精神而克服了原有计划的不足，或者至少向总部提出了可能失败的警告；另一种情况是，由于忠实地执行了一个不良计划，使失败无可避免。

3．艰难。战略计划是好的，但实施得很差。这种情况往往是由于管理者过于注重计划的制定而忽视计划的执行所致。一旦发生问题，管理者的反应常常是重新制定计划，

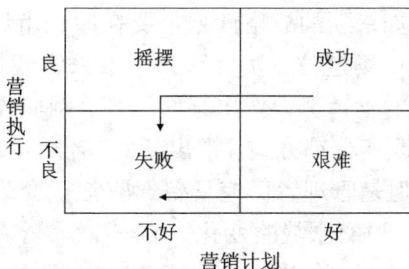

图4-8　战略计划和实施的关系

而不去检查实施是否适当。结果，重新制定的计划仍按老套路去实施，仍然举步维艰。

4．失败。战略计划和实施都不好，失败是唯一结果。这里管理者们习惯于把过失仅归咎于战略计划不当。这种偏见使失败的局面变得特别难以对付。

因此，公司必须十分重视战略实施力的培养，以良好的实施保证战略计划的成功，克服摇摆，走出困境，避免失败。

（二）影响战略实施的诸要素

良好的实施实际上很难得，只有很少的公司做得很优秀。东方赢认为，世界500强中例如微软、爱立信、东芝、瑞士银行等有"正确的战略管理"，而不少中国企业仍然问题严重。中国企业在战略上"缺乏执行系统强有力的支持"，表现为没有周到可行的战役行动计划与良好的战术方案，战役级作业部门水平低等，而这又是由于战略领导层对战略实施组织不力造成的。

实施的困难表明它受到如下许多复杂因素的影响：

1．企业的营销战略变化

有些战略计划只要求公司作微小的改变，有些则要求公司有很大的变化。对这些计划，实施的难度很不一样，结果也不一样。可能有以下五种营销战略变化摆在管理者面前：

（1）零战略变化

如果新的战略计划只是原有战略计划的翻版，是上一个计划期内已执行过的战略，公司就不需要新的技能。它只要保证每项活动都按旧的模式进行，就能获得预期实施效果。公司在上一个计划期所获得的经验曲线效应，会使公司以最小的代价顺利地实现战略使命和目标。这是营销战略变化中最小变化的一种。不过原有战略计划是否与当前的营销环境及企业资源相适应是一个必须考虑的前提。

（2）常规战略变化

如果新的战略计划是要在原有市场上吸引更多的顾客，或者确定、调整公司的市场定位，就会给公司带来常规性的战略变化。这时公司需要对正常的、基本的营销努力作出某些调整，例如改进产品的外观和包装，采用新的定价政策，改变分销方式，推出新的广告等。这种战略变化不至于给公司造成大的冲击，但是管理者仍应具备驾驭常规变革的能力。

（3）有限战略变化

公司打算在原有业务基础上开拓新市场，就需要对原有业务作出局部改变。这样的战略计划将导致有限战略变化。由于业务创新的方式较多，战略变化的形式也较多。一般地说，如果只是改进产品的形式，则不需要在生产和营销努力上作出很大的改变；但是如果产品改进中含有高新技术，就会对战略计划的实施带来新的复杂的问题，而实施的效果则取决于管理者的远见卓识和胆略。

（4）重大战略变化

当企业的基本业务以及组织结构步入重新组合阶段时，会发生重大战略变化。有两种情况较常见。一种是在同一产业内各企业之间进行联合或兼并时发生的，由于新的联合体不但要面对新的业务和市场，而且还要解决如何建立新的组织结构、形成新的企业文化等问题，使得战略变化非常复杂。另一种发生在企业自身遭遇重大变故时，例如在多元化经营的企业中，如果管理当局对下属业务单位动大手术推动联合或出售，其战略变化就十分明显。在这两种情况下，重大战略变化都是对管理者的重大考验。

（5）彻底战略变化

如果企业改变自己的业务领域，从而改变自己的经营方向，就会发生彻底战略变化。也有两种情况。一种是不同产业之间的企业进行联合或兼并时发生的，这里战略变化的程度取决于各产业之间关键性因素的差异化程度，以及企业实行集权管理的程度。另一种发生在企业从原产业中脱离出来，转移到一个新产业中去的时候。由于战略变化是彻底的，计划实施遇到的挑战也是空前的。

2. 各种执行技能

波诺马识别出以下四类因素影响战略计划的有效实施：

（1）发现和诊断一个问题的技能。当计划的实施结果未达到预期目标时，计划和实施之间紧密的内在关系就会产生一些困难的、需要诊断的问题，例如销售率上不去究竟是由于计划欠佳造成的，还是实施不当的结果？类似这些问题，在各种管理手段和解决措施方面就应不断优化组合。

（2）对公司存在问题的层次作出评估的技能。实施的问题可能发生在三个层次上。一是行使营销功能的层次，例如公司进入一个新的市场应如何策划广告活动。其次是营销规划层次，该层次把各种营销功能协调地组合在一起，构成一个整体行动。再次是营销政策层次，它解决公司需要怎样的经营理念以及怎样贯彻这种理念的问题，例如公司希望每一员工都把顾客放在第一位。

（3）管理技能。公司管理当局必须掌握一套能有效地管理营销战略运行的技能，包括：①配置。经理们应该在营销功能、规划和政策等层次上对公司的资源（时间、费用和人员）进行预算和分配。②监控。营销经理还要建立和操作一个对营销活动效果进行监测和控制的系统。③组织。营销经理还必须开发一个有效的组织，为战略计划的实现而努力工作。④相互配合。经理们要通过影响别人来完成自己的工作。他们不仅要动员本企业的人员，还要利用外部力量——调研机构、广告代理、经销商、代理商、批发商等去有效地实施既定战略。

（4）评价执行结果的技能。不能简单地根据绩效好坏来评价执行结果。良好的绩效不一定能证明计划实施得好。为了能证明营销计划执行是有成效的，往往要围绕一系列问题给予正面回答。

（三）有效实施的原则

知道哪些因素影响营销战略实施，是知道了困难所在。要克服这些困难，需要确立一些基本原则。有效的营销战略实施必须遵循以下三条原则：

1. 统一领导、统一指挥的原则

一项战略计划的实施是一项系统工程，应当在企业高层领导人的统一领导和指挥下进行。企业高层领导人站在企业权力金字塔的顶端，他们比企业中下层管理者及一般员工掌握的信息资源要多，对战略意图的领会更深入，对战略计划的各环节及各方面关系了解得更全面。只有在企业高层领导人的统一领导和指挥下，企业的各项活动诸如资源配置、组织机构调整、企业文化建设、信息沟通及控制、激励制度的推行等，才能做到协调、平衡，使企业为实现特定的战略使命和目标而卓有成效地运转。

2. 适度合理原则

营销战略计划在制定过程中受信息、决策时限及认识能力等因素的制约，对未来的预测不可能很全面和准确，因而不能把战略计划的实施看作简单的、机械的实施过程。有效的实施需要管理者的主动性和创新精神。营销战略计划在实施中被适度合理地修改是应当鼓励的。另一种情况是，由于在实施中要把庞大的复杂的总体战略方案分解为许多具体的、较简单的管理问题，在各部门、各业务单位和各工作环节之间会产生一些矛盾和冲突。企业领导人对这些矛盾和冲突不能用绝对公平的原则去处理，而必须进行协调，甚至折中和妥协，前提是只要不损害总体战略目标和利益的实现。

3. 权变原则

任何计划的制定都基于对未来的某些假定，而在实施中事物的发展往往与预期的变化有所偏离。如果企业内外环境发生重大变化，以致原定计划的实现成为不可行，这里就需要对原定计划进行调整。这种权变应当贯穿于计划实施的全过程。权变的关键是识别计划实施中的关键变量，并对之作出灵敏度分析。当某些关键变量的变化超出预警指标时，就要调整原有计划，执行替代方案。如果内外环境已发生重大变化而企业不能及时作出反应，受到损害的肯定是企业。但是如果环境变化并不显著而企业作出过分的反应，也容易造成人心浮动，带来消极后果。

（四）营销战略实施的模式

营销战略实施有五种模式，即指挥型、变革型、合作型、文化型和增长型。

1. 指挥型

企业领导人或者自己制定战略计划，或者指示战略计划人员去决定企业所要采取的战略行动。他们通常运用严密的逻辑分析方法，如份额增长矩阵、产业与竞争分析等，以寻求一个最佳战略计划。一旦得到一个满意的计划方案，企业领导人便将其布置给高层管理人员，高层管理人员便让基层管理人员去执行。

指挥型的营销执行模式适用于以下情况：

（1）处于稳定产业中的小企业，或者处于强有力竞争地位的公司，多元化经营程度低，资源较宽松，零战略变化或常规战略变化，营销执行较简单。

（2）企业组织结构是高度集权的，企业领导人拥有较高权威，靠其权威通过发布各种指令即能推动战略计划的实施。

（3）企业环境稳定，能准确高效地集中大量信息，并能及时地传送给企业领导人和管理人员。

该模式的缺点是把营销计划的制定者与实施者分开，即企业领导人或高层管理者制定营销计划，强制基层管理者执行。因此，基层管理者缺少执行营销计划的动力和创造精神，他们甚至会拒绝执行一个不理解的、没有吸引力的计划。

2. 变革型

与指挥型模式相反，在变革型模式中，企业领导人考虑的是如何实施一个既定计划。他把重点放在一系列变革上，为此他要借助于权力或各方面的支持帮助，对企业进行改造，以增加战略成功的机会。

企业领导人为有效地实施营销战略计划，往往会发动以下变革：

（1）变更人事，调整组织机构，利用新的组织体系向公司员工传达新计划的优点和重点是什么，把企业的注意力集中到新的战略努力上来。

（2）改进业务组合，建立新的信息系统、战略规划系统、战略评价系统和控制系统，以保证营销战略计划的实施。

（3）用新的激励手段，充分调动企业员工的积极性，以支持营销战略计划的实施。

变革型模式注重从企业行为角度解决战略实施问题，对有限战略变化有较好的适应性。但这种模式也是自上而下地执行计划，缺乏灵活性，不利于发挥基层员工的创造精神。如果外部营销环境变化过快，以至于企业来不及作出适应性反应，这种模式便不能发挥预期作用。

3．合作型

在合作型模式中，企业领导人考虑的是如何让其他高层管理人员共同对企业战略问题进行研究，使每一种设想都得到充分探讨与论证。在此基础上形成的战略实施方案，将使每一个高层管理人员都有可能在其执行过程中作出各自的贡献。

合作型模式的关键是企业领导人必须是一个称职的组织协调者，要能建立并管理好一支合格胜任的营销执行队伍。一种有效的做法是公司成立有各职能部门经理参加的"战略研究小组"，专门收集在企业营销战略问题上的各种观点，并进行分析研究，在集思广益的基础上制定出营销执行的具体措施。

合作型模式克服了指挥型和变革型两种模式的局限性，使企业领导人更接近一线管理人员，可以直接听取来自基层的意见，在企业面临重大战略变化时，可以在一定程度上保证决策所需信息的覆盖面，从而可以提高营销执行的有效性。

该模式也有一些缺点。对该模式的批评集中在以下几个方面：

（1）由不同目的、不同观点的参与者协调折中的产物过于四平八稳，缺乏由个人或计划人员所拟执行方案的那种创造性。

（2）在多方征求意见和讨论的过程中，可能会有某些职能部门善于表述自己的看法，导致战略实施方案带有一定的倾向性。

（3）战略实施方案的研讨时间可能拖得太长，以致错过了宝贵的战略机会。

（4）该模式仍然存在着谋略者与执行者脱节的现象，较高层的管理人员不会听到企业所有员工的意见，很难讲是真正的集体决策。

4. 文化型

将合作型的合作范围扩大到企业全体员工，就得到文化型的战略实施模式。该模式的特点是，企业领导人运用企业文化向全体员工灌输特定的战略思想，培育共同的价值观和行为准则，鼓励职工围绕企业的战略使命和目标去设计自己的工作活动。在该模式中，高层管理人员的角色只是指引总的战略努力方向，而在执行层面则放手让每个人做出自己的决策。

文化型执行模式的具体操作方法很多。有的公司采用在日本商社中大行其道的社训，有的利用厂歌、厂报，也有的通过规章制度和其他影响职工行为的方式，在建立全体员工共同文化的基础上，来动员和激励员工积极参与企业战略的实施。

文化型模式打破了计划制定者与执行者的界限，使每一个职工都或多或少地投身到营销战略计划的制定与执行中，从而使营销战略计划得以顺利实施。在企业面临重大的或彻底的战略变化时，采用这种战略实施模式风险较小，企业发展迅速。

该模式的局限性表现在以下几点：

（1）该模式要求企业员工普遍受过较高的教育，有较好的素质，而实际上一些公司很难具备这一条件。特别在一些劳动密集型企业，职工素质不高使营销战略实施中职工的参与度受到很大限制。

（2）极为强烈的企业文化，可能会掩盖企业中存在的某些问题，还会使企业很难接受外界的新鲜事物，企业将为此付出代价。

（3）采用文化型模式要耗费较多人力和时间，还有些企业的高层领导不愿削弱控制权，这些都可能使职工普遍参与营销战略计划制定与实施流于形式。

5. 增长型

与前面四种模式有根本区别的另一种模式是增长型模式。在前面四种模式中，营销战略计划的制定与实施是自上而下地推行；而在增长型模式中，营销战略计划是自下而上地形成和实施的。增长型模式的特点是，企业高层管理人员多方面调动中下层管理人员制定和实施企业营销战略计划的积极性，使他们为企业效益的增长而奋斗。它要求高层管理人员认真对待中下层管理人员提出的一切有利于企业发展的营销方案，只要方案基本可行，就促使其具体化，并批准其实施。

因此，企业高层领导人应具有如下认识：

（1）高层领导人的权力是有限的，不可能在任何方面都把自己的意愿强加于组织成员。

（2）高层领导者不可能把握所有重大的机会和威胁，有必要给下级管理人员以宽松的环境，吸引他们参与企业营销决策。

（3）高层管理者只有在充分调动和发挥中下层管理人员积极性的情况下，才能有效地制定和实施企业营销战略计划。一个稍为逊色但得到人们广泛支持的计划，要比那种"最佳"的却不被人们认同的计划有价值得多。

增长型模式的优点是营销战略计划来自一线管理人员的经验与智慧，高层管理者只在计划制定与执行中做出自己的判断，并不将自己的意见强加在下级身上；中下层管理人员和职工由于直接置身于营销环境中，可以及时把握环境机会，自行研讨和执行营销战略计划。因此，这种模式适合于变化较大的产业中实行多元化经营的大企业。

☞　案例背景资料

解读东风汽车的营销战略

按照汽车行业的观点预测，汽车产业发展的大趋势是：全球汽车产业在10年之内将被整合到10家左右的大型生产体系中。通用公司的董事长 John F. Smith 将当今世界的汽车产业格局概括为"6＋3模式"，即6大集团：通用、戴克、福特、丰田、大众、雷诺；另有三个独立公司：本田、宝马、标致。虽然中国的汽车行业整合还在进行中，但是"6＋3"格局已经形成主体。

不久前，东风汽车先与日产汽车（日产汽车属于雷诺－日产体系）签订总额达170亿元的全面合资计划：老东风以原有的核心汽车资产作价，日产汽车以现金的方式出资，双方成立以老东风和日产各占50%股份的合资公司——新东风。而30天后，东风汽车公司的总经理又与法国PSA（标志－雪铁龙）集团的总裁坐到了谈判桌前，在这次谈判中，东风公司拿出了老东风的另外一块核心业务——武汉神龙汽车公司，合资双方宣布，各为合资公司增资10亿元，使公司资本金提高到70亿元。

法国PSA（标志－雪铁龙）集团由原来的法国标致集团与雪铁龙集团合并而来，是欧洲第二大汽车生产集团（第一大为法国雷诺集团），欧洲市场份额2002年8月底达到15.5%。在从1998年开始实施革新措施以来，PSA集团的销售额在4年间增长了54%，在全球汽车制造商中的座次也从第9跃至第6。

在这场与世界汽车生产巨头的博弈中，东风公司把销售大权交给了法国人，由法国人负责合资公司中的标志品牌和雪铁龙品牌的轿车销售，但是新合资公司获得了一个新的技术研发中心，这个中心与其他合资公司中的技术研发中心不同的是，研发中心的研发方向主要是依据中国的市场来开发新的产品，完全不同于原有的各个合资公司研发中心所作的产品品种引进。另外在标志与雪铁龙合并中显示出强大生命力的平台战略也将被引入合资公司。虽然东风没有透露研发中心成立的具体时间和投资额，但是比照日产将要对研发中心的300亿日元的投资额，东风的这两个研发中心将在业内掀起人才争夺的热潮。

不仅日本、法国等国的汽车商看好中国汽车市场，而且世界汽车巨头也日益重视中国市场，他们在中国的布局也逐渐清晰，也许宝马会成为大家关注的下一个焦点。

（资料来源：http://www.zhongzhao.com/manage/article.2005 - 09 - 09/200599145426.shtml 有改动）

[案例思考题]

1. 东风汽车采用了什么样的营销战略？其优点是什么？
2. 由本案例可见，东风汽车的战略目标是什么？
3. 外国汽车要进入到中国市场，你认为最好选择什么样的营销战略？为什么？

本章小结

1. 市场营销战略是指企业为实现长远经营目标，对其市场营销活动制定的长期性、全局性、系统性的行动总方案。其关系到企业的兴衰成败。

2. 市场营销战略可以按各种不同标志来分类。营销战略的选择是企业重大战略决策，它涉及多方面因素。

3. 市场营销战略的制定与实施的基本步骤是：确定企业使命——制定战略目标——建立战略业务单位，对业务组合进行评估——制定新业务发展战略——实施营销战略。

4. 市场营销战略的制定是从分析、解决最基本的战略问题开始的。战略计划的编制者首先要确定企业使命，即确定企业生存发展的总方向、总目的、总特征和总的指导思想。这需要综合考虑企业历史、企业所有者和管理当局的偏好、外部环境和内部资源。而企业使命的表达则要求以市场为导向，适当规定企业的业务范围，明确具体，富于激励性。

5. 一个好的营销战略计划还要有好的实施。实际上，营销战略实施受到许多复杂因素的影响，因此营销战略实施必须遵循统一领导、统一指挥、适度合理和权变原则。在此基础上，企业还必须选择适当的战略实施模式，如指挥型、变革型、合作型、文化型和增长型等。

思考题

1. 一份好的企业使命说明书应体现出哪些特征？

2. 战略目标具有哪些特点？

3. 怎样用成长/市场份额矩阵对已有的业务组合进行评估？

4. 市场营销战略的实施受到哪些因素的影响？

5. 营销战略实施有哪些模式？

6. 西奥多·里维特在《营销近视》一文中提出一个观点，即企业的市场定义比企业的产品定义更为重要。因此，国际矿产化学公司对自己的业务定义作了修改：以前的定义是"我们出售化肥"；修改后的定义是"我们帮助提高农业生产力"。试说明这种修改有何实际意义？

7. 比较一家公司的目标的两种表达方式：其一，"在未来不太长的时间内把显像管生产技术提高到一个新水平"；其二，"两年内生产出纯平彩管"。你认为这两种表达哪一种更适合营销计划的制定、执行和控制？为什么？

8. 试为一家假定的公司设想6~8个战略业务单位，运用成长/市场份额矩阵进行模拟分析评价，并提出新的业务组合战略。

9. 科特勒教授认为："在市场上有良好的业绩，未必就能证明营销执行得好。因而，很难用业绩来区分战略良好而执行欠佳和战略差劲而执行良好这两种情况。"对此你能举出例子来说明吗？

第五章　市场营销环境

　　企业营销管理总是在一定的营销环境中进行，并深受营销环境的影响和制约。因此，企业在进行营销管理活动时就必须考察和分析企业所面临的市场营销环境，明确企业营销环境中所蕴含的机会与威胁，以利用机会而规避威胁，主动去适应环境、利用环境甚至去创造环境以确保企业更好地生存和发展。

第一节　市场营销环境的内涵与特征

一、市场营销环境的内涵

　　环境总是相对于某一特定对象而言的，不同的对象有着不同的环境。市场营销环境是相对企业的市场营销管理而言的。菲利普·科特勒将市场营销环境定义为：是由企业营销管理职能外部的因素和力量所组成，这些因素和力量影响营销管理者成功地保持和发展同目标市场顾客交换的能力。研究市场营销环境意义重大。

　　（1）市场营销环境是市场营销赖以生存和发展的土壤。开展市场营销活动的人、财、物、信息等要素都来自营销环境，且企业的产品或服务也只有通过营销环境才能实现其价值，市场营销环境制约着市场营销的投入和产出，从而成为市场营销赖以生存和发展的土壤。

　　（2）市场营销环境影响到企业市场营销管理的效益。企业营销战略和战术的制定、调整都要考虑到市场营销环境中各组成要素的特点及其变化趋势，战略、战术与企业营销环境协调的程度直接影响到企业市场营销管理的效益高低。

　　（3）企业市场营销的潜在机会和潜在威胁同时并存于市场营销的环境之中，分析市场营销环境能使企业辨别出环境中的潜在机会和潜在威胁，从而有利于企业利用机会而规避威胁，保证企业快速、健康地成长。

二、市场营销环境的特征

（一）环境的不确定性

　　不确定性是指置于营销者意志以外的不可控性。依据营销环境的复杂性（指环境构成要素的类别与数量）和动态性（指环境的变化速度及这种变化的可观察

和可预见程度)这两项标准,可以把市场营销的环境划分为四种不确定性情形:

（1）低不确定性,即简单和稳定的环境。组织环境中的构成要素相对较少,而且这些要素在一定时期内不发生变化或仅有缓慢变化。在这种复杂性和动态性都比较低的环境中,企业经营就面临着低的不确定性。

（2）较低不确定性,即复杂和稳定的环境。这里的"复杂",是指因大量的不同质要素的存在,使企业的经营管理工作复杂化。这里的稳定是指环境各构成要素基本保持不变或变化缓慢。处于这种复杂但相对稳定的环境,企业经营者面临着较低不确定性。

（3）较高不确定性,即简单和动态的环境。有些组织所面临的环境复杂性不高,但因为环境中某些要素发生动荡的或难以预见的变化,从而使环境的不确定性明显升高。

（4）高不确定性,即复杂和动态的环境。当组织面临许多不同质的环境要素,而且经常有些要素发生重大变化,且这种变化很难加以预料时,这种环境的不确定性程度最高,对组织管理者的挑战最大。

环境的不确定性,一方面要求经营者能积极地适应环境,寻求和把握组织生存和发展的机会,避开环境可能造成的威胁;另一方面,组织也不能只是被动地适应环境,还必须主动地选择环境,改变甚至创造适合组织发展的新环境。

（二）环境的不均衡性

环境的不均衡性是指外部环境及其变化对不同企业的影响的差异性,它既表现为不同企业受不同环境的影响,也表现为同一环境因素的变化对不同企业的不同影响,这就要求经营者必须依据企业自身的具体特点来制定应付环境及其变化的对策,切忌盲目"跟随"。

（三）环境的竞争性

行业环境的竞争性直接影响着企业的获利能力。美国学者波特认为,影响行业竞争结构及竞争强度的主要因素包括行业内现有竞争者、潜在竞争者、替代品制造商、供应商和顾客这五种力量,它们之间所形成的制约关系如图5-1。

（四）环境的可合作性

同类产品的经营者,即通常所说的竞争对手之间,以及企业与资源供应者和产品购买者之间,它们的关系并不一定都是竞争的、对立的,可以是共生的或合作的、互惠的、双赢的,相互之间可以结成同盟。从企业经营的角度,可将同盟者划分如下:全面合作的同盟者和某事、某方面的同盟者;战略同盟者和一般同盟者;直接同盟和间接同盟者;长期同盟和短期同盟者;现实同盟和潜在同盟者,等等。

当然,随着内外部环境条件的变化,企业与同盟者的关系会具有可变性和

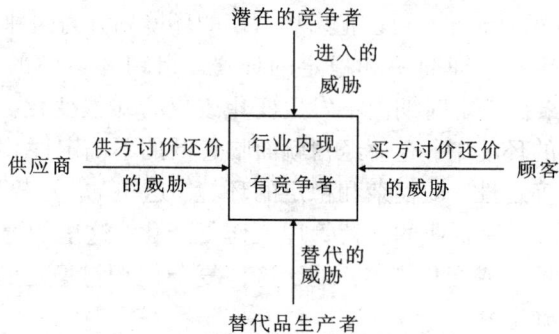

图 5-1　行业竞争的五种力量图

复杂性。企业应当看到,同盟者可能转化为竞争者,而竞争者也可能变为同盟者,本企业的同盟者可能同时也是竞争者的同盟者。这种情况表明,企业对各种类型同盟者的状况、发展趋势及特点应该进行系统、全面和动态的研究。联盟成功的主要条件是,同盟者与本企业应具有利害相关性和优劣势互补性。

第二节　市场营销环境的构成

企业市场营销管理职能外部的因素和力量的内容十分广泛,它是一个多因素、多层次且不断变化的综合体。不同学者对其内容的划分有所不同,有的学者将市场营销环境划分为五大类,即:一般环境、策略环境、科技环境、国家环境和市场总体环境;美国营销学家迈克塞将其分为公司目标及资源环境、竞争环境、组织技术环境、文化与社会环境;著名营销专家菲利普·科特勒则把市场营销环境概括为微观环境和宏观环境。我们采用菲利普·科特勒的分类方法,来描述市场营销环境。

一、市场营销的微观环境

市场营销的微观环境是指与企业的营销活动(营销管理功能之外的力量和因素)直接发生关系的组织和行为者的力量和因素的总和,主要包括企业本身、供应商、营销中介、顾客、竞争者和公众六部分。

(一)企业

即企业内部状态。任何一个企业的市场营销活动都不是企业某个部门的孤立行为,企业市场营销管理部门也不例外。如它在制定营销计划和开展市场营销活动时,会受到企业其他部门如计划、财务、采购、生产、研究与开发、主管部门等的影响。很明显，能否与这些部门协调配合，将直接影响企业市场营销部门的绩效。所以说，企业市场营销部门绝非独立于企业其他部门。这也正如管理学家彼得·杜鲁克所说："市场营销是企业的基础，不能把它看做是单独的职能。从营销的最终成果亦即从顾客的观点来看，市场营销就是整个企业。"现代市场营销理论，特别强调企业对环境的能动性和反作用，认为企业对周围环境的关系，不仅有反应、适应的必要，而且还有积极创造和控制的可能。

（二）供应商

所谓供应商是泛指组织活动所需各类资源和服务的供应者。供应者与企业的关系是一种生产协作关系，二者配合是否密切，对企业营销管理的绩效将会产生很大的影响。如，供应商提供的原材料的变动，会影响企业的生产成本、利润和产品价格，从而影响企业的综合竞争能力；供应商提供的材料的数量和交货时间会影响到企业的生产能否正常进行；供应商提供的原材料的质量将会直接影响到企业产品的质量，而这些很明显会影响企业产品的销售。所以，企业要搞好市场营销就必须要慎重选择供应商，并尽可能多地做到多渠道供应，以确保企业生产活动顺利运行。一般来说，选择供应商要考察的主要因素有：诚信状况、货源规格与质量、在供应商中的地位以及地理位置、交通运输状况等。

（三）营销中介

营销中介是指协助企业促销、分销其产品给最终购买者的公司或个人，包括中间商、实体分销公司（运输企业、仓储企业）、营销服务机构（广告公司、咨询公司等）和财务中介机构（银行、信托公司、保险公司）。企业要达到实现潜在交换，满足顾客潜在需要的目标，都离不开这些营销中介的共同协作。因为在现代化大生产的条件下，生产和消费之间存在的空间分离、时间分离和信息分离等矛盾，只有在各类营销中介的协助下才能得到有效的解决。例如，企业批量生产与消费零散分布的矛盾得靠中介机构的分销网络的帮助与合作；企业资金周期性周转中遇到的资金困难需靠财务中介机构帮助与合作；企业快速扩张时自身资源（人、财、物、信息等）的有限性，也需通过中介机构的帮助与合作，得以缓和。因此企业的市场营销活动如果得不到有关营销中介的配合，就可能会陷入危机。

（四）顾客

所谓顾客，通常是指用户、消费者，或者说就是企业的目标市场。它是指组织产品或服务的购买者，主要包括所有出于直接使用目的而购买本组织产品或服务以及为再加工或转卖目的而购买本组织产品或服务的个体和组织。企业与顾客的关系实质上是一种生产与消费的关系。在市场学中，按顾客及其购买目的的不同可将市场分为五类：

（1）消费者市场。它是指那些为了满足消费者个人或家庭需要而购买商品和服务所形成的市场。

（2）产业市场。它由购买产品和劳务用于生产其他产品或劳务以供出售、出租，从而获得利润的个人和组织构成。

（3）中间商市场。它是由通过转卖或出租从而获取利润的个人和组织组成。

（4）政府市场。它是由为了提供公共服务和履行政府职责而购买产品或劳务的政府机构组成。

（5）国际市场。它是由国外的消费者、生产者、中间商、政府等所构成的市场。

顾客是企业服务的对象，企业的一切活动都必须以它为中心，忠诚的顾客是企业最宝贵的财富。这正如菲利普·科特勒所说："好的顾客就是资产，只要管理得当和为其服务，他们就能转化为公司丰厚的终身利益来源。在紧张的市场竞争中，公司的首要业务任务就是持续地用最优的方法满足他们的需要，以保持顾客的忠诚度。"[①]

（五）竞争者

竞争者是指与本组织存在利益争夺关系的其他经济主体。企业的竞争对手包括现在生产和销售与本企业相同产品或服务的企业，潜在的进入者以及替代品生产者、供应商等。一般来说，企业面临着四种不同层次的竞争者：

（1）愿望竞争者。指提供不同产品，以满足顾客当前愿望的不同需求的竞争者。例如，制造企业的愿望竞争者有生产电视机、洗衣机、空调等不同产品的企业。因为消费者总有自己的消费预算，企业就要考虑如何促使消费者更多地首先选购自己的产品而非其他产品，这就和其他企业形成了一种竞争关系。

（2）平行竞争者。即能同时满足购买者某种愿望的不同产品提供者。如为了满足自身的娱乐愿望，消费者可以购买音响、录像机或彩电、电子琴等。这样，这几种产品的生产企业就形成了竞争关系。

（3）产品形式竞争者。即能满足购买者某种愿望的同类产品中的不同型号的产品提供者。如消费者决定购买空调时就会面临空调的各种型号的选择问题，这些不同型号的厂商便形成了竞争。

（4）品牌竞争者。即能满足购买者某种愿望的同种形式产品的各种品牌之间的竞争者。如西门子、摩托罗拉、波导等各种品牌手机竞争者。

---

① 菲利普·科特勒. 营销管理. 上海人民出版社，1979：序言

作为企业营销人员要善于识别各种竞争者，并采取不同的竞争策略。如"产品形式竞争者"和"品牌竞争者"都是同行业的竞争者，对于这类竞争者的分析就要特别注意卖方密度、产品差异、进入难度三大方面以判断竞争的激烈程度并采取相应的对策。

（六）公众

公众是指对企业实现其目标的能力有实际或潜在的利益关系或影响的任何团体。公众可以划分为以下七种类型：

（1）金融公众。包括影响企业融通资金能力的各种金融组织和社会集团。如银行、投资公司等。

（2）媒介公众。指那些联系企业和外界的大众媒体，主要指报纸、杂志、广播、电视等大众传播媒介。

（3）政府公众。指对企业市场营销活动有影响作用的有关政府机构。

（4）群众团体。指各种保护消费者权益组织、环境保护组织及其他群众团体。

（5）地方公众。指企业周围居民和团体组织，他们对企业的态度影响企业的营销活动。

（6）一般公众。指一般社会公众。他们是对企业产品并不购买，但深刻影响着消费者对企业及产品的看法的组织或个人。

（7）内部公众。指企业内部从上到下的组织成员，包括股东、管理人员、职工。内部公众对企业的影响有时十分直接，有时却又是间接而深远的。

企业的市场营销活动会影响周围公众的利益，也会影响企业在公众心目中的形象。良好的公众形象是企业的一种无形资产，它的存在有利于企业的扩展，而不良的形象最终会导致企业的失败。

上述的企业市场营销微观环境的六因素，是一个相互联系、相互影响的微观环境系统。企业必须全面考虑、重点权衡，以利用微观环境系统中的各种机遇，不断地发展壮大自己。

二、宏观市场营销环境

宏观市场营销环境是由一些影响企业市场营销活动，但企业本身又无法直接左右的巨大的社会因素所组成。主要包括人口环境、经济环境、社会文化环境、技术环境、自然环境和政治法律环境等。它们对企业的影响是全面的、共同的，不会因为企业使命不同而有多大差异。一般来说，企业只能通过调整内部环境的可控因素，来适应社会宏观环境的变化发展，从而确保企业的持续、健康地成长。

（一）人口环境

人口环境主要包括人口数量、人口出生率和自然增长率、人口年龄结构、家庭规模和人口流动等因素。通过对这些因素的分析我们便可以看到人口环境是怎样影响市场营销活动的。

1. 人口数量和增长速度

人口数量的多少决定着潜在市场的容量大小，人口数量的增减决定着市场容量的收缩，所以，人口数量将直接影响企业市场营销。

人口的出生率和自然增长率是预测未来市场状况的一个重要指标。二者的变化都可能引起人口数量和人口结构的变化，从而也就引起了市场上的需求量和需求结构的变化。不仅如此，人口出生率与自然增长率与经济增长率的关系也会同时对市场产生影响。在不同国家，甚至同一国家的不同地区，人口变动差异很大。出生率下降的国家和地区，最终会导致儿童数量减少，从而影响儿童用品行业。这种影响使经营儿童用品的企业必须重新进行市场定位。

2. 人口结构

人口结构包括年龄结构、性别结构等，其现状及变动趋势都直接影响消费品市场的商品结构，不同年龄人群和不同性别人群有着不同的消费层次和消费方式。我国人口年龄结构的显著特点是：青少年比重开始下降，但总量依然很大，在未来一段时间儿童用品、结婚用品市场容量依然较大，但"人口老龄化"现象也已开始出现，有关保健品、营养食品以及老年人生活、休闲娱乐等用品的生产企业在将面临着一个好的发展机会。

3. 家庭规模

据人口学家预测，世界人口在今后一段相当长的时间内趋于增长，但家庭规模却趋于小型化，如 1980 年为 3.7 人/家，1998 年为 3.36 人/家，其变化趋势非常明显。这种趋势表明市场上对电视机、电冰箱、空调、住房等家庭日常用具的需求将总体上升。

4. 人口的地理分布特点及地区间的流动性

我国人口地理分布总体特点是：东南部地区人口密度大，而西北部的人口密度相对较少。这种人口分布特征决定着各地区市场的总体容量大小、销售网络的布局以及企业营销组合的方式。我国人口流动的特点是：农村人口大量流入城市，特别是大、中城市；内地经济不发达地区人口流入沿海经济发达地区；经商、学习、旅游等人口流动加速等。人是最终的消费主体，人的流动势必会引起购买力的变动、市场规模的变动，以及市场需求的变动。这些变动会直接影响区域间的营销环境。作为营销人员应该注意到这种人口流动所引起消费群体需求等因素的变动。

企业营销管理人员必须从上述四因素中总体把握人口环境现状及其变化的趋势。同时还必须把国内人口环境分析和国际人口环境分析结合起来，及时捕捉机会、调整战略，使企业在市场营销活动中领先一步。

（二）经济环境

经济环境指企业市场营销活动所面临的外部社会的各种经济条件的总和，主要包括经济发展阶段、地区与企业经济发展的状况、消费者消费状况及消费者储蓄和投资机会等。

1. 经济发展阶段

经济学家罗斯托在《经济发展联合体论》一书中把经济发展划分为五个阶段：传统社会、起飞准备阶段、起飞阶段、成熟阶段和大众高额消费阶段。

处于不同发展阶段的国家存在不同的需求，企业营销人员应针对目前不同国家所处的发展阶段，设计不同的市场营销策略。下面以分销渠道为例来说明这一问题。外国学者对经济发展阶段与分销渠道之间的关系曾作过研究，得出了如下六个结论：

（1）处于经济发展阶段越高的国家，其分销途经就越复杂而且更广泛；

（2）进口代理商的地位随经济发展而下降；

（3）制造商、批发商与零售商的职能逐渐独立，不再由某一分销路线的成员单独承担；

（4）批发商的其他职能增加，只有财务职能下降；

（5）小型商店的数目下降，商店的平均规模在增大；

（6）零售商的成本上升。

这六个结论说明了，企业营销策略的制定或调整必须要考虑营销地区的经济发展总体阶段，否则就会"水土不适"。

2. 国内生产总值

国内生产总值是表示市场规模的另一个收入指标，而且是表示产业市场潜力的更可靠的指标。企业营销人员在评估市场规模时，应同时考虑人均指标和总量指标，并根据市场和产品的实际情况决定哪个指标更可行。

3. 收入状况

（1）人均收入。人均收入是衡量市场规模、商品消费档次的一个重要指标。人均收入高的国家和地区与人均收入低的国家或地区在购买力和消费结构上存在很大差异。作为营销者必须认识到这种差异，调整好各营销地区的营销策略。

（2）个人可支配收入。个人收入中扣除税款的和非税性负担之后所得的余额。它的大小直接决定着个人的消费能力和消费档次。

（3）收入分配。收入分配方式的变动将直接决定参与经济活动各主体的收入结构的变动，导致购买能力结构的变动，从而引起需求结构的变动。作为营销者必须注意这种由收入分配方式变动所引起的不同社会阶层的购买力和需求状况的变动，制定并实施有针对性的市场营销策略。

4. 消费者的消费状况

（1）消费者支出模式。随着消费者收入的变化，消费者支出模式会发生相应变化，继而使一个国家或地区的消费结构发生变化。德国统计学家恩斯特·恩格尔（Ernst. Engel，1821～1896）根据对欧洲一些国家工人家庭收支预算进行的研究，在1857年发现了收入变化与各种支出变化之间的规律性，其内容可表达为：随着家庭收入增加，用于购买食品的支出占家庭收入的比重下降，用于住宅建筑和家务经营的支出比重基本不变，而用于其他方面的支出（医疗教育等）和储蓄的比重会上升。同时，认为贫富差异可用恩格尔系数来描述，其大小为：

$$恩格尔系数 = \frac{食物支出金额}{家庭消费支出总额}$$

一般来说，恩格尔系数越大，则该国家或地区就相对越贫穷，用于食物支出的比重越大。因此，企业营销管理人员必须注意这种收入与消费支出模式之间的关系。表5-1中列出了低收入国家与高收入国家的家庭消费结构中各类消费资料（包括劳务）所占的比重（%）的情况。

表 5-1　　　　　　　　　　　　　　　　　　单位：%

项目 国家类型	食品	服装和鞋袜	房租燃料电力	医疗和卫生	教育	交通运输通风	其他消费品
低收入国家	50～59	5～8	11～15	3	3～4	6～10	10～19
高收入国家	10～19	5～6	16～20	15	8～9	13	30～39

资料来源：世界银行，《世界发展报告》1973年。

（2）消费结构。消费结构是指各种消费支出占总支出的比例关系，它的变动是企业开展市场营销的立足点。二战后，西方发达国家的消费结构显出如下趋势：①恩格尔系数明显下降；②劳务消费上升较猛；③住宅消费比重增长较快；④消费总开支占国民生产总值和国民收入的比重呈上升趋势。在我国，由于历史的原因，如政府的住房政策、医疗政策、农产品低价销售政策等，导致了消费结构的畸形发展。但随着经济体制改革的深入，这种状况有些改变。如今，人们的温饱问题已经解决，正奔向小康家庭，消费重心不再是食品，而更多地表现为住房、劳务及其他高档商品如汽车等。作为企业的营销管理人员，要正确认识这种消费结构的升级换代，重新面对市场，调整好自己的营销战略。

（3）信用消费。信用消费是指个人金融服务的一种形式，是金融机构为使消费者能够购买商品或获取服务而提供信用贷款。其主要类型有：短期赊销；分期付款；信用卡信贷。发达国家信用消费很平常，但在我国，自20世纪90年代初期产生信用消费以来，发展速度较为缓慢，当前主要在各高档商品中进行。

5. 消费者储蓄和投资机会

收入一定时，储蓄越多，投资机会越多，现实消费就越小，但潜在的消费越大。反之，储蓄越少，投资机会越少，现实消费就越大，潜在的消费就越小。企业营销管理人员必须了解三者的关系，作好营销决策。一般来说，影响消费者储蓄的主要因素有：利率；通货膨胀率及对变化的预期；消费观念；收入水平；经济发展周期等。这里值得一提的是：不同消费者储蓄的动机具有差异性，这种差异性影响着未来潜在市场的走向，从而影响着企业目标市场的选择。营销管理人员一定要注意。

（三）文化环境

文化是人类在创造物质财富过程中所积累的精神财富的总和，它体现着一个国家或地区的社会文明程度的高低。文化一般可划分为全体社会所共有的核心文化和社会中各种不同群体所特有的亚文化两个部分。核心文化是在长期的社会发展中形成的基本信仰和价值观，具有稳定性和可持续性；而亚文化是在核心文化基础上派生出来的，可以再按地域、宗教、种族、年龄等特征细分，具有可变性。一般来说，文化环境主要包括语言、教育、宗教、价值观念和风俗习惯等要素。

1. 语言

语言是重要的文化因素之一，在市场营销活动中，一定要注意不同国家或地区在语言表达上的差异及其对消费者购买行为的影响。如美国通用汽车公司生产的在北美市场畅销的"NOVA"牌轿车，在拉美市场上确不受欢迎，因为"NOVA"在西班牙语里是"不走"的意思。研究语言环境要做到：①顺利地与各方面沟通；②准确地翻译（双语）；③制定适当的策略。

2. 教育

教育是遵照一定目的要求，对受教育者施以影响的一种有计划的活动。教育水平的高低及其普及程度的差异，都会影响企业的市场营销管理，表现为：

第一，会产生市场需求的差异。如教育水平高的地区对文化产品需求较大。第二，会影响企业的市场营销活动的调研和宣传。如，在教育水平高的国家或地区，企业可以雇用调研人员完成调研项目，而在教育水平低的国家或地区则企业要直接派调研人员，这便加大了调研任务的难度。第三，还会影响企业的营销组合决策。因为教育水平不同会导致对广告内容的理解程度和理解方式的不同，从而不同广告媒体应用所产生的效果也不同。

3. 风俗习惯

风俗习惯主要体现在饮食、服饰、居住、婚丧、节庆、道德伦理、心理、行为方式等因素上。企业在营销活动中，不能按照自己的风俗习惯来决策，必须考虑目标市场上的对象的风俗习惯来决策，因为不同的风俗习惯有不同的商品需求。同时，作为营销人员也必须用动态的、发展的眼光来看待风俗习惯。

4. 审美观念

处于不同时代、不同民族、不同地域的人有着不同的审美观和美感，这将影响人们对商品及服务的看法，所以营销策略中必须注意有针对性。例如，产品设计应符合目标市场国家和地区人们审美的观念，以新、巧、奇、特来提高产品的附加值；在促销中音乐的选择也要注重当地人的喜好等。

5. 宗教信仰

一种新产品的出现，宗教组织有时会提出限制或禁止使用的强制规定，其原因可能就是因为产品与宗教信仰相冲突；相反，如果产品符合宗教信仰所倡导的观念，则会得到宗教组织的支持与推广。因此，企业在营销过程中，必须认识到这种宗教信仰上的差异，搞好市场营销。考察宗教对营销活动的影响可从以下三方面进行：第一，宗教分布状况；第二，宗教要求和禁忌；第三，宗教组织与宗教派别。

6. 价值观念

价值观念是人们对事物的评价标准，是一种个体内化了的群体规范，它从道德的层次来决定什么可以做，什么不可以做。由此可见，价值观念将直接影响消费者的购买行为。例如，有的消费者宁愿花高价购买环保产品，有的消费者宁愿购国产货而不购外国货，如此等等。

7. 亚文化群

亚文化群是指在共同文化传统大集团中存在的具有相对特色的较小团体，它可以划分为种族的、民族的、宗教和伦理的团体，也可以按年龄群、活动爱好群划分或者其他特殊的团体人群划分等。作为企业可以把每一个亚文化群作为一个细分市场，采取不同策略开展市场营销活动，以更好地满足消费者要求。

作为企业营销管理人员，一定要注意到亚文化群的这种亚文化不同于核心文化，它不具有持久性，会随着时间的推移而发生变化。例如，曾经轰动一时的嬉皮士颓废派、披头士乐队等亚文化群至今已荡然无存，取而代之是对像迈克尔·乔丹等新兴杰出人才的追星族。因此，企业营销管理人员一定要注意这种变化，并相应调整目标市场。

（四）技术环境

科学技术是人类在长期实践活动中所积累的经验、知识和技能的总和。它是社会生产力中最活跃的因素，每一种新技术的出现都是一种"创造性的毁灭力量"，会给有些企业带来发展机会，同时也会给一些企业带来威胁。所以，任何企业的市场营销都必须关注技术环境的变化。技术环境对企业市场营销的影响至少有如下几个方面：第一，新技术的出现为新产品出现提供机遇。第二，新技术的出现有利于增加企业的综合竞争力。首先，新技术的出现能提高劳动生产率，从而降低产品成本；其次，新技术的出现能改善企业管理手段。如计算机的出现以及其发展过程中的一些新技术的出现都导致了管理手段的逐渐科学化。第三，新技术的出现会影响零售业结构和消费者偏好。如新技术的出现导致了自动售货、电视购物、网上购物等方式的出现就影响了零售业结构的消费者偏好。

（五）自然环境

企业生产的产品的原料最终源于自然界，且随着产品的逐渐使用，在其使用价值丧失后又会最终"回归"自然界，这就使得企业与自然环境之间生了极密切的联系。我们知道，过去经济的发展给现时的自然环境已带来了严重的后果，具体表现如下：

（1）自然资源总量日趋短缺。自然资源可划分为三大类：一是"无限"的资源，取之不尽，用之不竭，如空气等；二是有限但可以再生的资源，如森林、粮食等；三是有限且又不能再生的，如各种矿物质。这三类资源中影响最为深远的是有限且又不能再生的资源。如果按目前的消耗速度计算，到2050年将有大部分矿产资源枯竭。自然资源的短缺，一方面使企业面临着生产成本持续上升的不利环境的威胁，另一方面，它又迫使企业努力寻找替代品或降低资源的消费，这样又可减轻或避免某些自然资源的短缺对企业生产经营所造成的不利影响，甚至还可能导致新的发展机会。

（2）自然环境污染加重。自然环境污染已成为举世瞩目的问题，各国政府都开始积极采用各种措施以加强对环境的保护。这样便对企业市场营销产生两方面的影响：一方面限制了某些行业的发展，提高了它们的生产成本。例如，钢铁厂不得不花费大量的投资来购买控制污染的设备和采用价值较高的燃料；

汽车制造商不得不在汽车上采用昂贵的控制尾气的装置；肥皂业不得不去研制低磷洗涤剂等。另一方面又为一些企业创造了新的营销机会，如环保工程与环保产品研究的相关企业。如何减少污染问题，如何变废为宝，化害为利是相关企业必须重视和探讨的重要课题。

在 20 世纪 90 年代，出现了可持续营销的新理念。这是政府、环境组织对企业影响加大的结果，同时也是消费者环保意识加强的结果。它是指可持续经济发展中的支持可持续性经济发展的市场营销，其中绿色营销最具代表性。现在，越来越多的企业已经开始通过"绿色产品"、"绿色营销"、"绿色广告"等措施来适应和满足这种"绿色需求"和"绿色消费"，其结果是推动了环境保护，阻止或减弱了对自然环境污染的加重，同时也减少了对自然资源耗费的速度。

（六）政治法律环境

1. 政治环境

企业市场营销活动的外部政治形势和状况会给市场营销活动带来或可能带来影响。各国对在其境内从事市场营销活动的企业，不论是本国企业，还是外国企业，都可能采取鼓励、支持、许可或限制等措施，这些措施构成了企业市场营销的政治环境。

企业在进行政治环境分析时，必须考虑三个方面：首先，对本国政治环境的分析。在这个过程中，应充分注意政府新的方针政策的制定和调整对本企业营销活动的影响，这样将有助于企业确定发展方向、发展战略，有助于企业调整营销策略。其次，对东道国政治环境的分析。对于进入国际市场营销活动的企业，必须分析研究东道国的政治环境，以确定政治变化对企业经营产生的影响。最后，分析国际政治环境。本国和东道国总置身于国际大环境之中，特别是当今一体化、全球化的趋势下，任何两个国家关系的改善或恶化都会影响国际政治经济关系的重新调整，从而影响整个国际市场的营销环境。

2. 法律环境

法律环境是指国家主管部门及省、市、自治区颁布的各项法规、法令、条例等。由于企业的市场营销活动要受制于法律的约束，所以企业进行市场营销活动时也同样必须分析本国的法律法规、东道国的法律法规和国际法，这样才能搞好国内和国际市场营销管理工作，避免因企业的违法行为而受到法律的制裁。随着我国经济体制改革和对外开放的不断深入，特别是加入 WTO 后，我国已日益重视经济立法与执法。近年来，我国颁布了许多经济法规，如《公司法》、《经济合同法》、《商标法》、《环境保护法》、《专利法》、《广告法》、《进出口商品检验条例》、《消费者权益保护法》等。作为企业只有了解相关法律，才能保证自身严格按法律办事，同时又能运用法律的手段来保护企业自身的权益。同样，企业在进入国际市场营销时，还要特别研究东道国的法律、法规及国际法，以使企业的国际营销活动顺利进行。

第三节 市场营销环境变化的分析

一、市场营销环境分析的目的与原则

(一)市场营销环境分析的目的

生物学家达尔文在分析物种起源时提出了一个著名论断："适者生存，不适者淘汰。"其实，不仅物种进化是这样，企业的发展也是这样，这一点已是共识。

环境的构成因素具有多样性、复杂性、动荡性和不可控性，企业要生存与发展就必须结合自身的优势和劣势来分析环境变化给自己所带来的机遇和挑战，以主动适应环境、利用环境甚至创造环境，以保证企业的生存和发展。下面可以从图5-2中了解到市场营销环境分析的目的。

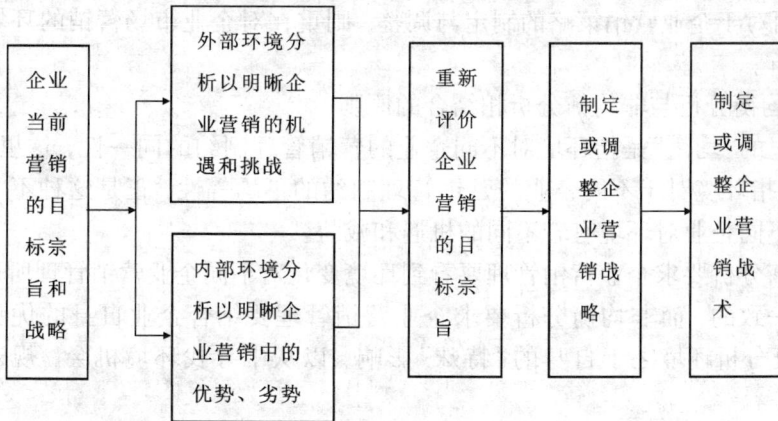

图5-2 市场营销环境分析目的图

可见，市场营销环境分析的目的是：通过搜集大量的有关环境信息，并结合企业自身的优势和劣势，从中判定出企业面临的机遇和挑战，从而为企业营销战略、战术的制定、实施和调整提供依据。

(二)市场营销环境分析的原则

1. 动态分析与静态分析相结合的原则

这里的"动态"，是指从变化的状态考察环境，"静态"是指从稳定的状态考察环境。动态分析要求企业要从变化发展的角度来分析环境的各因素，要注重各环境要素的变动趋势和规律。静态分析强调的是环境的状态一旦形成，则具有相对稳定性，如市场营销的宏观环境。这里要强调一下的是环境变化是绝对的，而环境的稳定是相对的，企业在进行环境分析时，一定要以动态分析为核心，坚持动态分析与静态分析相结合的原则。

2. 一般分析与重点分析相结合的原则

因为世间万物都是互相联系的，处于开放状态下的企业也不例外。但必须注意到这种相互联系有主次之分。这就要求在对企业营销环境进行分析时要坚持一般分析和重点分析相结合的原则。一般分析是指对影响企业营销的一切因素都要进行分析，注重分析的是影响环境变化的一般因素；而重点分析是指对影响企业营销环境的重要因素进行分析，注重分析的是影响环境变化的关键要素。

3. 长期分析与短期分析相结合的原则

对于企业营销战略的制定与调整，需对企业市场营销的环境进行长期分析，即根据现有的环境状况对未来较长的一段时间内的各环境因素的变化进行预测，而对于企业营销策略的制定与调整，则重在对企业市场营销的环境进行短期分析。

4. 均衡分析与非均衡分析相结合的原则

这里的"均衡"是指环境对不同企业的营销管理制约的同一性，这里的"非均衡"是指环境对于不同企业的营销管理制约的不均等性，正是这种不均等性导致了不同企业对环境有着不同的机遇和威胁。

均衡分析要求企业营销管理要看到环境变化对不同企业营销管理所造成的影响是一致的，而非均衡分析要求企业营销管理要结合企业自身的优势和劣势，认真分析环境之于自身的"特殊"影响，以从中寻找环境机会，规避环境威胁。

二、市场营销环境变化的分析方法及应变对策

(一)产品－市场分析法

该分析方法的目的是为企业寻找市场机会，为此，将产品划分为现有产品和新产品，将市场划分为现有市场和新市场，它们之间的关系可通过如下矩阵得到说明：

产品／市场	现有产品	新产品
现有市场	I(市场渗透)	II(产品开发)
新市场	III(市场开发)	IV(多角化)

图5－3　产品－市场分析矩阵

区域I对应状态为现有市场、现有产品，企业分析的重点是消费者对现有产品的需求及满足程度，并由此决定市场渗透的程度。若消费者对现有产品需求较旺，则可对现有市场渗透扩张，否则，就进行适度收缩。

区域II对应的状态为现有市场、新产品，企业分析的重点是现有市场上是否仍有其他未被满足的相关需求存在。若有，则说明具有市场中存在机会，企业可以通过开发新产品来满足这种市场需求。

区域III对应的状态为新市场、现有产品，分析的重点是新市场是否存在对企业现有产品的需求，若存在，则说明企业营销中存在机会，企业可以扩大生产满足新市场对产品的需求。

区域IV对应的状态为新市场、新产品，分析的重点是新市场中是否存在未被满足的消费者需求，若存在，则可采取多角化经营战略。

(二)环境机遇－威胁分析法

1. 环境机遇矩阵

环境机遇是指环境中有利因素的发展趋势给企业发展所带来的各种有利条件的总和。其机遇强度可从下式得到判定：

$$环境机遇强度 = 潜在的吸引力 \times 出现机遇的可能性$$

为了分析问题的方便，画出市场机会矩阵图(图5－4)，其决策意义如下：

区域I：成功的可能性小，潜在的吸引力也小，因此，环境机遇较小。

区域II：成功的可能性大，但潜在的吸引力小，环境机遇一般。

区域III：成功的可能性大，潜在的吸引力大，环境的机遇大。

区域IV：成功的可能性小，但潜在的吸引力大，环境机遇一般。

面对环境机遇可选用以下两种对策：

(1)扩张。如果企业主要产品的营销环境处在区域III，便可进行外延式扩张或内涵式扩张来把握企业所面临的大好发展机遇。

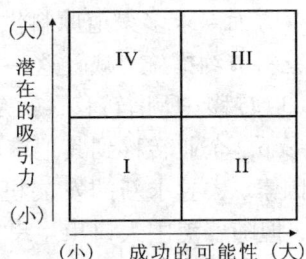

图5－4　环境机遇矩阵

（2）进入。如果我们通过分析证实了生产某种非已经营的行业的经营环境处在区域Ⅲ，企业便可以考虑研制新的相关产品来进行多样化经营。但企业需慎重，必须全面考虑，以免陷入"多样化经营"陷阱。

2. 环境威胁的矩阵

环境威胁是环境中不利因素的发展对企业经营所形成的各种不利条件的总和。其威胁强度可从下式得到判定：

环境威胁度 = 潜在的严重性 × 出现威胁的可能性

为了分析问题的方便，画出环境威胁矩阵图（图5-5）。其决策意义如下：

区域Ⅰ：威胁出现的可能性小，且潜在的严重性小，所以在其区域内的环境威胁程度最低。

区域Ⅱ：威胁出现的可能性大，但潜在的严重性低，所以在其区域环境威胁程度中等。

区域Ⅲ：威胁出现的可能性大且潜在的严重性大，所以其对环境威胁程度大。

图5-5 环境威胁矩阵

区域Ⅳ：威胁出现的可能性低，但潜在的严重性大，所以其对环境威胁程度属中等。

一般来说，企业对环境威胁可选用三种对策：

（1）反抗。所谓反抗，就是企业采取各种可能措施来阻止环境中潜在威胁的出现。如通过各种方式促使政府通过某种法令或有关权威组织达成某种协议，努力促使某项政策或协议的形成以用来抵消不利因素的影响。

（2）减轻。所谓减轻，就是企业在环境威胁已经出现的情形下，采取各种措施主动适应环境来减轻环境的威胁。如，当某种原料供应逐渐紧张时，企业便可一方面寻求多渠道原料供应，另一方面，主动改进设备和工艺，积极实施各种原料节约措施，减轻这一情形下的环境威胁。

（3）转移。所谓转移，就是在环境威胁面前，感到无能为力或者代价很高的情形下，企业转移到其他市场或进入其他行业开展经营活动以规避环境中的不利因素，去寻求新的发展机会。如，美国有家公司的目标市场是儿童服装、玩具，但随着美国人口出生率的下降及人口结构的老龄化，公司面临着不利的市场环境。在这种情况下，公司及时采用了转移策略。一方面，将市场重心转移到人口出生率依然较高的发展中国家，另一方面在国内开始进入人寿保险、

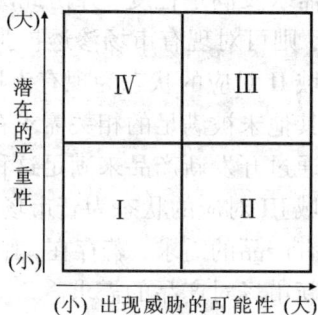

健康保健、旅游、娱乐等其他行业进行多角化经营，这样公司就成功地规避了威胁。

3. 环境机遇 – 威胁矩阵

分析环境机遇 – 威胁矩阵的目的在于进行环境选择。环境选择是指在分析了企业营销环境所面临的机遇和威胁大小以后，对经营环境进行选择的过程。其决策意义如下（如图 5 – 6）：

区域 I：机遇小，威胁也小。面对这一环境状况最多的是小规模经营企业和带垄断性经营企业。处于这一区域环境下的企业通常称为平淡企业。

区域 II：机遇大，威胁小。这一环境状况一般出现在有发展前景的新兴行业中，其市场容量很大且近期无法满足，但进入的企业数量在逐渐增多。处于这一区域环境下的企业称为理想企业。

图 5 – 6　环境选择矩阵

区域 III：机遇大，但同时威胁也大。这一环境状况一般出现在新兴行业的产品研发时期。处于这一环境下的企业称为冒险企业。

区域 IV：机遇小，威胁大。这一环境状况一般出现在成熟行业的企业中，其市场容量基本饱和，企业间的竞争非常激烈，甚至已经出现了过度竞争状态。处于这一环境状态下的企业称为困难企业。

一般来说环境选择对策有三种：

（1）保持。如果某种环境状态对企业来说处于区域 I，则企业在战略上是保持。

（2）进攻。如果某种环境状态对企业来说处于区域 II 或区域 III，企业在战略上应采进攻的态势，即进入或者扩张。

（3）放弃。如果某种环境状态对企业来说处于区域 IV，很明显，企业在战略上应当放弃。

对于一个企业来说，机会与威胁共存，并可能在一定的条件下相互转化。若机会把握不好且最终被竞争对手所利用，则企业便会渐渐失去优势，失去发展的良机，最后在竞争中失去"自己生存的土壤"；反之，则会强大自己，发展自己。与此同时，面对环境威胁如果能恰当地应变，也可能变不利为有利，为企业寻找到一个新的发展机会。具体说来，对于处在市场机会和市场威胁双高

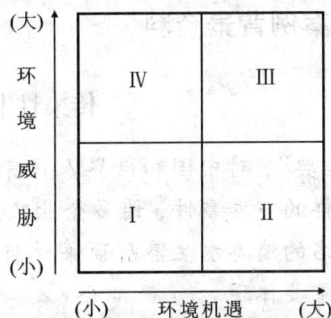

的冒险企业，应充分准备好各种应变策略，尽可能多地把握每一个成长机会，规避每一个威胁；对于处在市场威胁概率较大的困难企业，则更多精力应用于考虑各种威胁的应变策略；对处于有利环境的企业，要把握机会，快速发展，但同时也必须注意是否有潜在威胁出现；而对处于市场的机会和市场的威胁双低的平淡企业，不可"急躁冒进"，"铤而走险"，应该努力寻找机会，积极创造机会，营造更为有利的环境，最终走出"双低"状态，发展自己。

☞ 案例背景资料

传染性非典型肺炎冲击波

"非典"，对中国和世界人民来说，都是一场灾难，也是一场严峻的考验，面对这样的突发事件，诸多企业又是如何表现的呢？

著名的消毒水生产厂商莱曼赫斯公司在非典事件中的反应是企业快速反应能力的重要体现。

2003 年 2 月 11 日，广州政府组织新闻发布会通报了广东省疫情情况。与此同时，政府和专家给出了一些预防的建议措施，在这些建议中经常洗手是关键的措施之一。莱曼赫斯公司立即对这一信息做出反应，迅速挖掘市场，在《广州日报》头版推出平面广告"预防流行性疾病，用威露士消毒药水"，随后又在《南方都市报》等媒体连续推出通栏广告。

在迅速扩大了品牌知名度之后，威露士开始利用事件建立品牌美誉度。通过新闻媒介《南方都市报》向社会各界，包括学校、机关等人群密集的地区无偿派送"威露士"产品总计 37 吨，价值 100 万元。

结合事件中与企业相关的市场诉求进行企业的产品宣传，同时又使得公司一贯奉行的"关心大众，无私奉献"的企业精神在这次事件营销中得到了很好的诠释，这使莱曼赫斯公司在这种突发事件中展现了企业深厚的营销功力，品牌形象也得到了迅速提升，在许多消费者心中确立了消毒水第一品牌的位置。

（资料来源：作者根据相关报道资料改写而成）

[案例思考题]

1. 针对影响企业的环境因素，莱曼赫斯公司采取了什么样的策略？

2. 环境的变化往往会给企业销售利弊两种截然不同的影响，你认为"非典"这一事件给哪些行业带来了机会？给哪些行来带来了威胁？

本章小结

1. 市场营销环境是由企业营销管理职能外部的因素和力量所组成，这些因素和力量影响营销管理者成功地保持和发展同目标市场顾客交换的能力。市场营销环境具有不可控性、竞争性、可合作性和不均衡性的特征。

2. 市场营销环境主要由微观环境和宏观环境构成。市场营销的微观环境主要包括企业、供应商、营销中介、顾客、竞争者和公众。市场营销的宏观环境主要包括人口环境、经济环境、文化环境、技术环境、自然环境和政治法律环境。

3. 市场营销环境分析的目的在于通过搜集大量的有关环境信息，并结合企业自身的优势和劣势，从中判定出企业面临的机遇和挑战，从而为企业营销战略、战术的制定、实施和调整提供依据。在分析过程中应该遵循动态分析与静态分析相结合、一般分析与重点分析相结合、长期分析与短期分析相结合、均衡分析与非均衡分析相结合的原则。市场营销环境变化分析可以采取产品－市场分析法、环境机会－威胁分析法。面对环境机遇的对策主要是扩张和进入。面对环境威胁的对策主要有反抗、减轻和转移。

思考题

1. 什么叫市场营销环境，它具有什么样的特征？
2. 市场营销环境由哪些因素构成？
3. 企业为什么要分析市场营销环境？怎样分析市场营销环境？
4. 假如你拥有小量的资金，正准备开设一家餐馆，请分析即将开业的餐馆经营环境。
5. 某彩电企业的营销经理正为越来越多的库存而深感头痛，请你为他出出主意。

第六章　市场调研与预测

现代企业把市场看做是生产经营活动的起点，一切工作都围绕市场这个中心展开，因此，有效的市场营销活动必须建立在对市场充分了解的基础上。这就要求市场营销人员广泛收集市场信息，进行市场调研和预测，以便为市场营销决策提供科学依据。从时间角度看，市场调研着重研究市场现状，市场预测着重研究市场未来。在实际工作中，市场调研和预测经常密不可分，因为它们都是为经营决策服务的，而经营决策既要以现实条件为基础，又要考虑未来的发展。但这两类研究又有一定的差别，各自有其专门的方法和理论基础。掌握这些理论和方法，对于搞好市场分析和选择是十分必要的。

第一节　市场调研

一、市场调研的作用

市场调研，就是运用科学的方法，有目的、系统地收集市场信息资料，研究市场的客观实际情况，从而掌握市场的发展变化现状和趋势，为企业决策者制定和实施有效的市场营销战略提供科学依据的一种活动。市场调研是企业营销活动的起点，贯穿于整个营销活动的始终，市场调研具有十分重要的作用。

1. 市场调研是企业正确决策的前提

决策是企业营销活动中的一项最关键的工作。决策需要对企业的内部条件、外部环境和经营目标进行综合分析和平衡。一般来讲，企业内部环境是已知的，企业经营目标一旦确定一般不会轻易变动，故这两个因素是企业可以控制和调整的；企业外部环境是经常变化的，是企业本身无法控制的。企业的内部条件必须不断服从和适应外部环境的变化，才能取得动态平衡和协调。因此，正确的营销决策首先取决于周密细致的市场调研、全面周到的市场分析和准确可靠的市场预测。再从决策的程序看，决策是一个确定决策目标、拟定各种可行方案、比较择优的过程，而其中每一个程序都需要以市场调研的资料为依据。由此可见，市场调研是企业正确决策的前提，没有正确的信息情报和科学的分析预测为基础，其决策将是盲目的、不可靠的。

2. 市场调研是企业制定营销计划和策略的基础

只有根据不断发展变化的市场形势要求制定出来的企业营销计划和策略才是正确而有效的。而这些企业外部条件的了解和掌握必须依赖市场调研，依赖市场调研所取得的市场情报资料和对这些信息资料的分析及对未来的预测。由此可见，市场调研是企业制定营销计划和策略的基础工作。没有市场调研，营销计划和策略的制定就没有依据，也就制定不出切实可行的营销计划和正确有效的营销策略。

3. 市场调研也是加强企业营销管理、提高企业经济效益的重要手段

在市场竞争条件下，经济效益问题是关系到企业兴衰存亡的重大问题。营销决策的正确与否，最终也是在经济效益上体现出来的。但经济效益不仅与营销决策有关，而且与企业全体营销人员是否协调配合有关。只有了解市场营销中的各种惯例、规范，才能制定出切合实际的营销管理办法和行之有效的营销人员行为准则。从市场角度看，讲究经济效益必须使企业生产与国家政策和用户要求相适宜。而要达到这种适宜就必须开展市场调研。只有了解国家政策的宗旨和市场上用户的各种需求特点，做到知己知彼，才能找到企业、国家、用户三者之间的共同点。

二、市场调研的类型

根据调研的性质和调研的目的不同，市场调研可分为探测性研究、描述性研究、因果性研究和预测性研究四种形式。

(一)探测性调研

探测性调研是指企业对发生的问题缺少认识和了解，为弄清问题的性质、范围、原因而进行的初始调研。这种调研，往往是通过查阅和依据现有的历史资料和类似案例，或是通过向熟悉调查对象的有关业务人员、专家进行请教，或是召开有关消费者代表的座谈会的形式进行。例如，某企业的某项产品，近一段时间销售量一直在下降。但为何下降，是产品质量出现问题，还是市场上出现更新的产品，还是竞争对手抢占了市场？通过探测性的研究可来查找产生问题的原因。

探测性调研的主要目的是为了发现问题，犹如医生查明病因一样，它可以为调研工作的开展指明方向。至于问题应如何解决，则有赖于进一步的调查研究。

(二)描述性调研

描述性调研是在市场调研中用来如实反映、收集和记录有关市场资料的一种调研方式，如调研企业产品的市场占有率、竞争对手的市场营销策略等。描述性调研是市场研究的重要部分，是为了了解和掌握市场的诸多因素关系，从中找出"关联因素"，即找出各因素之间的关系。比如说，企业要了解目标市场的购买者是哪些人，年龄大的还是年轻的，收入高的还是收入低的，各喜欢什么样的产品等，这些都是描述性调研。描述性调研的主要任务是说明市场状况"是什么"，而不要求说明"为什么"，"为什么"属于因果关系研究的任务。描述性调研所取得的市场信息资料十分重要，它是进行市场预测与市场分析的依据。

与探测性调研相比，描述性调研需要有一个事先拟定的研究计划以及准备和收集资料的步骤。由于描述性调查研究的目的是对某一专门问题提出答案，因此，调查研究的计划要比较周密，更强调资料的可靠性。

（三）因果性调研

因果性调研即因果关系的调查研究，是企业为了弄清楚市场经营活动中出现的有关现象之间存在的因果关系而进行的一种调查活动，是要找出问题的原因和结果，也就是专门研究"为什么"的问题。描述性调查提出各因素的关联现象，如某产品的销售量增长与广告费、技术服务费增加、消费者收入有所增长等有关。因果性调查则要找出在这些关联中，何者为"因"，何者为"果"，哪一个因是主要的，哪一个因是次要的，各个"因"的影响程度是多少？等等。因果性调查是在描述性调查的基础上进行的。

因果性调研的内容是非常广泛的。在市场营销调研工作中，常常会遇到一些"为什么"的问题。如为什么在同类产品中消费者喜爱"甲"牌而不喜欢"乙"牌？为什么近来产品销量会减少？广告与销售之间的因果关系如何？等等。

因果性调查有定性调查和定量调查之分。定性调查就是调查问题的性质。如调查结果证明：广告费用增加是产品销量增加的原因，销售量增加是广告费增加的结果，这就是定性调查。定量调查则是调查因果之间的作用程度和数量关系，即"因"对"果"到底在多大程度上起作用。如，广告费用增长某一百分比到底会引起销售量变动多大，变动的比率如何？这就要求通过定量调查得到的具体数字来说明。

进行因果性调研，必须明确有关变量之间的关系，也就是要找出因变量和自变量。通常，市场销售量、市场占有率、成本、利润等属于因变量，企业的内部可控制的价格、广告支出、管理费用、销售路线、产品质量等变量和企业外部的不可控的有关政府法令、消费者收入、消费者偏好、竞争者价格与广告支出等变量属自变量。因果性研究就是围绕这些可控和不可控的自变量对因变量产生的影响来进行的。

在市场研究的诸多方法中，实验法是因果关系研究的重要工具。

（四）预测性调研

预测性调研是指企业通过收集、分析研究过去和现在的各种市场情报资料，运用科学的方法和手段，估计未来一段时期内市场变化趋势的一种调研活动。预测性调研是在因果调研的基础上进行的。其目的在于掌握市场机会，制定有效的营销计划。这种调研通常又称为预测。

三、市场调研的步骤

市场调研由于涉及面厂，调研对象不稳定，因而工作很艰巨、复杂。为了使调研工作有组织、有计划地进行，达到预期的效果，企业必须合理安排好调研的程序。

（一）市场调研准备阶段

1. 确定调研目标

研究调研目标即确定调研课题，目的是通过调研解决营销中比较突出的问题。市场调研的最具体问题是要明确调研的目标。因此，在确定调研目标前，必须对企业生产经营活动的现状进行全面分析，弄清楚为什么要进行调研，通过调研应该解决什么样的问题，收集到的生产信息对企业经营有何作用，等等，以防止目标不明确，避免调研的盲目性。

2. 拟定调研项目

调研项目的拟定，是指为了达到所确定的调研目标，应该收集哪些方面的信息资料。调研项目实际上是调研内容的进一步具体化，它的选择根据调研对象和调研目的的不同有所不同。如果在市场调研过程中，调研对象是消费者，调研项目可包括姓名、收入、职业、住址、文化程度等内容。如果所调研的是某一具体的商品，调研项目可以包括商品的品牌、质量、购买的时间等。

3. 制定市场调研计划

市场调研计划可以看做是市场调研工作的蓝图，一份周密的计划能够保证全部调研工作有序地、逐步地展开。一般来说，调研计划应包括以下几方面的内容：①调研的目的及项目。②选择调研和收集资料的方法，包括在什么地方调研，调研对象如何选择，用什么方法调研以及选择样本数目和抽样方法等。③规定调研的进度及完成调研的时间。④安排好调研人员并拟定出培训计划。调研人员素质的好坏影响调研效果，所以企业必须重视对调研人员的培训，以提高调研的准确性。

4. 非正式调研

非正式调研又称为试探性调研。是调研人员根据调研的目的，在小范围内做一些试探性调研。如访问有经验的专业人员、有关专家，征求消费者的意见等，以便进一步明确市场调研的范围，使调研的目的更加明确，范围更加集中。

（二）正式调研阶段

这是市场调研的实质性阶段，是调研人员按规定的时间、方法及内容进行具体实地调研，收集有关资料。这一阶段在整个市场调研过程中最为复杂。它主要包括以下几个阶段：

1. 收集各种资料

市场调研资料通常分为原始资料和二手资料。原始资料是通过现场实地调研所获得的资料；二手资料是经过他人收集、整理的资料。如企业的利润状况、竞争对手的销售额和利润状况、公开出版的各种刊物、咨询公司、信息中心提供的各种有关数据。通常情况下，二手资料比较容易获得，速度也较快；而原始资料的收集成本较高，所花的时间也较长。

2. 准备调查表

调查表是调研人员在调研过程中所运用的工具。调查表设计是否合理直接关系到调研效果的准确性。因此，调研人员在设计调查表的过程中，必须注意下列几个方面：①调查表所列的项目都应是调研内容所必需的，与调研内容关系不大的项目通常可以省略，以减轻被调研者的负担。②调查表中所提问题的用词一定要准确，尽量避免使用一些含糊不清、模棱两可的语句，如基本上、大致上、经常等词语。被调研者对这些问题的理解不同，就会影响回答问题的准确性。③在调查表的设计过程中，尽量避免使用一些引导性的语句。如用"您喜欢看《读者》这种杂志吗？"这样的提问，被调研者就有可能回答"喜欢"或"不喜欢"，若改为："您喜欢看什么杂志？《中国青年》____，《读者》____，《青年时代》____，《大众电影》____"，则回答会准确、客观些。④调查表中所列的问题应是被调研者有能力回答的问题，避免提一些带有困窘性的问题。⑤调查表的设计要讲究艺术性，注意问题的逻辑性与顺序性。通常，调研表中的问题设计应是先易后难，把具有趣味性的问题放在前面，具有实质性的问题放在后面。

3. 抽样设计

企业在市场调研中，很少采用普查的方式，基本上都是采用抽样调研。抽样调研即从被调研对象母体中选出部分个体进行调研，并用个体特性推断出总体特性。要使调研具有科学性，一定要注意：①抽样方法应合理，以便抽出的样本具有代表性；②样本的个数要恰当。

4. 现场实地调研

现场实地调研是指调研人员亲自到现场收集材料的过程。现场实地调研工作的好坏，直接影响调研结果的准确性。因此，为了使现场实地调研工作能够达到预期的目标，要对调研人员进行严格的挑选和培训。一般情况下，要选派有一定理论水平和业务技术水平，且有一定的市场调研经验和工作能力的人员充当调研人员。

在实地调研过程中，调研人员可能会遇到各种各样的问题，这就要求调研人员要运用一些调研技巧进行处理。如在调研过程中，被调研者拒绝回答问题，不予合作，则要求调研人员能够打消被调研者的怀疑，向其说明本次调研的意图，争取被调研者的信任。如果被调研者要尽早结束调研而随便回答，不提供准确的数字和资料，那么调研人员应该善于辨别真伪，采用各种办法进行核实，以保证调研取得的资料真实可靠。所以，调研人员在调研过程中，必须注意询问的语句、措词和方式，要对被调研者的心理及所处的社会环境进行深入研究，针对不同的调研对象，采用不同的调研方式，尽量消除被调研者的心理障碍，以取得调研的成功。

（三）调研结果的处理阶段

这是调研全过程的最后一环，是市场调研能否发挥作用的关键。现场实地调研中，尽管调研人员千方百计提高了调研质量，所获取的资料也未必完全真实可靠，还必须对这些资料进行分析整理。所以，调研结果的处理阶段，才是整个调研工作的结束阶段。这个阶段包括调研资料的整理分析、撰写调研报告和进行追踪调研三个阶段。

1. 调研资料的整理分析

从实地调研所获得的资料，必须经过整理、加工才能运用。资料的整理分析一般有以下几个内容：①资料的核实。主要是对调研来的资料进行严格筛选，剔除在调研中得到的一些不符合实际的资料。如调研中调研人员带有主观偏见或被调研者不符合实际的回答等。以保证资料的可靠性和准确性。②资料的分类。把经过核实的资料进行编号、分类，以便于查阅、观察和运用。③资料的汇总分析。在分组的基础上，编制每一类别的统计表。运用一些统计方法对资料进行检验和分析。

2. 撰写调研报告

这是调研人员在整理、分析资料的基础上，对调研作出结论，并提出建议的过程。它是市场调研的必然过程和结果。在撰写调研报告时，调研报告的内容应紧扣主题，力求做到客观、准确，文字简练，内容通俗易懂，避免或少用专门的技术名词，必要时，调研报告可用图表加以说明。

3. 追踪调研

市场调研人员在写出调研报告后，要对报告的采纳情况和实施后的效果进行了解。

四、市场调研的方法

市场调研的方法很多，归纳起来，主要有询问法、观察法、实验法和抽样调研法四种。

（一）询问法

询问法是市场调研中最常用的方法。它是指调研者通过询问的方式向被调研者了解情况，收集资料的一种调研方法。根据调研人员同被调研者接触的方式不同，询问法又可分为面谈调研法、电话调研法、邮寄调研法。

（1）面谈调研法。也称访谈法，它是指调研者与被调研者直接面对面交谈，向被调研者询问有关问题，当场记录调研情况，从而获取所需资料的一种方法。这种方法是询问法中最常见的一种形式。面谈调研既可以个人面谈、小组面谈，也可采用集体面谈。

面谈调研法的优点是可询问较多的问题，能得到邮寄或电话所无法得到的资料；能在预期工作日程内完成访问；能获得观察资料；可以更精确地控制样本，回收率高。面谈调研的主要缺点是调研成本较高，所花的时间较长；调研结果容易受调研人员主观因素的影响。

（2）电话调研。是调研者借助电话向被调研者询问问题，收集资料的一种方法。电话调研的优点是调研的速度较快；节省调研的时间和费用。缺点是不容易取得被调研者的合作；不能询问一些较为复杂的问题。

（3）邮寄调研。是调研者将设计好的调查问卷通过邮局寄给被调研者，请被调研者自行填好后寄回，从而收集资料的一种调研方法。这种调研方式的优点是：调研的区域很广，只要通邮的地方，都可选为调研样本；调研的样本较多，成本较低；被调研者有充分的时间考虑所问的问题，能够反映大家的意见。邮寄调研的缺点是：调研问卷的回收率较低，回收时间较长；被调研者如果误解问卷的题意，就会使调研产生偏差，从而不具有代表性。邮寄调研目前在我国使用较少。但随着我国市场经济的不断发展，市场调研活动日益频繁，邮寄调研法在我国的应用将会逐渐扩展起来。

（二）观察法

观察法是调研者在收集资料时，不直接向被调研者询问问题，而是利用调研人员直接观察或采用各种仪器间接观察被调研者的行为或现场事实的一种调研方法。这种方法通常是在被调研者不知不觉中进行。

观察法的优点是，由于被调研者的行动不受外界的干扰，因而表现自然、真实，所收集到的资料比较客观、正确。但这种调研方法只能记录事实，并不能说明原因，同时对调研人员的素质要求较高。

观察法通常有以下几种：

（1）直接观察法。企业的调研人员直接到现场进行观察。如企业想了解消费者对某种产品的商标、包装的反应，就可派出调研人员到商场的柜台旁观察顾客的购买行为。

（2）亲身经历法。企业的调研人员想了解服务人员的服务态度，就可以作为顾客去购买东西。这种观察法得到的资料常常较为真实。

（3）测量观察。企业的调研人员运用机械工具或电子仪器进行观察记录和测量。

（三）实验法

实验法是指先在较小范围内进行实验，取得数据资料后再研究决定是否大规模推广的一种市场调研方法。这种方法一般用于产品试销。它是把自然科学中实验求证方法直接用于市场调研。

实验法应用的范围较广。某一种商品凡是要改变品种、包装、价格、设计、广告、陈列方法等方面时都可应用实验调研法。采用这种方法，能够有效地观察某些市场现象之间是否存在因果关系及其相互影响程度；能够得到比较准确的原始资料；有利于减少工作的盲目性。但这种方法实验成本较高，选择实验市场较困难，在实验中，干扰的因素较多。因此，要采用实验法必须讲究科学性，遵循客观规律。

（四）抽样调研

市场调研通常有两种方式，即普查和抽样调查。普查是对全体调研对象的每一个个体一一进行调研。这种方法从理论上讲，调研结果更为准确、更为全面。然而，这种调研方式需要大量的调研人员，花费的时间较长，费用较高，一般企业很难承受。因而，在市场调研中，往往采用抽样调研。

抽样调研，即从需要调研的对象的总体中，按照一定的规则和方法，抽取若干个个体进行调研，然后以个体的特性来推断估计总体的特性的一种调研方式。通常情况下，如果样本容量越大，则样本的特性就越接近总体的特性，抽样检查的误差较小；但是，选择的调研对象增多，调研的时间和费用也随之增加。所以，在抽样调研的过程中，要恰当地确定样本的个数。

抽样调研在市场调研中被广泛运用是与它的特征分不开的。抽样调研，是从调研对象的总体中选取若干个样本进行的调研，因而工作量较小；抽样调研相对普查来讲，费用较为节省；同时，抽样调研是从母体中选择一定数量的样本进行调研，也节省了大量的调研时间。

为了使市场调研的结果更为准确，抽样调研在具体运用过程中，必须注意两个方面的问题：一是要正确地确定抽样方法，使抽出的样本能够真正代表母体。二是要恰当地确定样本的个数。一般来讲，样本个数的选择要考虑以下几个因素：①母体中各个子体之间差异幅度。若市场调研中母体中各个子体之间差异幅度小，则选择的样本数较小；反之，则选择的样本就要多些。②允许误差的大小。在市场调研中，有时可以根据调研的要求，提出对调研的误差允许度。若允许的误差小，抽样的数目就应该多些；允许的误差大，抽样的数目就可以少些。

抽样调研的方法主要有两大类，即随机抽样和非随机抽样。

1. 随机抽样

随机抽样就是按随机的原则抽取样本，在调研对象中，每一个个体被抽取的机会都是均等的。由于随机抽样能够排除人们有意识的选择，所以，抽出来的样本具有很好的代表性。

随机抽样的方式很多，常用的有：

（1）简单随机抽样。这是随机抽样中最简单的一种。它对母体中的各个样本不加任何分类，用纯属偶然的方法随机抽取，抽到哪一个，哪一个就作为样本。简单随机抽样，又分为抽签法和乱数表法。

抽签法。指将调研对象的母体中所有个体分别编上号码，然后从中抽取一定比率的个体为样本进行调查。比如说用摇码机摇出号码作为样本或用掷骰子的办法来抽取样本。

乱数表法。乱数表是将 0 ~ 9 的 10 个自然数，按编码位数的要求，利用特制的摇码器，自动地逐个摇出一定数目的号码编成表，以备查用。乱数表法，是将调查对象的总体逐个编号，然后从乱数表上任意点一个数、一行、一列或按隔字、隔行、隔列的方式抽出所需的样本。乱数表在任何一本统计学书上均可查到。

（2）分层随机抽样。分层随机抽样是将调研对象的总体按照一定的标准分成若干层。层与层之间有明显的差异，而每一层次的内部则具有相同的特性。然后在每一层随机地选取所规定的个体作为样本进行调查。

在运用分层随机抽样时，对总体的分层是按照一定的客观标准进行的。如果调研对象是消费者对某种商品的需求，分层的标准就可采用收入水平、性别、年龄、教育程度、职业等进行。

（3）分群随机抽样。分群抽样是将调研对象的总体分成若干群。然后以单纯随机抽样的方法选定若干群体作为调研样本，对群体内各个个体进行普遍调研。这种抽样方法比较适用于调研对象高度混乱的总体。

分群随机抽样与分层随机抽样都要把调研对象的总体分成若干群或若干层。但是，两者之间又有明显的差异。分层随机抽样，层与层之间有明显的差异，而每一层内部的个体则具有相同的特性；而分群随机抽样，群与群之间要保持相同的特性，而每一群体内部应包含着各种不同的个体。

2. 非随机抽样

非随机抽样是根据调研目的与要求，按照一定的标准来选取样本。因而，在整体中不是每一个体都有机会被选作样本。非随机抽样常用的方法有：

（1）任意抽样。指在市场调研中，样本的选择完全由调研人员根据工作的便利随意而定。任意抽样的基本原理是假定总体中每一个个体都是相同的，随意抽取任何一个个体都能代表母体的特性。比如说，调研人员在街头访问来往行人，碰上谁，谁就是被选上的样本。这种方法是非随机抽样中最简单的一种，比较方便，能够节省费用。但是，由于所选取的样本偏差较大，调研的准确性不高。

（2）判断抽样。指根据专家或调研人员的主观判断来选取样本的方法。判断抽样通常适用于总体中个体构成不同，样本数目不多的调查。判断抽样调研，通常资料的回收率较高，简便易行，但容易产生主观片面性。一般情况下，要采用判断抽样，调研者必须先对调研总体有深刻的了解后才使用。

（3）配额抽样。配额抽样是先把总体按调研特征分层，然后按一定标准规定不同群体的样本配额，调研人员在每一层中用判断抽样法抽出配额的样本数。配额抽样与分层抽样有相似之处，因它们都是按某种标准加以分层，但配额抽样在每一层只规定配额，样本的抽取不是用随机方法，而是采用判断抽取样本。

配额抽样的优点是简便易行，节省费用，选择过程短，能够较快取得调研结果。但这种方法也容易产生主观偏差，抽样误差不好控制。

第二节 市场预测

企业不仅要对市场进行各种定性分析，还必须从量的角度去分析研究市场，即对市场按产品、区域、顾客等分类进行需求测量与预测。市场预测就是根据历史统计资料和市场调查获得的市场信息，对市场供求变化等因素进行细致的分析研究，运用科学的方法或技术，对市场营销活动及其影响因素的未来发展状况和变化趋势进行预计和推测。

一、市场需求预测

企业从事需求预测，主要是进行市场需求和企业需求两个方面预测。市场需求和企业需求的测量包括需求函数、预测和潜量等重要概念。

（一）市场需求

估计市场需求是评价市场营销机会的重要步骤。市场需求是指：一定顾客在一定的地理区域、一定时间、一定的市场营销环境和一定的市场营销方案下购买的产品（或服务）总量。为了正确理解这个概念，可以从八个方面考虑。

1. 产品

市场需求测量首先必须确定要测量的产品种类。这个产品种类的范围主要取决于企业如何看待它渗透相邻市场的机会。如一个制罐商须确定它的市场全部是金属用户，还是全部是别的容器用户，才能着手估计市场需求。

2. 总量

市场需求大小有多种表述方法。我们可以用绝对数值，如产品实体数量以及金额来表述市场需求，如全国布鞋市场可以用年需求量 2 亿双或 10 亿元表示。除此之外，也可以用相对数值表示市场需求大小，如某地区的电风扇市场需求可以用占全国需求总量的 5% 来表示。

3. 购买

测量市场需求还需要明确购买的含义，即这种购买是指订购规模、送达规模、付款规模，还是消费规模。例如，对来年的新住房的需求预测是指预测将要订购的住房单元数量，而不是完工的住房数量。购买的含义不同，最后预测的结果也可能不同。

4. 顾客群

不但要测量整个市场的需求量，而且还要确定市场的各个部分或子市场的需求量。例如，服装企业不仅要确定市场总需求，还要细分市场，确定各个子市场的需求 ，如确定低收入、中等收入及高收入家庭的需求。

5. 地理区域

区域的限定范围不同，产品的销售额的预测结果也不同。企业根据具体情况，应合理划分区域，确定各自市场需求。

6. 时期

测量市场需求必须规定时期。如企业估计明年、今后第五年、第十年的市场需求。一般来说，预测时期越长，预测结果越不可靠。这是因为每个预测都是以企业经营环境和市场营销条件的推测和判断为依据的，预测时期越长，对这些环境和条件的推测判断就越不准确。

7. 市场营销环境

对企业来说，有许多不可控制因素，而这些不可控制因素都可能影响市场需求。因此，从事市场需求估计必须切实掌握这些不可控制因素的变化及其对市场需求的影响。迄今为止，人口和经济预测的方法已相当完善，技术发展的预测方法正日臻成熟,政治和文化发展的预测技术尚处于起步阶段。

8. 市场营销方案

市场需求变化除受不可控制因素影响外,还受可控因素的影响,特别是受销售者制定的市场营销方案的影响。这就是说,市场需求对产品价格、产品改进、促销和分销等一般都表现出某种程度的弹性。因此,预测市场需求必须掌握产品价格、产品特征以及市场营销预算等的假设。可以用市场营销力量(marketing efforts)来描述企业所有刺激市场需求的活动。其影响力可分为四个层次:①市场营销支出水平,即所有花费在市场营销上的支出;②市场营销组合,即在特定期间内企业所用市场营销工具的类型与数量;③市场营销配置,即企业市场营销力量在不同顾客群及销售区域的配置;④市场营销效率,即企业运用市场营销资金的效率。

认识市场需求概念的关键在于市场需求不是一个固定的数值,而是一个函数,即市场需求受以上讨论的诸因素的影响。因此,市场需求也被称为市场需求函数或市场反映函数(如图6-1所示)。在图6-1中,横轴表示在一定时间内的行业市场营销费用,纵轴表示受市场营销费用影响的市场需求的大小,曲线表示行业市场营销费用与市场需求之间估计的对应关系。

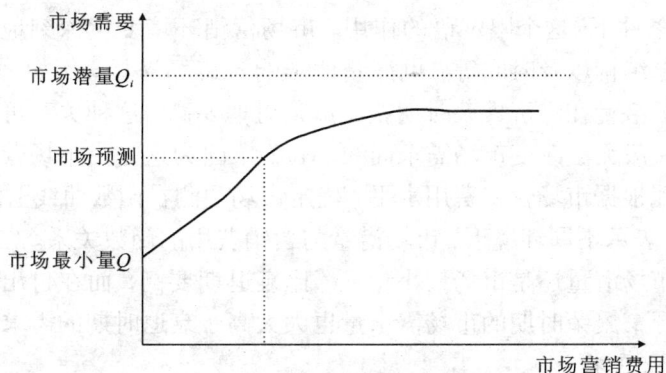

图6-1 市场需求与营销费用的关系

事实上,现实生活中,即使没有任何需求刺激,不开展任何市场营销活动,市场对某种产品的需求仍会存在,这种情况下的销售量称为基本销售量(亦称市场最小量)。随着行业市场营销费用的增加,市场需求一般亦随之增加,且先以逐渐增加的比率,后以逐渐减少的比率增加。在市场营销费用超过一定数量后,即使费用进一步增加,但需求却不再随之增加,即达到了最高界限,此界限即为市场潜量。

市场最小值与市场潜量之间的距离表示需求的市场营销灵敏度，即表示行业市场营销对市场需求的影响力。市场有可扩张的市场和不可扩张的市场之分。可扩张的市场如服装市场、家电市场等，其需求规模受市场营销费用水平的影响很大。不可扩张市场如食盐市场等，几乎不受市场营销水平的影响，其需求不会因为市场营销费用增长而大幅度地增长。需要指出的是，市场需求函数并不是随时间变化而变化的需求曲线，即它并不直接反映时间与市场需求的关系。市场需求曲线只表示当前市场营销力量与当前需求的关系。

（二）市场潜量

行业市场营销费用可以有不同的水平，但是在一定的市场营销环境下，考虑到企业资源及发展目标，行业市场营销的费用水平又都必须是有计划的。同计划的市场营销费用相对应的市场需求就称为市场预测。这就是说，市场预测表示在一定的环境条件下和市场营销费用下的估计市场需求。

市场预测是估计的市场需求，但它不是最大的市场需求。最大的市场需求是指对应最大的市场营销费用的市场需求，这时，既不扩大市场营销力量，也不会刺激产生更大的需求。市场潜量就是指在一定的营销环境条件下，当行业市场营销费用逐渐增高时，市场需求达到的极限值。这里，有必要强调"在一定的营销环境条件下"这个限定语的作用。市场营销环境变化深刻地影响着市场需求的规模、结构以及时间等，也深刻地影响着市场潜量。例如，对于某种产品来说，市场潜量在经济繁荣时期就比萧条时期要高。这种关系可以表示为图6-2。企业一般无法改变市场需求曲线的位置，因为这是由市场营销环境决定的，企业只能根据市场营销费用水平，确定市场预测在函数曲线上的位置。

图6-2表示不同环境下，市场潜量与营销费用的函数关系。在经济繁荣时期，无论是市场潜量还是市场最小量，都比衰退期要高，而在付出相同的营销费用的情况下，繁荣时期的市场需求量也大大高于衰退时期的需求量。

（三）企业需求

企业需求是在市场总需求中企业所占的需求份额。对企业来说，预测企业需求和预测市场需求同等重要，企业需求直接关系到企业的营销决策。企业需求用数学公式表示为：

$$Q_i = S_i Q$$

式中：Q_i——企业 i 的需求；

　　　S_i——企业 i 的市场占有率（即企业在特定时间内，在特定市场上某种产品销售额占市场总销售额的比例）；

　　　Q——市场总需求。

市场需求

市场潜量
（繁荣期）　　　　　　　　　　　　　　　　　　　繁荣期

市场潜量
（衰退期）　　　　　　　　　　　　　　　　　　　衰退期

行业市场营销费用

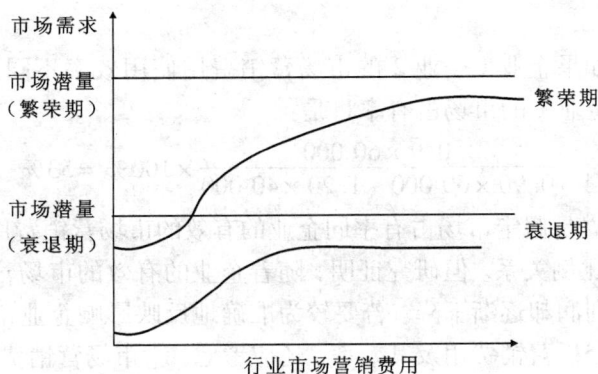

图 6 - 2　市场潜量与环境变化

同市场需求一样，企业需求也是一个函数，称为企业需求函数或销售反映函数。从上式可以看出，企业需求不仅受市场需求决定因素的影响，还要受任何影响企业市场占有率因素的影响。

市场需求的八个决定因素已经讨论过了，现在问题是：有哪些因素影响企业的市场占有率？现代营销学认为，各个竞争者的市场占有率与其市场营销力量成正比。用数学公式表示就是：

$$S_i = \frac{M_i}{\sum M_i}$$

其中，M_i 为企业的市场营销力量；$\sum M_i$ 为行业市场营销力量。

例如，企业 1 和企业 2 是完全相同的两个企业，生产同样的产品，但它们的市场营销费用不同，分别为 60 000 元和 40 000 元。利用上式，可以得出企业 1 和企业 2 的市场占有率 S_1 和 S_2（假设此行业只有企业 1 和企业 2 两个竞争者）。

$$S_1 = \frac{60\ 000}{60\ 000 + 40\ 000} \times 100\% = 60\%$$

$$S_2 = \frac{40\ 000}{60\ 000 + 40\ 000} \times 100\% = 40\%$$

即企业 1 可能拥有全部销售量的 60%。

以上只是考虑市场营销费用绝对水平的不同。假如两个企业市场营销费用使用的有效率也不同的话，前面的公式可修改成：

$$S_i = \frac{\alpha_i M_i}{\sum \alpha_i M_i}$$

其中，α_i 为企业 i 花费的市场营销费用的有效率；$\alpha_i M_i$ 为企业 i 的有效的市场营销费用。

上例中，如果企业 1 企业 2 的市场营销费用使用效率不同，$\alpha_1 = 0.90$，$\alpha_2 = 1.20$，那么企业 1 的市场占有率将是：

$$S_1 = \frac{0.9 \times 60\,000}{0.90 \times 60\,000 + 1.20 \times 40\,000} \times 100\% = 53\%$$

上式的建立是假定市场占有率同企业的有效的市场营销费用所占份额之间存在着严格的比例关系。但研究证明，随着企业的有效的市场营销费用所占份额的增加，其利润却逐渐下降。若要较为准确地反映影响企业市场占有率的因素，不应单纯分析营销费用及其效率，还应考虑：①市场营销费用的地理分布；②过去的市场营销费用的递延效果；③市场营销组合变数的协同效应。

（四）企业潜量

企业需求表示不同水平的企业市场营销力量刺激产生的企业估计销售额。这也就是说，市场营销力量的高低决定了销售额的大小。与计划水平的市场营销力量相对应的一定水平的销售额，称之为企业销售预测。因此，企业销售预测就是根据企业确定的市场营销计划和假定的市场营销环境确定的企业销售额的估计水平。

一般而言，企业应当在其销售预测基础上开发市场营销计划。事实上，这种说法在有些情况下是成立的，而在有些情况下却是错误的。如果这种预测是指对全国经济活动的估计，或者企业需求几乎是不可扩张的，那么这种从预测到计划的顺序就是正确的。但是，如果这种预测是指对企业销售额的计划，或者，市场需求是可扩张的，那么这种从预测到计划的顺序就是不正确的。企业销售预测不是为确定市场营销力量的数量和构成提供基础，恰恰相反，它是由市场营销计划决定的。

下面介绍两个与企业预测有关的概念，即销售配额和销售预算。

销售配额是指为产品大类、企业部门或销售代表确定的销售目标。它是确定和激励销售队伍的基本管理手段。一般情况下，企业依据企业预测和企业部门的成就感等心理学常识来确定其销售配额。企业确定的销售配额一般应略高于销售队伍所能完成的最大销售额。

销售预算是对销售估计规模的保守估计，主要用于目前购买、生产和现金流量的决策。可以看出，销售预算既要考虑销售预测，又要避免过高的风险，所以销售预算一般略低于企业预测值。

企业潜量是当公司的市场力量相对竞争者不断增加时，企业需求所能达到的极限。很明显，企业需求的绝对极限是市场潜量。如果企业的市场占有率为

100%，即企业成为独占者时，企业潜量就等于市场潜量，但这只是一种极端状况，在大多数情况下，企业销售量小于市场潜量，这是因为每个企业都有自己忠诚购买者，他们一般不会转而购买其他企业的产品。

二、目前市场需求的预测

企业市场需求的预测包括预测总的市场潜量、区域市场潜量、实际销售额和市场占有率。下面将介绍几种估计当前市场需求的实用方法。

（一）总市场潜量

总市场潜量是指在一定期间内，一定水平的行业市场营销力量和一定的环境条件下，一个行业中所有企业可能达到的最大销售量。可以用下面的公式测量总市场潜量：

$$Q = nqp$$

式中，Q 为总市场潜量；n 为既定条件下，特定产品的购买者数量；q 为平均每个购买者的购买数量；p 为产品价格。

由此，可以推导出另一个计算总市场潜量的方法，即连锁比率法。当估计一个量的各个组成部分比直接估计该量更容易时，可以考虑采用这种方法。

假定某啤酒厂开发了一种新啤酒，在估计其市场潜量时，可以借助下式：

新啤酒需求量 = 人口 × 人均个人可随意支配收入 × 个人可随意支配收入中用于购买食物的百分比 × 食物花费中用于饮料的平均百分比 × 饮料花费中用于酒类的平均百分比 × 酒类花费中用于啤酒的平均百分比

企业在应用连锁比率法时，应从一般有关要素移向一般产品大类，再移向特定产品，如此层层往下推算。

企业计算出总市场潜量后，还应把它同现有市场规模进行比较。现有市场规模是指目前实际购买的数量或总额。显然，它总是小于总市场潜量。估计现有市场规模占总市场潜量的比例，对于制定正确的市场营销决策十分重要。在图 6-3 中，A、B 表明现有市场规模占总市场潜量的很大比例，也就是说，可能购买该产品的顾客大部分都已经购买了。C、D 表明现有市场规模只占总市场潜量的一半左右，这是典型的新产品进入市场的情形。

从市场占有率来看，A、C 表示企业的市场占有率很小，B、D 表示企业的市场占有率较大。无论企业的市场占有率大还是小都有两种选择：一是争取竞争者的顾客，二是争取尚未开发的市场潜量。在 D 的情况下，企业的市场占有率已经很大，所以，它的最佳选择是尚未开发的市场潜量。而在 C 的情况下，企业可以采取上述两种办法中的任何一种。

另外，还有一个重要概念，即可达市场。所谓可达市场，是指企业产品可达并可吸引到的所有购买者。在图 6 - 3C 的情况下，由于企业的价格对其他竞争者的顾客没有吸引力，所以，它无法渗透到其他竞争者的市场。然而，由于企业产品只销售到全国某一区域，尽管其现有市场占有率极低，但其可达市场占有率却很高。因此，企业的最佳选择是争取其可达市场中尚未开发的部分，而不是去争取竞争者的顾客。

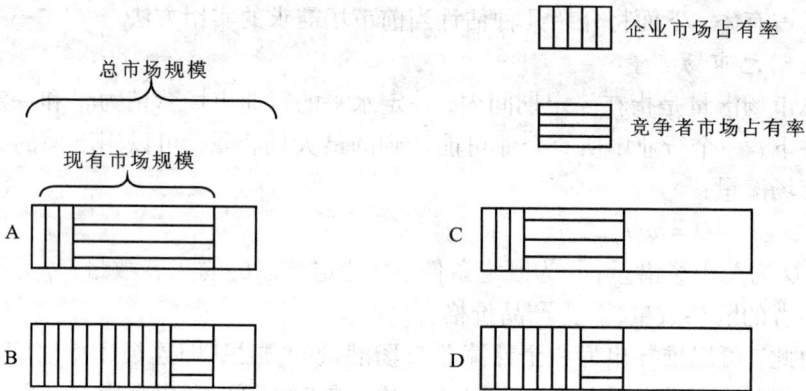

图 6 - 3

（二）区域市场潜量

企业不仅要计算总的市场潜量，还要选择欲进入的最佳区域，并在这些区域内最佳地分配其市场营销费用，评估其在各个区域的市场营销效果。为此，企业有必要估计各个不同区域的市场潜量。目前较为普遍地使用两种方法：市场累加法和购买力指数法。生产产业用品的企业多使用前者，而后者则多为消费品生产企业所采用。

1. 市场累加法

所谓市场累加法，是指先确认某产品在每个市场的可能购买者，之后将每个市场的估计购买潜量加总合计。当企业掌握所有潜在买主的名单以及每个人可能购买产品的估计量时，则可直接应用市场累加法。

2. 购买力指数法

所谓购买力指数法，是指借助与区域购买力有关的各种指数（如区域购买力占全国总购买力的百分比，该区域个人可支配收入占全国的百分比，该区域零售额占全国的百分比，以及居住在该区域的人口占全国的百分比等）来估计其市场潜量的方法。如，在某地区，可利用下述的相对购买力指数公式计算其区域市场潜量：

$$B_i = 0.5Y_i + 0.3R_i + 0.2P_i$$

式中：B_i——i 区域购买力占全国总购买力的百分比；

　　　Y_i——i 区域个人可支配收入占全国的百分比；

　　　R_i——i 区域零售额占全国的百分比；

　　　P_i——i 区域的人口占全国的百分比。

　　上述公式可用于反映许多消费者的市场潜量，但不包括高档奢侈品。而且，这种加权也不是一成不变的，产品不同，权数也应有所调整。企业可以利用回归分析法求出最适合其产品的权数，来估计其产品的区域市场潜量。

　　需要说明的是，区域市场潜量的估计只能反映相对的行业机会，而不是相对的企业机会。各企业可以用公式中未考虑的因素来修正所估计的市场潜量。这些因素包括品牌占用率、竞争者类型与数目、销售力量的大小、物流系统、区域性促销成本、当地市场的特点等。

（三）估计实际销售额和市场占有率

　　企业不仅要估计总市场潜量和区域潜量，还要了解本行业的实际销售额。这就是说，企业还要识别竞争者并估计它们的销售额。根据国家统计部门的统计数字，企业可以了解到本行业的总的销售状况，并用企业销售状况与整个行业发展相比较，评价企业发展状况。例如，如果企业的销售额年增长率为6%，而整个行业的增长率为10%，这就意味着企业的市场占有率在下降，企业在行业中的地位已被削弱，而竞争者却发展迅速。

三、市场需求预测的具体方法

　　企业从事市场预测，一般要经过三个阶段，即环境预测、行业预测和企业销售预测。环境预测就是分析通货膨胀、失业、利率、消费者支出和储蓄、企业投资、政府开支、净出口以及其他一些重要因素，最后作出对国民生产总值及总体运行状况的预测。以环境预测为基础，结合其他环境特征进行行业销售预测。最后，根据对企业未来市场占有率的估计，预测企业销售额。由于产品种类不同，情报资料来源、可靠性和类型的多样性，加上预测目标不同，因而有许多不同的预测方法。

（一）购买者意向调查法

　　总是由潜在购买者构成的，预测就是预估在给定条件下潜在购买者的可能行为，即要调查购买者。这种调查结果是比较准确可靠的，因为只有购买者自己才知道将来会购买什么和购买多少。

　　在满足下面三个条件的情况下，购买者意向调查法比较有效：①购买者的购买意向是明确清晰的；②这种意向会转化为顾客购买行动；③购买者愿意把其意向告诉调查者。

对于耐用消费品，如汽车、房屋、家具、家用电器等的购买者，调查者一般要定期进行抽样调查。企业可以采用"购买概率"调查表，通过向被调查者提出如"你打算将来购买……吗"这样的问题，调查购买者的购买意向，如表6-1所示。

表6-1　进行购买者意向调查的购买概率表

0.00	0.10	0.20	0.30	0.40	0.50	0.60	0.70	0.80	0.90	1.00
绝对不买	不太可能	或许会买	有点可能	尚有可能	有些可能	有较大可能	可能	非常可能	颇为确定	一定要买

另外还要调查消费者目前和未来个人财力情况以及他对未来经济发展的看法。

对于产业用品，企业可以自行进行顾客购买意向调查。通过统计抽样选取一定数量的潜在购买者，访问这些购买者的有关部门负责人，通过访问获得的资料以及其他补充资料，企业便可以对其产品的市场需求作出估计。尽管这样费时费钱，但企业可从中间接地获得某些好处。首先，通过这些访问，企业分析人员可以了解到在公开出版资料没有的情况下考虑各种问题的新途径。其次，可以树立或巩固企业关心购买者需要的形象。最后，在进行总市场需求的预测过程中，也可以同时获得各行业、各地区的市场需求估计值。

用购买者意向调查法预测产业用品的未来需要，其准确性比用在消费品方面要高。因为消费者的购买动机或计划常因某些因素（如竞争者的市场营销活动等）的变化而变化，如果完全根据消费动机做预测，准确性往往不是很高。一般来说，用这种方法预测非耐用消费品需要的可靠性较低，用在耐用消费品方面稍高，用在产业用品方面则更高。

（二）销售人员综合意见法

在不能直接与顾客见面时，企业可以通过听取销售人员的意见估计市场需求。销售人员综合意见法的主要优点是：①销售人员经常接近购买者，对购买者意向有较全面深刻的了解，比其他人有更充分的知识和更敏锐的洞察力，尤其是对技术发展变化影响较大的产品。②由于销售人员参与企业预测，因而他们对上级下达的销售配额有较大的信心完成。③通过这种方法，也可以获得按产品、区域、顾客或销售人员划分的各种销售预测。

一般情况下，销售人员所做的需求预测必须经过进一步修正才能利用，这是因为：①销售人员的判断总会有某些偏差，受其最近销售成败的影响，他们的判断可能会过于乐观或过于悲观，即常常走极端。②销售人员对经济发展形式或企业的市场营销总体规划不了解。③为使其下一年度的销售大大超过配额指标，以获得升迁或奖励的机会，销售人员可能会故意压低其预测数字。④销售人员也可能对这种预测没有足够的知识、能力或兴趣。

尽管有这些不足之处，但是这种方法仍为人们所利用。因为各销售人员的过高或过低的预测可能会相互抵消，这样使预测总值仍比较理想。有时，有些销售人员预测时的偏差可以预先识别并及时得到修正。

根据销售人员意见进行预测的例子如表 6-2 所示。

表 6-2 销售人员综合意见法

销售人员	预测项目	销售量	出现概率	销售量×概率
甲	最高销售量 最可能销售量 最低销售量 期望值	1 000 700 400	0.3 0.5 0.2	300 350 80 730
乙	最高销售量 最可能销售量 最低销售量 期望值	1 200 900 600	0.2 0.6 0.2	240 540 120 900
丙	最高销售量 最可能销售量 最低销售量 期望值	900 600 300	0.2 0.5 0.3	180 300 90 570

如果公司对三位销售人员意见的依赖程度是一样的，那么平均预测值为：

$$\frac{730 + 900 + 570}{3} = 733.3(单位)$$

(三)专家意见法

企业也可以利用诸如经销商、分销商、供应商及其他一些专家的意见进行预测。由于这种方法是以专家为索取信息的对象，用这种方法进行预测的准确性，主要取决于专家的专业知识和与此相关的科学知识基础，以及专家对市场变化情况的洞悉程度，因此依靠的专家必须具备较高的水平。

利用专家意见有多种形式，如组织一个专家小组进行某项预测，这些专家提出各自的估计，然后交换意见，最后经过综合，提出小组的预测。这种方式的缺点是，小组成员容易屈从于某个权威或者大多数人的意见（即使这些意见并不正确），不愿意提出不同的看法，或者认识到自己的意见错了，但碍于情面不愿意当众承认。

现在应用较为普遍的方法是德尔菲法。其基本过程是：先由各个专家对所预测事物的未来发展趋势独立提出自己的估计和假设，经公司分析人员（调查主持者）审查、修改、提出意见，再回到各位专家手中，这时专家们根据综合的预测结果，参考他人意见修改自己的预测，再开始下一轮估计。如此往复，直到各专家对未来的预测基本一致为止。下面举例说明这种方法的应用。

某企业欲利用专家意见法预测某工业品的需求，于是选择公司的采购经理、销售经理、两位销售人员和三位经销商组成专家小组（各成员分别以 A、B、C、D、E、F、G 表示），由市场营销经理主持并负责分发资料和汇总意见。

第一次预测：市场营销经理将过去或其他有关资料发给各专家进行预测参考，专家们也可要求提供所需资料。然后各专家将预测结果送给市场营销经理，但专家之间不能交换意见。预测结果如下：

专家第一次预测

预测次数	A	B	C	D	E	F	G	中位数	改变意见的人数	差距
1	110	70	66	70	110	66	64	70	—	46

第二次预测：市场营销经理将第一次预测的结果分发给专家，使每个专家都了解其他成员的预测数字，然后做第二次预测。他们可修改也可不修改自己的预测结果。如修改，须说明理由。第二次预测结果如下：

专家第二次预测

预测次数	A	B	C	D	E	F	G	中位数	改变意见的人数	差距
1	110	70	66	70	110	66	64	70	—	46
2	90	70	82	70	82	68	64	70	4	26

第三次预测：市场营销经理将第二次预测结果分发给各位成员，做第三次预测。

专家第三次预测

预测次数	A	B	C	D	E	F	G	中位数	改变意见的人数	差距
1	110	70	66	70	110	66	64	70	—	46
2	90	70	82	70	82	68	64	70	4	26
3	90	76	82	70	82	68	76	76	2	22

第四次预测：市场营销经理将第三次预测的结果分发给各专家，做第四次预测。

专家第四次预测

预测次数	A	B	C	D	E	F	G	中位数	改变意见的人数	差距
1	110	70	66	70	110	66	64	70	—	46
2	90	70	82	70	82	68	64	70	4	26
3	90	76	82	70	82	68	76	76	2	22
4	90	76	82	70	82	68	76	76	0	22

可以看出，在做第四次预测时，各专家不再修正各自的预测数字，说明他们已满意于第三次预测。市场营销经理可将第四次预测数字作为最后预测数字。

美国洛克希德飞机制造公司在作其销售预测时，把专家意见法略作了改动。一组洛克希德公司的经理人员扮作该公司的主要顾客，十分认真冷静地评价公司的销售条件(包括产品、价格、售后服务等)和竞争者的条件。接着每人模拟顾客做出购买什么和向哪里购买的决策。把各"顾客"向本公司购买的数量加起来，并与其他独立的统计预测协调，就是公司的销售预测值。

（四）市场试验法

企业收集到的各种意见的价值，不管是购买者、销售人员的意见，还是专家的意见，都取决于获得各种意见的成本、意见的可得性和可靠性。如果购买者对其购买并没有认真细致的计划，或其意向变化不定，或专家的意见也并不十分可靠。在这种情况下，就需要利用市场试验这种预测方法。特别是在预测一种新产品的销售情况和现有产品在新的地区或通过新的分销渠道的销售情况时，利用这种方法效果最好。

（五）时间序列分析法

很多企业以过去的资料为基础，利用统计和数学方法分析预测未来需求。这种方法的根据一方面是过去的统计数据之间存在着一定的关系，而且这种关系利用统计方法可以揭示出来。另一方面是过去的销售状况对未来的销售趋势有决定性影响，销售额只是时间的函数。因此，企业利用这种方法预测未来的销售趋势。

时间序列分析法的主要特点是，以时间推移研究和预测市场需求趋势，不受其他外界因素的影响。不过，在遇到外界发生较大变化，如国家政策发生变化时，根据过去已发生的数据进行预测往往会有较大的偏差。

产品销售的时间序列，可以分成四个部分：①趋势。它是人口、资本积累、技术发展等方面共同作用的结果。利用过去有关的销售资料描绘出销售曲线就可以看出某种趋势来。②周期。企业销售额往往呈现某种波状运动，因为企业销售一般都受到宏观经济活动的影响，而这宏观经济活动总呈现出某种周期性波动的特点。周期因素在中期预测中尤其重要。③季节。指一年内销售变动的形式。"季节"这个词在这里可以指任何小时、月份或季度周期发生的销售量变动形式。这个组成部分一般同气候条件、假日、贸易习惯等有关。季节形式为预测短期销售提供了基础。④不确定事件。包括自然灾害、战争恐慌、一时的社会流行风尚和其他一些干扰因素。这些因素一般无法预测，属不正常因素。应当从过去的数据中剔除这些因素的影响，考察较为正常的销售活动。

时间序列分析法具体作法较多，常用的较为简便的方法主要有：

1. 简单平均法

以一段历史时期销售量的平均值为预测数，比较简单易行，但不能充分反映出需求趋势和季节变化。以公式表示为：

$$\overline{X} = \frac{X_1 + X_2 + \cdots + X_n}{N} = \frac{\sum X}{N}$$

式中，$\overline{X}$ 表示平均销售量；$X_1, X_2, \cdots, X_n$ 代表各时期（年、月、日）销售量；N 表示时期数。

2. 移动平均法

移动平均法是根据引进的新数据来不断修改平均值。即用过去若干期实际销售量，求其平均值，在时间上往后移，每测一期，均取前若干期的平均数作为当期的预测量。周期个数的选择取决于试验，它包括足够的期数，以抵消随机波动的影响，但期数又不能过多，以便除去过早的、作用不大的数据。其计算公式为：

$$当前预测值 = \frac{前一期实绩 + 前二期实绩 + \cdots\cdots + 前 n 期实绩}{N(期数)}$$

这种预测法，不仅可以表现平滑现象发展中的随机波动，而且可以指出数据中的趋势。如果在供求中有季节变动，则在计算移动平均值时，应当包括一年或一年的整倍数的资料期，以消除季节的影响。应当看到，由于平均数的特性，移动平均数反映的发展趋势，一般是滞后的。这种滞后虽可用缩短平均数计算所包括的时间间隔来减少，但这同时也会使平滑性减少。

3. 加权移动平均法

这种方法就是在取得一组资料要计算移动平均数时，考虑到每一期资料的重要性，设计一个权数，然后求其加权平均数，其计算公式为：

加权移动平均数＝资料期各期销售量/各期的权数之和

以符号表示：$X = \dfrac{\sum fX}{\sum f}$

式中 f 代表权数。权数的选择，可按实际需要及经验判定。一般情况下，近期的权数较大，其影响也较大，但其预测值也较易受偶然因素的影响。资料期中各期权数和应等于 1。

4. 指数平滑法

这种方法是利用过去资料（包括预测值与实际值）进行预测的一种应用方法，是加权移动平均法的一种。其计算公式如下：

$$Y_t = Y_{t-1} + \alpha(X_{t-1} - Y_{t-1})$$
$$= \alpha X_{t-1} + (1-\alpha)Y_{t-1}$$

式中，Y_t 为本期预测值；Y_{t-1} 为上期预测值；X_{t-1} 为上期实际值；α 为加权因子或平滑系数，取值范围为 $0 < \alpha < 1$。

例如，某商场 5 月份原来预测值为 50 万元，而该月实际值为 52 万元，$\alpha = 0.2$，则 6 月份预测值为：

$$Y_t = 0.2 \times 52 + (1-0.2) \times 50$$
$$= 10.4 + 40 = 50.4（万元）$$

从上式可见，$\alpha = 0.2$ 的含义，就是考虑上月预测值的比重占 80%、考虑上月实际值的比重占 20%。

如果 $\alpha = 0.1$，则上式计算为：

$$Y_t = 0.1 \times 52 + (1-0.1) \times 50$$
$$= 5.2 + 45 = 50.2（万元）$$

如果 $\alpha = 0.7$，则

$$Y_t = 0.7 \times 52 + (1-0.7) \times 50 = 36.4 + 15 = 51.4（万元）$$

加权因子取大些好还是取小些好？从实际测算表明，平滑系数 α 愈小，则预测值趋向较平滑；反之，则变化较大。因此，在实际应用中，倾向较小的 α 值。一旦找到比较满意的 α 值，在预测中还要定期校核这个 α 值的连续使用的适应性。

应用指数平滑法预测本期时，可以考虑上期的实际值和预测值，也可考虑上期及其前期的实际值，这和移动平均法很相似。所以说，这也是一种加权移动平均法。

5. 季节变动分析法

季节变动是指某些社会现象在比较长的一段时间内，每年随着季节更换而表现出比较稳定的周期性变动。季节变动绝大多数是由于自然条件、生产条件、历史条件等客观因素的影响所引起的。

在销售上的季节变动，是指在一年中的特定时间内销售额反复变动的波动，这时变动带有一定的循环性质，有一个大致固定的年度循环，以后每年的变动形式，都是相类似的。

测定季节变动常用的方法步骤如下：

（1）搜集连续几年，至少是连续三年以内各月份发展水平的完整资料。

（2）分别求得不同年度同一月份的平均水平，同时求得几年内总的月平均水平。季节变动愈小，则二者的差额就愈小，反之就愈大。

（3）分别计算不同年度同一月份的平均水平对总的月平均水平的比较相对数，即季节变动比率。

（4）根据季节变动比率，绘制季节变动图，以便更清楚地表明季节变动的规律性。

（六）直线趋势法

直线趋势法是运用最小平方法进行预测，用直线斜率来表示增长趋势的一种外推预测方法。

其预测模型为：

$$y = a + bx$$

式中，a 为直线在 y 轴的截距；b 为直线斜率，代表年平均增长率；y 为销售预测的趋势值；x 为时间。

根据最小平方法原理，先计算 $y = a + bx$ 的总和，即

$$\sum y = na + b\sum x$$

然后计算 $\sum xy$ 的总和，即

$$\sum xy = a\sum x + b\sum x^2$$

上述二式共同因子是 $\sum x$。为简化计算，可将 $\sum x$ 取 0，其方法是：若 n 为奇数，则取 x 的间隔为 1，将 $x = 0$ 置于资料期的中央一期；若 n 为偶数，则取 x 的间隔为 2，将 $x = -1$ 与 $x = 1$ 置于资料期的中央上下两期。

当 $\sum x = 0$ 时，上述二式分别变为

$$\sum y = na$$

$$\sum xy = b \sum x^2$$

其中 n 为年份的数目，由此可计算出 a、b 的值为

$$a = \sum y/n \qquad b = \sum xy/\sum x^2$$

所以

$$y = \sum y/n + b \sum xy/\sum x^2$$

例　假如某企业 1991~1995 年的销售额分别为 480，530，570，540，580 万元，现需运用直线趋势法预测 1996 年的销售额。由于 $n = 5$ 为奇数，且 x 的间隔为 1，故可将 $x = 0$ 置于资料期的中央一期(即 1993 年)，x 的取值依次为 -2，-1，0，1，2，xy 依次为 -960，-530，0，540，1 160，x^2 依次为 4，1，0，1，4，所以

$$\sum y = 2\,700$$
$$\sum xy = 210$$
$$\sum x^2 = 10$$

将有关数据代入计算公式，则得

$$y = \frac{2\,700}{5} + \frac{210}{10} \cdot x = 540 + 21x$$

由于需预测 1996 年的销售额，所以 $x = 3$，代入上式，得

$$y = 540 + 21 \times 3 = 603(万元)$$

即 1996 年的销售额将为 603 万元。

(七)统计需求分析法

时间序列分析把过去和未来的销售都看做是时间的函数，即仅随时间的推移而变化，不受其他任何现实因素的影响。然而，任何产品的销售都要受到很多现实因素的影响。统计需求分析就是运用一整套统计学方法发现影响企业销售的最重要的因素以及这些因素影响的相对大小。企业经常分析的因素，主要有价格、收入、人口和促销等。

统计需求分析将销售量 Q 视为一系列独立需求量(…)的函数，即

$$Q = f(\cdots)$$

但是，这些变量同销售量之间的关系一般并不能用严格的数学公式表示出来，而只能用统计分析来揭示和说明，即这些变量同销售量之间的关系是统计相关。多元回归技术就是这样一种数理统计方法。它运用数理统计工具在寻找最佳预测因素和方程的过程中，可以找到多个方程，这些方程均能在统计学意义上符合已知数据。

在运用统计需求分析法时，应充分注意影响其有效性的四方面问题：①观察值过少；②各变量之间高度相关；③变量与销售量之间的因果关系不清；④

未考虑到新变量的出现。

　　需要说明的是，需求预测是一项十分复杂的工作。实际上只有特殊情况下的少数几种产品的预测较为简单，如未来需求趋势相当，或没有竞争者存在（如公用事业），或竞争条件比较稳定（如纯粹垄断的产品生产）等。在大多数情况下，企业经营的日常环境是在不断变化的，由于这种变化，总市场需求和企业需求都是变化的、不稳定的。需求愈不稳定，愈需要精确的预测。这时准确地预测市场需求和企业需求就成为企业成功的关键。任何错误的预测都可能导致诸如库存积压或存货不足，从而使销售额下降以至中断等不良后果。

　　在预测需求的过程中，涉及的许多技术问题需要由专业技术人员解决，但是市场营销经理应熟悉主要的预测方法以及每种方法的主要长处和不足。

☞　**案例背景资料**

加拿大 Jell - O 的制胜秘密

　　Jell - O 是美国通用食品公司的一个品牌，主要产品是樱桃、木莓、橘子、柠檬以及酸橙口味的饼干。它形状多样，色彩清新，吃法也多种多样，对男女老少都有一种魅力。该品牌的产品不仅在美国深受欢迎，第二次世界大战后还打入了加拿大市场。

　　为了进一步扩大加拿大市场，该公司决定采取一种新的、双倍量的包装，让 3 种销量最好的红颜色品种（草莓、木莓和樱桃型）采用新包装。但是结果却不尽如人意，销售量只是预期的 85%，为什么会出现这样的结果？原来，这个品牌一直都是靠自身的质量以及广告和促销活动打开市场的，而没有进行过顾客调查。现在公司遇到了麻烦，需要顾客的参与来调查这个包装方案是否合适。于是，该公司设计了一套调查方案来了解市场需求。

　　调查方法。当时，在加拿大，装有电话的住户居住得极为分散，而且利用电话采访方式还处在刚刚起步的阶段，极不成熟。因此，电话采访和信件问卷调查的想法被否决了。为提高顾客参与的兴趣和释放内心讯号，调查组决定采用动画片的方式，希望通过让人们谈论动画片的观后感，获得几个研究项目所需的数量较多的信息。

　　样本选定。决定在加拿大选取 800 名女士作为主要样本，因为女性是 Jell - O 的购买决策的决定者。另外还选取 400 个小孩子作为样本，因为他们是这种食品最主要的消费者。为孩子们设计的调查问卷要比给大人们设计的问卷要短得多，一个原因是他们的注意力能够集中的时间较短，另一个原因是对从他们那里得到的信息数量要求不高。

调查问卷的设计和完善。通过 6 个专门小组——3 个在安大略省，3 个在魁北克省——来设计和完善调查问卷，有两个基本要求：一是确保调查问卷能够包括所有信息，这些信息主要是关于顾客对这种产品的认识和印象。二是确保问卷的措辞在不同的地区不会被误解。

调查问卷的测试。在安大略省进行了 25 次面对面采访，在加拿大的蒙特利尔采访次数也为 25 次。因为问卷调查要求采用私人采访的形式，这里又要防止人员自作聪明误导被采访者，所以决定雇佣一批智力平常的员工作为采访人员。

调研预算。把这项调查付诸实践，需要 10 000 美元。这在当时的加拿大是一笔庞大的费用，还没有一个加拿大的公司会为这样一个调查花费甚至 1 美元。而在通用食品公司，花费这样一笔数目在市场研究上，需要公司总裁的批准。

测试结果。通过调查发现，顾客在购买 Jell – O 食品时，并不单纯喜欢某一口味，而是喜欢购买那些多种口味混合在一起的产品，且在购买时经常变换口味。

了解这些信息之后，要解救双倍量包装的窘境，就迎刃而解了，所要做的事情就是在其中加入更多的口味。

这项调查还表明女士们在家里准备 Jell – O 食品时往往把不同口味混在一起（如酸橙和草莓口味）。这样就导致了一种新的口味产品：菜蔬混合型的诞生。它取得了极大的成功。

广告策略。调查结果还发现，家庭主妇一般在上午就准备好家庭食用的 Jell – O，这样在晚餐时就可以摆上餐桌。因此调查组建议：电台广告在上午播出，而这个时候女士们一边听电台，一边考虑如何做晚餐。这个电台广告用来提醒她们在晚餐中是不是做一道 Jell – O。有时候，这个特定广告还提醒听众，货架上 Jell – O 正在降价。

总之，正是由于周详的调查研究，Jell – O 公司很快便使其推出的两款新产品进入了加拿大市场。

[案例思考题]

1. 根据本案例材料，你认为一个公司要成功进行市场调研，必须从哪几个方面加强管理？

2. 从本案例材料中，你认为调查组哪些决策对于市场调研取得成功具有关键性的作用？理由是什么？

3. 本次调研对 Jell - O 公司来说, 将会从哪些方面改善市场营销职能?

本章小结

1. 市场调研是企业营销活动的起点, 贯穿于整个营销活动的始终。它是运用科学的方法, 有目的地、系统地收集市场信息资料, 研究市场的客观实际情况, 从而掌握市场的发展变化现状和趋势, 为企业决策者制定和实施有效的市场营销战略提供科学依据的一种活动。

2. 市场调研根据调研的性质和调研的目的不同, 可分为探测性调研、描述性调研、因果性调研和预测性调研四种形式。市场调研的方法很多, 主要有询问法、观察法、实验法和抽样调研法四种。

3. 市场预测是根据历史统计资料和市场调查获得的市场信息, 对市场供求变化等因素进行细致的分析研究, 运用科学的方法或技术, 对市场营销活动及其影响因素的未来发展状况和变化趋势进行预计和推测。市场预测主要包括市场需求预测、企业需求预测、企业潜量预测等基本内容。

4. 市场预测的基本方法主要有购买者意向调查法、时间序列分析法、销售人员综合意见法、专家意见法、市场试验法、直线趋势法、统计需求分析法等。

思考题

1. 结合实际谈谈市场调研的作用。
2. 市场调研包括哪些步骤? 每个阶段分别要做哪些工作?
3. 市场调研的方法有哪几种? 怎样进行抽样调研?
4. 市场预测的基本方法包括哪些?

第七章　目标市场营销战略

面对竞争激烈的整体市场，任何一家实力强大的企业要以其为营销对象满足所有消费者的需求，都是不可能的。因为消费者人数众多、分布广泛，且需求具有多样性、差异性。企业必须根据消费者需求的差异性，将整体大市场细分为若干小市场，即细分市场，然后结合自身的优势相应选择最具吸引力的细分市场作为营销对象，并对选定的目标市场进行定位。因此，企业有效地实施目标市场营销战略必须采取三个重要步骤：一是进行市场细分；二是选择目标市场；三是实施市场定位。

第一节　市场细分

一、市场细分的概念和作用

（一）市场细分的概念

"市场细分"一词译自英文"market segmentation"，它是指企业根据消费者需求的差异性，将整体市场划分为两个或两个以上的需求与愿望大体相同的消费者群的过程，每一消费者群即为一个细分市场。

市场细分是现代市场营销学中一个非常重要的概念，直接关系到企业能否实现战略目标。它具有如下几个特点：

（1）市场细分是为企业选择目标市场服务的。也就是说，市场细分的目的是将不同需求的消费者划分为不同的消费者群，使企业能相应地选择适合自身优势的消费者群作为营销目标。

（2）市场细分的核心是区分消费者需求的差异性。不同的细分市场代表不同的消费者群，各个细分市场都是由需求与愿望大体相同的消费者群组成。

（3）市场细分的关键在于企业正确运用一定的细分标准进行有效细分。消费者群的划分是依据相应的细分标准进行的，不同企业应根据自身的性质和市场的特点，选用不同的标准将整体市场进行细分。

　　市场细分这一概念是由美国著名市场营销学家温德尔·史密斯（Wendell R. Smith）于 1956 年提出来的。它是第二次世界大战结束后，美国众多产品市场由卖方市场转化为买方市场这一新的市场形势下企业营销思想和营销战略的新发展，更是企业贯彻以消费者为中心的现代市场营销观念的必然产物。它的产生和发展过程大体上经历了大量市场营销、产品差异营销和目标市场营销三个阶段。

　　第一阶段，大量市场营销。西方工业化初期，市场商品供不应求，企业生产经营遵循的是"生产观念"。在这种观念的指导下，企业把市场看作一个整体，认为所有顾客对于产品的需求大致相同，因而采取大量生产、大量分销、大量促销单一产品的营销战略，实行大量市场营销。企业生产经营某种规格、型号、颜色单一的产品，试图以该产品去满足整体市场上所有消费者的需求。企业认为，这样可以大大降低成本和价格，创造最大的潜在市场，获得更多的利润。企业很少甚至根本不愿意研究消费者需求的差异性。

　　第二阶段，产品差异市场营销。从 1920 年到 1945 年，由于科学技术进步、科学管理和大规模的生产，市场商品供应数量迅速增加，逐渐出现"生产过剩"。卖方市场开始向买方市场过渡，企业之间的竞争日趋激烈，消费者购买商品有选择的余地。企业在"推销观念"的指导下，开始认识到产品差异的潜在价值，实现产品差异市场营销，即生产经营规格、型号、外观、质量、式样等不同的产品，以便消费者有较大的选择机会。但是，这种产品差异并不是由市场细分产生的。企业实行产品差异营销只是着眼于同别的企业竞争，而不是如何以消费者为中心，充分满足消费者需求。

　　第三阶段，目标市场营销。第二次世界大战结束以后，科学技术发展越来越快，市场商品丰富多彩，生产和生活条件不断改善，"买方市场"已成为稳定的、长期存在的市场格局。企业必须重视异质市场顾客的不同需求及其发展动态，需求差别主要不是企业竞争的结果，而是社会的、经济的、人口的、心理的等原因造成的。只有区别不同需求，满足需求差别，才能赢得竞争主动权。在这种"买方市场"的新形势下，西方一些企业开始用"市场营销观念"指导企业，因而开始重视研究异质市场消费者的不同需求及其发展趋势，全方位实施目标市场营销，即企业按一定标准将整体市场细分为不同质的消费者群，选择其中一个或几个细分市场的消费者群为目标市场，进而集中优势力量为目标市场服务，以适应和满足目标市场消费者的需求。

　　上述市场细分概念产生和发展的三个阶段的比较如表 7-1。

表 7 - 1　大量市场营销、产品差异市场营销与目标市场营销的比较

时间	市场形势	企业观念	对市场看法	营销方式	营销策略
西方工业化初期	卖方市场	生产观念	视市场无差异或无视差异	大量市场营销	大量生产大量销售
1920～1945 年	由卖方市场向买方市场过渡	推销观念	视市场有差异差异来自市场	产品差异市场营销	盯住对手优于对手
20 世纪 50 年代以后	买方市场	市场营销观念	视市场有差异差异来自需求差别	目标市场营销	细分市场目标市场

(二) 市场细分理论产生的客观基础

进行市场细分,不是由人们的主观意志决定的,而是有其客观基础:

1. 市场细分是由商品及商品交换内在矛盾的发展引起的

商品是用来交换的劳动产品,具有价值和使用价值双重属性。商品只有它的具体使用价值能用来满足人们的某种需要,在交换中才会被人们接受,才能最终实现其价值。但市场并不能自动保证商品使用价值及价值的实现,因为市场的消费需求是由不同的消费者的需求构成的。不同的消费者,因受各种因素的影响,对商品的需求存在着差异,几乎不可能找到一个能典型地反映整体市场需求的标准顾客。面对千差万别的市场需求,现代企业进行市场营销,不可能无区别地笼统地对待消费者,而必须根据消费者的需求与购买动机及购买行为的差异性,将整体市场划分为若干个细分市场。然后根据企业自身条件和市场营销环境,针对不同细分市场的要求和爱好,推出不同的花色品种,采取不同的营销策略,满足不同的消费者群的需求。这是市场经济条件下,企业开拓市场、进行有效竞争、顺利实现商品价值的重要途径。

2. 市场细分是消费者的需要、动机及购买行为的差异性所决定的

如果所有消费者对产品的需求以及购买习惯等都像人们对电的需求、食盐的需求等那样十分相似,则营销活动将十分简单。但这样的情况是很少的,更多的是由于消费者所处的社会、经济、自然条件等因素不同,以及消费者的性别、年龄、文化、职业、爱好、经济条件、审美观、价值观等的不同,使他们的需要、动机及购买行为存在着差异性。因此,消费者之间对商品的品名、质量、数量、规格、型号、色泽等要求不相同。企业进行市场营销,必须根据不同消费者群的需求,将整体市场进行细分,以便选择自己的目标市场。事实上,市场上任何一次商品或劳务交易,只要包含较多的顾客,就可以根据消费者需要、

动机及购买行为的差异性，将其区分为不同类别的消费者群。

3. 市场细分是一个划分不同消费者群的过程

由于消费者的需要、动机及购买行为的差异性，对消费者需求的满足，几乎每个人都是不相同的。这样就可以将产品市场分为"同质市场"和"异质市场"。市场细分是一个划分不同消费者群的过程，划分消费者群的依据则是异质市场上的同质性需求。

在很少一部分产品市场，消费者对产品的需求和对营销策略的反应具有基本相同的一致性。例如，食盐市场，所有消费者对食盐的需求基本相同，每月购买数量大致相同，一般要求购买方便，包装适用，价格合理，不大注意广告宣传。这种市场，称为同质市场。在同质市场上，不同的竞争者向市场提供产品和使用的营销策略大致相同，竞争的焦点集中于价格上。

在大部分产品市场上，消费者对同类产品的质量、特性要求各有不同。例如，购买服装的消费者，对服装的款式、质量、颜色、价格、包装、商标等的要求各不相同，这类市场称为异质市场。在异质市场上，购买欲望和兴趣大致相同的消费者群，就构成一个细分市场。竞争者可以根据消费者对产品特征的不同偏好，向市场提供具有不同特征的产品和服务。

异质市场上消费者的不同偏好是复杂的。例如，在皮鞋市场上，假使消费者最关心的是皮鞋的式样和质量这两种特性，则消费者对这两种特性的偏好程度，可分为三种类型，如图 7 - 1。

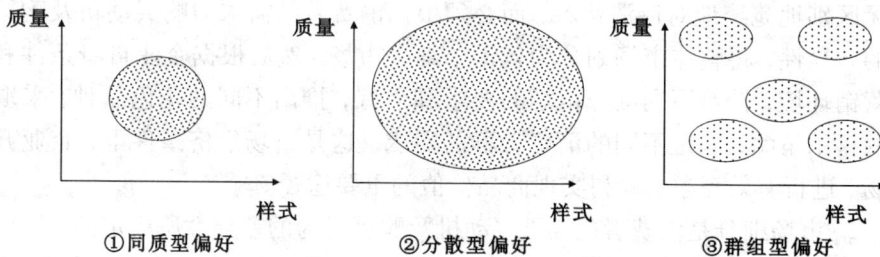

图 7 - 1 消费者偏好类型图示

（1）同质型偏好。市场上所有消费者的偏好大致相同，这就是说，消费者对皮革的式样和质量两种特性都有同样需求，不存在显著的偏颇，也不存在自然形成的细分市场。在这种情况下，经营皮鞋的企业同要时重视两种特性，既要注意皮鞋的质量，又要注重皮鞋的式样。

（2）分散型偏好。市场上消费者的偏好很不集中，呈分散状态，这就是说，消费者对皮鞋的式样和质量两种特性各有不同的喜好。有的偏爱质量，有的追求款式，有的两者兼而有之，这些偏好是均匀分散的。在这种情况下，生产或销售皮鞋的企业有两种可供选择的目标市场：一种是兼顾两种特性的消费者，力求满足尽可能多的消费者的需求；另一种是侧重于面向某一特性的消费者，或满足偏好质量特性的消费者需求，或满足偏好式样特性的消费者需求。

（3）群组型偏好。市场上不同偏好的消费者形成了一些群体。例如，偏好质量的一群，偏好式样的一群，他们自然地细分为若干细分市场。

（三）市场细分的作用

1. 有利于企业贯彻以消费者为中心的现代市场营销观念，实现营销目标

社会主义生产的目的是为了满足广大人民日益增长的物质和文化生活需要。在我国市场经济条件下，满足社会需要是通过市场来实现的。消费者的需求一般也要通过市场反映出来。企业只有在充分调查的基础上，切实掌握消费者需求的差异性，作出科学的市场细分，进而根据细分市场的特征，制定相应的营销计划，才能准确地、及时地满足市场上多种多样变化着的消费需求。这是企业贯彻以消费者为中心的现代营销观念的必然结果。

2. 有利于企业发现市场机会、开拓新市场

企业运用市场细分的原理来分析研究市场，不仅可以了解整体市场的情况，还可以具体了解每一个细分市场，掌握不同市场消费者群的需求，从中发现各细分市场消费者的满足程度，即哪些消费者需求已获得满足，哪些尚未满足，哪些满足程度不够。市场上尚未满足的需求就是市场机会。企业通过分析和比较不同细分市场中竞争者的营销状况，着眼于需求尚未得到满足或满足程度不够，而竞争对手又无力占领或不想占领的细分市场，就能发现有利的市场营销机会，开拓新市场，提高市场占有率。

3. 有利于企业合理使用资源，增强竞争力，提高营销效益

企业在市场细分的基础上，根据主客观条件，针对细分市场消费者需求的特点，集中使用人力、物力和财力等资源，避免分散力量，能获得理想的营销效益。对中小企业来说更是如此，因为，中小企业一般人力、物力和财力等资源能力有限，在整体市场或较大的细分市场上缺乏竞争能力，如果善于发现一部分特定的消费者尚未满足的需求，细分出一个"子市场"，见缝插针，往往能够在缝隙中求得生存，在竞争中求得发展，获得理想的营销效益。

4. 有利于企业调整营销策略

一般来说，企业为市场提供单一产品，制定统一的营销策略，做起来比较容易。但在整体市场条件下，信息反馈比较迟钝，对市场情况变化的反应较慢。

而在市场细分的情况下，企业不仅准确地掌握目标市场及其需求的变化，而且，由于针对不同的消费者群提供不同的产品，制定特定的营销策略，企业比较容易察觉和估计顾客的反应，能相应地及时调整营销策略及其产品、价格、渠道和促销，提高企业的反应能力。

二、市场细分的依据

(一)消费者市场细分的依据

依据一系列细分变量可将整体市场划分为若干细分市场。消费者或用户的需求差异性是市场细分存在的客观基础。一种产品的多样化的市场需求往往是由多种因素造成的，这些因素客观上也就成了市场细分的依据。细分消费者市场的变量有许多，归纳起来主要有地理因素、人口因素、心理因素和行为因素四大类，如表7-2所示。

1. 地理因素

(1)地理区域。即按照消费者所在地理位置来细分市场。由于地理位置不同，海拔、地貌、气温等自然环境因素也不同，因而处于不同地理位置的消费者对于同一种商品的爱好和需求有所不同，对价格、渠道、促销宣传等也呈现出不同的反应。例如，在化妆品需求方面，城市居民与农村居民、沿海居民与内陆居民有明显的不同。在服装需求方面，南方不同于北方，山区、草原与平原也各有区别。

(2)气候。气候的差异会引起人们消费需求的不同。例如，我国南方比北方气温高、暑期较长，电风扇、空调、电冰箱、冰柜、凉席之类夏令商品的销售量必然高于北方。

(3)人口密度。人口密度是指单位面积内居住人口的多少。人口密度大，商品需求就大，否则就小。按此标准，可细分为高密度、中密度和低密度的地区市场。

(4)城乡。城乡的自然条件、社会条件、经济条件均存在较大的差异，因而在消费水平、消费结构及购买动机与购买行为等方面均存在很大的差异。按消费者居住在城市和乡村细分，可分为城市市场和农村市场。城市市场又可分为大城市、中等城市、小城市等细分市场。

2. 人口因素

人口是构成市场最主要的因素。市场人口的多少，对商品的需求、购买特点及购买频率等有很大的影响。人口因素是市场细分惯用的和最主要的依据。

(1)性别。男女性别不同，其需求有明显差异，如对服装、化妆品、文化娱乐、杂志甚至香烟、酒类等需求都不同，而且购买种类、购买行为和购买动机差别也很大。购买者或使用者的性别会影响到大多数产品的设计和营销策略的制定。

表 7 - 2　消费者市场细分的变量

细分变量	具体变量	典型分类
地理因素	地理区域 气候 城乡 人口密度	南方、北方、东北、平原、山区 寒带、温带、亚热带、热带 大、中、小城市，镇、乡、村、郊区和农村 高密度、中密度、低密度
人口因素	性别 年龄 文化 职业 民族 种族 宗教 家庭人口 家庭生命周期 国籍 收入	男、女 老年、中年、青年、少年、儿童、婴儿 高等、中等、初等教育 公务员、教师、工人、医生、军人 汉、满、蒙、回、藏、壮、苗、维等 黄种人、白种人、黑种人 基督教、天主教、伊斯兰教、佛教 多、少 新婚期、子女婴幼期、子女学龄期、子女就业和结婚迁出期、老两口期 中国、美国、英国、俄罗斯、日本 高、中、低、贫困
心理因素	社会阶层 生活方式 个性	上层、中层、下层 享受型、地位型、朴素型、自由型 随和、孤独、内向、外向
行为因素	利益追求 购买时机 购买状态 使用程度与 使用状况 对营销组合因素的反映程度 偏好与态度	便宜、实用、安全、方便、服务 平时、双休日、中秋、元旦、春节 未知、已知、试用、经常购买 大量使用者、中量使用者、少量使用者、非使用者；经常使用者、初次使用者、曾经使用者和潜在使用者 对产品、价格、渠道、促销、服务等敏感 极端偏好、中等偏好、没有偏好；热心、积极、不关心、消极、敌意

（2）年龄。这是将消费者按一定年龄划分为不同的细分市场。消费者不同的年龄阶段，由于经济状况及生理、性格、爱好、审美观、价值观、生活经历等

的不同，他们对消费的需求往往有很大区别。一般来说，成年人吃、穿、用所需商品要多；儿童对各种玩具、儿童读物的需求量大；青年人需要学科学文化知识，并对体育、文娱、旅游方面的需求量大；老年人则对营养滋补品、医疗保健等的需求大。

（3）家庭人口。家庭人口的多少影响着消费品需求数量及需求结构。如炊具，人口多的家庭与人口少的家庭在规格、型号及数量上要求就不一样。按家庭人口细分市场，必须了解各家平均人口数量、成员组成等。

（4）家庭生命周期。每个家庭都处于生命周期的一定阶段，不同的家庭生命周期阶段又影响着其消费需求的数量、结构和购买力投向。

（5）收入。这是市场细分的重要依据。居民的收入不同，其消费观念、消费结构、消费水平，以及对商品质量、价格、包装、品牌、服务的要求都不同。企业必须了解不同消费者的生活水平、家庭收入总额及人均收入状况，并分析收入高低对消费需求的影响。

（6）职业（身份）。这是按消费者的职业不同而引起的不同需求来划分不同的细分市场。如教师、公务员、工人、农民、学生等职业（身份）不同，其消费需求结构和特点等方面都存在较大的差异。

（7）教育文化水平。这是按消费者所受教育程度不同而引起不同需求来划分不同市场。由于消费者教育文化水平不同，选购商品的品种、质量、价格、包装、商标及服务都不同。

（8）种族与宗教。按消费者的种族和宗教信仰不同，购物的要求也不同，因而可相应形成不同的细分市场。按种族分黄种、白种、黑种等；按宗教分佛教、道教、基督教、天主教、伊斯兰教等。种族与宗教的不同，影响着消费者购买动机与行为的差异。

（9）民族。不同的民族有不同的风俗习惯，因而有不同的消费需求和习惯。消费者的民族差别引起的需求差异，可将整体大市场划分为若干细分市场。我国有 56 个民族，各民族之间仅日常生活消费需求就存在较大的差异，特别在服装及饮食习惯等方面，因而可形成不同细分的"子市场"。

（10）国籍。不同的国家，由于社会生产力发展水平不同、社会制度不同、价值观念不同、教育文化水平不同、民族传统习惯不同、生活富裕程度不同，消费需求与欲望有很大的差异，因而也是市场细分的依据之一。

3. 心理因素

心理状态直接影响消费者的购买趋向，特别是在经济发展较快、居民收入较高及消费者的需要已从低级需要发展为高级需要的地区，消费者购买商品已不仅限于满足基本生活需要，其心理因素的作用更为突出。按心理因素可从以下几方面进行市场细分：

（1）社会阶层。消费者的职业、收入、教育和价值观等多种因素决定其所处的社会阶层。在一个社会中，具有相对的同质性和持久性的人群形成一定的社会阶层，因而，同一阶层的成员具有类似的价值观、兴趣爱好和行为方式。因此，社会阶层是市场细分的重要依据。

（2）生活方式。生活方式是指一个人或集团对消费、工作和娱乐的特定习惯和倾向性。消费者所崇尚的生活方式不同，对商品的喜好和追求也就不同。他们总是通过特定的商品消费表现自己的生活方式。不少企业把追求某种生活方式的消费者群，作为自己的目标市场，专门设计符合他们需要的商品。例如，一家服装公司在研究妇女生活方式分类之后，设计出不同服装供"朴素型"、"时髦型"和"男子气型"三类妇女群选购。

（3）个性。个性是消费者个人特有的心理特征。消费者个性特征表现是多方面的，如外向与内向，独立与依赖，乐观与悲观，急性与慢性，开放与保守等。企业依据个性因素细分市场，可以为其商品更好地赋予品牌个性，以期与相对应的消费者个性相适应。

4. 行为因素

这是指根据消费者对商品的知识、态度、使用及企业的销售形式的感应程度等行为，将整体市场划分为不同的消费者群。行为因素是市场细分的重要依据，特别是随着我国市场经济的建立和发展，广大消费者的收入相应增加，购买行为的差异性更加明显，因而这一细分依据就越发显示出它的重要性。

（1）利益追求。消费者发生购买行为时追求的利益不同，自然形成特定的购买群体。在商品购买中，有的消费者追求经济利益，有的追求社会声誉，有的追求商品的可靠性，有的追求商品使用方便，有的追求服务等。企业根据追求利益这一因素细分市场，可以使自己的商品突出某一特性，以较强的针对性满足不同消费者的利益追求。

（2）购买时机。消费者购买商品的时间客观上存在着差异。例如，季节性商品，届时购买者必然多；节日礼品和婚嫁特殊品，节日和喜庆日前有计划地选购。企业可相应根据消费者购买时间的差异性进行市场细分。

（3）购买状态。这是指消费者在怎样的状态下购买所需商品。消费者的购买状态，主要分为无知、知道、认识、兴趣、愿意或试用、确认、经常购买等。实践证明，企业针对消费者的购买状态，细分为不同的消费者群，据此开展营销活动，能取得较好的效果。

（4）使用程度与使用状况。使用程度即消费者对特定商品的使用次数和数量，一般可分为大量使用者、中量使用者、少量使用者和不使用者。使用状况，一般分为经常使用者、初次使用者、曾经使用者和潜在使用者等。二者均可用以进行市场细分，为企业拓展市场提供依据。

（5）对企业营销组合因素的反应程度。即根据消费者对产品、价格、渠道、促销和服务等因素的要求与反应来进行市场细分。

（6）偏好与态度。偏好是指消费者对某种牌号商品所持有的喜爱程度。一般可分为极端偏好、中等偏好和没有偏好等类型。态度是指消费者对某一商品的热心程度，可以分为热心的、积极的、漠不关心的、消极的和敌意的等类型。以偏好和态度细分市场，有利于企业根据消费者的心理状态相应开展引导、启发、刺激等营销活动，以确保不断拓展市场，提高市场占有率。

（二）产业市场细分的依据

产业市场细分的依据与消费者市场细分的依据有许多是相同的，如地理特征、追求利益和商品使用率等。但由于产业市场有不同的特点，受个人心理因素影响较小，用户最终需求、追求的利益与消费者不同。因此，还要用一些与其相适应的依据来进行细分。

1. 最终用户

不同的最终用户对同一产业用品及市场营销组合往往有不同的要求，这是产业市场细分的重要依据。例如，橡胶轮胎，一般工业用户对普通汽车轮胎、自行车轮胎、拖拉机轮胎等产品，要求适当的价格、较高的质量和全方位的优质服务；特殊工业用户，如飞机、高档豪华汽车制造业买主，则要求轮胎绝对安全的性能和更高质量，价格一般不是主要考虑因素；商业物资企业购进则更多要求价格合理和发货及时。由此，可根据这三类用户的不同要求，将橡胶轮胎市场细分为一般工业市场、特殊工业市场和商业买主市场这三个细分市场。

2. 用户规模

用户规模决定其购买力的大小。大用户虽然少，但购买力很大，小用户虽然多，但购买力较小。企业可根据用户规模这一标准对产业市场进行细分，并对大用户、中等用户和小用户分别采取不同的营销策略和方法。

3. 用户地理位置

每个国家和地区，大都根据物产、气候、交通运输条件及历史传统形成若干工业地区和经济区域。一般来说，产业市场比消费者市场在地区上更为集中，可按用户地理位置进行细分。

（三）使用细分依据应注意的问题

无论消费者市场还是产业市场，企业在依据细分因素进行市场细分时，必须注意以下问题：

（1）市场细分依据中的许多具体细分因素，如收入、年龄、家庭人口、利益追求、购买动机等都是可变的。因此，企业要经常调查、研究和预测所用依据的变化情况和变动趋向。在具体运用各种依据进行市场细分时，应随市场变化而变化，以适应企业对目标市场及其营销策略的运用要求。

（2）不同的企业在进行市场细分时，应根据本企业的具体情况分别采用不同的细分依据。由于各企业营销商品不同，人、财、物等资源条件不同，所面临的营销环境不同，因而在进行市场细分时，应从实际出发，根据企业的力量和商品的特征选用细分依据。

（3）企业进行市场细分时，要注意所选用的各种依据的有机组合。可决定采用一项依据，也可采用多项依据有机组合进行细分。在一般情况下，采用多项依据或一系列具体细分变量来进行市场细分，会使细分市场更加明确具体，有利于选择最佳细分市场。

三、市场细分的方法与程序

（一）市场细分的原则

企业实施市场细分策略，必须充分注意市场细分的实用性和有效性，使之能为企业选择目标市场提供有价值的依据。为此，市场细分必须遵循一定的原则。

1. 可衡量性

这是指细分市场的需求特征必须是可以衡量的。也就是细分市场的顾客情况、市场范围和规模及购买力大小等有关资料，能通过市场调研、分析及其他方式获得，便于衡量该细分市场。为此，据以细分市场的各种特征应该是可以识别和衡量的。如果细分市场的需求特征不明显，消费者对某种商品和服务的要求基本一致，企业就没有必要花费精力和时间去细分市场。实践证明，企业收集到细分市场需求特征及购买行为倾向的资料，就可以进行定性分析，及时作出正确的判断。

2. 可进入性

这是指企业能有效地进入细分市场并为之服务。经细分后的市场，首先必须是值得企业去占领的，能为企业新产品开发带来价值；其次必须是能够占领的，如果细分市场是企业现有能力——人力、物力、财力和营销组合等所达不到的，这样的市场就毫无意义。

3. 实效性

这是指细分市场的规模足够大，有足够的利润吸引企业去经营。也就是说，细分市场的规模必须使企业有利可图，有一定的现实需求量和潜在需求量。细分市场规模的大小，应考虑其包含的人数和购买力达到值得企业实施一套独立的营销方案的要求。因此，细分市场应具备一定的发展潜力，具有足够的潜在销售额，以便企业制定长期稳定的市场营销战略，在所选细分市场上取得理想的效益。

4. 稳定性

这是指各细分市场的特征在一定时期内能够保持相对不变。细分市场变化快不利于企业制定长远营销战略方案。特别是对那些投资周期长转产慢的大中型企业，困难更大、风险更大。

(二) 市场细分的方法

企业的经营方向、经营规模、具体产品不同，采用的细分方法也必然存在差别。这种差别主要表现在选用细分因素的内容、数量和难易程度三个方面。可供企业采用的细分方法主要有：

1. 单一因素法

只选用一个因素对市场进行细分的方法称为单一因素法。如依据性别因素可将香烟、酒类市场细分为男性烟酒市场、女性烟酒市场。采用这种方法简单易行，对少数产品市场细分行之有效。但企业难以全面、深入地掌握细分市场的需求特征，且难以采取相应的营销策略。

2. 综合因素法

用两个或两个以上的因素，同时从多角度对市场进行细分的方法称综合因素法。因为某些产品市场上的消费者需求差别常常极为复杂，只有从多方面去分析、认识，才能更全面、更准确地将其区别为具有不同需求特点的消费者群。例如，某企业依据收入水平、家庭规模及职业，将房产市场细分为 36 个明显的细分市场，如图 7 - 2。

3. 序列因素法

运用两个或两个以上的因素，依据一定的顺序逐次对市场进行细分的方法称为序列因素法。也就是依据一定的顺序，一次又一次对市场进行细分，直到基本能区别不同消费者群的需求特征为止。例如某些企业对服装市场的细分，如图 7 - 3。

(三) 市场细分的程序

企业进行市场细分，大致可分为七个步骤：

1. 选择与确定营销目标

这是企业确定从事何种何类产品的生产经营，提供何种何类服务，即通常所说的"卖什么，干什么"。选择与确定营销目标是市场细分的基础。为此，企业要进行深入细致的市场调研，分析市场消费需求的动向，掌握影响企业营销目标的各种不可控制的因素，结合企业本身所具有的资源和能力，作出决策。

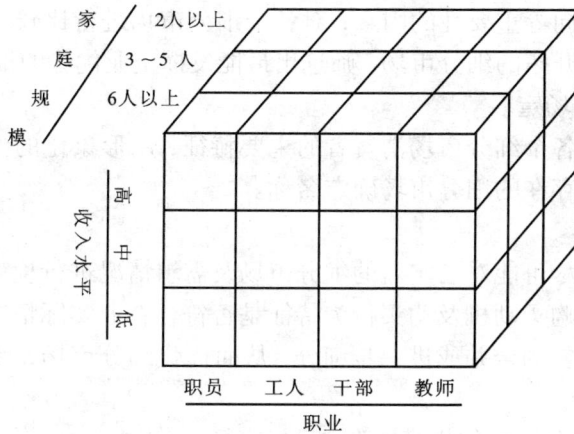

图 7 - 2　综合因素法细分市场

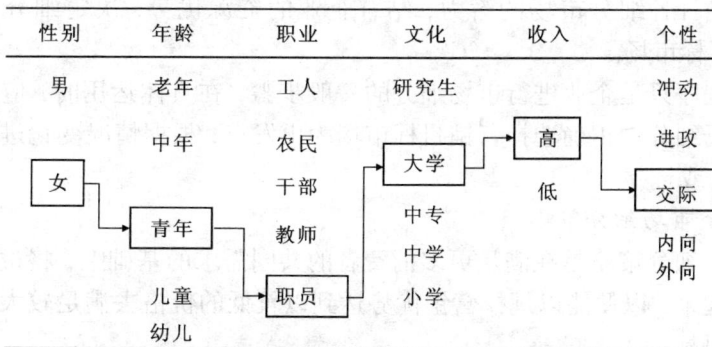

图 7 - 3　某企业对服装市场的细分

2. 根据市场细分的变量，列出消费者群（潜在顾客）的需求情况

消费者群是确定市场细分的依据。为此，企业要根据已选择与确定的营销目标，对市场上已经存在、刚开始出现或将要出现的消费需求，尽可能全面而详细地归类，以便针对消费者需求的差异性，决定市场细分的变量，描绘出细分市场的大致轮廓。

3. 初步细分

这是找出若干消费者作典型，分析消费者需求的具体内容，根据已经选定的细分变量，使用某种细分方法进行细分，将整体市场初步细分为大致具有不同需求特征的细分市场。

4. 筛选

这是确定各个细分市场的需求特征，结合企业的具体情况，剔除那些对各个细分市场具有同等重要性的因素，对各个细分市场进行比较，放弃那些无条件或不适宜企业开拓的细分市场，筛选出最能发挥企业优势的细分市场。

5. 为细分市场定名

这是指根据各个细分市场消费者的主要特征，用形象化的方法，为经过筛选后的各个可能存在的细分市场确定名称。

6. 检查

这是指企业尽可能对已定名的细分市场及需求情况进行检查，深入了解细分市场消费者的购买动机及购买行为特征是否符合企业实际情况，以便对各个细分市场进行必要的合并或进一步细分，从而优化细分市场，形成更有效益的目标市场。

7. 决定各细分市场的规模，选定目标市场

企业把各细分市场与人口的地理分布和其他有关消费者的特点联系起来，然后综合估计各细分市场的潜力，结合企业的资源优势，决定细分市场的规模，选定目标市场。

上述程序只是企业进行市场细分的一般步骤，在具体运用时，应以有利于企业在市场细分中正确选择营销目标市场为出发点，根据情况变化进行必要的简化、扩展或合并。

(四) 反市场细分策略

反市场细分策略是在满足更多消费者的共同需求的基础上，将过分狭小的市场合并起来，以便能以规模营销优势达到以较低的价格去满足较大市场的消费需求的目标。

市场细分是企业确定目标市场、制定营销战略的一个关键环节。从 20 世纪 50 年代开始，它一直是指导企业开展营销活动的重要理论基础。实行市场细分的必要性，并不是体现在将整体市场分得越多越好、越细越好。极端化的市场细分会导致企业商品种类增加、批量减少、库存扩大、成本上升、价格上涨，最终影响销量和营销效益。市场细分应以满足消费者差异性需求、发现市场机会、降低营销成本为目的。当企业市场细分过于狭小，难以达到上述目的时，则应考虑采用反市场细分策略。

实行反市场细分策略的出发点是基于许多消费者或用户的价值观、态度正在变化。某些产品虽然不能适应顾客的某种特殊需要，或者在经济增长、物价稳定时期不可能被接受，但在经济萧条、通货膨胀时期，由于顾客对购买所得与价格之间的关系更为敏感，为了减少支出，宁愿购买稍低于他们期望的产品。有时，在某一个时期，不同消费者群之间对某些产品喜好是不相同的，但在另一个时期，他们之间的喜好又趋于某种"一致化"。此时，继续采用市场细

分的方法不仅是多余的，也是有害的。例如，过去我国城乡青年在穿着用品方面存在着明显的"差异性"，现在，经过将近20年的改革开放，部分农村青年与城市青年之间的需求差异性已变得越来越小。在这种情况下，对一些在青年穿着用品市场营销的企业来说，实施反市场细分策略往往会取得较理想的营销效益。

　　一般来说，反市场细分策略的实施主要有两种方式：

　　（1）通过缩减产品线来减少细分市场。企业主动放弃较小或无利的细分市场，以集中资源力量搞好适合企业经营的细分市场的营销。这种方式适合于拥有较多产品线的企业。

　　（2）将几个较小的细分市场集合起来，形成较大的细分市场。企业将那些在消费需求特征上比较接近的细分市场合并起来，用相同或标准化的产品去满足其需求，以扩大产品的适销范围，降低过高的生产成本和推销费用。图 7 - 4 说明了 12 个单独的细分市场依据一定的协同作用可以重组为五个细分市场。

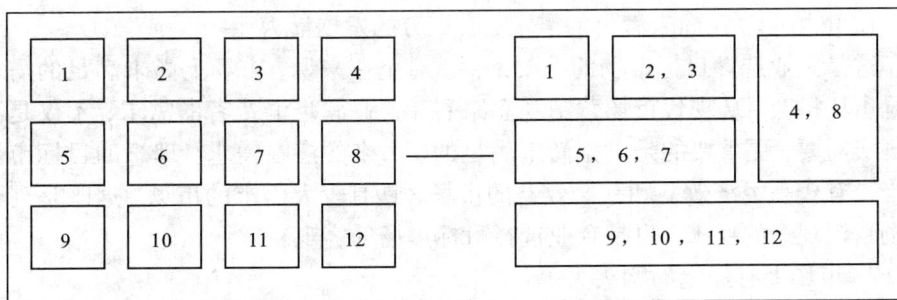

图 7 - 4　市场细分与反市场细分

第二节　目标市场

一、目标市场的概念及其选择

（一）目标市场的概念

　　企业在市场细分的基础上，根据自己的优势条件相应地选择一个或几个细分市场作为自己的营销对象，被选择的细分市场即为目标市场，也就是企业营销活动所要满足的市场，企业为实现预期目标要进入并为其服务的市场。

　　在市场营销活动中，任何企业都应选择和确定目标市场，因为，并非所有的环境机会对每个企业都具有同等的吸引力，或者说并不是每一个细分市场都是企业所愿意进入或能够进入的。实践证明，一个企业实力再雄厚也无法提供整体市场内所有消费者所需商品与劳务。就是说，企业在营销决策之前，必须确定具体的服务对象，即选定目标市场。这是一项十分重要的工作，直接关系企业营销的兴衰成败。准确的目标市场与科学的营销计划的有机结合，能使企业长年获得稳定增长的营销效益。

市场细分与确定目标市场既有联系又有区别。市场细分是根据消费者需求的差异性划分消费者群的过程；而确定目标市场则是企业选择一个或几个细分市场为营销对象的决策。选择目标市场有赖于市场的细分，是在市场细分化的基础上进行的。因此，市场细分是选择目标市场的前提和条件，而选择目标市场则是市场细分的目的和归宿。

（二）目标市场应具备的条件

企业该选择什么样的细分市场为目标市场？成功企业的经验证明，具备一定条件的细分市场才能选定为目标市场。

1. 市场上存在尚未满足的需求，有充分的发展潜力

这是企业选择目标市场的首要条件。对企业来说，市场上尚未满足的需求就是市场机会。从现代市场营销观念来看，企业满足消费者的需求，不仅是满足现实需要，更重要的是发掘尚未满足的、未来的潜在需求。理想的目标市场应当是有较高经济效益和社会效益的市场，具有较大需求的市场。这既是现代市场营销观念的要求，也是企业选择目标市场的客观要求。

2. 市场上有一定的购买力

对企业而言应有足够的销售量，这是选择目标市场的重要条件之一。因为，仅仅存在尚未满足的需求，不等于有购买力及足够的销售量。如果没有较高的购买力或购买力很低，则不能成为现实市场。例如，我国一些老少边穷地区，存在着很多的尚未满足的需求。但是，由于经济落后，人均收入不高，购买力较低，消费滞后，因而，有些高档商品还不能以这些地区作为目标市场。

3. 竞争者未完全控制的市场

企业选择目标市场不仅要求存在尚未满足的需求，具有较高的购买力，而且还要了解竞争对手是否完全控制了这个市场。一般而言，只有竞争者尚未完全控制这个市场，企业选择了才具有实际意义，否则，就毫无价值。倘若竞争者完全控制了这个市场，但是企业各种能力强，有条件赶上或超过竞争对手时，则也可充分发挥自己的优势挤占这个市场。

4. 企业有能力开拓的市场

前面所讲的是选择目标市场的外部客观条件。这里则是指选择目标市场企业本身的必备主观与客观条件。这些主客观条件主要是指企业的人力、物力、

财力及经营战略与经营管理水平状况等。如果企业的实力强，能进入此细分市场，并有能力开拓前进，才能以此细分市场作为自己的目标市场。

此外，企业还要考虑国家的政策与法令、社会环境、技术环境、竞争环境、文化环境、国际环境等营销环境，如对企业有利，则可选择该细分市场作为自己的目标市场。

（三）目标市场的范围

通常采用产品－市场矩阵图来确定企业目标市场的范围。若以 P 表示产品，M 表示市场，则有五种目标市场选择模式可供选择，如图 7－5。

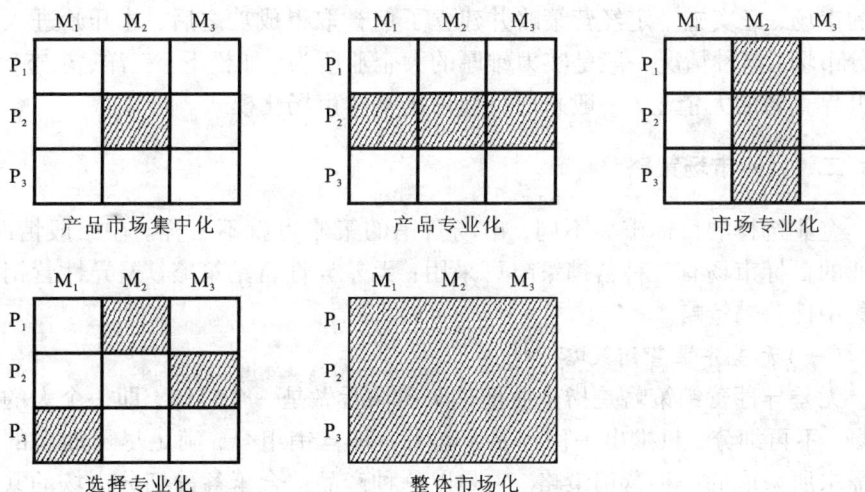

图 7－5 目标市场的选择模式

1. 产品市场集中化

这是指企业只生产或销售某种产品，只满足某一消费者群的需要。例如，生产企业专门生产药物牙膏，投入市场满足牙病消费者的需要。一般是较小的企业采取这种目标市场范围。

2. 产品专业化

这是指企业只生产或销售某种产品，满足各种不同消费者群的需要。例如，企业只生产或销售吊扇，既满足居民家庭生活消费，又满足单位办公室需要，还满足招待所的需要。

3. 市场专业化

这是指企业生产或销售各种产品，满足某消费者群的各种不同需要。例如，企业生产或销售台扇、吊扇和空调器等产品，满足某些宾馆对台扇、吊扇和空调器的需要。

4. 选择专业化

这是指企业生产或销售几种产品，同时进入几个不同的细分市场，满足不同消费者群的需要。例如，企业生产或销售吊扇满足居民家庭的需要，生产或销售台扇满足单位办公室的需要，生产或销售空调器满足宾馆的需要。

5. 目标市场整体市场化

这是指企业为所有消费者生产或销售各种产品，满足所有细分市场的需要。例如，企业生产或销售台扇、吊扇和空调器，同时满足居民家庭生活、单位办公室和宾馆的需要。一般来说，大多数企业是先通过一个细分市场进入新开辟的市场，经实施一定经营策略并建立了信誉取得成功之后，才开始进入其他细分市场。这种情况一般是实力雄厚的大企业所为。如松下、三洋、东芝、丰田等世界著名的大企业，一般采取目标市场整体市场化模式。

二、目标市场策略

企业选择的目标市场不同，市场营销的策略也就不一样。在一般情况下，企业的目标市场有三种营销策略可采用：无差异性营销策略、差异性营销策略和集中性营销策略。

（一）无差异性营销策略

无差异性营销策略是指企业把整个市场看做是一个整体，即一个大的目标市场，不再细分，只推出一种产品，运用一种营销组合，满足尽可能多的消费者需求所采取的一种营销策略。它是以一种产品适合于各种细分市场的共同需要为前提，通过推出一种产品，采用一种价格，使用相同的营销渠道，运用相同的广告设计和广告宣传来开拓市场。例如，美国可口可乐公司过去采用单一的瓶装、一种口味、单一广告主题即"真正可乐"，将产品推至全世界。再如，天津的"狗不理"包子，也是以一种配方和规格、一种口味和调料，不考虑消费者的不同口味，对酸、甜、苦、辣喜好的差别，只生产一种风味的包子，从而赢得了顾客的好评，久负盛名，长久不衰。无差异性营销策略的指导思想是把整个市场看作一个消费者需求完全相同的大目标市场，而不考虑消费者需求的差异性。无差异性营销策略适合于食盐、肥皂、火柴、食糖、煤炭等消费者需求差异不大的产品营销。

无差异性营销策略在以下两种情况下比较有效。一种是整体市场上的绝大部分消费者对产品有类似的要求。否则，面对有着不同需求的市场，如果企业运用无差异性营销策略就只能满足极少数消费者的需求。另一种是企业必须能制定并保持顾客满意的单一市场营销组合来满足顾客需求。

无差异性营销策略的最大优点和立论依据是成本的经济性。单一品种可以减少生产、储存、运输成本，单一的促销活动可以降低促销费用，无需进行市场细分可以节省市场调研开支等，因此可以降低产品成本。

采用无差异性市场营销策略的缺点是：细分市场的需求得不到满足。在市场竞争剧烈的情况下，企业不能获得较多的利润，只适用于顾客需求大致相同的少数产品，而对大多数产品来说是不适用的。同时，无差异性营销策略易于使其他竞争者加入而引起激烈的竞争，降低企业的市场占有率，减少利润，使企业不得不改变这一策略。"可口可乐"公司正是由于软饮料市场竞争激烈，特别是"百事可乐"激烈竞争而不得不放弃传统的无差异性营销策略。

(二) 差异性营销策略

差异性营销策略是指企业把整体市场划分为若干细分市场，并针对不同细分市场的需求特征，分别设计不同的产品和运用不同的营销组合，分别满足不同的细分市场上消费者需求所采取的一种营销策略。它是以市场细分之后的各细分市场为前提的，根据不同地区、不同收入水平和性别、年龄的差异性以及使用季节、使用时间等不同情况，相应设计、生产和销售不同规格、式样、花色及型号的产品。例如，福特汽车公司针对汽车市场中不同类型的消费者群，采用多种营销渠道以及多种广告形式来满足不同细分市场对汽车的需求。上海、天津等自行车厂，树立以消费者为中心的现代市场营销观念，按不同消费者的爱好和要求，分别设计生产轻便男车、轻便女车、赛车、山地车、调档车、加重车、载重车、小轮车、童车及彩车等，尽量满足各类消费者的需求。

实践证明，差异性营销策略能更好地满足不同消费者的需求，不断增加销售量，符合现代市场营销观念的要求。差异性营销策略被广泛应用，其客观基础是：①消费者需求的多样性和多变性，客观上要求企业采用这一策略满足其需求；②随着科学技术的发展，现代企业营销能力增强，有条件采用这一策略；③市场竞争激烈，新形势迫使企业采用这一策略，以利于在竞争激烈的市场中处于有利地位。

差异性营销策略的优点：企业能根据各个细分市场的特点，更好地适应和满足各种不同消费者的需求，从而扩大企业销售量；通过强有力的市场营销组合，同时在几个细分市场上占优势，有利于提高市场占有率，提高企业的声誉；企业把经营目标分散在不同的细分市场上，使自己在激烈的竞争中有较大的回旋余地，风险性较小。如康佳集团，在开发满足城市需要的多功能大屏幕彩电的同时，又积极适应农村市场需要，开发19英寸左右的功能相对简单，价格更便宜的彩电，使企业发展越来越兴旺。

差异性营销策略也存在一些缺点：一方面会增加企业的营销成本，包括生产成本、管理成本、促销成本。因为，生产经营多种产品的成本必然比单一产品成本高，同时要对不同细分市场分别进行营销研究、预测和销售分析，加上营销渠道和促销等方面的管理，这就必然会增加管理费用。又由于多种产品的库存管理成本总高于单一产品，它需要多种仓储设施及记录和稽核，所以库存成本会提高。此外，要针对各细分市场分别使用不同的广告媒体和广告设计，使用多种推销人员和营业推广的方式，因而也就增加了促销费用。另一方面它受企业资源的限制。具备一定财力、物力、技术力量和素质较高的管理人员的企业实行这种策略会带来利益，而力量较薄弱的小企业实行这种策略则有一定的难度。

采取差异性营销策略既可以增加销售量，又会增加营销成本。因此，企业是否采用此策略，要综合考虑，不仅要看它能否提高产品的销售量，还要考虑它给企业带来的利润是否大于其营销费用支出。如果市场分得过细，必要时，可考虑使用反细分策略，减少某些营销组合，以降低营销费用，提高营销效益。

（三）集中性营销策略

集中性营销策略是指企业在市场细分的基础上，选择一个或几个细分市场为目标市场，实行高度专业化的生产和销售，集中满足一个或几个细分市场消费者需求所采取的一种营销策略。无论是差异性营销策略还是无差异性营销策略，企业总是以追求整体市场为目标。而集中性营销策略，不是把力量分散在广大市场上，追求在较大市场上占有较小份额，而是把力量集中在某一个或几个目标市场上，实行专业化生产或销售，追求在较小的细分市场占有较大的市场份额。因为，对一个资源有限的企业来说，与其在一个大市场上占很小的份额，不如在一个或少数几个较小的目标市场上拥有较大的市场占有率，甚至于支配地位。一般来说，资源有限的中小型企业通常采用此策略。

集中性营销策略的优点：可以提高企业的知名度，提高产品的市场占有率，建立稳固的市场地位；可以准确地了解细分市场的需求特征，有针对性地采取营销手段，精心设计产品，加强服务，扩大销售，提高利润率；可以降低营销成本，从而提高企业的投资收益率。

集中性营销策略的缺点：企业要承担较大的风险。企业将一切资源置于某一个或少数几个细分市场上，目标市场较为狭窄。一旦市场发生变化时，企业就可能陷入困境。例如，当消费者兴趣转移时，企业目标市场的消费者就会减少，影响企业的销售量，导致企业亏损，甚至破产。尤其是时尚商品，更新换代频繁，消费者的兴趣与爱好变化快，风险性更大。另外，强大的竞争者进入市场，可能引起价格下降，影响企业的销售量、市场占有率和利润率，对企业产品在这一细分市场的前途构成威胁。企业往往因为没有回旋余地而陷入困境，甚至失败。因此，采用这一策略时，企业应密切注意目标市场的动向，并制定适当的应急措施，以求进可攻、退可守，进退自如，减少风险。

以上三种目标市场策略如图7－6所示。

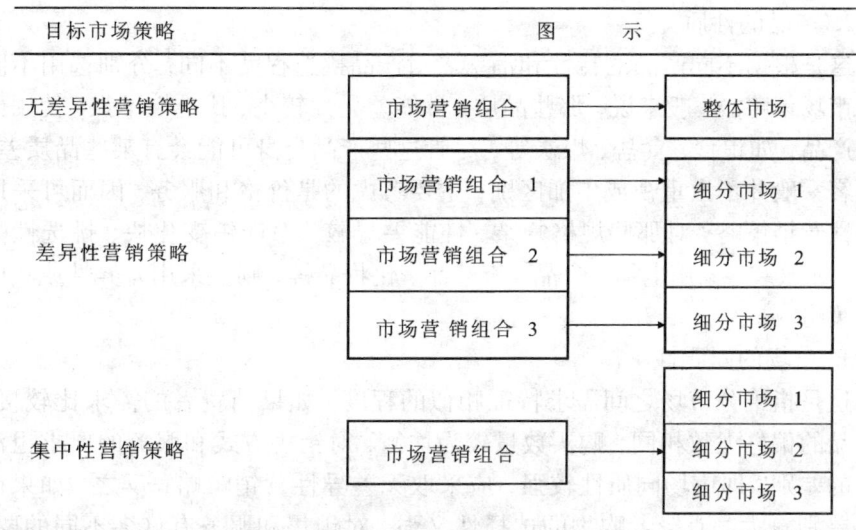

目标市场策略	图　　　示

无差异性营销策略　　　　　市场营销组合　→　整体市场

差异性营销策略
市场营销组合 1　→　细分市场 1
市场营销组合 2　→　细分市场 2
市场营 销组合 3　→　细分市场 3

集中性营销策略
细分市场 1
市场营销组合　→　细分市场 2
细分市场 3

图7－6　目标市场策略

（四）目标市场策略的选择

不同企业，由于营销观念不同，对待目标市场的态度不同，所采用的目标市场策略也不同。在生产观念指导下，企业从产品出发，把消费者看作具有同样需求的整体市场，大量生产或销售单一品种的产品，采用无差异性营销策略，力求降低成本和价格，企业之间的竞争，主要表现在价格上。消费者得到的只是品种单调的产品，需求不能得到很好的满足。在市场营销观念指导下，企业以消费者为中心，从消费者的利益出发，较多地采用差异性营销策略或集中性营销策略，有针对性地提供产品或服务，运用针对性的市场营销组合，力求满足不同消费者的不同需求。有时，企业也可能将两种策略综合运用，以便取得更好的营销效益。企业在具体的营销活动中，究竟采用哪种目标市场策略，不能随心所欲，而必须根据各种目标市场策略的利弊，全面考虑企业本身的条件、产品特点及市场发展趋势，有计划、有目的地加以选择。一般来说，企业选择目标市场策略至少应考虑下列因素：

1. 企业的资源

这是指企业的人力、物力、财力及其生产能力、科研能力、竞争能力、销售能力、管理能力等。如果企业资源情况好，实力雄厚，可采用无差异性营销策略或差异性营销策略；如果企业资源少、实力不足，无力拓展整体市场，则宁可采用集中性营销策略，进行风险性营销，或考虑产品专门化、市场专门化及选择专门化模式进行营销。

2. 产品的性质

这是根据不同产品的特性和消费者对产品挑选程度不同，分别选用不同的目标市场策略。一般来说，那些品质、性能差异性较小、挑选性不强，使用面较广的产品，如粮食、食盐、煤炭等，尽管这些产品自身可能会有某些品质差别，但顾客一般并不太重视或不加区别，主要考虑的是价格和服务，因而可采用无差异性营销策略；对那些规格复杂、性能差异较大、产销变化快、挑选性强的产品，如服装、家用电器、食品、工艺品、化妆品等，则宜采用差异性或集中性营销策略。

3. 市场的同质性

这是指细分市场之间需求特征相似的程度。如果消费者的需求比较接近，对商品的偏好大致相同，购买数量较为均衡，对销售方式和服务的要求也没有多大的差别，即市场同质性较强，应采取无差异性营销策略；反之，如果市场需求差别较大，消费者购物的选择性又强，对销售和服务有许多不同的要求，则宜采用差异性或集中性营销策略。

4. 产品寿命周期

这是指企业应随产品寿命周期的发展而变更目标市场策略。这种情况以引入期和成熟期尤为突出。当新产品刚刚进入市场，处于引入期时，产品还未被广大消费者所认识，品种规格也不多，宜采取无差异性营销策略，以探测市场需求与潜在顾客。当产品进入成熟期后，市场竞争加剧，就应当及时转向差异性营销策略，增加产品的花色、品种、式样，调整推销方式，不断开拓新的市场；或实行集中性营销策略，强调产品的差异性，更有针对性地适应消费者的需求变化，确立产品的特殊地位，保持原有市场，开拓新市场，以维持和延长产品寿命周期。

5. 市场竞争情况

这包括两方面的情况：一是竞争的数目和市场竞争的激烈程度。当竞争对手很多时，消费者对产品的品牌印象显得很重要，为了在不同的消费者群中树立本企业产品形象，建立有较高信誉的品牌形象，增强该产品的竞争力，宜采用差异性或集中性营销策略；在竞争者很少，本企业基本处于独家销售的情况下，消费者的需求只能以本企业产品得到满足，则无须采用差异性营销策略。当然，企业应立足于长远发展，仍应坚持以消费者为中心的市场营销观念，生产或销售更多的产品，力求满足广大消费者日益多样化的需求。二是竞争者的目标市场策略。企业选择哪种目标市场策略，还应根据竞争对手已采用的市场营销策略而定。如果一个强有力的竞争者实行无差异性营销策略，那么本企业可采用差异性营销策略以获得较好的效果；如果竞争者采用差异性营销策略，本企业可积极采用集中性营销策略，而不宜采用无差异性营销策略。总之，应因地制宜，灵活地选择最佳的目标市场策略，力争战胜竞争对手，提高企业的市场占有率，巩固自己的市场地位。

第三节　市场定位

一、市场定位的概念

目标市场确定以后，企业应着重考虑如何进入已经选定的目标市场。如果这是一个原来就已经存在的目标市场，其中已有其他竞争对手从事生产或销售，甚至这些竞争者在这个市场中已占据了"地盘"，那么摆在企业面前的课题就是市场定位问题。

市场定位是指企业根据消费者的需求和自身的情况，分析自己与竞争对手在目标市场上占有的地位，以便为本企业的产品确定一个有利的竞争位置和制定一套有效的市场营销策略。也就是说，市场定位是塑造一种产品在市场上的形象，这种形象取决于消费者或用户怎样认识这种产品。市场定位是企业有效地实施目标市场战略营销不可分割的一个重要步骤，它直接关系到企业能否最终开拓市场、占领市场、战胜竞争对手、夺取稳固的市场地位，求得进一步发展等一系列重要问题。成功的市场定位有助于企业成功开拓目标市场，是策划最佳市场营销组合策略的基础。

市场定位往往与产品和竞争相提并论，因此，市场定位、产品定位与竞争定位实质上是从不同角度看待同一问题。市场定位强调的是企业在满足市场需要方面，与竞争者比较，应当处于什么位置，使顾客产生何种印象和认识；产品定位是指产品属性而言，企业与竞争对手的现有产品，应在目标市场上各自处于什么位置；竞争定位则突出在目标市场上，和竞争者的产品相比较，企业应当提供何种特色的产品。

市场定位是通过为自己的产品创立鲜明的特色或个性，从而塑造出独特的市场形象来实现的。企业应当努力使自己的产品与市场营销组合在消费者心目中占据特定的位置，牢固树立优良形象。为此，企业不仅要努力创造富有特色产品实体，而且要根据特定消费者的心理特征，通过高效促销手段塑造与众不同的特殊形象。因此，实施市场定位的关键就是要选定本企业产品的特色和独特形象。

产品的特色和优良形象，可以从产品实体上表现出来，如形状、成分、构造、性能等；也可以从消费者心理上反映出来，如豪华、朴素、时髦、典雅等；还可以从价格水平、质量水平等方面得到体现。在具体实施市场定位时，要注意三点：首先，要研究消费者对于某种产品的属性的重视程度，如对实物属性的要求和心理方面的要求；其次，要看竞争对手提供何种产品给顾客，弄清他们在市场上的位置；再次，要了解消费者确实需要什么，找出在消费者心目中对这种产品的"理想点"位置。根据这些分析研究，从而选定本企业产品的特色与优良形象，以实现最佳市场定位。

二、市场定位的步骤

市场定位强调企业在满足市场需要方面，与竞争者比较，应当处于什么位置，使消费者产生何种印象并认识。其主要任务是通过集中企业的若干竞争优势，将自己与其他竞争者区别开来。因此，市场定位是一个企业在分析竞争形势的基础上，明确自身潜在的竞争优势，并显示独特竞争优势的过程。

（一）明确潜在的竞争优势

（1）目标市场上的竞争者及其产品如何？这是指竞争者的市场目标、财务目标、财务状况，竞争者的组织机构，竞争者的产品、技术优势与劣势，竞争者的营销情况等。

（2）目标市场消费者的需求情况及其欲望满足如何？准确地发现目标市场消费者的需求，掌握其欲望所在，确定目标消费者认为能够满足其需求与欲望的最主要的特征，是市场定位能否成功的关键。

（3）本企业能够为此做些什么？在采购、技术、设备、生产、财务、营销方面与竞争者相比较，本企业有哪些优势与劣势？

（二）选择相对的竞争优势

通过对竞争者、消费者、本企业三个方面多种因素的综合分析，就能确定企业现有的或者具备发展潜力的或者是可以通过努力创造的相对竞争优势，即企业在满足消费者的需要及欲望方面能够胜过竞争者的能力。

（三）显示独特的竞争优势

1. 建立与市场定位相一致的形象

①让目标消费者知道、了解和熟悉企业的市场定位。采取各种形式，积极主动而又巧妙、经常地与消费者沟通，以期引起他们对企业市场定位的注意和兴趣。②使目标消费者对企业的市场定位认同、喜欢和偏爱。认同是目标消费者对企业有关市场定位信息的接受和认可；喜欢则是一种对市场定位更为积极的情绪，是目标消费者在认同的基础上产生的一种心理上的愉悦感；偏爱则是

建立在喜欢的基础上目标消费者对市场定位的一种特别的感情。

2. 巩固与市场定位相一致的形象

①强化目标消费者对市场定位的印象。目标消费者对企业的市场定位及其形象的认识，是一个特殊的过程，即不断地由浅入深、由表及里和由偏到全的深化过程，有明显的阶段性。这就使得增进目标消费者认识，强化对企业的市场定位的印象，显得十分必要。②保持目标消费者对市场定位的了解。一个企业必须有较强应变能力，始终保持与相关环境之间的动态平衡。在这个过程中，尽管要保持企业的市场定位相对稳定，但构成其市场定位的相对优势在内容、形式上，也可能发生变动。只有促使目标消费者的认识与这些变化同步发展，始终保持他们对企业及其市场定位的了解，其形象才能巩固。③稳定目标消费者对市场定位的态度。目标消费者对市场定位的态度有一个形成过程，一旦形成将持续相当长的时间而不轻易改变。所以，树立形象后，还应不断向消费者提供新论据、新观点，证实其原有的认识和看法的正确性以支持企业的市场定位，防止目标消费者的态度向中间或反向转化。④加深目标消费者对市场定位的感情。目标消费者对企业及其市场定位的认识往往充满带有倾向性的鲜明的感情色彩。因此，正确引导目标消费者的感情倾向，增加其感情的色彩，提高其感情的效能，无疑会大大有利于企业市场定位及企业形象的巩固。

3. 矫正与市场定位不一致的形象

目标消费者对企业及其市场定位的理解并不完全一致，有时会有偏差，如定位过低或过高、定位模糊与混乱等，易在消费者中引起误会。企业在显示其独特的竞争优势的过程中，必须对市场定位不一致的形象加以矫正。

三、市场定位的策略

企业进行市场定位的策略很多，主要有以下三种：

（一）针锋相对式的定位

针锋相对式定位是指企业选择在目标市场上靠近于现有的竞争者或与其重合的市场位置定位，以夺取同样的目标消费者。这种定位实质上是直接同另一品牌竞争。例如，美国的"百事可乐"饮料与"可口可乐"饮料的竞争。它要求企业必须在产品质量、价格、包装、服务等方面有选择地进行改进，以保证产品在消费者心目中有一定的优势。

很明显，针锋相对式定位的策略具有较大风险性，弄不好会使企业在竞争中失利。但也有不少企业认为这是一种更能激励自己奋发上进的可行的定位方式。一旦成功就会取得巨大的市场优势。采用这种方式，企业必须全面考虑：①能否生产比竞争者质量更优或成本更低的产品；②该市场能否容纳两个或两个以上相互竞争的企业；③自己是否拥有比竞争者更多的资源；④这个定位是否符合本企业的声誉和能力优势等。

（二）填补空缺式的定位

填补空缺式的定位是指企业避开与竞争者直接对抗，将其位置定于某处市场的"空隙"，发展当前市场上没有的某种特色产品，开拓新的市场领域。例如，当市场上早有几种同类高档产品时，企业不必再去竞争开拓高档产品，可及时向同类中、低档产品方面发展。这种定位方式能使企业迅速地在市场站稳脚跟，较快地在消费者心目中树立起一种优良的新形象。这种定位方式一般风险较小，成功率较高，常常为许多中小企业所采用。实施这种定位，企业必须明确两点：一是定位的产品在技术上、经济上是否可行；二是有无足够的消费者对这种产品有偏好。

（三）另辟蹊径式的定位

另辟蹊径式定位是指企业对已经上市的产品实施再定位。也就是企业改变目标消费者对其原有的印象，使目标消费者对其建立新的认识。这种定位旨在摆脱困境，重新获得增长与活力。企业如发现原来的产品在消费者心目中不具特色，或者处于市场竞争不利地位，可以通过大众传播媒介传播信息，改变原产品给消费者留下的印象，调整产品在消费者心目中的位置。

例7-1　某企业发现在目标市场中，农用汽车购买者最关心的是车型的大小和速度。经市场调查研究了解到潜在消费者和经销商对竞争品这两方面的看法，如图7-7所示。

目标市场上现有A、B、C、D四个竞争者。竞争者A生产经营小而快的农用汽车；竞争者B生产经营中型中速农用汽车；竞争者C生产经营小中型低速农用汽车；竞争者D生产经营大型低速农用汽车。图中各圆圈的大小表示各个竞争者的销售量。在上述竞争者位置既定的情况下，该企业进入这一市场应寻找什么位置呢？一般来说有两种市场定位方式可供选择：

一是把位置定位于现有竞争者（如A）附近，与之争夺市场份额。这种选择需要具备如下条件：①要能够生产出优良的农用汽车，比竞争者A的更好；②这个市场比较大，足以容纳两个竞争者；③本企业比竞争者有更多的资源；④这一位置和企业的经营实力最相适应。

二是将产品定位于市场的空缺处，如图的左上方，即以大型快速农用汽车为本企业的市场定位，赢得这种车的消费者。这种选择需要具备如下条件：①技术上可行，即有能力生产经营大型快速农用汽车；②经济上可行，即在预期销售价格条件下，生产经营这种农用汽车，能获得合理利润；③有足够数量的潜在消费者愿意购买这种大型快速农用汽车。若这三项都确定了，则企业可以远离竞争者而开拓农用汽车新市场，并在这一细分市场上立即取得领导地位。

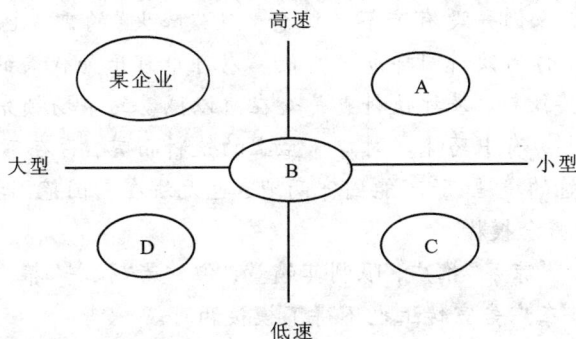

图7-7 农用汽车市场定位图

当选择与A企业竞争，可获得较多的利润而风险较小时，企业则要分析研究竞争者A的农用汽车，并设法创造出本企业农用汽车的特点，以吸引潜在的消费者群。例如，发挥不同的外形、式样、品质与价格等特色，加强自己的竞争地位。

企业一旦决定了自己的市场定位策略，就可以拟定详细的市场营销组合策略，针对既定的市场位置，从产品、价格、渠道和促销等方面满足目标市场上消费者的特别需要。如上例中，若企业决定生产经营大型高速农用汽车，就必须努力发展高品质特色，制定相应的价格，寻找服务优良、信誉卓著的中间商，开展适当的广告宣传等，在消费者心目中树立起良好的产品形象，有效地争取和吸引目标市场的消费者。

☞ **案例背景资料**

"王老吉"凉茶的市场定位

"王老吉"拥有凉茶始祖王老吉的品牌，却长着一副饮料化的面孔，让消费者觉得"它好像是凉茶，又好像是饮料"——这种认知混乱，阻碍了消费者对其接受的心理认知。在2002年以前，从表面看，王老吉是一个不错的品牌，销量稳定，盈利状况良好。但当企业发展到一定规模以后，其管理层发现，要把企业做大，必须克服一连串的问题，甚至连原本的一些优势，也成为发展的障碍。

当"凉茶"卖，还是当"饮料"卖？长期以来，"王老吉"是凉茶的代称，其口感偏甜，消费者感觉其"降火"药力不足。而公司的另一个主要销售区域浙南，消费者将"红色王老吉"与康师傅茶等饮料相提并论。究竟定位于凉茶还是饮料？是必须解决的问题。

1. 无法走出广东、浙南。

在两广以外，人们并没有凉茶的概念，且"降火"的需求已经被填补。作为凉茶困难重重，作为饮料同样危机四伏。以可口可乐为代表的碳酸饮料，以康师傅为代表的茶饮料、果汁饮料更是处在难以撼动的市场领先地位。而王老吉用草本植物熬制，有中药味。对口味至上的饮料而言，存在不小障碍，因此，面临一种极为尴尬的境地：既不能固守两地，也无法在全国范围推广。

2. 企业宣传概念模糊。

公司不愿意以"凉茶"推广，限制其销量，但作为"饮料"推广又没有找到合适的区域，因此，在广告宣传上也不得不模棱两可。

重新定位。2002 年年底，公司找到成美（广州）行销广告公司，想拍一条广告片来解决宣传的问题。可成美经过研究发现，王老吉的核心问题不是通过简单地拍广告可以解决的——关键是没有品牌定位。

调研分析。研究中发现，广东的消费者饮用红色王老吉的场合为烧烤、登山等活动，而在浙南，饮用场合主要集中在"外出就餐、聚会、家庭"，研究人员发现不少消费者对于"上火"的担忧比广东有过之而无不及，这也是研究需要关注的"唯一的事实"。消费者的认知和购买消费行为均表明，对红色王老吉并无"治疗"要求，真实动机是用于"预防上火"。

再进一步研究消费者对竞争对手的看法，则发现一些竞争者没有进行品牌推广，仅仅是低价渗透市场，并未占据"预防上火"的饮料的定位。因此，品牌定位——"预防上火的饮料"，"喝红色王老吉能预防上火"定位益处。一是由于"上火"是一个全国性中医概念，而不再像"凉茶"那样局限于两广地区，为其走向全国扫除了障碍。二是将产品的劣势转化为优势。中药味是成功转变为"预防上火"的有力支撑；3.5 元的零售价格，因为"预防上火的功能"，不再"高不可攀"。

3. 广告传播。

推广主题"怕上火，喝王老吉"，在传播上尽量凸现作为饮料的性质。

在媒体选择上主要锁定覆盖全国的中央电视台，并结合原有销售区域的强势地方媒体，在 2003 年短短几个月，一举投入 4 000 多万元，销量迅速提升。2004 年购买了中央电视台黄金广告时段，使其在短期内迅速进入人们的头脑。

在地面推广上，除了在传统渠道的 POP 广告外，配合餐饮新渠道的开拓，为餐饮渠道设计布置了大量的终端物料。在传播内容选择上，集中宣传一个信息："怕上火，喝王老吉。"

这种诉求直观明确的广告运动，直击消费者需求，迅速地拉动了销售，并建立起独特而长期的定位。

王老吉的巨大成功，根本原因在于发现了产品的特性，成功地完成了品牌定位。至2006年，其销售已超过35亿元，差不多是2002年1.8亿元的20倍。

[案例思考题]

1. 王老吉的市场定位依据是什么？
2. 王老吉的市场定位策略是什么？
3. 王老吉的成功给我们带来什么样的启示？

本章小结

1. 企业进入市场有大量市场营销、产品差异性市场营销和目标市场营销三种方法。市场营销的关键是进行市场细分、选择目标市场和进行市场定位。市场细分是选择目标市场的基础和前提。

2. 市场细分是根据消费者需求的差异性，将整体市场划分为具有不同需求特征的不同消费者群的行为。进行市场细分的客观依据是商品经济内在矛盾的发展和消费者需要、动机、购买行为的差异性。市场细分对企业更好地满足消费者需求，发现市场机会，开拓新市场，合理使用资源，提高营销效益，调整营销策略等具有重要作用。

3. 市场细分必须依据一定的变量进行。消费者市场细分的变量主要有地理因素、人口因素、心理因素和行为因素。产业市场主要依据最终用户、用户规模、用户地理位置等进行细分。企业具体使用哪些因素细分市场，要视具体情况而定。一般情况下，需要将多种细分变量组合在一起作为市场细分的依据。

4. 市场细分必须遵循一定原则，按照一定程序，使用一定方法进行。细分的原则是可衡量性、可进入性、实效性和稳定性。细分的程序一般是"七步法"。细分的方法有单一因素法、综合因素法和序列因素法。

5. 市场细分不宜过于狭小。当企业市场细分难以达到满足消费差异性需求、发现市场机会、降低营销成本的目的时，企业应适时地采取减少细分市场数目的反市场细分策略。

6. 目标市场是企业在市场细分的基础上决定进入并为其服务的市场。在市场营销活动中，任何企业都应选择和确定目标市场。市场上存在尚未满足的需求、有一定的购买力、竞争者未完全控制市场、企业有能力经营等是企业选择目标市场的必备条件。

7. 以市场细分为基础选择目标市场的范围有五种：产品市场集中化、产品专业化、市场专业化、选择专业化和整体市场化。

8. 企业的目标市场策略主要有三种：无差异性营销策略、差异性营销策略和集中性营销策略。无论哪些策略，均有其优点与不足。企业应在全面考虑企业的资源、产品的性质、市场的同质性、产品寿命周期、市场竞争情况等因素的基础上加以选择。

9. 市场定位是企业根据消费者的需求和自身的情况，分析自己与竞争对手在目标市场上占有的地位，以便为本企业的产品确定一个有利的竞争位置和制定一套有效的市场营销策略。成功的市场定位有助于企业成功开拓目标市场，是策划最佳市场营销组合策略的基础。市场定位是一个企业在分析竞争形势的基础上，明确自身潜在的竞争优势，并显示独特竞争优势的过程。市场定位的策略主要有：针锋相对式定位、填补空缺式定位和另辟蹊径式定位等三种。

思考题

1. 简述市场细分的概念及其产生和发展过程。
2. 市场细分的作用和依据有哪些？
3. 什么是目标市场？选择目标市场的条件有哪些？
4. 试比较目标市场的策略。
5. 选择目标市场策略应考虑哪些因素？
6. 简述市场定位的策略。

第三篇　策略篇

第八章　市场营销组合

　　企业在市场细分基础上，通过对各个细分市场的分析和评价，选择并确定了目标市场。要满足目标市场上顾客的需要，必须设计市场营销策略组合，全面满足目标市场顾客对产品、价格、渠道、促销信息等的需求。市场营销组合是市场营销理论体系中一个很重要的概念，是企业为取得最佳的市场营销效果而对可以控制的营销手段的综合运用过程。企业可以控制的营销手段很多，概括为四类基本变量，即产品（product）、价格（price）、渠道（place）和促销（promotion）。而服务市场营销的组合变量在4P基础上还应该增加入（people）、有形展示（physical evidence）和过程（process）三个P，构成服务营销的7P组合。4C、4R和不同领域里的营销组合是对传统营销组合理论的创新，它们更为重视顾客及各方面关系的稳定。

第一节　市场营销组合概述

一、市场营销组合的概念及因素

　　（一）市场营销组合的概念

　　市场营销组合是市场营销理论体系中一个很重要的概念，是指企业为达到自己的经营目标并取得最佳的经济效益而针对选定的目标市场综合运用各种可能的市场营销策略和手段，组合成一个系统化的整体策略的过程。简而言之，市场营销组合就是企业为取得最佳的市场营销效果而对可以控制的营销手段的综合运用过程。

　　市场营销组合这一概念是由美国哈佛大学的尼尔·恩·博登教授于1964年首先提出来的，此后受到学术界和企业界的普遍重视和广泛运用。

　　（二）市场营销组合因素

　　市场营销组合是对企业可以控制的营销手段的综合运用，而企业可以控制的营销手段很多。美国伊·杰·麦克塞教授通过对规模不同、行业各异的企业面对的问题逐一分析，概括出四类基本变量，即产品（product）、价格（price）、渠道（place）和促销（promotion）。由于这四个变量英文的第一个字母均为P，所以简称为"4P"。

1. 产品

产品是为目标市场而开发的有形物质产品和各种相关服务的统一体。具体而言，产品包括核心产品、形式产品和附加产品三个层次。其中，核心产品是指产品的基本效用或功能，是顾客选购产品首先考虑的因素。形式产品则是产品的有形部分，是核心产品在市场上出现的面貌，是核心产品的表现形式，包括品质、品牌、商标、包装、颜色、规格、型号等特性。附加产品则是与产品的购买、使用相关的附加服务，包括送货、安装、调试、维修、保证、技术培训和信贷等。产品的核心问题是如何满足顾客的需要。为此，企业必须从产品的三个层次进行具体分析，确定产品的属性及相关服务的特色，以更好地满足目标顾客的需要。

2. 价格

一定的产品需要相适应的价格的配合，才能更好地销售。因此，定价要审慎从事，必须考虑目标市场上的竞争状况、法律政策限制、顾客对价格的可能反应，同时也要考虑折扣、折让、支付期限、信用条件等相关问题，以便确定一种有吸引力的价格。可以说，价格得不到顾客的认可，市场营销组合的各种努力都是徒劳的。当然，这种价格也应能为企业创造满意的利润水平。

3. 渠道

渠道也称为分销，是指企业使其产品进入目标市场达到目标顾客手中的各种途径及活动。包括渠道类型的确定、中间商的选择、仓储与运输的安排及整个分销渠道系统的管理等，其重点是使产品由合适的人在适当的地点和时间供应给目标顾客。

4. 促销

促销是指企业利用各种信息载体与目标市场进行沟通以促进销售的各种活动，包括人员推销、营业推广、广告、公共关系与宣传报道等。其中，营业推广、广告、公共关系与宣传报道属于非人员促销的形式。促销就是要利用上述人员或非人员的方式，将有关企业产品或劳务的信息传达给目标市场，以刺激、启发、引导顾客产生购买的欲望，采取购买行动，从而达到推广和销售的目的。

以上市场营销组合的四大基本变量，在动态的市场营销环境中，相互依存、相互制约。虽然它们单独说来都是重要的，但真正重要的意义在于它们因势而异的配套组合，也就是它们结合起来的独特方式。也正是它们结合起来的独特方式，使每一个企业的市场营销战略和战术成为一种独特的战略和战术。在现代企业的实践活动中，围绕4P建立企业的市场营销战略已愈加成熟并成为一种模式化的决策方法，即首先开发出一种能够满足目标市场需求的产品，确定合适的价格，然后寻找一条途径使产品顺利地到达目标顾客手中，接着去促销，告诉目标顾客有关产品的信息，并劝说他们购买，从而实现企业营销的目的。

例8-1　　美国麦克唐纳公司是举世公认发展迅速的快餐连锁企业。专家们认为，麦克唐纳公司的巨大成功，关键在于他们采用了结构良好的市场营销组合，在整体上满足了消费者的需要，如表8-1。

表8-1　麦克唐纳公司的市场营销组合

产品策略	标准的、稳定的、高质量的产品　服务时间长、服务速度快
价格策略	低价政策
渠道策略	营业场所选在顾客密集区域——无论市区或郊区，组织特许连锁经营，扩展新店
促销策略	强有力的广告宣传，广告媒介以电视为主，内容针对年轻人的口味

二、市场营销组合的特点

（一）可控性

市场营销组合的四大因素是企业可以控制的。企业可以根据目标市场的需要，决定生产经营什么产品，给产品选择什么分销渠道，决定产品的销售价格，选择广告宣传手段等。营销组合的可控性决定了营销组合的可能性，倘若企业不能主动控制这些因素，就无营销组合可言。但是，营销组合不是企业可随意决定的，它受到市场营销环境的制约和影响。市场营销环境包括政治法律环境、经济环境、社会文化环境、科学技术环境、自然环境等，它们是企业不能控制的。企业的营销组合只有与外部环境的变化发展相适应，才能收到预期的效果。因此，制定营销组合必须以深入细致的市场调研为基础，充分掌握市场营销环境变化态势及目标市场的需求特点。只有根据市场营销环境变化和目标市场需要制定的营销组合，才是最优组合，如图8-1所示。

（二）动态性

市场营销组合不是固定不变的静态组合，而是变化无穷的动态组合。因为市场营销组合是多个营销因素的组合，这些因素受到内部条件和外部环境变化的影响，经常处于变化之中。在营销组合中，任一因素的变化必然导致组合的变化，出现新的组合。在环境千变万化、需求瞬息万变的市场上，为适应市场环境和消费需求的变化，企业必须随时调整营销组合因素，使营销组合与市场环境保持一种动态的适应关系。

例8-2　　英国一家规模不大的涂料制造商，在分析研究了室内装修市场的状况后，选定低收入的租住公寓的青年夫妇作为它的目标顾客，它的市场营销组合的战略决策和战术决策如表 8 - 2。

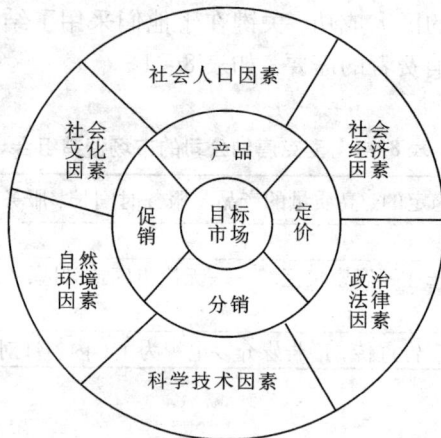

图 8 - 1　影响市场营销活动因素示意图

表 8 - 2　市场营销组合的战略决策与战术决策

市场营销组合	战略决策	战术决策
产品策略	颜色和包装规格只限于目标顾客需要一类	随顾客偏好增减颜色和包装规格
渠道策略	目标顾客居住和日常采购区域内的每一家零售店	发现该区内新开业商店立即争取订货
促销策略	宣传"价格低廉"和"质量满意"	更换宣传材料、广告媒体创造新鲜感
价格策略	一次性低价，不附加折让的单一价格	不追随其他涂料制造企业降价

（三）复合性

市场营销组合首先是产品、价格、渠道和促销四大因素的组合，其次四大因素中每个因素又包括许多子因素，形成次组合。例如促销就是由广告、人员推销、营业推广和公共关系等基本因素构成的，企业根据整体组合的目标和要求，对广告、人员推销、营业推广和公共关系等因素进行选择编配，使这些因素相互配合而形成促销组合。在促销组合中，广告又包括广告目标、广告媒体、广告预算和广告主题等因素，它们共同构成广告组合。在广告媒体中，企业可能根据广告目标要求，对报纸、杂志、广播、电视等媒体进行不同的选配，从而形成广告媒体组合，如此类推。可见营销组合是一个多层次的组合，具有复合性特点，如图8－2。

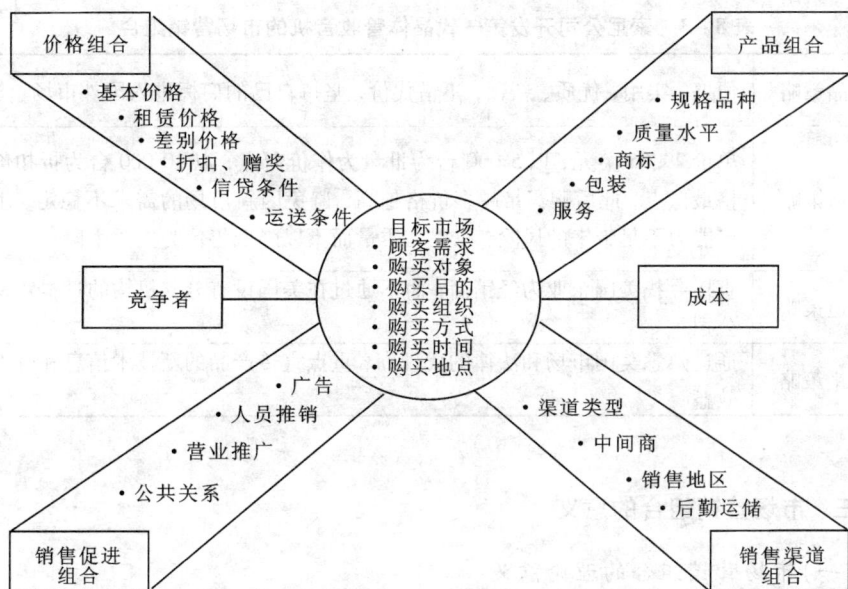

图8－2 市场营销组合复合性示意图

（四）整体性

营销组合是企业根据营销目标制定的整体策略，它要求企业市场营销的各个因素协调配合，一致行动，发挥整体功能，获得 $1+1+1+1>4$ 的效果。如果不注意整体协调，让各因素各自发挥作用，有些功能就会相互抵消。而在组合条件下，各因素相互补充，协调配合，目标统一，形成一种合力，其整体功能必然大于单项因素功能之和。因此，在制定和调整营销组合时，要追求整体最优，而不能要求各个因素同时最优，各层次的组合也必须服从整体组合的目标和要求，以维护营销组合的整体性。如企业根据目标市场的需要设计生产一种品质上乘的产品，那么，产品的价格必须与产品的品质相适应，分销渠道又必须与产品品质和价格一致，促销活动则必须适应产品品质、价格和分销渠道的要求，这样才能使四个因素密切配合起来，形成整体策略，从而增强营销效果。

例8－3 日本索尼公司是世界上著名的家用电器制造企业。同许多成功的日本企业一样，该公司十分注重市场营销战略，能够根据顾客的需要和竞争者策略，调整其市场营销组合。该公司在 20 世纪 50 年代中期率先开发出第一代晶体管收音机，并以就业率高、乐于尝试新事物的美国为主要目标市场。该公司副总裁盛田昭夫当时的市场营销策略如表 8 - 3。

表 8 - 3　索尼公司开发第一代晶体管收音机的市场营销组合

产品策略	便携、实用、优质、新颖，不惜代价，坚持自己的商标进入国外市场
价格策略	单价 29.95 美元，以 5 000 台为批量为作价起点，以 10 000 台为折扣价格最低点，此后购买量越多价格越高，避免因新市场的需求不稳定、生产能力不足带来的风险，以提高质量而不以降低售价为主要手段
渠道策略	直接寻找美国企业为经销商，而不通过在美国设有分支机构的日本贸易公司
促销策略	通过熟悉美国市场和法律的代理商，重点宣传产品的新技术信息和巨大效益

三、市场营销组合的意义

(一)市场营销组合的理论意义

市场营销组合的概念出现于 20 世纪 60 年代中期，此后不断完善，对市场营销学这门学科的发展具有重要的意义。在此之前，市场营销学研究的重点是各种概念术语的推敲、理论体系的构建。那时的市场营销学还不能真正起到指导企业实践的作用。

市场营销组合概念为市场营销学注入了强烈的"管理导向"思想，并成为整个营销学理论体系的中坚和主要内容之一，营销学从此有了明确的任务，即面向企业管理，着重研究企业市场营销管理工作中的各项战略和决策。近 20 多年来，市场营销学的内容、体系、结构不断更新和完善，但"4P"的研究格局基本未被突破，其他各种新的组合策略研究，都是由"4P"派生的。决策研究法已定型为研究市场营销问题的主要方法。

(二)市场营销组合的实践意义

在企业营销实践方面，市场营销组合起到了提供系统管理的工具和简化决策程序的双重作用，具体表现在：

1. 市场营销组合是制定企业市场营销战略的基础

企业营销战略对企业发展具有十分重要的意义，它是企业为实现其长期营销目标而设计的行动规划，主要由营销目标与营销组合诸因素构成。通常企业根据其发展战略确定营销目标，在营销目标指导下确定营销组合。事实上，企业营销目标只有建立在满足顾客需要的基础上才能实现。为此，企业除了调查了解顾客需要，根据顾客需要的特点对市场进行细分，在考虑企业资源条件的基础上确定企业营销对象外，还须针对目标顾客的需求确定适当的营销组合，使企业市场营销的各个因素符合目标顾客的需要，互相配合，共同发挥作用，最大限度地满足顾客需要，从而最有效地实现企业营销目标。

例 8 - 4　20 世纪 70 年代末，日本电视机厂商为了开拓中国市场，根据中国市场需求的特点，运用市场营销组合理论，制定了一套较完整的营销战略方案：

(1)产品策略。为了使日本电视机适合中国市场的需要，日本电视机厂商决定作如下调整：①将电压改为 220 伏；②在电视机上安装稳压装置；③适应中国电视频道情况；④电视机耗电量要低，音量却要大；⑤根据中国居民住房情况，应以 12 英寸和 14 英寸电视机为主；⑥要提供质量保证和修理服务。

(2)分销策略。由于当时没有中国国有企业作为正式渠道，故①由港澳国货公司和代理商推销；②通过港澳中国人携带进入内地；③由日本厂商用货柜车直接运到广州流花宾馆发货。

(3)价格策略。考虑当时中国尚无外国电视机的竞争，且日本电视机当时比中国国产电视机质量好，估计把价格订得比中国国产电视机价格稍高，人们也会乐意购买，于是定价高于中国国产同类电视机几十元人民币。

(4)促销策略。由日本代理商利用以下形式进行广告宣传：①在香港电视台展开广告攻势，使香港居民家喻户晓，再借香港居民之口向内地宣传；②在中国内地人能够看到的香港《大公报》、《文汇报》等报刊上大量刊登广告；③提供日本电视机有关选购、使用和维修知识的资料特稿，使人看后感到日本电视机最好使用，又便于维修。

通过上述针对性极强的市场营销组合策略，日本电视机成功地打入了中国市场，并在中国市场上畅销，从而实现了日本电视机厂商开拓并占领中国市场的预想。

2. 市场营销组合是企业进行竞争、赢得优势的有力手段

市场营销组合是市场竞争策略的重要内容，成功的市场竞争策略是企业在顾客分析、竞争者分析、企业资源分析的基础上，确定企业的竞争策略，依据竞争策略制定相应的营销组合，使企业提供的产品和服务比竞争对手更适合消费者需要，赢得市场竞争的胜利。任何企业的资源都是有限的，竞争对手之间，无论实力大小，都各有其优势和劣势，根据企业资源条件和优势、市场环境的

变化和市场竞争格局以及产品和市场的特点，巧妙灵活地运用营销组合的各个因素，既突出重点，又有整体配合，就能在市场竞争中克敌制胜。

3. 市场营销组合是协调企业内部力量的纽带

市场营销组合就是整体营销，它不仅要求营销组合诸因素的协调配合，还要求企业内部各部门要以消费者为中心，协调行动，共同为满足顾客的需要而努力。在以生产为中心的企业中，企业内部各部门独立地履行自己的职能，从自身的业务出发，运用某种营销手段，以求达到某种目的。例如，生产部门重视降低成本、提高劳动效率，原料采购部门力求降低原材料成本，销售部门追求最大的销售量，财务部门尽量避免呆账等，这些措施或多或少地影响着消费者需求。由于缺乏统一的协调，没有一个部门真正关心顾客需求是否得到满足。在以顾客为中心的企业中，由于以市场营销组合观念为指导，市场营销部门担负着协调企业各部门活动的任务，在市场营销部门的协调下，各部门之间分工协作，形成一个统一的整体，发挥各部门在满足顾客需要中的作用。

4. 市场营销组合有利于合理分配企业的营销预算费用

企业在总的营销预算确定以后，如何在各部门之间进行分配，这是一个较复杂的问题。因为企业各职能部门都强调自己职能的重要性，都力争较多的费用以开展自己的活动，从而影响企业整体营销效益。在贯彻现代市场营销观念的企业中，就可以运用市场营销组合作为分配营销预算费用的依据，即企业先根据产品与市场特点，选择营销因素，设计多种组合，从中选出最佳组合方案，然后以这一最佳组合方案所涉及的营销费用在各职能部门进行合理分配，使问题得到合理的解决。

第二节　大市场营销及服务营销组合

一、大市场营销

(一)大市场营销的含义

大市场营销是指企业为了成功地进入特定市场，并在那里从事业务经营，在策略上协调地使用经济的、心理的、政治的和公共关系的手段等，以争取外国或当地各有关方面的合作和支持。这一概念是菲利普·科特勒于1984年首先提出来的。

大市场营销实质上是企业进入特定市场所实施的特殊的市场营销策略。所谓特定市场是指进入屏障极高的封闭型或保护型市场。在一般市场上，进入屏障主要来自顾客、资本、规模经济、专利、原材料、场地、经销商、信誉等。在特定市场上，进入屏障还包括歧视性法律与政策规定、垄断协定、社会偏见和文化偏见、不友好的分销渠道、拒绝合作的态度等来自社会的较广泛的不利因素。在这种特定市场上，设置屏障的既得利益集团，往往可以得到政府立法部门和管理部门、劳工组织、银行和其他组织的支持。他们极力把市场封闭起来，阻止其他竞争者进入。这种情况在国内市场有，在国际市场更为常见，贸易保护主义的回潮和政府干预的加强就是明显的例证。

对于进入屏障极高的特定市场，企业营销面临的最首要、最棘手的问题，是如何冲破或减少屏障，打开市场之门并进入市场。要解决这一问题，仅靠常规的市场营销手段即4P的组合显然难以奏效，必须采用更广泛的营销手段。正如科特勒所指出的那样，必须在策略上综合地利用经济的、心理的、政治的和公共关系的手段等，以谋求某些关键人物和部门的合作，使市场营销活动能够顺利开展。

（二）大市场营销的特点

大市场营销是一般市场营销的深化和发展，与一般市场营销相比，具有以下特点：

1. 大市场营销的目的是打开市场之门，进入市场

在一般市场营销活动中，对于某一产品来说，市场已经存在，企业面临的首要问题是了解市场对这种产品需要的特点，以便根据市场需求特点开展有针对性的营销活动，满足市场需要，实现企业经营目标。在大市场营销条件下，企业面临的首要问题是如何进入市场。企业开展大市场营销的目的是影响和改变社会公众、顾客、中间商等企业营销活动对象的态度和习惯，从而打开市场之门，进入市场。

2. 大市场营销涉及的方面比较广泛

在一般市场营销活动中，企业营销主要与顾客、经销商、广告代理商、资源供应者、市场研究机构发生联系。在大市场营销条件下，企业营销活动除了与上述方面发生联系外，还涉及更为广泛的社会集团和个人，如立法机构、政府部门、政党、社会团体、工会、宗教等，企业必须争取各方面的支持与协助。

3. 大市场营销的手段较为复杂

在一般市场营销活动中，市场营销的基本手段是4P及其组合。在大市场营销条件下，企业除运用4P外，还必须增加运用两个P——权力（power）和公共关系（public relations），企业的营销组合是6P组合。

（1）权力。在开展大市场营销时，为了进入特定市场，必须找到有权打开市场之门的人，这些人可能是具有影响力的企业高层管理人员、立法部门或政府部门的官员等。营销人员要有高超的游说本领和谈判技巧，以便能使这些

“守门人”采取积极合作的态度，达到预期目的。

（2）公共关系。权力是推的策略，公共关系则是拉的策略。单纯靠权力，有时难以使企业进入市场并巩固其在市场上的地位，而通过各种公共关系活动，逐渐在公众中树立起良好的企业和产品形象，往往能收到更广泛更持久的效果。

例8－5　日本八百伴集团在20世纪60年代初有意进入新加坡，公司派人到新加坡进行市场调查，得到的结论是不宜进入该市场。因为“二战”中日本军人在新加坡的暴行，使当地居民的反日情绪很高，所以在新加坡的许多日本公司都纷纷撤出。公司创始人和田一夫针对这一情况，制定了相应的营销计划。他亲自前往新加坡，一下飞机就到新加坡的抗日战争纪念碑前敬献花圈，声称自己是来赎罪的，并以此为主题开展了一系列公共关系活动。在经营上采取与当地企业联营的形式，当地资本占55％，公司资本占45％，从而化解了公众的敌对情绪，打开了市场。

4. 大市场营销既采用积极的诱导方式，也采用消极的诱导方式

一般市场营销活动中，交易各方遵循自愿、互利的原则，通常以积极的诱导方式促成交易。在大市场营销条件下，对方可能提出超出合理范围的要求，或者根本不接受积极的诱导方式。因此，有时要采用消极的诱导方式，“软硬兼施”，促成交易。《日本经济飞跃的秘诀》大量披露了日本企业如何在国际市场上运用种种手段，帮助日本从一个战败国走向现代化经济大国的事实。手段之一就是向美国进口商提供秘密回扣，使倾销得以实现，从而把美国的厂商从市场上扫地出门，或予以吞并。早在1963年，日本几家电视机生产厂家共同制定了“控制价格”，即最低出口价格。但由于美国企业采取了降低利润，提高劳动生产率，向海外订购部分廉价组件等对策，使日本的“控制价格”还不足以摧毁美国的电视机产业。要把美国企业挤出市场，还得把价格订得更低，但又不能因此触犯反倾销法。于是，日本企业决定采用提供回扣的办法：在美国海关申报时，报“最低出口价”，私下里则把最低出口价与实际倾销价的差额部分作为回扣提供给美国进口商。这样，日本人很快找到了美国最大的零售经销网——西亚兹公司。由于日本产品价格低廉，销量甚大，更主要的是零售商能得到大笔回扣，西亚兹逐步扩大了对三洋、东芝的购买量。后来，同意接受日本倾销电视机的美国零售商竟多达80多家。而过去一直把大部分产品交给西亚兹包销的美国厂商沃维克公司，销量日益减少，它的资产终于以破产价格被三洋公司接收了。

5. 大市场营销投入的资本、人力、时间较多

在大市场营销条件下，由于要与多方面打交道，逐步消除或减少各种屏障，企业必须投入较多的人力和时间，付出更大的代价。

（三）大市场营销的意义

大市场营销概念的提出，开阔了营销人员的视野，丰富了营销手段和方法，对企业市场营销具有较为深远的意义。

1. 有利于企业全面处理好各方面的关系

企业市场营销活动有多个参与者，它们是顾客、资源供应商、经销商、竞争者、大众传播媒体，以及包括融资、政府、立法机构、民间社团等在内的公众。企业营销效果的好坏，一方面取决于其营销组合是否适应市场需要，其产品和服务是否为顾客所接受；另一方面也取决于它与自己营销活动的各个参与者的协调状况。企业必须处理好各方面的关系，取得各方面的支持和协助，才能实现满足市场需要的目的。在大市场营销中，由于企业的阻力不是首先来自顾客，而是来自其他营销活动的参与者，企业必须首先协调与这些参与者的关系，才能顺利开展营销活动。这就大大加深了企业对处理好各方面关系的认识，使企业充分意识到树立良好的企业形象和产品形象，取得顾客和各方面公众对企业的信任和支持，对企业实现营销目标具有十分重要的意义。

2. 打破了关于外部环境因素完全不可控制的传统观念

传统观念认为企业进行营销活动时对于产品、价格、分销渠道、促销是可以控制的，是由企业自行选择确定的，而对于政治、法律等影响企业市场营销的外部力量即环境因素是完全不可控制的，企业只能被动地适应它们。大市场营销概念的提出，打破了这一传统认识。在大市场营销中，某些环境因素可以通过企业的各种活动加以影响和改变，如政治、法律方面的活动。因此，企业不能对环境因素作被动的适应，而应采取积极的态度，在适应中影响环境、改变环境。

3. 有利于加深企业对市场营销的理解

传统的观念认为，需求引起供给，企业市场营销的职责就是满足市场需要，市场营销对市场需求是一种被动的适应关系。但在大市场营销条件下，由于某些社会和文化偏见，最初市场并不欢迎某种产品，但经过有效的大市场营销活动，市场转变了对这种产品的态度，接受了这种产品。这给企业如下启示：市场营销与市场需求之间并不是一种被动的适应关系，市场营销是传递和创造生活标准给社会，它对市场需求有积极的引导作用。因此，企业不能仅仅满足于适应市场需求，而且要影响需求、创造新的需求。对市场营销的这一新理解，可以激励企业的创新精神，使企业永不满足于现状，而去积极主动地适应市场需求的变化。

二、服务市场营销组合

纵观现代经济的发展过程，一个显著特征是服务业的迅猛发展，并且在国民经济中的地位愈来愈重要，具体表现在：一方面，一半以上的国民生产总值来自于服务部门；另一方面，服务部门又为社会创造了大量的就业机会，尤其是在经济衰退时期，这一作用更为明显。虽然服务对于国民经济整体的发展日益重要，但是，从微观角度来看，有关服务方面的问题却不绝于耳。保险公司、银行、旅馆和饭店等往往成为人们抨击的对象。而且，不仅在发展中国家和新兴工业国家，即使在服务业极为发达的美国、瑞典等，亦显露出某些方面服务水平低下的迹象。显然，服务企业面临严峻的挑战，即如何有效地推广服务以满足顾客的需要。

毋庸置疑，以4P为核心的现代市场营销理论为企业经营和发展提供了强有力的竞争武器，它要求企业必须以消费者为中心，通过在适当的时间和空间，以适当的价格，利用适当的促销手段，向适当的消费者提供适当的产品和服务而达到获取利润的目的。然而，这些理论和技巧的产生和发展却是以有形的产业用品或者消费品为基础的。由于服务产品具有不可感知性、不可分离性、不可贮存性、差异性和缺乏所有权等特点，因此，传统的市场营销组合结构对于服务业的实用性最近几年来一直受到服务市场营销学者们的批评。有人认为服务市场营销组合应该采取新的方式，另外的学者则认为市场营销组合的传统观念在服务业中应该全部舍弃。越来越多的证据显示，市场营销组合的层面和范围，不适应于服务市场营销。现有的证据足以说明有必要重新调整市场营销组合以适应服务市场营销。有学者将服务市场营销组合修改和扩充成为七个要素，即产品、定价、地点或渠道、促销、人、有形展示和过程。

(一)服务产品

在有形产品的市场营销过程中，产品的概念比较容易把握，因为产品是实实在在的有形的实体，其大小、款式、功能等都由企业事先设计好了，顾客所购买到的也正是企业所提供的。而服务产品的情形则有着很大不同。由于服务产品大都是无形的、不可感知的，顾客购买服务的过程实质上是感知服务的过程。既然是感知的过程，其伸缩性就很强，这意味着企业提供的出售物同顾客所感知到的服务产品可能是两码事。因此，服务企业必须把顾客感知到的产品同自己所提供的出售物连接起来。而要做到这一点，必须从四个层次来理解"服务产品"的概念，即顾客利益、服务观念、基本服务组合和服务递送体系。

1. 顾客利益

掌握顾客利益概念是理解服务产品概念的基础，它指的是在购买过程中，顾客追求的并非服务本身，而是这种服务给自己带来的利益和好处。在服务市场营销中，产品概念在某种意义上可区分为服务企业所提供的出售物和顾客感知到的产品。而对顾客来说，只有能给他们带来利益的后者才是真正意义上的服务产品。企业提供的出售物同顾客所要购买到的产品之间的区别给服务企业市场营销带来一些困难。一方面，顾客利益概念要求企业提供的服务应该基于顾客的需求及其所追逐的利益，然而，顾客可能由于缺乏足够的知识、经验和能力来清楚地表达其需求，从而使企业无法准确甄别出顾客利益之所在；另一方面，顾客在享用服务的过程中获得或好或坏的体验，这些体验将会导致顾客追求新的利益，从而使企业难以把握顾客利益。

2. 服务观念

服务观念是服务业企业基于顾客追求而提供的普遍化利益，是服务业产品的核心。在一般情况下，服务观念至少可以协助回答下列两个问题：①企业从事的是什么样的服务业务？②企业所提供的服务满足顾客特定的需要和欲求是什么？

3. 基本服务组合

基本服务组合又称为服务出售物，是服务观念的具体体现，由一系列无形和有形的服务要素组成，是指能够满足顾客或目标市场需求的一系列服务，它决定了顾客究竟能够从企业那里得到什么东西。基本服务组合包括服务要素、服务形态和服务水平三方面的内容。服务产品是由许多服务要素组成的，但从管理的角度看，基本服务组合主要包含核心服务、便利服务和辅助服务。其中核心服务揭示出产品可以进入市场的原因，体现了企业最基本的功能，如饭店提供住宿，航空公司提供运输等。为了让顾客能够获得核心服务，其他一些服务也是必需的，如饭店要有专门的接送服务，航空公司要有订票服务等。这些服务通常称为便利服务，因为它们将方便核心服务的使用，离开了这些服务，顾客就无法使用核心服务。辅助服务常被企业作为差异化策略而使用，目的在于增加服务的价值或者使企业的服务同其他竞争者的服务区分开来，如饭店房间内供住客洗澡用的肥皂，供住客旅游用的地图和旅游手册等。便利服务往往是义务性的、不可缺少的，没有这些服务，企业的基本服务组合就完全破裂；而如果缺少了辅助服务，也会使企业的服务产品的吸引力和竞争力受到影响。

4. 服务递送体系

基本服务组合只是揭示了服务产品的技术层面，而服务的生产和传递过程以及顾客对这些过程的感知也是服务产品的重要组成部分。于是，便引入了"服务递送体系"的概念，它包含着服务产品生产和消费全过程中的各个环节，每个环节互相制约、环环相扣。

（二）服务定价

在定价方面，各种有关有形产品定价的概念和方法均适用于服务产品定价。按照价格理论，影响企业定价的因素主要有三个方面，即成本、需求和竞争。不过，在研究服务产品成本、市场需求和竞争状况时必须同服务的基本特征联系起来。

（1）对于有形产品而言，其生产成本与价格之间的关系是再明显不过了，但服务的无形性特征则使得服务产品的定价远比有形产品的定价更为困难。虽然大多数顾客在选购产品时很自然地检视产品，并根据其质量和自身的经验判断价格是否合理，但是，在购买服务产品时，顾客却不能客观地、准确地检查无形无质的服务。第一次购买某种服务的顾客甚至不知道产品里面到底包含什么内容，再加上很多服务产品是按各类顾客的不同要求，对服务内容作适当的增减，使得顾客只能猜测服务产品的大概特色，然后同价格进行比较，但对结论却缺乏信心。因此，顾客在判断价格合理与否时，他们更多的是受服务产品中实体要素的影响，从而在心目中形成一个"价值"概念，并将这个价值同价格进行比较，判断是否物有所值。所以，企业定价时所考虑的也主要是顾客对产品价值的认识，而不是产品的成本。服务水准、服务质量等都可以依照不同顾客的需要而调整配合，价格必然也可以经由买主和卖主之间的协商来决定。

（2）服务的易逝性和不易储存性及需求的波动大，产生了不同的价格含义。因而对于服务企业来说，可能必须使用优惠价及降价等方式，以充分利用剩余的生产能力。因而边际定价政策得到了普遍应用。但经常使用这种定价方式，往往会加强顾客的期待心理，他们可能会故意不消费某种服务，因为他们预期必然会降价。为了防止产生这种现象，服务企业就须给予提前订购服务的顾客优待性特价。

（3）顾客往往可以推迟或暂缓消费某些服务，甚至他们可以自己来实现某些服务的内容，类似的情况往往导致服务卖主之间更激烈的竞争。当然这也可能提高某些市场短期内价格的稳定程度。

（4）如果服务是同质性的，那么价格竞争就可能很激烈。一般来说，越是独特的服务，卖方越可以自行决定价格，只要买主愿意支付此价格。在这种情况下，价格可能用来当作质量指标，而提供服务的个人或公司的声誉，则可能形成相当的价格杠杆。另一方面，服务质量具有很大的差异性，服务与服务之间没有统一的质量标准供作比较，往往是顾客的要求越多，则其得到的也就越多，而价格则没有变化。基于这种原因，一些顾客往往偏爱于某个企业。这种情况为企业选择细分市场和制定价格战略提供了决策依据。

（5）服务与提供服务的人的不可分开性，使得服务受地理因素或时间的限制。同样，消费者也只能在一定时间和区域内才能接受到服务，这种限制不仅加剧了企业之间的竞争，而且直接影响其定价水平。

（三）服务分销渠道

服务从生产者移向消费者所涉及的一系列公司厂商构成服务分销渠道。普通的观念是，服务销售以直销最普遍，而且渠道很短。虽然直销在某些服务市场(如专业服务业)很常见，但有许多服务业的销售渠道，则包括一个或一个以上的中介机构。服务业市场的中介机构形式很多，常见的有代理、代销、经纪、批发商和零售商五种。

（四）服务促销

服务产品和有形产品在促销上有许多类似点，但同时也不能忽略两者的差异：

（1）服务行业特征造成的差异。服务行业因类型不同，各具有其特点，具体表现为营销导向、专业和道德限制、业务规模、竞争的性质和市场条件、促销工具的利用等方面的差异。

（2）服务本身特征造成的差异。由于服务具有不同于实体产品的特征，因此，消费者在购买时往往凭着对服务与服务表现者或出售者的主观印象做出购买决策，而这种对主观印象的依赖性，在购买实体产品时，则没这么重要。在购买过程中，制造业和服务业的差异较为显著。有些服务的采购，被视为有较大风险的，部分原因是买主不易评价服务的质量和价值。另外，消费者也往往受到其他人，如对采购和使用有经验的邻居或朋友的影响。而这种在购买决策过程中，易受他人影响的现象，对于服务营销而言，有比较大的意义，尤其是在服务的供应者和其顾客之间，有必要发展形成一种专业关系，以及在促销努力方面建立一种"口传沟通"的方式。

（五）人

对于服务公司来说，人的要素包括两个方面的内容，即公司的员工和顾客。

（1）服务人员。服务人员在所有服务业公司中都相当重要，尤其是在没有实物产品作为证物的情况下，顾客就只能从员工的举动和态度中获得对公司的印象。服务行业的具体服务人员包括：出租车驾驶员、电梯服务员、图书管理员、银行柜台服务员、餐馆厨师、旅馆接待员、保安警卫人员、电话总机接线员、修理人员和餐馆服务员等。这些人可能有实现生产或操作的任务，但在服务业公司中他们也可能是对顾客直接影响的角色，他们的态度对服务质量的影响程度和正式顾客业务代表态度的影响程度可以说是一样的。因此，这些服务人员有效地完成其工作任务很重要，服务业公司的有效性和效率的衡量也应包括顾客对员工的熟悉与适应性。服务业公司必须促使每一位员工成为服务产品的推销员。如果服务人员态度冷淡或粗鲁，他们等于破坏了为吸引顾客而做的所有营销工作。如果他们态度友善和温和，则可提高顾客的满足和忠诚度。因此，营销管理应该涉及服务工作表现的管理，因为服务人员的各种不同表现，对于所提供服务的质量有着重要的影响。服务的实现方式，对服务业公司员工与顾客间关系的性质，也会有一定影响，进而会影响到服务公司的形象。

（2）顾客。对服务公司的营销活动产生影响的另一种因素是顾客间的关系。一位顾客对某项服务质量的感受，很可能会受其他顾客意见的影响而形成，这与受服务业公司员工影响，在道理上是一样的。顾客总会与其他的顾客谈到服务公司，或者当一群顾客同时接受一项服务时，其满足感往往是由其他顾客的行为间接决定的。

综上所述，服务公司为了向顾客提供更具价值和竞争优势的服务，必须高度重视服务人员的甄选、训练、激励和控制，必须注意在顾客与顾客间相互影响方面的质量控制。

（六）有形展示

1. 有形展示的类型

在传统的产品营销过程中，企业通常借助一些抽象的联想来推广自己的产品。然而，服务产品却具有"不可感知性"的特征，它本身就是抽象的、不可触及的，当然无法再用另外一种无形的概念来赋予服务产品以某种特殊意义或形象，这就给企业有效推广服务产品带来了困难：如何使这种看不见又摸不着的产品尽可能地实体化，能让顾客感知得到并获得一个初步印象？根据环境心理学原理，顾客利用感官对有形物体的感知及由此所获得的印象，将直接影响到顾客对服务产品质量和服务企业形象的认识和评价。比如，一位初次光顾某家餐馆的顾客，在走进餐馆之前，餐馆的外表、门口的招牌等已经使他有了一个初步印象。如果印象尚好的话，他会径直走进去，而这时餐馆内部的装修、桌面的干净程度以及服务员的礼仪形象等将直接决定他是否会真的在此用餐。这个例子表明，对于服务企业来说，借助服务过程的各种有形要素必定有助于有效地推销其服务产品。有鉴于此，学者们提出了采用"有形展示"策略，帮助服务企业开展营销活动，而有形展示亦成为服务市场学者所建议的七大市场营销组合的要素之一，即7P中的1P了。在产品营销中，有形展示基本上就是产品本身，而在服务营销中，有形展示的范围就比较广泛。从不同的角度可以对有形展示作不同的分类：

（1）根据有形展示能否被顾客拥有，可将其分为边缘展示和核心展示两类。边缘展示是指顾客在购买过程中能够实际拥有的展示。这类展示很少或根本没有什么价值，比如电影院的入场券，它只是一种使观众接受服务的凭证。核心展示与边缘展示不同，在购买和享用服务的过程中不能为顾客所拥有。但核心展示却比边缘展示更重要，因为在大多数情况下，只有当这些核心展示符合顾客需求时，顾客才会做出购买决定。例如，宾馆的级别、银行的形象、电影院的装修、出租车的牌子等，都是顾客在购买这些服务时首先要考虑的核心展示。

（2）根据构成要素划分，有形展示主要可分为三类，即物质环境、信息沟通和价格。其中，物质环境包括周围因素、设计因素和社会因素。周围因素通常被顾客认为是构成服务产品内涵的必要组成部分。它们的存在并不会使顾客感到格外地兴奋和惊喜，但是，如果失去这些因素或者这些因素达不到顾客的期望，就会削弱顾客对服务的信心，迫使其采取"另作它想"的措施。设计因素被用于改善服务产品的包装，使产品的功能更为明显和突出，以建立有形的、赏心悦目的产品形象。设计因素可分为美学因素（如建筑风格、色彩）和功能因素（如陈设舒适），它有助于培养顾客的积极的感觉，且鼓励其采取接近行为，有较大的竞争潜力。社会因素是指在服务场所内参与及影响服务产品生产的人，包括服务员和其他在服务场所同时出现的各类人员。他们的言行举止皆可影响顾客对服务质量的期望与判断。信息沟通是另一种服务展示形式，这些沟通信息来自公司本身以及其他引人注意的地方，它们通过多种媒体传播，展示了服务——使其更好或更差。从赞扬性的评论到广告，从顾客口头传播到公司标记，这些不同形式的信息沟通都传送了有关服务的线索，它们可能增强公司的营销策略效果，也可能在失望的混乱中勉强完成其使命。与物质环境、信息沟通一样，价格是传递有关服务的线索。价格能展示空洞的服务，也能展示"饱满"的服务，它能表达对顾客利益的关心，也能让人觉得漠不关心；价格能培养顾客对产品的信任，同样也能降低这种信任；价格可以提高人们期望，也能降低这些期望。可见，价格也是一种对服务的展示。

2. 有形展示的作用

有形展示作为服务企业实现其产品有形化、具体化的一种手段，在服务营销过程中的作用主要表现在以下几个方面：通过感官刺激，让顾客感受到服务给自己带来的好处；引导顾客对服务产品产生合理的期望；影响顾客对服务产品的第一印象；促使顾客对服务质量产生"优质"的感觉；帮助顾客识别服务企业及其产品的形象并改变顾客对企业及产品形象的认识；协助培训服务员工。

（七）过程

人的行为在服务业公司很重要，而过程即服务的递送也同样重要。表情愉悦、专注和关切的工作人员可以减轻顾客必须排队等待服务的不耐烦的感觉，或者能平息技术上出问题时顾客的怨言或不满。

服务业有关的过程形态，有三大类：

1. 线性作业

在线性作业方式下，各项作业或活动按一定程序进行，服务就是依循这个程序而产生的。制造业中家电产品的装配线，是这种作业过程的标准形态；而在服务业，自助式餐厅是此种作业顺序的标准形态。在自助式餐厅，顾客依顺序做阶段式的移动，当然，顾客维持不动并接受一系列服务，也并非不可。线性作业的各种不同构成要素之间的相互关系，往往使整体作业会受到连接不足的限制，或甚至因此造成停顿现象，但这也是一种具有弹性的过程，过程中的工作项目，可经由专门化、例行化而加快绩效速率。线性作业过程，最适合用于较标准化性质、且有大量的持续性需求的服务业。

2. 订单生产

订单生产过程，是使用不同活动的组合及顺序，来制造出各式各样的服务。这类服务可以特别设计订制，以适合各种不同顾客的需要，以及提供事先预定的服务。餐馆及专业服务业，即属于订单生产过程。

3. 间歇性作业

间歇性作业是指各服务项目独立计算，做一件算一件，或属于非经常性重复的服务。比如，各种新服务设施的建造、一个广告宣传活动的设计、一个大型电脑系统装置或制作一部大型影片等，都可说是间歇性作业。

第三节　营销组合理论的新发展

20 世纪 90 年代后，各种营销组合理论纷纷出现，包括营销组合因素的创新及不同营销领域的创新，本节就从这两方面进行简单的介绍及探讨。

一、营销组合因素的新发展

随着市场营销环境因素的变化和对市场营销研究的深入，不少专家学者在 4P 营销组合的基础上提出了更新的营销组合理论。下面我们来介绍几种主要的营销组合因素方面的创新理论。

(一)4C 营销组合

1986 年，罗伯特·劳特伯恩提出了与 4P 相对应的顾客 4C 理论。它与传统 4P 理论营销组合因素上的区别，见表 8 - 4。

1.顾客需要和欲望(Customer Needs and Want)。即首先要了解、研究、分析消费者的需要与欲求，而不是考虑企业能生产什么产品。

2.对顾客成本(Cost to the Customer)。首先了解消费者满足需要与欲求愿意付出多少钱(成本),而不是先给产品定价,即向消费者要多少钱。

3.便利(Convenience)。首先考虑顾客购物过程如何给顾客方便,而不是先考虑销售渠道的选择和策略。

4.传播(Communication)。以消费者为中心实施营销沟通是十分重要的。通过互动、沟通等方式,将企业内外营销不断进行整合,把顾客和企业双方的利益无形地整合在一起。

表 8 - 4　顾客 4C 理论与传统 4P 理论的区别

4P	4C
产品(product)	顾客需要和欲望(customer needs and want)
价格(price)	对顾客成本(cost to the customer)
渠道(place)	便利(convenience)
促销(promotion)	传播(communication)

资料来源:菲利普·科特勒,梅汝和等译,《营销管理》第 9 版,上海人民出版社,第 88 页。

20 世纪 80 年代,以 4P 为代表的交易营销理论因对顾客权力的漠视而受到越来越多的营销学者们的批评,4C 理论就是在这种背景下被提出来的。从强调企业对顾客需要真正意义上关注的角度来说,4C 理论比传统的 4P 有更大进步,但是它存在缺乏实际可操作性的问题,如提供集成解决方案、对顾客需要快速反应等,使企业难以掌握、操作和普及。同时它过于强调企业对顾客需要的服从也使得企业失去营销的主观能动性;同时,在企业价值最大化的经营目标指导下,企业不可能满足顾客所有要求。

(二)4R 营销组合

1. 提出的背景

20 世纪 90 年代迅速发展的信息经济追求的是电子化、差异化、个性化、网络化和定制化。顾客在与企业发生营销交换的过程中,控制交易的权力越来越大;同时,各利益相关者与企业联系越来越紧密,冲突也越来越多。如中间商通过控制渠道资源获得更多企业的让利;发达的信息传播媒介使企业置于社会公众的监督之中。与利益相关者,特别是与顾客建立良好持久的关系,以占有顾客份额为中心的营销思想成为新的营销理念。与此同时,管理组织发展、流程再造等理论对企业组织结构的变革产生了重大的影响,使得传统的职能架构的企业组织转变为以反应速度快、营销职能中心化为特征的扁平化组织结构。以利益相关者构成战略联盟,如竞争者联盟、追求供应链效率的精益生产企业协作系统，成为企业的新型组织形式。在这一背景下，美国学者唐·E·舒尔兹提出旨在与以顾客为主的利益相关者建立长久关系的 4R 营销组合理论，这一理论阐述了一个全新的营销 4 要素组合，见图 8 - 3。

2. 4R 的主要要素

（1）关联（Relevancy）。即认为企业与顾客是一个命运共同体，在经济利益上是相关的、联系在一起的，建立、保持并发展与顾客之间的长期关系是企业经营的核心理念和最重要的内容。

（2）反应（Respond）。在今天相互影响的市场中，对经营者来说，最现实的

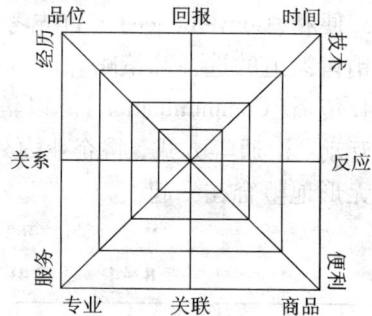

图 8 - 3　4R 理论模型

资料来源：艾略特·艾伯格著，文武译. 4R 营销. 企业管理出版社，2003：214.

问题不在于如何控制、制定和实施计划，而在于如何站在顾客的角度及时地倾听顾客的希望、渴望和需求，并及时答复和迅速做出反应以满足顾客的需求。

（3）关系（Relation）。因为任何一个企业都不可能独自提供运营过程中所必需的资源，所以企业必须与利益相关者建立起合作伙伴关系，形成一张以企业为中心，由利益相关者组成的交易网络（这是企业经营过程中除了物质资本和人力资本以外的另一种不可或缺的资本——社会资本）。只有充分利用交易网络，挖掘企业组织间与相联组织之间网络的生产潜力，结合各自的核心竞争力进行分工与合作，共同开发产品、开拓市场、分担风险、培育独特的竞争优势，才能更好地为消费者和社会服务。

（4）回报（Return）。任何交易与合作关系的巩固和发展，对于双方主体而言都是一个经济利益问题。因此，一定的合理回报既是正确处理营销活动中各种矛盾的出发点，也是营销的落脚点。对企业来说，市场营销的真正价值在于其为企业带来短期或长期收入和利润的能力。

3. 4R 营销组合理论的意义

相比以往的营销组合理论，4R 营销理论具有如下三个方面的重要意义：

（1）注重从长远的角度来看待企业与顾客之间的交易行为，强调同顾客建立长久持续的关系，实现顾客生命价值最大化，同时还注重利益相关者之间的关系。这是与以 4P 为代表的理论所倡导的短期交易行为的最大不同之处。

（2）使企业营销战略发生了变革。它突破传统目标营销战略只限于目标市场利益的不足之处，强调企业同顾客、供应商、中间商、竞争者、政府、员工之

间的关系，从传统营销单向、单赢的交易关系改变为交互的、多赢的营销战略。这也要求企业组织结构从传统的垂直的科层组织结构转向建立跨职能以协调各职能部门任务的扁平化结构。对企业内各职能部门的任务进行调整，才能保证企业同顾客及利益相关者保持良好的关系，并达到保留顾客的目的。

（3）使企业认识到服务在企业向顾客提供价值过程中的重大作用。

二、不同营销领域营销组合的创新

下面主要从消费品市场、关系营销、服务营销、零售营销、工业品营销、网络营销等六大营销领域进行概述。

（一）消费品市场的新营销组合理论

20 世纪 80 年代以来，经济全球化也让各种文化渗透与转移变得越来越频繁，社会转型与人口统计变量急剧的变化及二战后经济持续增长对社会产生极大的冲击。与此同时，能兼顾个性化需求与低成本的柔性生产技术的发展也对消费者需求、本质与行为产生重大影响。消费者更趋向于理性与实惠导向，传统的营销方式对他们的影响越来越弱，消费者对品牌与营销接触点的反应也越来越迟钝；家庭、朋友与崇拜对象等其他参考群体对消费的影响力也在改变，甚至消失。消费者对市场交易控制能力的增强，便捷的网络服务、全球化的网上交易、数据库营销、网上虚拟社区的建立等，这些发展也促使营销者不得不更换原有的大规模营销技术，开展个性化、交互性营销，与消费者直接对话。

诸多的营销组合理论的缺陷也使得诸多的批评者认为 4P 不能再作为消费品市场营销的基础，这些批评主要集中在以下几个方面：

1. 企业导向。对市场营销组合理论一个主要的攻击目标是营销组合理论缺乏顾客导向思想，Schultz（2001）认为这也是营销组合理论最大的限制。

2. 缺乏与消费者的互动。Doly（1984）、Yudelson（1999）认为营销组合理论忽视消费者需求层次趋高的特点，同时也喜欢控制交易过程，渴望交流特点。良好的企业与顾客之间互动可以降低顾客流失率，提高信任度。

3. 缺乏战略因素。Ohmae（1982）、Vigali 与 Davies（1994）认为缺乏战略内容是营销组合理论主要缺陷之一。在内外部诸多不可控制因素影响下动荡的商业环境中，把营销组合仅视为一种营销计划的工具是不合时宜的。

对于营销组合理论的修改，学者总是趋向于在传统 4P 的组合基础上加一些新的参数。

表 8 - 5　消费品营销中的新营销组合理论

学者	观点	主张
Kotler (1984)	外在与不可控环境因素应是营销战略重要组成要素	营销组合应包括:顾客、环境变量与竞争变量;应在传统的 4P 上加上两个 P:政治权力(Political power)、公共关系(Public opinion formulation)
Ohmae (1982)	在营销组合理论中找不到战略因素,营销战略应包括三个因素:顾客(Customers)、竞争对手(Competitors)、利益集团(Corporation)	3C 构成营销战略:顾客(Customers)、竞争对手(Competitors)、利益集团(Corporation)
Robins (1991)	4P 营销组合应关注企业以外的环境,应形成外部导向	4C 表达营销组合理论外部导向:顾客(Customers)、竞争者(Competitors)、能力(Capabilities)、公司(Corporation)
Viganlli & Davies (1994)	营销计划如果与战略相关,能有助于企业的成功。营销过于内部导向,与战略问题无关。	MIXMAP 技巧能描绘营销组合因素与变量,达到战略与战术的一致性。
Doyle (1994)	4P 营销组合占据了营销组合活动的中心,大部分营销实践者在实际营销活动应增加两个以上营销因素	两个增加的因素组合是: 1. 服务(Servies); 2. 员工(Staff)
Bennett (1997)	传统的营销组合理论过于关注企业内部变量,形成一个不正确的理论基础。企业是通过营销组合把产品从企业传递到顾客手中	应付顾客标准五个 V:价值(Value)、成长性(Viability)、种类(Variety)、容量(Volume)、道德(Vitue)
Yudelson (1999)	4P 不是 21 世纪营销正确的基础。尽管 4P 仍然具有解释力,但过去四十年的营销发展需要一个新的复杂营销组合框架。	新的 4P 基于交易活动:产品(Product)变为表演(Performance);价格(Price)变为惩罚(Penalty);促销(Promotion)变为感知(Perceptions);渠道(Place)变为过程(Process)
Schultz (2001)	市场已经由顾客导向。4P 之间没有相关性,好像它们是被创造出来一样	最终顾客控制着市场;网络系统定义为新的营销导向;新的营销组合应以营销三角为基础:营销者、员工与顾客

（二）关系营销中新营销组合理论

20 世纪 60 年代至 70 年代，通过大规模流水线生产，采用大市场营销技术，借助于众多层级的营销渠道向顾客推销产品是传统营销管理基本内容。然而，20 世纪 90 年代营销哲学从交易导向向关系导向转变，导致了营销思想一个显著变化就是从关注交易导向向关注关系导向转向，营销者开始认识到顾客忠诚与终身价值的重要性。然而，这种思想根本性反应在营销理论则需要一段时间。外在市场饱和、经济危机与日益增长的全球化竞争力量与难以预期的顾客行为是推动力，许多学者认为关注营销交易中企业与顾客关系的转向也导致对顾客处理方法上需要革新，甚至导致营销范式的转变（Gummesson，1994；Sheth，Paratiyar，1995；Healy，2001），4P 仍然是争论与研究主题。Ailawadi（2001）质疑促销与广告作为保留顾客工具有效性。Alsem（1996）的研究证实，60% 公司以建立顾客长久关系为营销主要目标。

信仰关系营销哲学的学者们认为，4P 无法作为保持顾客为主要思想的关系营销管理基本分析框架。对此，他们有许多批评意见，其中最突出有以下三点：

1. 传统的 4P 与其说顾客导向，还不如说是产品导向。营销组合理论企业内部导向的思想不利于对顾客反馈与互动，而这些恰好是建立顾客关系的基础。传统营销组合理论还不利于企业满足顾客个性化需求。

2. 企业单方面的行为。没有互动与个性化的交流，这也是传统营销组合理论特征。

3. 4P 操作起来具有较强进攻性，而不具合作性。

关系营销支持者对 4P 范式进行质疑，所有提出替代组合理论都强调组合理论的注重交流、个性化与交互性的特点。

表 8 - 6　关系营销中的新营销组合理论

学　者	观　点	主　张
Lauterborn（1990）	4P 营销组合理论是产品导向；成功营销计划必须以顾客为中心	4C 代替 4P： 顾客需要（Customer needs） 便利（Convenience） 成本（Cost）（顾客导向） 交流（Communication）
Rozenberg Czepiel（1992）	保持现在顾客和争取新顾客一样重要，争取顾客方法必须活跃，与保持顾客的营销组合不同	保留顾客营销组合： 机动灵活的产品（Product extras） 加强促销（Reinforcing Promotions） 促销力量的关联（Sales-force Connection） 特殊化的分销渠道（Specialised Distribution） 购买后反馈（Post-purchase communication）

学　者	观　点	主　张
Gummesson (1994, 1997)	营销组合理论角色应从原有营销变量组合角色转为有助于关系、网络与互动的因素	30个关系参数证明营销是由关系、网络与互动因素的组合
Gronroos (1994)	以营销组合作为营销分析范式所带来的不足:独立,不注重整合、不能适应所有市场、产品导向、互动性差	关系营销为营销范式转变提供所有营养;然而,传统营销组合却不适应这一关系导向的方法。
Goldsmith (1999)	产品服务化导致了差异化的市场需求,个性化应成为营销管理基础	个性化营销计划应加上以下4P: 个性化(Personalisation) 员工化(Personnel) 有形实体(Physical Assets) 过程(Procedures)
Patterson & Ward (2000)	传统营销组合具有攻击性特征,因此与4P相伴的战略倾向于功能导向与结果导向	四种信息集中式战略构成新的4C: 交流(Communication) 定制化(Customisation) 合作(Collaboration) 洞察力(Clairvoyance)
Healy (2001)	营销管理方向显然向关系营销转向,关系营销将是未来营销主流范式	关系营销强调了关系导向三部曲: 关系(Relationships) 新关系营销(Neo-Relaitionship Marketing) 网际关系(Net-Works)

(三)服务营销新营销组合

在早期的营销学者研究中,Branton(1969)和Wilson(1972)对服务营销有形与无形特征进行区分。在早期20世纪70年代,就对服务的特征进行详细的研究,诸多服务营销的替代选择与框架提出,服务营销也在营销领域中取得一块独特的领地。两个原因导致了这种发展:

1. 服务已成为西方发达国家经济增长动力,并且占据企业大部分的预算。

2. 服务也越来越成为实体产品的一部分,作为产品的一个因素(Kotler, 2001;Jobber, 2001)。因此,服务也成为产品差异化重要因素与竞争优势的重要来源。

表8-7 服务营销中的新营销组合理论

学者	观点	营销组合理论主张
Booms & Bitner (1981)	重新认识到服务作为一种产品特殊面,他们证明了环境因素(实体环境)影响了质量感知,它们包括参加者(员工与顾客)和服务作为一个额外的营销组合因素传送过程	在传统的4P的基础加上另外三个P: 参加者(Participants) 有形展示(Physical Evidence) 过程(Process)
Cowell (1984)	传统的营销组合围绕制造企业而发展起来的;经验证明在服务领域内,传统营销组合理论还不够用	接受由 Booms& Bitne 提出的营销组合理论
Brunner (1989)	传统4P组合应扩张影响服务质量的各种因素	概念组合(Concept Mix) 成本组合(Cost Mix) 渠道组合(Channels Mix) 交流组合(Communication Mix)
Ruston & Carson (1989)	服务的独特性:无形性、不可分离性、易逝性与可变性使得用常规的营销工具不足以控制营销过程	必须发明新的工具与概念来解释与管理服务的无形性
Frayer (1991)	市场细分与差异化是服务定位成功的基础。而且与顾客关系的远近和服务的质量是也是服务营销的重要因素	服务的营销需要:基于市场细分与定位的差异化;顾客接触、对质量的严格控制。
Heuvel (1993)	服务的传递与顾客之间的互动十分的重要,它对服务质量与质量感知有直接的影响。产品组合因素应如同过程一样,由两个层次的服务构成:初级层次与次级层次服务构成	服务营销组合: 员工(Personnel) 产品(Product) 渠道(Place) 价格(Price) 促销(Promotion)
Doyle (1994)	与有形的商品相比,认识到无形的服务会使4P有所不同,但他认可4P在服务营销的正确性,只认为,在服务营销中,用交流(Communication)代替促销(Promotion),用分销(Distribution)代替渠道(Place)	服务营销组合: 产品(Product) 价格(Price) 交流(Communication) 分销(Distribution)
Melewar & Sauders (2000)	企业形象系统是公司差异化的基础,是公司视别核心	在传统的4P的基础加上另外四个P: 参加者(Participants) 有形展示(Physical Evidence) 过程(Process) 发表(Publication)

学　者	观　　　点	营销组合理论主张
English (2000)	传统营销无法向服务营销提供有效的工具	提出新的4R组合关联(Relevance)反应(Response)关系(Relationship)结果(Results)
Grove (2000)	服务营销如同戏剧表演,怎样展示服务与服务是什么同等重要。关键因素就是顾客体验;传统营销不关注特定情景,而这些往往对服务营销很重要。	四个战略因素构成服务体验: 演员(Actors) 观众(Audience) 场景设置(Setting) 表演(Performance) 这些因素必须加入 Booms& Bitner (1981)营销组合模型中
Bechwith (2001)	在一个动态世界内,营销服务需要关注顾客满意度,摒弃旧的产品营销范式和谬误。	现代服务营销的四个关键变量: 价格(Price) 品牌(Brand) 包装(Packaging) 关系(RelationshiPs)

所有作者认可服务的特殊性、无形性与强调处理服务营销的特殊性。

1.区别于服务营销与商品营销的关键性是人的因素。这也是服务营销组合包括的新因素,人的因素说明服务营销个人化的本质。服务的提供者在服务提供中扮演了一种双重的角色:员工是一种重要顾客说服手段和一种影响顾客传递质量的重要因素。

2.在服务营销中,互动性与质量是4P框架引起争论的两大问题,也需要引起注意。而且,服务营销个性化特征使得质量标准是一个充满艰巨挑战的任务(Bechwith,2001)。

3.在4P框架中,一对一的交流与关系构建也是服务营销基本组合因素,也没有得到充分的关注。

大部分服务营销评论认为,4P框架只是设计服务营销的一个工具,在实际运用,他们要么在4P框架添加因素,要么采用不同的方法来构建营销组合理论。

(四)零售营销中的新营销组合理论

近年来,商业企业经营的全球化与零售商品牌的兴起已改变零售业发展结构。在供应链上占据着越来越强的控制力的零售企业掌控市场交易的过程。同时,为了显示其日益增加的交易控制能力,同时也为了稳固其市场地位和竞争优势,零售商不得采用更加专业与进攻性更强的商业方法,不再满足于传统的充当货物仓库与中转站的角色，成为营销交易的主体（Mulhern，1997）。供应链管理、效率管理、顾客保持与顾客生命价值成为当今零售企业的有效竞争战略武器。与顾客建立长久关系的思想也使得零售企业以消极地运用 4P 作为计划执行工具，转为注重执行（Salmon，2000）。零售商商品展示、员工、服务与折扣成为零售营销的重要工具。零售营销理论包容了服务营销与关系营销，服务营销与关系营销对传统营销组合理论攻击很容易转移到零售营销中。然而，零售营销组合也有其独特面：商品展示、购买体验、氛围、个性化都是营销组合要关注的面。Wang（2000）、Mulhern（2000）认为 4P 在零售营销领域内计划不足以指导零售企业的实践。大部分的研究者认为用新的营销组合或增加营销组合因素，如员工、折扣与零售业态是制造独特的顾客体验的重要因素，这些因素是差异化营销与保留顾客的基础。

表 8-8 服务营销中的新营销组合理论

学者	观点	营销组合主张
Ster Vander (1993)	零售业态是零售营销中心，差异化基础，吸引潜在顾客的因素。零售营销组合因素分为物流因素和商业因素	1. 零售营销组合包括以下： 物流概念（Logistics Concept） 渠道组合（Place） 分销渠道组合（Physical Distribution Mix） 员工组合（Personnel Mix） 2. 商业概念： 产品组合（Product Mix） 折扣组合（Presentation Mix） 价格组合（Price Mix） 促销组合（Promotion Mix）
Boekema (1995)	消费者选择一种零售业态主要源于其他们形成"购买想象"。零售商用营销组合工具来表现其业态的选择，业态形式也影响着顾客的预期与选择	零售营销组合包括： 渠道（Place）种类（Assortment） 折扣优惠（Shop Presentation） 价格政策（Price Policy） 员工（Personnel） 促销（Promotion）
Rousey Morganosky (1996)	经验证明不是单个的营销组合因素，而是零售业态组成顾客价值点	零售营销应用 4C 代替 4P，支持 Lauterborn 的 4C： 顾客需要（Customer needs） 便利（Convenience） 成本（Cost）（顾客导向） 交流（Communication）

学 者	观　点	营销组合主张
Mulhern (1997)	现代零售业发展使得零售企业从传统连锁经营关注营销组合因素转变为活跃的顾客管理,通过整合的方法,更强调顾客关系,回报有价值顾客与加强供应链上的合作。	整合零售企业合作战略的因素有: 商店位置(Store Location) 商店定位(Store Positioning) 商店形象(Store Image) 空间环境(Physical envirnment) 零售服务(Retail Service)
Wang (2000)	4P 是传统营销的基础,关系营销的营销者的任务不同:主要任务是识别、建立、维持与提高关系(Gronroos, 1996)	网上零售基本因素包括三个关系营销变量: 数据库(Database) 互动性(Interaction) 网络(Network)
Kotler (2003)	熟练的顾客迫使零售商重新思考他们的战略,一些重要因素如采购与服务成为零售企业的基本营销组合因素	零售营销组合 决策(Decisions)目标市场(Target Market) 产品种类与采购(Product assortment and Procurement) 服务与储存(Services and Store) 氛围(Atmosphere) 价格决策(Price Decision) 促销决策(Promotion decision) 选置决策(Place Decision)

（五）工业品营销中的新营销组合理论

工业品营销或 B2B 的市场营销理论在其早期作为一个独立的分支理论出现在营销学领域之内。大部分的营销教科书会单设一章对工业品营销来进行研究,对工业品市场的消费行为进行分析。尽管一些学者认为工业品营销与消费品营销在本质上并没有什么差异(Smallbone, 1969; Coviello, Brodie, 2001),但大部分的研究者认为工业品营销事实上不同于消费品营销,在购买中正式的决策程序、经过实践检验与理性选择的购买过程、买卖两者之间存在着长期合作与相互利益的关系、营销者对顾客需求的充分理解、服务等方面存在一系列差别。

在工业品营销中,对传统营销组合理论的批评主要体现以下几个方面:

1. 工业品营销中强调合作与个性化的方法与传统的营销组合理论强调人际影响、大规模与结果导向特征格格不入(Ford &Cunningham,1996)。相互依赖与业务上密切的关系是产业营销的重要方面。在这种情境下,人员推销比大规模广告与促销更有效。信任与协调是工业品营销的核心因素。而且营销组合理论的强调操作导向与缺乏战略的思考也不利于工业品营销中长期关系的建立。

2.建立长久的产业关系需要为顾客创造价值，还有理解与传递顾客价值（Anderson &Narus，1999）。

表8-9　工业品营销中的新营销组合理论

学　者	观　点	主　张
Turnbull Ford Cunningham (1996)	国际营销与采购协会（IMP）20多年的研究表明，工业品营销成功源于公司间的相互信赖的程度与质量	工业品市场营销竞争力源于以下几个变量：与顾客间的互动(Interaction with Customers) 互动的营销战略(Interaction Strategies) 组织的演化(Organisation Evolution) 顾客投资组合的提高(Improvements in Customer Portfolios) 合作网络易变性(Network Mobilisation)
Davis Brush (1997)	4P营销组合不能作为高新技术产业的营销基础，这是因为4P基于消费品市场发展而来的；同时国际化的因素也没考虑到	从高新技术产业营销平台提炼出13种战略因素
Parasuraman (1998)	价值创造的关键是让顾客实现其企业的目标	产业营销基础是个性化手段，其强调：顾客的服务(Customer Service) 服务的品质(Service Quality) 追求卓越(Excellence)
Anderson Naraus (1999)	工业品营销在以创造为基本特征的商业环境中的角色是对关系与网络有效率地管理	以价值基础的市场定位与4P因素的更新

（六）网络营销中新营销组合理论

在20世纪90年代后期以来，网络公司与在线用户迅速增长，网络成为一种新的有生命力的工具出现在经济生活中。网络商业化促使电子商务的兴起。电子商务给营销理论与实践家们带来新的巨大的挑战：顾客控制交易的权力的增强、新互动交流方式、全球供应链管理与超越时空限制的生产、网络使市场透明度大大的提高、竞争优势易耗性。这些都给营销战略与计划带来了全新的要求。

许多学者们对网络营销中的营销组合理论进行了深入的研究。综观它们对营销组合理论的研究，可以发现具有以下特点：

1.大部分学者认可传统的4P对网络营销的适合性（Peattie，1997，O'Connor Galvin，2000，Bhatt，Emdad，2001 Allen，Fjermestad，2001），只有小部分学者认为应对营销组合进行小修改来适应网络环境。

2. 部分学者认为应采用新的方法来对网络营销组合进行控制。(Mosley, 1997, Evans &King, 1999; Chaffey ,2000 Kambil, Galvin, 2000 Schultz, 2001 Constantinide, 2002)。因为营销组合缺乏互动性与个性化，缺乏战略因素和缺乏与社会交流。

3. 作为一种新型营销形式。因为网络营销的特殊性与复杂性，所以研究者们都对网络营销形式下的传统营销组合批评较为温和与谨慎。

表8－10   网络营销中的新营销组合理论

学　者	观　点	主　张
Peattie (1997)	网络具备新的交流与互动能力在许多产业领域改变营销方式。然而，营销最基本理念是不变的，对于4P营销组合理论来说，在新时代，有其特殊性	产品(Product)：与顾客合作设计与生产； 价格(Price)：更加透明； 渠道(Place)：与顾客直接相关； 促销(Promotion)：顾客控制能力更强，互动性加强。
Aldridge, Forcht, Pierson (1997)	网络营销与实体营销有几个重大区别，许多新的因素影响了传统营销管理	4P仍然可以作为网络营销活动框架，但在网络市场上，它需要新的不同的角色
Mosley, Matchett (1997)	成功的网络营销是基于成功网络设计，基于5个W基础上的	目标市场(Who) 什么内容(What) 时间与更新(When) 在哪里找到(Where) 独特销售主张(Why)
Evans& King (1999)	建立一个成功B2B网站需要四部，每一步都产生许多管理启示	网站设计：定义目标与任务 网站进入：怎样到达网站 网址设计与执行：内容 评价：商业方面与管理方面
Chaffey (2000)	认为网络能为传统营销提供机会，从不同的营销组合角度，他对一个成功网址设计提出六大重要要素：有吸引力、内容、交流、商业化、顾客导向与可信	一个成功网络营销计划基于以下几个因素： 潜在观众(Potential Audience) 整合(Intergration) 营销支持(Marketing Support) 品牌延伸(Brand migration) 组织架构(Organisational Structure) 预算(Budget)

学　者	观　点	主　张
Lawrence (2000)	在线营销应采用混合方法，一方面要借鉴传统的 4P（人员和包装）说，另一方面也要实施新的 5P 说	营销新 5P： 中庸（Paradox） 视角（Perspective） 范式（Paradigm） 劝说（Persuasion） 激情（Passion）
Kambil& Nunes (2000)	以在线营销产品为例，营销需要从营销者提供的新方法，摒弃营销组合	在线营销重要因素包括： 网上社区建立（Community building） 便利（Convenience） 联系（Connectivity）
O'Connor & Galvin (1997)	营销尽管步入中年危机，但他们的研究表明，4P 仍然是在线营销的主流框架。技术能使在线的 4P 营销组合因素趋于优化	使用新技术的在线营销仍然以 4P 作为基本的计划工具
Bhatt & Emdad (2001)	实际价值链正改变 4P 的本质，也增加新的维度。新的商业活动战略仍然以传统的 4P 为基础	4P 的新特征： 产品（Prouct）：新的选择有利于顾客化信息； 渠道（Place）：没有时间与地点的限制，直接销售； 价格（Price）：价格歧视与顾客导向化定价，价格透明化 促销（Promotion）：行动导向促销成为可能，促销复杂化
Schultz (2001)	今日的市场已趋向于顾客导向化，传统的 4P 之间关联性不强，它使人产生在营销活动，对营销变量进行一种主观的划分感觉。在 21 世纪，互动营销意味着营销不得不从内部导向的 4P 转为视为一个网络系统	最终顾客控制着市场； 网络系统必须以新的营销导向； 新的营销组合应以新的营销三角为基础：营销者、员工与顾客
Allen & Fjermestad (2001)	认为传统的 4P 是新的网络营销的基础，认为新的形势下，要使传统的营销模式适合网络营销	在网络环境下，传统的 4P 组合做的主要改变： 产品（Product）：增强信息含量 渠道（Place）：强调到达 价格（Price）：日益增强的市场竞争增强了定价的压力 促销（Promotion）：更多的信息，直接相连

学　　者	观　　点	主　　张
Constantinide（2002）	传统的 4P 在适应网络营销时会存在一些问题：缺乏互动性、在一个动态环境中缺乏战略因素；传统 4P 所代表的因素也不是在线营销的重要因素	提出 4S 模型：战略问题：（Scope）操作问题：（Site）组织问题：（Synergy）技术问题：（System）

☞ **案例背景资料**

光州啤酒的"澳洲阳光"啤酒的营销组合剑

在新一轮"啤酒圈地"大战中，作为中国啤酒销售总量和人均消费量排名第一的山东省，更是啤酒市场争夺的焦点。与"青岛啤酒"、"燕京啤酒"，同为"诸侯"的济南啤酒——"趵突泉啤酒"且战且退，本地其他枭雄诸如"银麦啤酒"、"泰安啤酒"等，纷纷改制，苦练内功，以求突围，而一些市场"草寇"如"柳泉啤酒"则干脆出嫁，被"英博"收购，另一些则还在市场搏杀中苦苦支撑。

光州啤酒，曾经有过非常辉煌的过去，在 20 世纪 90 年代，曾经是胶东半岛上呼风唤雨的大啤酒品牌，一度在青岛啤酒的老家青岛市取得过非常大的业绩。但由于种种原因，在新一轮的竞争中遇到了市场份额减少的麻烦。

根据市场调研分析，光州啤酒市场可分为两大类：一类是成熟稳固型，包括年销量 3 万吨的莱州市场，在莱州啤酒市场占有率达 90% 以上，有年销量 1 万吨的三个县级市场，这些构成它的大本营市场；另一类是机会市场，年销量从几十吨到 2 000 吨销量不等。

光州啤酒将大众消费者分为两类：一类是关注"品牌和习惯性口味，同时具有合适的消费价格"，但并不是简单的最低价，这样的消费者占 80%，是主流。一类是"不太关注品牌和习惯性口味，只关注价格"、"谁价格低就买谁的产品"，这类消费者不到 10%，而且对于品牌建设来讲这类人没有太大的争取价值。同时为了确保提价成功，可以保留个别低价策略性品种，用来抵御对手低价进攻，抗击低价促销；通过调查决定，啤酒价格由 1.36 元/瓶提升到 1.5 元/瓶，增长 0.14 元/瓶，其中 0.1 元归公司，0.04 元/瓶让利于销售渠道，这样经销商和零售商非常欢迎提价行动，因为光州啤酒在莱州拥有较强的消费者品牌忠诚度（市场占有率高达 90% 以上），具有很强的渠道控制力，提价后利润共享，渠道销售动力更强。

酒类产品从来都是一个感性大于理性要求的产品，人们可能更喜欢里面所包含的文化的气息。那么光州啤酒是否走这样一条道路呢？营销专家制定了光州啤酒的品牌和宣传主题"拼出胶东人的豪情"。主题一旦确定，关键在于执行这些主题。公司联合当地的烟台晚报合作推出了一个"胶东人的豪情"的竞猜活动，每周分别刊登出十个胶东杰出人物的简介，前100名竞猜成功的就可以获得一箱光州啤酒。由于这是一项半公益性的活动，烟台晚报收取的费用就很低。结果活动推出后，反响非常的热烈，仅仅几分钟的功夫，热线电话就被打爆了，以至于后来很难再打进去了。与此同时，这个竞猜项目还挂在了当地影响力不是很大的网站"胶东在线上"，结果一举创造出了胶东在线从未有过的最高的点击率。这让胶东在线也非常高兴，主动将原先要 8 000 元的发布费用降低到每月 3 000 元。而这正是网站最需要的。

在啤酒瓶身的促销方式上也进行了改革。原先，光州啤酒的促销方式与绝大多数的啤酒厂商使用的方式都没什么不同，无非就是揭一个瓶盖就奖励 3 角钱，或再送一瓶啤酒一类的。几乎等同于降价，对品牌核心价值与文化的在消费者心智中的积累几乎不会形成一点作用。于是，光州啤酒的市场部就在瓶盖的促销方式上动了番脑筋。为了产生中奖，分别印了"拼出"、"胶东人"、"豪情"这几个字眼的瓶盖，谁如果收集全这三种瓶盖就可以得到一个大奖，奖励电动自行车一辆。为了提高参奖的积极性，即便是只抽到了"豪情"这样的盖子，也可以得到奖励，比如获得一箱光州啤酒，等等。

这样，就巧妙地将光州啤酒所诉求的文化直达人心的传播了出去，当地人在饮用啤酒的时候很自然地就谈论着"拼出胶东人的豪情"，一时间，光州啤酒的广告语居然成为当地影响力最大的流行语。

与此同时，公司的立体化传播策略也在紧锣密鼓的运行，纸媒、网站以及瓶身上的这一系列推广活动，让光州啤酒在当地名声大震，极大地提高了品牌在当地的认同感，真正做到了对消费者的心灵产生了俘获的作用。在半年的时间里，光州啤酒的销售增长了 60% ，而新包装啤酒单瓶的出厂价定为 1.75 元/瓶，从而使销售毛利提高了 20.6% 。新包装的"光州啤酒"获得如此大的成功，使莱州啤酒合作方感到非常非常的兴奋。

光州啤酒将新产品命名为"澳洲阳光"吧。"澳洲阳光"既暗示酿造用的优质原料来自澳洲，又能产生"碧海晴天、阳光明媚、浪漫迷人"的异域风情联想，同时与休闲放松的啤酒饮用氛围高度相关。

后续的市场推广方案设计也迅速突破，一个个全新创意不断产生："包装设计上，出现袋鼠形象，以突出原料的珍贵和稀有；促销小姐佩带有袋鼠形象的饰物，在服饰上可以突出异域风情的特点；在酒店开展"喝澳洲阳光啤酒，免费吃澳洲大餐，赢澳洲风情 7 日游"等促销活动。

9 月的北方，啤酒销售已开始转入淡季，但是"澳洲阳光"的推出，立刻引起市场的轰动，受到餐馆经营者和消费者的热烈追捧，销量节节攀升，客户喜不自禁，市场形势一片光明！

（资料来源：根据佚名著的《澳洲阳光啤酒的营销组合剑》而改编，载于世界经理人网站）

[案例思考题]

1. 本案例中，"澳洲阳光"运用哪些营销组合因素？
2. 你认为"澳洲阳光"还可以运用哪些营销组合因素来增强营销宣传效果。

本章小结

1. 市场营销组合是现代市场营销学中的一个十分重要的概念，它是指企业为了取得最佳的市场营销效果而对可控制变量的综合运用过程。按照麦克塞教授的观点，可控制的营销变量概括起来就是产品、价格、渠道和促销四大因素，简称为"4P"。

2. 市场营销组合具有可控性、动态性、复合性、整体性特点。市场营销组合概念的提出对市场营销学本身的发展和指导企业营销实践都具有十分重要的意义。它为市场营销学注入了强烈的"管理导向"思想，并成为整个营销学理论体系的中坚和主要内容之一；它为企业营销提供了系统管理的工具，同时简化了企业营销决策的程序。

3. 在贸易保护主义和行政干预日益加强的背景条件下，菲利普·科特勒提出了大市场营销的思想，将市场营销组合发展成为包括权力和公共关系在内的6Ps组合。大市场营销是企业进入屏障极高的封闭型或保护型市场所实施的特殊的市场营销策略。

4. 随着服务业的发展，服务市场营销成为市场营销学研究的重要内容。由于服务产品具有不可感知性、不可分离性、差异性、不可储存性和缺乏所有权等特点，因此，有学者将服务市场营销组合修改和扩充成为七个要素即产品、定价、渠道、促销、人、有形展示和过程。

5. 由于现代企业日益重视顾客，强调与各方关系的建立，所以在市场营销组合理论研究上不断创新，提出了4C、4R理论，同时在消费品、工业品、服务等方面提出了一系列的营销组合理论，营销组合理论研究领域呈现出繁荣局面。

思考题

1. 简述市场营销组合的概念及其特点。
2. 试分析市场营销组合的意义。
3. 简述大市场营销思想及其特点。
4. 服务市场营销组合主要包括哪些因素？
5. 试述有形展示的类型及其作用。

第九章　产品策略

　　企业制定营销战略和确定市场营销组合，首先必须解决的问题是：企业能提供什么样的产品和服务去满足消费者的需求，即首先要解决产品策略问题。因为企业的生产经营与消费者需求的统一是通过产品来实现的。产品是市场营销的基础，产品研究是市场营销活动的基础研究，是市场营销组合的其他三个因素，即价格策略、渠道策略和促销策略的出发点。企业的成功与发展，从一定意义上讲，关键在于产品能在多大程度上满足消费者的需要，以及产品策略的正确与否。研究产品策略必须研究产品寿命周期策略，同时要研究产品组合及产品线策略，还要研究新产品开发策略。

第一节　产品整体概念

一、产品整体概念

　　研究产品策略，必须明确产品的概念。传统的产品概念主要是指具有某种使用价值的物质实体，是人们为了满足需要，通过有目的的生产劳动创造出来的物质资料或社会财富的实体。但从现代市场营销学的角度看，将产品仅仅理解为实体的或物质的产品，是一种狭义的、不完整的产品概念。从现代市场营销观念看，所谓产品，是指能用于市场交换，并能满足人们某种需要和欲望的任何事物，它包括实物、服务、场所、设施、思想和计策等。可见，随着市场经济的发展，人们对产品的认识也有很大的发展。产品概念已超越了传统的有形实物的范围，思想、主意、策划等作为产品的重要形式也能用于市场交换，也能卖钱。因此，市场营销学不仅要研究物质产品或有形产品，还要研究无形产品；不仅要研究产品实体，还要研究产品的附加利益。物质产品主要包括产品的实体及其品质、式样、品牌和包装等，它们能满足消费者对使用价值的需要；非物质形态的服务主要包括产品形象、售后服务和保证等，它们可以给顾客带来利益和心理上的满足信任感，具有象征性价值，能满足人们精神及心理上的需要。产品整体概念包括三个层次的含义，如图9－1。

　　（1）核心产品。即产品的效用与功能，是指消费者使用该产品的过程中和使用后可以获得的基本利益，它是消费者需求的中心内容，是产品整体概念中最基本、最主要的部分。顾客购买产品，并不是为了获得产品本身，而是为了获得满足某种特定的需求。例如，顾客购买日光灯，需要的不是玻璃管，是为了满足照明或装饰的需要。因此，企业的产品生产或经营，首先要考虑能为消费者提供哪些效用和功能，这些效用与功能能满足消费者的哪些需求。

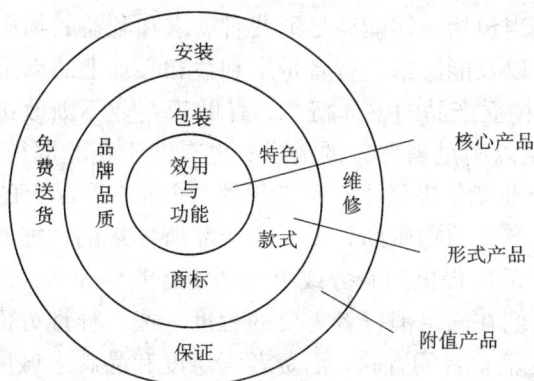

图 9 - 1　产品整体概念示意图

（2）形式产品。指产品的本体，即向市场提供的产品实体的外观。它由产品的品质、品牌、商标、式样、规格、包装等有形因素构成。产品的基本效用与功能必须通过某些具体的形式才能得以实现。顾客购买某种产品，除了要求该产品具有某些基本功能外，还要考虑产品的品质、式样、颜色以及品牌商标声誉等多种因素。具有相同效用的产品，其存在形式可能有较大的区别。因此，企业进行产品设计时，应着眼于用户所追求的基本利益，同时也要重视如何以独特的形式将这种利益呈现给顾客。因为形式产品的这些因素虽然并不全部都直接加入产品的使用过程，但也间接地影响消费者对产品使用的评价和满足程度。

（3）附值产品。指顾客购买产品时随同产品所获得的全部附加服务与利益，它包括提供信贷、安装调试、维修保修、免费送货、售后服务等。附值产品有利于引导、启发、刺激消费者购买，重复购买和增加购买量。同时，随着科学技术的发展及其在生产中的应用，不同企业提供的同类产品在实质和形式层次上的差别越来越小。企业要赢得竞争优势，应着眼于比竞争对手提供更多的附加利益。正如美国学者西奥多·莱维特所指出的："新的竞争不是发生在各个公司的工厂生产什么产品，而是发生在其产品能提供何种附加利益，如包装、服务、广告、顾客咨询、融资、送货、仓储以及具有其他价值的形式。"

核心产品、形式产品和附值产品作为产品的三个层次，是不可分割的一个整体。其中，核心产品是实质，是基础，是本质；核心产品必须转变为形式产品才能得以实现；在提供产品的同时，还要提供广泛的服务和附加利益，从而形成附值产品。

产品整体概念是市场营销观念的产物，并有效指导企业的市场营销活动。首先，强调产品整体概念，旨在使企业经营决策者牢固树立这样一种经营意识：产品的概念应当包括一切能满足消费者需求和利益的物质形态的价值和非物质形态的价值，以及能够给消费者带来利益和心理上的满足感或信任感的象征性价值。其次，树立产品的整体概念，有助于企业不断改进产品和服务，提供更多的产品附值以满足消费者的需求；也有助于企业取得竞争优势。再次，产品整体概念为企业竞争提供了一种新思路，企业在产品上的竞争可以在多个层次上展开。如果产品的物质部分或形式产品所体现的性能基本相同，而随同物质产品或形式产品所提供的服务或附加利益有差异的话，在购买者看来就可能是两种产品，它们在满足消费者需要的程度上或多样性方面就会有差别，附加利益较多者更受消费者的青睐，消费者满意度和品牌忠诚度也较高，市场竞争力也更强。因此，对于成熟期的产品，如果在功能、品质上极为接近，难以形成大的差异，那么就可以通过在款式、包装、品牌、商标、售后服务等各个方面创造差异来确立市场地位和赢得竞争优势。目前市场上同类产品之间的竞争，已在相当程度上取决于随同物质产品所提供的附加利益。

由于附加利益是产品整体利益中的一个组成部分，因此，如何增加产品附加利益是一个值得认真研究的问题。首先，附加利益的增加不能与产品其他层次利益特别是基本利益的提高割裂开来。产品整体利益的提高能更好地满足消费者的需要，增强产品的市场竞争力，但当生产同类产品的企业所提供的产品整体利益基本相同时，进一步提高产品整体利益特别是基本利益要么十分困难，要么成本很高，而市场竞争的重点又集中到产品附加利益上，因此，不少企业便转向用增加附加利益来代替产品的基本利益，或弥补基本利益的不足。这是极端片面和错误的。基本利益是产品整体利益中最主要的部分，是消费者购买的主要目的，是附加利益所不能替代的。如果产品提供给消费者的基本利益下降，即使附加利益增加，也会引起消费者的不满。其次，要根据消费者的需要来决定如何增加产品附加利益。附加利益的载体通常是服务。服务的内容很广泛。不同消费者以及同一消费者在不同场合对服务内容的要求与期望可能不同。如电脑之类的高科技产品可能对产品介绍、安装、维修等服务内容的期望较高，而家具、空调等大件商品，可能对送货上门的服务期望较高。只有当企业所提供的服务为消费者所需要，才能成为实际的附加利益。如果企业所提供的服务不能满足消费者的需要，则附加利益就会降低甚至不能形成。

二、产品分类

在市场营销中要根据不同的产品制定不同的营销策略，而要做到科学地制定有效的营销策略，就必须对产品进行科学的分类。产品分类的方法很多，依不同的分类方法就划出了不同类别的产品。

（一）按产品的用途划分

按用途划分，产品可以划分为消费品和产业用品（工业品）两大类。消费品直接用于最终消费；产业用品则由企业购买后，用于生产其他产品，也称为生产资料，包括原料、燃料、辅助材料、设备、工具、零配部件等。消费品与产业用品两者在购买目的、购买方式及购买数量等方面均有较大的差异。

（二）按使用时间划分消费品

按使用时间的长短可将消费品划分为日用品、选购品和特殊品三类。

（1）日用品。又称非耐用品，包括食品、肥皂、牙膏、日用杂货及日用百货等。这类产品有的是一次性消耗，有的使用时间很短，因此，顾客需要经常购买且希望能方便地及时地购买。这类产品的生产企业，若想扩大其产品的销售量，就应在居民比较集中的地区或职工上下班的交通要地设置零售网点。

（2）选购品。也称半耐用品，包括大部分纺织品、服装、鞋帽、一般家具等。这类产品的最大特点在于可以使用一段时间。所以，顾客不需要经常购买或立即购买，但在购买时，对产品的适用性、质量、价格等基本方面会进行有针对性的比较、挑选。这类产品的生产企业，一方面要生产出更多的花色品种，以供顾客选择；另一方面要选择比较繁华的商业区来销售产品。

（3）特殊品。又称耐用品，包括电视机、电冰箱、空调、洗衣机、家具、汽车等。该类产品的最大特点在于可以使用很长一段时间，且价格比较昂贵。所以，顾客在购买时十分慎重，重视产品的质量及品牌和生产企业，对产品的附加利益要求较高。这类产品的生产企业，应特别在产品的质量和服务上下功夫。

（三）按进入生产过程和相对昂贵程度划分产业用品

按进入生产过程和相对昂贵程度可将产业用品划分为原材料与零部件、资本项目和供应品与服务。

（1）原材料与零部件。原材料与零部件是指完全进入产品制造过程的产业用品。①原材料。指从未经过加工，但经过加工制造即可成为产品的那部分产业用品。②零部件。指已经过部分加工，尚需经过进一步加工方可成为成品或已经过加工不需作进一步改变，但要装配于产品之上的那部分产业用品。

（2）资本项目。资本项目是指涉及制造过程、部分进入产成品的那部分产业用品，它分成主要设备和辅助设备。①主要设备。是指购买者投资的主要支出，包括建筑物、主要设备等。这类产品的特点是：价值高、使用时间长、售前谈判时间长。②辅助设备。是指在生产过程中起辅助作用的设备，包括手用工具、办公设备等。

（3）供应品与服务。供应品与服务是指维持企业生产经营活动所必需，但其本身不会形成最终产品的那部分产业用品。①供应品。又可分为一般供应品（如润滑油、复印纸、铅笔等）和维修供应品（如油漆、钉子等）。②服务。作为产业用品的服务包括维修服务（如清洗窗户、修理打字机等）和咨询服务（如法律咨询、管理咨询等）。

（四）按照产品之间的销售关系划分

按照产品之间的销售关系，产品可分为独立品、互补品、替代品。

（1）独立品。是指一种产品的销售不受其他产品销售变化的影响。比如烟灰缸与日光灯互为独立品。

（2）互补品。是指两种产品的销售互为补充，即一种产品销售量的增加，必然引起另外一种产品销售量的增加，反之亦然。如汽车与汽车轮胎，打印机与墨盒，照相机与胶卷均互为互补品。互补品的互补程度一般可以通过两产品间的交叉价格弹性来衡量。

（3）替代品。是指两种产品存在相互竞争的销售关系，即一种产品销售量的增加会减少另外一种产品的潜在销售量，反之亦然。如牛肉与猪肉、机械表与石英表、白炽灯与日光灯均互为替代品。替代品与互补品是相互对立的概念，它也可以用两产品间交叉价格弹性系数来衡量，替代品的交叉价格弹性系数为正，互补品的交叉价格弹性系数为负。

三、产品等级关系

在现代化大生产和市场经济条件下，大多数企业都生产和销售多种产品，而每一种产品和其他产品之间都存在着等级关系。产品的等级分为七级：

（1）需要门类。指构成产品总类之基础的核心需要。需要门类由人类基本需要所组成，如生理需要、安全需要、社交需要等。需要门类包括所有的产品。

（2）产品门类。指能满足某一核心需要的所有产品种类组成的集合。例如，满足安全需要的产品类，包括身体安全（医疗保健产品集合）、家庭收入安全（保险产品集合）、工作安全（专业训练产品集合）等。

（3）产品种类。指产品门类中被认为具有某些相同功能的一组产品。例如保险产品包括人寿保险、财产保险、旅游保险等。

（4）产品线。指同一产品种类中具有密切关系的一组产品。它们以类似的方式起作用，或出售给相同的顾客群，或通过相同的销售网点出售，或在一定的幅度内作价格变动。例如，保险产品集合中人寿保险以人为主，财产保险则以物为主，两者各自成为一个产品线。人寿保险产品线中包括健康保险、意外灾害保险、死亡保险等。财产保险产品线包括动产保险、不动产保险，火灾、水灾等保险。

（5）产品类型。指在某一相同产品线中分属于若干可能的产品行为中的一种的那些产品项目。如可乐依其包装可以分为塑料包装、铝罐包装、玻璃瓶包装等，按口味可以分为果汁类可乐、非果汁类可乐(可口可乐古典风味汽水)。

（6）品牌。指同一产品线上一个或几个产品项目的产品名称，用以识别各种项目的来源或特色。如长虹电视机、海尔空调、青岛啤酒等。

（7）产品项目。指某一品牌或产品线内的独特单位，它可以根据尺码、价格、外观或其他属性来区别的具体产品。如电视机可以分为21英寸、29英寸、34英寸等。

第二节 产品寿命周期

一、产品寿命周期的概念

（一）产品寿命周期的概念

产品寿命周期(product life cycle，PLC)也叫产品生命周期，它是指产品从上市到落市的时间间隔，即产品从进入市场到被市场淘汰的全过程。产品寿命周期指的是产品的市场寿命，是指某种产品在市场上的存在的时间，其长短受消费者需求变化、产品更新换代的速度等多种因素的影响，它与产品的使用寿命是不同的。市场营销所研究的产品寿命周期主要是竞争性产品的市场寿命周期。有一类产品，如某些必需品是永远不会退出市场的，如食盐这种产品是人维持生命不可缺少的，不会退出市场，要退出的只是某个品牌的产品。

（二）产品市场寿命周期与产品使用寿命周期的区别

（1）产品市场寿命周期又称产品的经济寿命周期，它是产品的社会属性，是与产品的交换价值相联系的。也就是说，交换价值是衡量一种产品是否具有市场寿命的依据。产品的市场寿命周期是市场营销学所要研究的内容。产品的使用寿命周期又称产品的自然寿命周期，它是指产品投入使用到报废的持续时间，即产品的耐用时间。它是产品的自然属性，与产品的使用价值相联系。也就是说，使用价值是衡量一种产品是否具有使用寿命的依据。产品的使用寿命周期是商品学研究的范畴。

（2）产品的使用寿命是具体的、有形的，而产品的市场寿命则是抽象的、无形的。

（3）产品的市场寿命主要取决于技术进步、市场竞争、政府干预和消费者的需求变化等四个方面因素的影响，而产品的使用寿命的长短则是由产品本身的设计和制造质量以及产品的物理、化学、生物性质所决定。

（4）产品的市场寿命与产品的使用寿命长短是不等的。有些产品的市场寿命很长，使用寿命却很短，如鞭炮、火柴等即属于此类；有些产品的使用寿命虽仍在延续，但其市场寿命却早已中止，如老式收音机的状况就是如此。

典型的产品寿命周期包括四个阶段，即引入期、成长期、成熟期和衰退期。

（三）产品寿命周期各阶段的主要特征

产品寿命周期各阶段一般是以销售量和企业获得的利润额的变化来衡量和区分的，如图9－2所示。

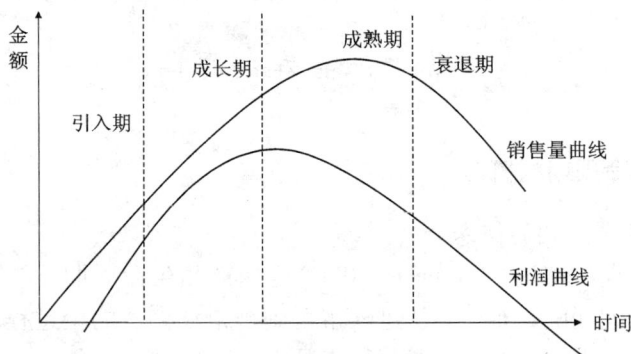

图9－2　产品寿命周期曲线

在上图中，产品寿命周期表现为一条"S"型的曲线，整个曲线按上述四个阶段划分，各阶段表现出各自不同的特点。

（1）引入期又称投入期、介绍期、试销期，一般指产品从发明投产到投入市场试销的阶段。其主要特征是：产品刚刚进入市场试销，尚未被消费者所接受，销售额增长缓慢；生产批量小，试制费用大，产品的生产成本高；由于消费者对产品不熟悉，促销费用较高；企业利润少，甚至发生亏损；产品在市场上一般没有同行竞争。

（2）成长期又称畅销期。指产品在试销取得成功以后，转入成批生产和扩大市场销售的阶段。其主要特征是：销售量迅速增长；产品设计和工艺基本定型，可以成批或大批生产，生产成本显著下降；企业利润迅速上升；同行业竞争者开始仿制这类产品，竞争开始加剧。

（3）成熟期又称饱和期。指产品在市场上已经普及，销售已经达到饱和状态的阶段。其主要特点是：市场需求量已趋向饱和，销售量达到最高点；生产批量大、产品成本低，利润也将达到最高点。很多同类产品进入市场，竞争十分激烈；成熟期的后期，销售量和利润的增长缓慢，甚至趋近于零或负数。成熟期是产品寿命周期中持续时间较长的一个阶段。

（4）衰退期又称滞销期。指产品不能适应市场需要，走向被市场淘汰或更新换代的阶段。其主要特征是：销售量和利润由缓降变为急降；已有新产品进入市场，正在逐渐替代老产品；竞争对手纷纷退出，竞争突出表现为价格竞争，产品价格被迫不断下降。

产品寿命周期各阶段的特点如表 9 – 1 所示。

表 9 – 1　产品寿命周期各阶段特点

阶段 特点	引入期	成长期	成熟期	衰退期
销售量	小	快速增长	缓慢增长、有下降趋势	下降
利 润	微利或负	大	大、开始下降	低或负
购买者	爱好新奇者	较多	大众	少数保守者
竞争	甚微	加剧	激烈	减弱

以上对于产品寿命周期各阶段的划分是一种理论上的定性划分，其方法主要以下几种。

（1）类比法。即参照类似产品的寿命周期曲线来划分某一新产品寿命周期阶段。如参照黑白电视机的资料来判断彩色电视机的寿命周期阶段及其市场发展趋势。

（2）比值法。即以销售增长率来划分产品周期的各个阶段。

如以 ΔQ 表示纵坐标上产品销售量的增加，ΔT 表示横坐标上时间的增加，则 $\Delta Q/\Delta T$ 的下述比值数据可供确定产品寿命周期阶段参考。

$0 < \Delta Q/\Delta T \leqslant 10\%$ 时，属于引入期；

$\Delta Q/\Delta T > 10\%$ 时，处于成长期；

$-10\% < \Delta Q/\Delta T < 10\%$ 时，处于成熟期；

$\Delta Q/\Delta T < -10\%$ 时，处于衰退期。

（四）产品品种、产品形式和产品品牌的寿命周期

产品寿命周期因产品层级不同而又有所区别。一个产品种类、一种产品形

式和一种具体品牌的寿命周期各不相同。

产品种类：具有最长的寿命周期。许多产品种类的销售在成熟阶段是无限的，如钢铁、电、粮食等。有些主要的产品种类如香烟、报纸、咖啡，似乎已进入产品寿命周期的衰退阶段。而另一种类产品如传真机、移动电话，明显已进入成长阶段。

产品形式：它比产品种类更能体现标准的产品寿命周期的历史。例如，手动打字机经历了产品寿命周期的投入期、成长期、成熟期和衰退期；而当前的电子打字机正在重演被取代的类似历史。产品形式寿命周期的长短主要取决于技术更新的速度。

产品品牌：一般来说，产品品牌实现了最短的产品寿命周期历史。尼尔逊公司的调查研究报告指出：在过去，一种新品牌的寿命近似于三年，并且有迹象表明它的成长期更短。同时，也有些老品牌仍然经久不衰。如宝洁公司相信它能把强盛品牌名字永远使用下去。

（五）产品寿命周期的变异

前面所述产品寿命周期曲线只是一种典型化或理想化的描述，说明产品在市场上发展的一般情况。实际上，很多产品并非完全如此。由于各种原因，周期曲线会出现种种变异。如，有些产品性能不能适应消费者需要，还没有进入成长期就夭折了；有些产品因质量不能得到保证成其他策略失误失去信誉而未老先衰；有些产品因原材料紧缺不得不退出市场，也有些产品因得天独厚的自然条件而长期处于成长期；有些产品因设计配方的独特而在消费者中有良好的信誉而长盛不衰；有些产品因消费者心理的变异而出现周期性兴衰，等等。

二、产品寿命周期各阶段的市场营销策略

（一）产品引入期的营销策略

在产品投入期，一方面应尽量完善产品技术性能，尽量形成批量生产能力；另一方面，应采取有效的策略促使产品尽快进入成长期。主要的策略有：①由现有名牌产品来扶持提携新产品；②通过特殊手段使消费者赏识试用新产品；③利用一些优惠条件推动中间商积极经销；④促销活动的重点是向消费者宣传、介绍产品的用途、性能、质量，促销对象是"先驱购买者"；⑤价格上可采取高价取脂策略或低价渗透策略；⑥促销与价格组合运用，可选择采取快速掠取策略、缓慢掠取策略、快速渗透策略或缓慢渗透策略。

（二）产品成长期的营销策略

这一阶段企业的营销策略应突出一个"快'字，以便抓住市场机会，迅速扩大生产能力，以取得最大的经济效益。其具体策略有以下几种：①集中企业必

要的人力、物力、财力，改进和完善生产工艺，迅速增加和扩大产品批量；②加强促销活动，广告宣传应从介绍产品本身转为树立产品形象和企业形象，为产品争优创名牌；③进一步细分市场，扩大目标市场；④加强对分销渠道的管理，建立高绩效的分销渠道体系。

（三）产品成熟期的营销策略

这一阶段由于市场竞争激烈，行业的产品寿命周期中成熟期持续时间一般较长。但各企业的具体情况不同，竞争能力各有差别，因此所采取的策略也有不同。一般来说，对处于成熟期的产品，企业宜采取主动出击的办法，尽量延长成熟期。可采取以下三种具体策略：

1. 产品改良

这种决策是以产品自身的改变来满足顾客的不同需要，吸引有不同需求的顾客。处于成熟期的产品，可以通过对产品整体概念的任何一个层次的改良而吸引新的消费者。具体方式有以下几种：

（1）质量改良。如果顾客对产品质量的改进持信用态度，且有足够的顾客对质量改良的产品反映强烈，就可以对产品质量进行改良。如洗衣机制造商把普通洗衣机改为漂洗、甩干多功能的全自动、半自动洗衣机等。这种决策既能延长成熟期，又能提高产品的竞争能力。

（2）特性改良。即扩大产品的使用功能，增加产品新的特性（如大小、重量、材料、附加物等），以此扩大产品的多方面适应性，使之更方便使用。如一些信用卡能从自动取款机取款；另一些可作为智能卡使用，记录持卡人在会员百货商店的购物情况和持卡人的个人特征；还有一些卡上有持卡人的照片和签名，防止别人冒用。这种策略费用少，收益大，但易被模仿，故只有率先者才能获利。

（3）式样改良。即基于美学欣赏观念而进行款式、外观及形态的改良，形成新规格、新花色的产品，从而刺激消费者，引起新的需求。如将普通圆珠笔改良成电子表圆珠笔等，从而使电子表销售一直处于成熟期。

（4）附加产品改良。服务是产品的主要组成部分之一，所以提供新的服务也是产品改良决策的重要内容。适当增加服务内容对提高产品的竞争能力、扩大产品销售量具有促进作用。附加产品改良包括向消费者提供优惠条件、技术咨询、质量保证、消费指导及售后服务等。

总之，每进行一种方式的产品改良，就相当于刺激出一个新的产品成长，从而使成熟期得以延长。

2. 市场改良

市场改良即开发新的目标市场，为产品寻求新的顾客。其方式有三种：①

发现产品的新用途。这是指不改变产品的特性、质量、功能而发现产品的新用途，应用于其他的领域，以使产品的寿命周期延长。②开辟新市场。新市场是相对原市场而言的。如原市场在本省、本国，则外省、外国就是新市场。工业发达国家通常是把已经处于成熟期甚至衰退期的产品向发展中国家销售，或直接转移到国外生产，以延长其生命周期。③市场重新定位。目的在于寻找有潜在需求的新顾客。每种产品都有吸引顾客的能力。可能有些顾客或是不知道这种产品，或者是因为某些特殊的原因而不想买这种产品。那么，企业可以利用市场渗透策略寻求顾客，如香水制造商说服那些不用香水的女士使用香水，说服男士使用香水，等等。

3. 市场营销组合改良

这种策略是对产品设计、定价、营销渠道和促销这四个因素加以改革，以刺激销售量的回升。通常的做法如降价、增加广告、改善流通渠道，以及提供更多的售后服务等。

(四)产品衰退期的营销策略

1. 继续策略

企业继续沿用以往营销策略，保持原有的目标市场和营销渠道一段时间。这是因为新老产品之间有一个交替阶段，或者还会有一部分顾客有继续使用老产品的习惯，一直到这种产品完全退出市场为止。

2. 集中策略

把企业的人力、物力、财力集中到最有利的细分市场，从有利市场获得利润。

3. 转移策略

各地区的经济水平发展不同，有些产品在发达地区已是老产品，而在边远山区可能是新产品。如企业可将目标市场从城市转向农村，从国内转向国外。

4. 放弃策略

对于衰落比较迅速的产品，应当机立断，放弃经营。

三、影响产品寿命周期的主要因素

产品寿命周期是客观存在的，其长短受到多种因素的影响。认真研究各种因素，对于企业掌握产品寿命周期的复杂规律，及时制定相应的营销策略，具有重要的意义。

影响产品寿命周期的主要因素有：

1. 产品本身的性质和用途

这是影响产品寿命周期的首要因素。有些产品能够满足消费者的某种长期需要，寿命就长；有些产品则只能满足消费者一时需要，寿命短。一般说，基本生活资料和实用性大、替代性小的产品，寿命周期较长；非基本生活资料及实用性不强的产品，寿命周期较短；流行性产品，特别是时尚商品，如时装、玩具等，寿命周期更短。

2. 产品价格和质量

一般说，价廉物美的商品、优质名牌产品比照同类产品，其寿命周期相对较长，其他产品，寿命周期则短。

3. 消费者需求的变化

人们的消费水平、消费结构、消费方式以及消费习惯、消费心理的变化，必然会对某些产品的供求产生重大影响，从而影响这些产品的寿命周期。随着人们消费水平的提高，一些不符合消费者新的需求的产品退出市场，缩短其寿命周期。一些产品虽未失效，但已"失宠"。

4. 科学技术的发展水平

随着科学技术的发展，产品更新换代速度加快，产品寿命周期缩短的趋势已很明显。目前西方发达国家的产品平均寿命已不到十年。

第三节　产品组合决策与产品线决策

产品决策按其决策涵盖面的大小可分为三个层次：产品组合决策、产品线决策和个别产品决策。产品组合涉及公司所有产品间的决策关系，产品线决策则以某一特定产品线为主题。个别产品策略则考虑产品线内的各个产品项目。这三个产品决策虽然在层次上各有不同，但其决策本身却是一致的。产品组合主要规划产品线及个别产品的决策方向，而产品线决策则反映产品组合的决策目标。本节主要讨论产品组合决策与产品线决策。下一章将讨论个别产品决策中的品牌决策与包装决策问题。

一、产品组合决策

(一) 产品组合的概念

所谓产品组合，是指企业根据市场需求和企业资源、技术条件，确定生产和经营的全部产品大类、产品项目的有机构成方式。产品组合是企业的产品策略首先要解决的问题。它直接关系到企业的产品发展计划和企业的人力、物力、财力的分配和使用，关系到企业是否能最大限度地避免风险，取得尽可能大的稳定的经济效益。

产品组合包括三个因素，即产品组合的广度、深度和关联性。产品组合就是对产品的广度、深度和关联性的有效选择。所谓产品组合的广度，是指企业生产经营多少种不同的产品大类，又称为产品线，即技术上和结构上密切相关的一组产品。产品线数量越多，产品组合的广度越宽。所谓产品组合的深度是指企业的每一产品种类中有多少种不同品种、规格的产品，即产品项目。同类产品品种越多，其产品组合的深度就越大。所谓产品组合的关联性是指各产品种类(产品线)之间在最终用途、生产条件和销售方式或其他方面的相互联系的密切程度。如专业商店产品组合的关联性较大，而综合商店产品组合的关联性较小。产品组合的广度、深度和关联性不同，构成不同企业的营销特色。一般来说，拓宽产品线即增加产品组合的广度，有利于发挥企业的潜力，开拓新的市场；增加产品组合的深度可以适应更多的特殊需要；加强产品组合的关联性，可以增强企业的市场地位，发挥和提高企业在有关专业上的能力。

（二）产品组合的优化与调整

1. 最佳产品组合

企业确定产品组合，要从本企业实际出发，充分发挥本企业经营的特长，把产品组合的诸因素有机地结合起来，实现最佳产品组合。所谓最佳产品组合，是指在市场和企业资源可以预测到的变动范围内，始终使企业获得最大利润的产品组合。这种组合有两个特点：一是动态性。由于市场环境和竞争形势的不断变化，产品组合的每个因素也随之发生变化。一部分产品获得较快的成长，并获得较高的利润；而另一部分产品则可能趋向衰落。因此，企业面临一个不断根据形势变化，调整产品组合，在变动的形势中，寻求和保持产品组合最佳化问题。这就要求企业经常分析自己产品组合的状况和结构，判断各产品项目在市场上的生命力，评价其发展潜力和趋势，不断地对原有产品组合进行调整。二是相对优化。即最佳产品组合不是指一个企业生产和经营的每一种产品都是最佳的或总是最佳的。一个企业生产和经营的所有产品都长期处于最佳状态是不可能的，因此最佳产品组合也是相对的。一个最佳的产品组合中，一般包括了以下几类产品：①未来的主要产品。也叫试销产品，全新产品、换代产品和改进产品。这是企业未来赖以生存的产品。②目前的主要产品。也叫畅销产品，即目前销售量大、盈利多的产品。这是企业现在赖以生存的产品。③继续经营的产品。也叫饱和产品，即目前还有一定销路，但销量不大，盈利减少的产品。这是企业过去赖以生存的产品。④即将淘汰的产品。也叫滞销产品，即销售量锐减，即将被淘汰的产品。⑤失去销路和失败的产品。即已经完全失去销路或尚未打开销路就失败了的产品。

一个生产或经营多种产品的企业，必须在这些产品类型之间进行平衡。既不能把企业的力量都集中在目前的主要产品，忽视新产品的开发，招致未来的困难；又不能把希望都寄托在未来的主要产品上，使企业目前处境艰难。企业应使各类产品处于一种合理的平衡状态，使整个企业总的利润在充分利用生产和销售能力的情况下达到最大化。

2. 产品组合的评价方法

评价产品优劣的标志归纳起来主要是以下三个：①产品的发展性，其主要指标是销售增长率；②产品的竞争性，其主要指标是市场占有率；③产品的盈利性，其主要指标是利润率。

评价产品组合的方法很多，这里主要介绍三维分析图法。三维分析图法是将销售增长率、市场占有率和利润率在三维空间坐标上分别用 X、Y、Z 三个坐标轴表示(如图 9 - 3)。

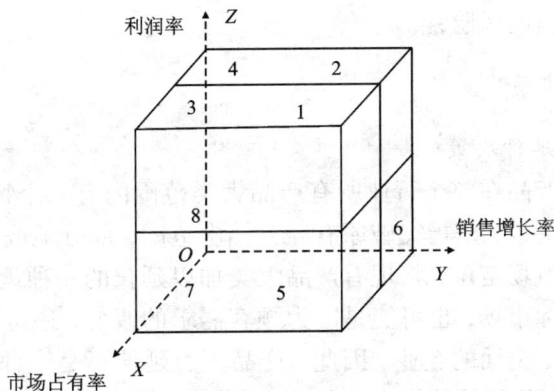

图 9 - 3　产品组合三维分析图

在三维分析图上构造八个空间位置。每个位置代表三种因素的一种组合情况。分析企业生产经营的每一个产品项目各自在坐标空间上占有的位置，就可以看出产品在市场上所处的地位，就能有针对性地作出经营决策。

一般来说，比较好的产品组合，多数产品应在 1 区位，这一区位利润率、市场占有率和销售增长率均高，属于明星产品，企业应在技术力量、设备资金、原材料和能源分配上列为重点，优先保证大力发展。3 区位有大量厚利产品，是目前企业收益的主要来源。但由于销售增长率不高，发展前途不大，故不宜过分投资，以维持其市场占有率为宜。2，5，6 区有一定的新产品，这三个区位产品的共同特点是销售增长率高；虽然其中有的目前利润率或市场占有率低，但有发展前途，应加强促销。其余各区则应逐步淘汰，尤其是图中 8 区，三项指标皆低，应尽快放弃。

（三）产品组合决策

产品组合决策就是企业根据目标市场情况对产品组合的广度、深度和关联性进行决策，以求达到最佳产品组合。产品组合决策总体上可以分为两大类。

（1）扩大产品组合决策。包括拓展产品组合的广度和加强产品组合的深度。前者指在原产品组合中增加一个或几个产品大类（产品线），扩大经营产品范围。后者是在原有产品大类（产品线）内增加新的产品项目。其优点是：有利于充分利用企业的资源，适应多种市场需求，扩大销售额；有利于企业经营的稳定性，分散经营风险。

（2）缩减产品组合决策。指企业缩减产品组合的广度和深度，即减少产品大类或减少产品项目，缩小生产经营的范围。这种策略有利于企业集中力量生产和经营那些企业擅长、有优势、竞争力强的高利产品。但由于投资过于集中，相对地增加了经营的风险性。

二、产品线决策

（一）产品线延伸决策

任何企业的产品在整个行业所有产品大类范围内有一个特定的市场定位。所谓产品线延伸决策，是指突破原有经营档次范围，部分地或全部地改变企业原有产品大类的市场定位，将现有产品大类加以延长的一种策略。它可能是为了要开拓新的目标市场，也可能是因为顾客需求的改变，还可能是为了使本企业成为经营种类更全面的企业。因此，产品大类延伸不是一种战术决策，而是一种战略决策，产品延伸策略有三种类型：向下延伸、向上延伸和双向延伸。

1. 向下延伸

这是指企业原来生产高档产品，后来决定增加低档产品。企业采取向下延伸决策的主要原因是：①企业发现其高档产品增长缓慢，因此不得不将其产品大类向下延伸；②企业的高档产品受到激烈的竞争，不得不用进入低档产品市场的方式来反击竞争者；③企业当初进入高档产品市场是为了建立其质量形象，然后再向下延伸；④企业增加低档产品是为了填补空隙，不使竞争者有机可乘。

企业在采取向下延伸决策时，会遇到一些风险。主要是：①企业原来生产高档产品，后来增加低档产品，可能使名牌产品的质量形象受到损害。因此，低档产品最好用新品牌，不要用原先高档产品的品牌。②企业原来生产高档产品，后来增加低档产品，有可能会刺激生产低档产品的企业，它们可能会向高档产品市场发起反击；③企业的经销商也可能不愿意经营低档产品，因为经营低档产品的利润太少。

2. 向上延伸

指企业原来生产低档产品，后来决定增加高档产品。主要原因是：①高档产品市场具有较大的成长潜力和较高的利润率；②企业的技术设备和营销能力已具备进入高档产品市场的条件；③企业估计高档产品市场上的竞争者较弱，易于被击败；④企业要重新对产品线进行定位。

采用向上延伸决策也要承担一定的风险，主要是：①可能引起生产高档产品的竞争者进入低档产品市场进行反击。②改变产品在消费者心目中的地位是十分困难的，未来的顾客可能不相信企业能生产高档产品。如果处理不当，不仅难以收回新开发产品项目的成本，还会影响到老产品的市场声誉。③企业的经销商可能没有能力经营高档产品，企业需培训或物色新的经销商。

3. 双向延伸

原先定位于中档产品市场的企业在占据市场优势后，可能会向产品大类的上下两个方向延伸。所谓双向延伸，是指企业原来生产中档产品，后来决定同时增加高档产品和低档产品，扩大市场阵地。

(二)产品线现代化改造决策

这一决策强调把现代科学技术应用到生产过程中去。在某些情况下，虽然企业产品组合的广度、深度都非常适应，但产品大类(产品线)的生产形式却可能已经过时，这就必须对产品线实行现代化改造。

如果企业决定对现有产品线进行改造，产品线现代化决策者还必须解决这样的问题：是逐步实现现代化技术改造，还是以最快的速度采用全新设备更新产品线。逐步实现现代化可以节省资金耗费，但缺点是竞争者很快就会察觉，并有充足的时间采取措施与之抗衡。而快速现代化策略虽然在短时期内耗费资金较多，却可以出其不意，击败竞争对手。

(三)产品线填补决策

产品线填补决策是在现有的产品线范围内增加一些产品项目。当企业准备达到下述目标时，可以考虑采取产品线填补决策：试图在短期内增加企业利润；为经销商增加销售机会；企业尚有生产能力待充分利用；企业试图成为产品线齐全的市场领先者；为防止竞争对手侵入而填补市场空缺等。

当企业运用产品线填补决策时，所考虑的不只是满足企业内部的需求，还必须保证所开发的产品项目能够同时满足市场需求。否则，就会造成企业产品线填补过度，从而引发新旧产品间的自相残杀。

(四)产品线削减决策

产品线削减决策与缩减产品组合决策不同，它是在现有的产品线范围内减少一些产品项目，而不是减少产品线。企业遇到下述两种情况时，往往考虑削减产品线：一是产品线上存在着蚕食企业利润的滞销产品，或者是无力让所有产品项目达到预期利润，不得不对产品线上的每个产品项目进行利润率分析，削减那些利润率低或亏损的项目。二是当企业缺乏足够的生产能力时，应该分析审查所有品种的获利情况，集中生产利润率较高的品种，削减那些微利或亏损的品种。产品线削减决策能保证企业在那些销售量大、对利润贡献大且有长期发展潜力的产品上生产经营。

三、产品差异化与产品定位策略

(一)产品差异化

企业进行产品组合决策时必然会涉及产品差异化。所谓产品差异化，是指企业向市场提供的产品足以引起消费者的偏好，使消费者将它与同类竞争品相区别的现象。按照产业组织理论，产品差异化是市场结构的一个要素，企业控制市场的程度取决于他们使自己的产品差异化的成功程度。

在市场结构中，除了完全竞争市场(产品同质)和寡头垄断市场(产品单一)以外，通常产品差异化是普遍存在的。产品差异化对企业的市场营销活动具有重要意义。首先，企业对于那些与其他产品存在差异的产品拥有绝对的垄断权，这种垄断权构筑了其他企业进入该市场或行业的壁垒，形成竞争优势。其次，企业在形成产品实体的要素上或在提供产品过程中，造成足以区别于其他同类产品以吸引消费者的特殊性，从而导致消费者的偏好与忠诚。这样，产品差异化不仅迫使外部进入者耗费巨资去征服现有客户的忠诚性而由此造成某种障碍，而且又在同一市场上使本企业与其他企业区别开来，形成以产品为基础的争夺市场的有利地位。因此，企业在实行产品决策时要制定产品差异化策略。

产品差异化的原因是多方面的。从消费需求的角度看，产品差异包括消费者对类似产品的不同态度，因而，产品差异的原因就包括了引起购买者决定购买某种产品而不购买另一种产品的各种原因。①产品质量或设计方面的原因。②信息闭塞或不完整的原因。即消费者对所要购买的产品的基本性能和质量不了解所引起的差异。③由销售者的推销行为，特别是广告、促销和服务引起的品牌、商标或企业名称的差异。④同类企业地理位置的差异。

为了在顾客中树立产品差异化形象，企业可以采取以下产品差异化策略。

(1)研究与开发策略。即通过产品自身因素直接树立产品差异化形象。企业通过大力开展研究与开发工作，努力使自己的产品在性能、规格、造型、包装等方面发生改变，不断推出新产品，以表现产品的差异性。这些差异性顾客可以通过感觉器官直接感觉出来。

（2）地理策略。企业产品的生产地和销售地的选择均以地理便利为基础，由此可带来位置和运输上的好处。这种地理差异对于节省成本，广揽顾客很有作用。在销售渠道选择上，利用不同的中间商也可使产品产生差异。一般来说，通过高级商场、有名望的商店出售的产品，要比普通商店更能表现产品的优质身价。

（3）促销策略。产品差异对消费者的偏好具有特殊意义，尤其是对购买次数不多的商品，许多消费者并不了解其性能、质量和款式，所以，企业应通过广告宣传、营业推广以及公共关系活动传送有关信息，树立产品差异化形象，给消费者留下偏好和主观形象。

（4）服务策略。在现代市场营销观念中，服务已成为产品整体概念的一个重要组成部分，企业可以通过训练有素的职员为消费者提供优质服务，缩短结账过程等，满足消费者合理的差异需求，树立企业产品的差异化形象。

那么，如何来测定产品差异程度呢？由于产品差异是一种主观概念，它存在于消费者的偏好中，所以计量产品差异是件困难的事情。即使如此，研究者们还是进行了大量探索。现在人们一般用需求交叉弹性来计算产品差异程度。在分析产品差异状况时，可以将同一行业内不同企业产品的交叉弹性加以比较，高的需求交叉弹性表明低的产品差异和高的可替代性。企业通过需求交叉弹性比较所在行业内不同企业生产的同类产品的差异程度，有利于不断调整自己的差异化决策，在市场竞争中占据有利地位。

（二）产品定位策略

所谓产品定位策略，是指企业根据消费者对于某种产品属性在消费者心目中的需求位置，为该产品确定一定的市场地位的策略。即企业为自己的产品树立特定的形象，使之与竞争者的产品显示出不同的特点。这种产品形象与特色可以从产品实体中表现出来，如产品形状、理化性能、成分、造型等；也可以适应不同的消费心理和消费时期而体现出来，如朴素、豪华、清雅等；还可以由产品的服务表现出来，如送货、安装、保修维修，等等。产品定位策略往往是同市场定位结合在一起的。成功的产品定位，取决于三个基本因素的协调统一，即产品特色、企业对产品特色的创新培养及消费者的需求偏好。

由此可见，产品定位策略的实施是以产品差异化为基础，没有产品的差异化，就不可能有产品定位。然而企业在实施产品定位策略时，还要不断适应市场需求变化的要求，把产品差异化与市场需求的变化结合起来，产品定位才能成功。

第四节　新产品开发

一、新产品的概念与特点

（一）新产品的概念

新产品可分为技术新产品和市场新产品两类。所谓技术新产品，是指"在结构、材质、工艺等一方面或几方面比老产品有明显地改进，或者是采用新技术原理、新设计构思，从而显著提高了产品的性能或扩大了使用功能的产品"。现代市场营销观念下的新产品概念是从企业经营角度认识和规定的，它比因科学技术在某一领域的重大发展所推出的新产品概念所包含的内容更广泛。它是指凡在产品整体概念中的任何一个部分有所创新、改革和改变，且能够给消费者带来新的利益和满足的产品，都是新产品。

（二）新产品的分类

按不同的标准划分，新产品可分为不同的类型。

1. 按照新产品的新颖程度划分

（1）全新型产品。指由于科学技术的发展，新技术的发明应用于生产，制造出前所未有的、能满足消费者的一种崭新需求的产品。全新产品的出现，往往具有划时代的意义，它能够对社会生产和生活方式产生重大影响。但由于难度很大，绝大多数企业都很难开发全新产品。

（2）换代型产品。指利用科学技术的成就对现有产品在材料、工艺等方面进行改进，制造出具有新用途、能满足新需求的产品。换代产品往往能给消费者带来新的满足，或者是提高消费者的满足程度。

（3）改进型产品。指对现有产品的品质、特点、款式、包装、花色品种等方面进行改进而形成的产品，这种改进只是对原来产品的改进，是由基本型派生出来的改进型，与原有产品差异不大。改进产品有利于提高原有产品的质量，或实行产品多样化，满足消费者对产品品质和功能的更高要求，或满足不同消费者对同种产品的不同需求。

（4）仿制型产品。指企业仿制市场上已有的新产品。仿制时虽可能有局部的改进或创新，但基本原理和结构是仿制的。企业在仿制新产品时，应注意严防产品侵权问题。

2. 按照地区、范围来划分

（1）世界性新产品。指在全世界第一次试制成功，并生产和销售的产品。世界性新产品具有先进性和新颖性，这类产品的诞生标志着某种技术的突破，从而具有划时代的意义。发展这种新产品可以提高国家的声誉，并能提高企业在国际市场上的竞争能力。

（2）全国性新产品。指在国内首次设计、试制、生产并投入市场的产品。开发这种新产品对于赶超世界先进水平填补国内空白、减少进口等都具有重要意义。同时，也能提高企业在国内市场上的竞争能力。

（3）地区性新产品。指在其他地区（省、市、自治区）已试制成功并投入市场，但本企业所在的地区（省、市、自治区）是第一次试制成功并投放市场的产品。开发这类新产品时，企业应充分利用国内现有技术，不必从头开始，以避免人力、物力、财力的浪费。另外，由于全国是一个统一市场，如果外地企业生产的产品已能满足全国的需求，企业就不宜再在本地区开发这种产品，否则就会造成不必要的浪费和损失。因此，开发此类产品的企业一定要慎重。

（4）企业新产品。指本企业过去没有生产过，采用引进或仿制的方法第一次生产和销售的产品。开发此类新产品，企业应注意选择那些市场需求量大、本地区已有生产厂家但产量不能满足市场需求的那些热门产品。但同时企业也应考虑自身的条件和应变能力，一旦市场需求发生变化，能及时进行调整。

3. 按新产品的用途和应用范围来划分

（1）大型成套专用新产品。指为满足一种工艺流程或一种使用规范而研制的若干种新产品，配套成组，便于用户使用。

（2）系列新产品。这类新产品的基本性能相同，只是根据条件和范围不同而研制成不同参数不同规格的系列产品，以满足使用要求。

（三）新产品的特点

1. 适应性强

新产品一定是适应消费者的消费习惯和人们的消费观念的产品。新产品如果同消费者的习惯以及人们的价值观念比较接近，就容易为市场所接受。反之，新产品如果与消费者的习惯和价值观念相抵触，就很难在市场上取得成功。

2. 相对优点

和原有产品比较，新产品必须具有某些方面的优点，必须在实体上和心理上使消费者获得新的利益、新的满足和新的感受。这种利益越多，产品就越易吸引消费者。

3. 时代感强

消费者的需求常常受到当时的环境、时代风尚、消费意识的影响。时代不同，消费者的需求和爱好也不相同。因此，新产品要跟上时代，推动潜在需求与欲望，形成新的市场。

4. 方便易用

新产品的使用方法力求简便易学，方便使用。如果同老产品相比，新产品的使用过于复杂，产生诸多的不便，就很难为消费者接受。

5. 获利性

企业革新产品，一方面是为了满足消费需求，另一方面也是为了增加盈利，以获得更大的经济效益。因此，当企业在研究创新产品时，必须注意成本和价格既能为市场接受，又能使企业盈利。当然，很多产品在开发初期是很少盈利甚至亏损的，但在一段时间之后，这种局面必须改变。如果长期亏损，就说明这是一种失败的产品，是无法在市场上推广的。

二、新产品开发的重要意义与作用

产品寿命周期理论提供了一个重要启示，即随着当代科学技术革命的不断深入，产品寿命周期迅速缩短，已成为每个企业所面临的现实。因而新产品的研究与开发，便成为企业经营决策的重大问题。对一个企业来说，开发新市场和新产品是保证企业生存与发展的两条主要途径，而开拓新市场归根到底是以开发新产品进行供给创新为前提的。衡量一个企业的产品组合的合理与优化程度的一个重要标志，主要是看新产品的比重大不大。

新产品的开发是制定产品组合的重要途径。美国著名心理学家杜拉克认为："任何企业只有两个——仅仅是两个基本功能，就是贯彻市场观念和创新。因为它们能够创造顾客。"现代市场营销学，把开发新产品与贯彻市场观念置于同等重要的地位。实际上，创新产品是市场营销观念的核心思想——满足消费者不断变化的需求的体现。

新产品开发具有以下几个方面的作用：

（1）避免产品线老化，以适应市场不断变化和不断增长的需求，进行供给创新，更好地为消费者服务。

（2）及时采用先进的科学技术成果，使产品不断推陈出新，推动整个社会生产的发展，增加产品品种、数量，丰富市场。

（3）有利于充分发挥企业的生产能力，综合运用企业的各种资源，提高企业的经济效益。

（4）有利于提高企业的市场信誉和地位，加强竞争能力，提高企业的经济效益。

（5）有利于企业开拓新市场，扩大销售，增加盈利。

三、新产品开发的方式

为了成功和较快地开发新产品，企业可以根据自己的具体情况，采用不同方式开发新产品。

1. 独立研制

这是根据企业自己科研、技术和资金力量研究开发新产品的方式。这种方式是针对现有产品存在的问题，从基础上开展独立性研究，它可以形成本企业的系列产品，使企业在某一方面具有领先的地位，在市场上取得优势。资金和技术力量比较雄厚的企业，适宜采用这种方式开发新产品。

2. 技术引进

这种方法是利用市场上现有的已成熟的制造技术，并尽快地掌握这种技术，把产品生产出来。这是被经常采用的一种开发新产品的方式。技术引进可以节约科研费用、争取时间，有利于竞争和经济效益的提高。但在具体实施时，要对技术的先进性、应用性及经济性进行全面充分论证，以免给企业造成损失。

3. 独立研制与技术引进相结合

这是指在充分消化引进技术的基础上，结合本企业特点进行某些创新，或在充分利用本企业技术的基础上，引进某些新技术以弥补自己的不足。这种方式应用得比较广泛，形式也比较灵活。如可以采用企业与企业之间，企业与高等院校、科研单位之间进行横向经济联系，共同研究开发新产品。

四、新产品开发的程序

对于独立研制方式来说，一个新产品从构思到开发成功，一般要经过以下几个阶段。

1. 寻找新产品的构思

新产品构思是指提出新产品的设想方案。开发新产品始于构思。虽然并不是所有设想或构思都能变成产品，但寻求尽可能多的构思却为开发新产品提供较多的机会。新产品构思的主要来源有顾客、科技人员、竞争对手、企业的推销人员和经销商、企业的管理人员、市场研究公司及广告代理商等。

寻求新产品构思的主要方法有：①产品属性列举法，指将现有产品的属性一一列出，然后寻求改进每一种属性的方法，从而改良这种产品。②强行关系法，指列举若干不同物体，然后考虑每一个物体与其他物体的关系，从中引出更多的新创意。③顾客问题分析法，这是从顾客所感到的问题开始的，其步骤是先向顾客调查他们使用某种产品时所发现的问题或值得改进的地方，然后将这些意见综合整理,转化为创意。④头脑风暴法,这是企业的主管人员挑选若干性格、专长各异的人员座谈,自由地发表意见,进行无拘无束地讨论,以发现新的构思,产生更多的好创意。不论采用哪种方法,都必须加强诱导,而且要坚持以下四个原则:①不准批评,即对任何构思都不要批评嘲讽;②鼓励自由联想,敢于打破常规;③争取数量;④注意对构思、创意的组合和改良。

2. 筛选、甄别构思

取得足够的构思之后,要对这些构思加以评估,研究其可行性,并筛选出可行性较高的构思,这就是构思甄别。在筛选、甄别构思阶段要避免两种过失:①误弃,即企业未认识到该构思的发展潜力而错误地将其舍弃,以致丧失良机。②误用,即企业将一个没有发展前途的产品构思付诸开发并投放市场,以致造成产品失败。一份国外的资料统计可以说明造成新产品失败的原因和所占比例情况(见表9-2)。

不论是"误弃"还是"误用",都会给企业带来损失,因此在筛选、甄别构思时应着重考虑两个因素:一是该构思是否与企业的战略目标相适应,表现为是否与企业的利润目标、销售目标、销售增长目标、形象目标等相适应;二是企业有无足够的能力开发这种构思。

表9-2　新产品失败的原因及其比例

失败原因	百分比
对市场判断的错误	30%
对技术发展判断的错误	20%
生产和制造费用核算的错误	20%
组织管理上的原因	15%
研制失败	5%
生产失败	5%
销售失效	5%
合　计	100%

3. 进行可行性分析

所谓可行性分析,是对某一拟定开发的新产品方案从技术、经济、生产条件、市场环境、社会制约等方面进行全面调查研究和科学的分析、比较、评价,最终得出结论，确定最终是否开发这一新产品。新产品的可行性分析主要包括下面两个方面：

(1) 技术可行性分析。新产品开发的技术可行性分析是根据用户对产品的需求，或根据国家的某些标准，分析考察产品方案对各种技术性能的实现程度。新产品开发的技术可行性分析是由技术工艺部门负责的，一般有三个方面：外形设计分析、材料与加工分析、价值工程分析。

(2) 市场可行性分析。又称商业分析，实际上是经济效益分析。其任务是在初步拟定的营销规划的基础上，对新产品概念从财务上进一步判断它是否符合企业目标。这包括两个方面：①预测新产品销售额，看其能否达到企业盈利目标。一般可参照市场上类似产品的销售发展历史，并考虑各种竞争因素、分析新产品的市场定位、市场占有率，以此来推算可能的销售额。②推算成本与利润。在对新产品的长期销售额作出预测之后，可推算这期间的生产成本和利润的情况。这需要由研究与开发部门、生产部门、市场营销部门和财务部门共同讨论分析，一般可用收支平衡模型、投资收益率分析等方法进行测算。

4. 新产品的设计

经过筛选甄别后保留下来的新产品构思，还需要进一步发展成为更具体、明确的产品概念，即进行产品设计。新产品设计是新产品开发的关键。新产品设计是对新产品的原理、结构进行研究，具体解决新产品研制的理论问题和技术问题。在此基础上，具体规定产品的结构、型号、尺度，确定产品制造材料、制造工艺及制定各种技术文件。新产品设计的好坏直接影响到新产品的质量、寿命周期及竞争能力，因此企业必须十分重视它。

新产品设计的程序一般分为初步设计、技术设计和工作图设计三个阶段。初步设计的主要任务是对新产品的结构进行试验和研究，并确定产品的组成部件以及它们的结合方式和尺寸，同时绘制出产品的结构草图等。技术设计是产品的定型设计，它包括确定新产品的各部件、组件的详细结构、尺寸及其配合关系，计算结构和零件的强度和刚度，绘制出产品总图、结构装配图、传动系统图、电器原理图等，计算产品主要技术参数，以判断是否达到新产品设计方案的要求。工作图设计是在技术设计的基础上，为新产品的试制、生产和使用提供所需求的图纸和全部技术文件。

5. 新产品试制

新产品试制是把图纸变成产品，是对产品设计的检验。它包括样品试制和小批量试制。①样品试制。样品试制是产品设计的定型阶段，其目的是考核产品的设计质量，检验产品结构、性能及主要工艺，使产品设计基本定型。它一方面要解决试制过程中碰到的各种技术问题，另一方面也要检验产品的技术性能是否达到设计要求。②小批量试制。小批量试制是在样品试制成功的基础上进行的，它必须在正式生产线上进行，为产品的正式投产做好生产工艺、各种工装及生产组织等各项准备工作，同时要解决由样品试制到批量生产的各种技术问题。

6. 新产品鉴定

新产品试制后，必须进行全面鉴定，对新产品从技术上、经济上做出全面评价。新产品鉴定必须经过样品鉴定和定型或投产鉴定。产品鉴定的形式有鉴定会、监测评价、用户验收等。产品鉴定的一般内容包括：产品的一般性能、使用性能、安全性能、环境性能、可靠性、工艺性和经济性等。对样品鉴定的内容主要包括：设计文件的完整性和样品是否符合设计任务书等已经批准的技术文件；样品精度与外观质量是否符合设计要求，并进行空运转试验和负荷运转试验；对零件的制造质量、工艺、经济性的评价，听取改进意见，编写鉴定书。定型鉴定，除包括样品鉴定的内容外，还应增加以下内容：工艺文件和工艺装备是否齐全；是否符合正式生产要求；零件和加工装配质量是否稳定和符合标准；试验、检验手段是否齐全等。

新产品经过鉴定合格，方可进行定型，成为企业正式生产的产品，正式投入生产。

7. 市场试销

那些通过测试的样品即为正式产品，投放到有代表性的小范围市场上进行试销，旨在检查这种产品的市场效应，然后决定是否大批量生产。当然，并非所有新产品都必须经过试销，是否试销主要取决于企业对新产品成功率的把握。试销前，企业必须对以下问题作出决策：①试销地点。试销市场应是企业目标市场的缩影。②试销时间。一般应根据该产品的平均重复购买率决定，再购率高的市场，试销时间应长一些，因为只有重复购买才能真正说明消费者对新产品的认可。③试销的主要指标。对经常购买的消费品应从试用率和再购率两个指标来考察。如果试销市场呈现高试用率和高再购率，表明这种新产品可以继续发展下去；如果市场呈现高试用率和低再购率，表明顾客对这种新产品不满意，必须重新设计或放弃这种产品；如果市场呈现低试用率和高再购率，表明这种产品很有前途，但应加强广告宣传和促销工作；如果试用率和再购率都很低，表明这种产品应当放弃。

8. 商业性投放

新产品试销成功后，就可以正式批量生产，全面推向市场。这时，企业必须再次付出大量资金，而新产品投放市场初期往往利润很低，甚至亏损，因此，企业在此阶段应作好以下方面的决策：

（1）何时推出新产品。即在什么时候将新产品投放市场最适宜。例如，如果新产品是用来替代本企业其他产品的，那么投入市场的时机应是在原有产品库存较少时上市；如果新产品的需求具有较强的季节性，应在最恰当的季节投放，以争取最大的销量。

（2）何地推出新产品。即决定在什么地方推出新产品最适宜。能直接把新产品同时在全国市场上投放的企业是不多见的。一般是先在主要地区的市场推出，取得一定的市场份额，再向全国各地市场扩展。为了选择合适的投放地区，企业应对不同地区的市场吸引力作出全面评价。主要评价标准是：市场潜力，企业在这一市场的信誉，营销费用，该地区对邻近地区市场的影响，以及市场竞争情况等。

（3）向谁推出新产品。企业要把它的分销和促销目标面向最理想的顾客群，目的是要利用这些理想的顾客带动一般顾客。以最快的速度，最少的费用，扩大新产品的市场占有率。最理想的目标市场顾客群通常应具备以下特征：他们是早期采用者；他们是大量使用者；他们是观念倡导者或舆论领袖，并具有一定的传播影响力；接近这一市场的费用较低廉。

（4）如何推出新产品。企业要在新产品投放前制定尽可能完备的营销组合方案，营销费用预算要合理分配到各营销组合因素，然后规定各种活动的先后顺序，从而有计划地安排各种营销活动。

五、新产品市场扩散

新产品的市场扩散是指新产品进入市场后为广大消费者所接受的过程。新产品能否为市场迅速接受，上市成功，取决于众多因素，主要可分为新产品本身因素与消费者购买行为因素两个方面。关于新产品应具备的特征我们已在前面分析过了。这里只分析消费者购买行为与新产品市场扩散问题。

1. 消费者采用新产品的过程与市场扩散

人们对新产品的采用过程，客观上存在一定的规律性。西方学者总结归纳出人们接受新产品的规律一般表现为五个阶段，即"认识—说服—决策—实施—证实"。这五个阶段又受到一系列因素的影响，从而不同程度地促进或延缓了新产品采用过程。下面具体分析这五个阶段的特点。

（1）认识阶段。在此阶段，消费者要受个人因素（如性格特征、经济收入等）、社会因素（如文化、政治、科技等）和信息传递因素的影响，他们逐步认识到新产品，并学会使用新产品，掌握其新的功能。但不同消费者对新产品的认识在时间上有明显的差别。

（2）说服阶段。一旦消费者对新产品产生了兴趣，决策行为就进入说服阶段。在说服阶段，消费者会积极寻找有关资料信息，并进行对比分析，研究新产品的具体功能、用途、使用等问题，还往往要求亲自操作，以避免购买风险。如果各方面均感到满意就会产生初步的购买动机。因此，新产品所具有的特性越明显，消费者对这些特性的认识越充分，就越易说服消费者购买。

(3)决策阶段。通过对产品特征的分析和认识，消费者开始决策，即决定采用还是拒绝采用该种新产品。在决策阶段，消费者主要权衡采用新产品的边际价值。比如，采用新产品可获得的利益和可能承担的风险的比较，经过分析比较形成明确认识，从而对新产品的吸引力作出判断。

(4)实施阶段。当消费者开始使用新产品时，就进入了实施阶段。在决策阶段，消费者并未完全确定究竟是正式采用还是试用一下新产品。而到了实施阶段，消费者开始考虑"怎样使用该产品"和"如何解决操作难题"等问题，即放弃原有的产品形式，完全接受新产品。因此在这一阶段，企业在营销上应尽量减少失误，并针对不同产品，详细地向顾客介绍产品的性质、功能、使用保养方式，还应主动向顾客示范，提出有关建议。

(5)证实阶段。这是指消费者通过寻找额外信息，消除不和谐，证明其购买决策的正确性。由于消费者的购买决策所面临的是多种选择方案，而每一种方案又都有其优点和缺点，所以只要消费者选择其中一个方案，不和谐就会发生。在决策之后，消费者总是要评价其选择行为的正确与否。证实阶段包括决策后不和谐、后悔和不和谐减弱三种情况。消费者认定自己购买决策是正确的，还往往会告诉熟人自己采用新产品的明智之处。倘若他无法说明采用新产品的决策是正确的，那么就可能中止采用。

2. 消费者对新产品的反应与市场扩散

在新产品的市场扩散过程中，不同消费者对新产品的反应具有很大的差异。就消费品而言，根据消费者接受新产品快慢的程度，可以把新产品的采用者分为五种类型：

(1)创新采用者。也称"消费先驱"，这类新产品的使用者一般收入水平、社会地位和受教育程度较高，富有个性，极富冒险精神，广告等促销手段对他们有很大的影响力。这类消费者是企业投放新产品时的极好目标。不过，找出创新采用者并非易事，因为很多创新采用者在某些方面倾向于创新，而在别的方面可能是落后者。

(2)早期采用者。这类消费者通常受教育程度较高，经济状况良好，对新事物、新环境比较敏感并有较强的适应性。他们对早期采用新产品具有一种自豪感。他们大多数是某个群体中具有很高威信的人，是某些领域的"舆论领袖"。这类消费者多在产品的介绍期或成长期采用新产品，并对后来的消费者有较大的影响。所以,这类消费者是企业推广新产品极好的目标。

(3)早期大众。这类消费者一般思想较开放,受过一定教育,有较好的工作环境与固定的收入,对舆论领袖的消费行为具有较强的模仿心理。他们虽然也希望在一般人之前接受新产品,但都是经过早期采用者认可后才购买,从而成为赶时髦者。由于该类采用者同后面的晚期大众构成了产品的大部分市场,因此,研究他们的心理状态、消费习惯,对加速新产品扩散有很重要的意义。

(4)晚期大众。他们是较晚跟上消费潮流的人。这些人的工作岗位、受教育水平及收入状况比早期大众略差,他们对新事物、新环境多持怀疑态度。他们从不主动采用或接受新产品,只有当产品出了名且多数人采用并反映良好时,他们才开始行动。他们的购买行为往往发生在产品成熟阶段。

(5)落后采用者。这些人思想非常保守,拘泥于传统的消费行为模式,对新事物、新变化多持反对态度。因此,他们在产品进入成熟期后期乃至衰退期才会接受。

上述关于消费者接受新产品的五种类型的描述,为新产品市场扩散提供了重要依据。新产品的整个市场扩散过程,从创新采用者至落后的购买者,形成完整的"正态分布曲线",这与产品寿命周期曲线极为相似。上述每一种类型的消费者都有自己的行为方式,不同的新产品(如高科技产品)的扩散方式也不尽相同。这是企业规划产品寿命周期各阶段的营销策略时需要注意的。

☞ 案例背景资料

养生堂公司农夫山泉的市场演进策略

养生堂公司的主要产品有龟鳖丸、朵而胶囊、农夫山泉和清嘴含片,尽管分属不同行业,但几乎每个产品都比较成功地进入了市场,而且还能够长时间地维持稳定的市场份额。此处仅以农夫山泉为例来分析养生堂公司成功的秘诀。

农夫山泉在其市场导入期,便实施了差异化战略,强调其产品的类别、水源、设备、包装、价格、口感和市场定位与同行其他企业的差别。

首先,强调产品原料上的差异。即取自千岛湖水面下70米无污染活性水为原料,并经净化而成。由于千岛湖作为华东著名的山水旅游景区和国家一级水资源的保护区拥有极高的公众认同度,从而产生"好水喝出健康来"的品牌形象。同时,在农夫山泉上市不久所策划的"千岛湖寻源"的大型活动,更是让消费者能够到其生产基地亲自探根寻源。

其次，强调包装上的差异，先是在国内首先推出了 4 升包装，后又推出运动瓶盖，并把运动盖解释为一种独特的带有动作特点和声音特点的时尚情趣，选择中小学生这一消费群作为一个切入点，"课堂篇"广告中："哗扑"一声和那句"上课时不要发出这种声音"，让人心领神会，使得农夫山泉在时尚性方面远远超出了其他品牌。

成长期，在其市场定位上，"这水，有我小时候喝过的味道"，以一个中年人对幼年回忆的情景交融来衬托产品的文化内涵，勾连起人们的情感认同，也符合都市人返朴归真的心理需求；用"农夫山泉有点甜"的口感定位，就"一点甜"，便占据了消费者巨大的心理空间。十足地有当年七喜推出"非可乐"的味道，一下子就区别于乐百氏经典的"27 层过滤"品质定位，以及娃哈哈"我的眼里只有你"所营造的浪漫气息。

养生堂生产的农夫山泉瓶装水以一种清新、自然的特性进入瓶装水市场，打破了瓶装水娃哈哈和乐百氏二分天下的局面，在瓶装水市场上取得了一席之地。只一年的时间，其市场占有率就仅次于娃哈哈和乐百氏，一举冲入纯净水市场的三甲行列。

当其进入成熟阶段后，养生堂公司开始寻求新的产品定位。一方面，农夫山泉运动瓶盖的独特设计容易让消费者产生与运动相关的联想，以此作为一大卖点来推广。再者，饮料企业与运动的联姻由来已久，可口可乐和百事可乐便是借助竞技体育这一载体向中国饮料市场进行渗透的。于是，农夫山泉便开始贯彻其与体育事业相结合的策略，但它并不单纯靠搭体育之便车来推广产品，而是着力传播善待生命、关注健康、重视运动的理念和品牌形象：从赞助世界杯足球赛中央五套的演播室；到成为中国乒乓球队唯一指定用水；再到 2000 年被国家体育总局选为第 27 届奥运会中国体育代表团唯一饮用水赞助商，成为 2001~2004 年中国奥委会的长期合作伙伴和荣誉赞助商。当时，农夫山泉推出了"奥运军团喝什么水"的竞猜，广告以"关心金牌从关心运动员开始"的旗帜，建议"为中国体育健儿选择一种天然、健康、安全的好水"，在关心运动健儿的同时，也在传达和引导着一种健康的时尚。

（资料来源：http://www.zhuanjia.cn/trades/ShowArticle.asp，有删改）

[案例思考题]

1. 养生堂公司对农夫山泉的不同产品生命周期阶段采取了哪些营销策略？
2. 你认为养生堂公司的农夫山泉走体育运动之路的基础是什么？前景如何？
3. 分析"农夫山泉有点甜"定位的成功之处。

本章小结

1. 所谓产品，是指能用于市场交换，并能满足人们某种需要和欲望的任何事物，它包括实物、服务、场所、设施、思想和计策等。产品整体概念包括三个层次的含义，核心产品、形式产品和附值产品。作为产品的三个层次，这三者是不可分割的一个整体。其中，核心产品是实质，是基础，是本质；核心产品必须转变为形式产品才能得以实现；在提供产品的同时，还要提供广泛的服务和附加利益，形成附值产品。

核心产品，即产品的效用与功能，是指消费者使用该产品的过程中和使用后可以获得的基本利益，它是消费者需求的中心内容，是产品整体概念中最基本、最主要的部分。

2. 产品的等级分为七级。在现代化大生产和市场经济条件下，大多数企业都生产和销售多种产品，而每一种产品和其他产品之间都存在着等级关系。产品的七级包括：需要门类、产品门类、产品种类、产品线、产品类型、品牌、产品项目。

3. 产品寿命周期(product life cycle，PLC)也叫产品生命周期，它是指产品从上市到落市的时间间隔，即产品从进入市场到被市场淘汰的全过程。产品寿命周期指的是产品的市场寿命，它与产品的使用寿命是不同的。产品的使用寿命周期又称产品的自然寿命周期，它是指产品从投入使用到报废的持续时间，即产品的耐用时间。它是产品的自然属性，与产品的使用价值相联系。

4. 影响产品寿命周期的主要因素有：①产品本身的性质和用途；②产品价格和质量；③消费者需求的变化；④科学技术的发展水平。

5. 产品决策按其决策涵盖面的大小可分为三个层次：产品组合决策、产品线决策和个别产品决策。产品组合决策就是企业根据目标市场情况对产品组合的广度、深度和关联性进行决策，以求达到最佳产品组合。

6. 产品差异化的原因是多方面的。从消费需求的角度看，产品差异包括消费者对类似产品的不同态度，因而，产品差异的原因就包括了引起购买者决定购买某种产品而不购买另一种产品的各种原因。①产品质量或设计方面的原因；②信息闭塞或不完整的原因，即消费者对所要购买的产品的基本性能和质量不了解所引起的差异；③由销售者的推销行为，特别是广告、促销和服务引起的品牌、商标或企业名称的差异；④同类企业地理位置的差异。

7. 所谓产品定位策略，是指企业根据消费者对于某种产品属性在消费者心目中的需求位置，为该产品规定一定的市场地位的策略。

8. 新产品可分为技术新产品和市场新产品两类。所谓技术新产品，是指"在结构、材质、工艺等一方面或几方面，比老产品有明显的改进，或者是采用新技术原理、新设计构思，从而显著提高了产品的性能或扩大了使用功能的产品"。

思考题

1. 什么是产品整体概念？企业应如何正确处理产品整体概念三层次之间的关系？
2. 什么是产品寿命周期？延长产品寿命周期的途径主要有哪些？
3. 什么是产品差异化？产品差异化与产品定位的关系如何？
4. 开发新产品应注意哪些问题，并请举例说明。
5. 以电脑为例，分析高科技产品的市场扩散过程。

第十章 品牌与包装策略

品牌、商标与包装都是产品整体概念的重要组成部分，无论对于生产经营者还是对于消费者，都有重要的作用。本章的主要内容包括四个部分：一是品牌商标理论。包括品牌及其相关概念、品牌成长的一般规律，并讨论名牌的本质与特征、名牌效用、名牌价值以及名牌基础理论方面的问题。二是品牌文化与品牌资产。包括品牌文化的形成、表现形式和策略、品牌资产的构成。三是品牌决策与策略。四是包装策略。品牌、商标与包装在现代市场营销中的作用越来越重要。

第一节 品牌概述

一、品牌及其相关概念

(一)品牌的概念

品牌是产品整体概念的重要组成部分。品牌又称厂牌或牌子，它是指用来识别一个卖主的产品或劳务的名称、符号、术语、记号或设计，或者是它们的组合，是用来区别本企业与同行业其他企业同类产品的商业名称；它也反映一个企业的特征与精神。品牌的内容由两部分组成。一是品牌名称，即品牌中可以用语言来称呼和表达的部分，如电视机有长虹、康佳、厦华等；洗衣机有小天鹅、海尔等；饮料有百事可乐、可口可乐、健力宝等。二是品牌标志，即品牌中可以被识别和辨认但不用语言来称呼和表达的部分，包括符号、图案、设计、与众不同的颜色等，如凤凰自行车的"凤凰"图案，"丰田"车的"地球"图案等。

品牌由文字、图案及符号构成。品牌设计的题材十分广泛，诸如花鸟虫鱼、名胜古迹、天文地理等。品牌设计是艺术和技巧在企业营销活动中的展现。从市场营销的角度来看，品牌设计的一般要求是：

(1) 特点鲜明。品牌是产品的标识，必须有显著的特征，能很好地反映企业及产品的特色和优点(包括企业精神、产品用途、特性和品质等)。一种品牌，代表着一种产品特性、质量和企业的声誉，展现企业的精神风貌。品牌的设计无论是文字、图案还是色彩都要以独特的风格区别于其他企业的同类产品。这种特点越强，品牌就越显著。

（2）简单明了。品牌设计要简明醒目，易于辨认、易懂易记，具有强烈的吸引力，见后使人留下深刻的印象。这样的品牌也便于传播。

（3）美观大方。品牌的造型要美观大方、构思新颖，这样的品牌能给顾客以美的享受，对顾客产生强大的艺术感染力。

（4）遵循法律规定。品牌设计一定要遵循商标法的有关规定，如有关国家的名称、国旗、国徽、军旗等不许用作商标；有关国际组织的旗帜、徽记、名称不允许用作商标等。

（5）适应风俗习惯。不同的顾客，由于文化、民族特点不同，具有不同的风俗、习惯及信仰。在品牌设计中要充分权衡，全面考虑。

（6）符合目标市场顾客偏好，暗示产品效用，如"迅达"牌电梯、"健力宝"牌饮料等。有些品牌与产品特性不一致，如"苍松"牌儿童服装、"宝塔"牌帽子则不妥。

（二）品牌与商标

与品牌关系最密切的概念是商标。商标是商品上的一种特定标记，它是将品牌图案化固定下来，并经向有关部门注册登记后作为商品的固定符号受到法律的保护。经注册登记的商标标有"R"标记，或"注册商标"字样。商标是产品人为的固定符号，为产品的附加属性，它使产品与某种符号（或标记）建立一种人为的必然联系，以便人们识别和记忆，产生好感，激发购买欲望。

商标与品牌既有联系，又有区别。两者的联系表现在：商标的实质是品牌，两者都是产品的标记。其区别表现在：虽然所有的商标都是品牌，但并非所有的品牌都是商标。某产品的品牌可以与商标相同，也可以不同。商标必须办理注册登记，品牌则无须办理注册。一个品牌或品牌的一部分经注册登记后才能成为商标。商标是受法律保护的品牌，具有专门的使用权和排他性。在内涵上，品牌不仅包括商标的全部内涵，还包括品牌定位、品牌文化、品牌认知、品牌忠诚等。从商标与品牌的比较中，我们可以看出商标有如下特征：

（1）商标是商品或服务的标志。非商品的物品上的符号、图案、标记等都不是商标。

（2）商标是生产者或经营者一种特有的标志，它将同一种商品或类似商品区别开来。它是企业名声、信誉和评价的象征，不允许别人侵犯或损害，不允许出现混淆和误认。

（3）商标是一种有产权意义的标志。商标属知识产权范畴，它对其所有者来说，是一笔宝贵的无形财产。因此，必须建立和完善商标权保护制度，以保护这种具有产权意义的标志不被他人侵害。

现代商标具有五个功能，即辨明产品来源、标明商品质量、建立企业声誉、维护企业和消费者的合法权益。

现代商标的种类很多，人们通常从商标结构、用途、商标的使用者和商标管理四个标准来划分。根据商标的结构，可以划分为文字商标、记号商标、图形商标、组合商标、立体商标与非形象商标等六类。根据商标的用途，可以划分为营业商标、等级商标和证明商标三类。根据商标使用者，可以将商标划分为制造商标、销售商标、集体商标和服务商标四类。此外，从企业的商标管理角度即从商标的功能、特殊性质不同，可将商标划分为防御商标、备用商标等。

（三）品牌与商号

商号，又称厂商字号，或企业名称。虽然品牌作为商标与商号都受到法律保护，但不能将两者混为一谈。主要区别在于：第一，品牌或商标是区分产品的标记，而商号只是企业的称谓，不是区分产品的标记，因为一个企业往往生产经营多种产品。例如，如果"宝洁"公司不使用"海飞丝"、"潘婷"、"飘柔"这些品牌，那么，顾客要指牌购买，推销人员要点名叫卖都不方便，甚至还可能发生误会。第二，品牌或商标要求具有显著性，而商号则不一定，在特定情况下，两家企业采用相同或近似的商号并不会引起误认。第三，在我国，品牌不注册也可使用，而商号不经登记不得使用。而且，商号的使用具有明显的地域性，而生产者（制造商）品牌则是全国性使用。第四，商号的时间期限一般为企业的存在时间，因为商号对企业来说具有绝对的从属性。而著名品牌的存续时间可以比企业寿命同期更长。但品牌与商号又有共同之处，表现在：有些品牌由于知名度高而将其直接用到企业的名称上，如"长虹"、"可口可乐"等。有些商号由于历史悠久，知名度高，加之经营的品种单一，商号名称也就起到了代表企业信誉的作用，如北京的"全聚德"、"东来顺"，一听便知道是烤鸭与涮羊肉，"同仁堂"则是中药铺等。

（四）品牌与商业标识

商业标识，是同行业共同使用的品牌标识。它既与品牌有关，又与企业名称有关。"张小泉"就是典型一例。历史上，"张小泉"刀剪是以制造者命名，绵延三百多年，已经成为我国刀剪行业的共同商业标识，成为通用的厂商名称。至解放初期，全国已有众多的"张小泉"厂商，仅杭州就有一百多家，上海也有近百家。各家商定"字号共用、标记各异"。如上海有"发记"、"祥记"、"寿记"、"林记"、"升记"等"张小泉"刀剪厂商。另一方面，"张小泉"在历史上又是一种制造商品牌，只是由于多种原因，而逐渐被衍化为一种产品（刀剪）的名称。1997年，杭州刀剪厂将其注册为商标，才阻止了这一趋势的继续发展。这种情况国外也存在。例如，"仁丹"、"阿司匹林"在历史上曾是有名的品牌，也由于多种原因，现在都变成了产品的通用名称，已经不能起到区分不同企业产品的作用，品牌的识别功能也已不复存在。假如想要证明本企业生产的"阿司匹林"与别家的不同，必须使用新的品牌或商标。这既说明了品牌与商业标识的关系，也说明了品牌或商标保护的必要性。

（五）品牌与产地名称

产地名称是标明产品产地的一种标志。如浏阳烟花、景德镇瓷器、贵州茅台酒等，其中的浏阳、景德镇、贵州都是地理名称。当这些地理名称与该地区某种产品相联系时，便转化为具有特殊意义的产地名称。它除了表明产品的地理来源外，还表明特定产品的质量与特色。这些产品的质量特色主要取决于自然因素和传统制作工艺，产地名称成为特定质量的证明和保证。但产地名称与品牌存在着明显的差异。首先，品牌作为商标，其商标专用权归商标人所有，而产地名称一般属集体性、地方性的共有财产，该地区的所有经营者都有权使用该产地名称，共同享受产地名称给本地区带来的荣誉和经济利益。其次，品牌是用来区分本企业与同行业其他企业同类产品的商业名称，而产地名称则是用来表示产品的来源，表示产品的特定质量或特色。再次，产地名称作为商标是以证明商标的注册来进行保护的。而证明商标是一种开放性商标，如果申请使用证明商标的商品符合证明商标章程的要求，证明商标注册人不得拒绝使用申请。而品牌作为商标是封闭型的，具有排他性。未经品牌或商标所有者同意，不得使用。否则，便构成商权侵权。

这里需要指出的是，产地名称一旦正式注册登记，便成为具有商标属性的专用知识产权，并被注册人所有。因此，对一些著名产地、著名的自然和人文旅游景点，应及时注重商标注册，防止他人抢注。

（六）品牌名称与产品名称

产品名称是对产品的称谓。它通常是指产品等级中的品类和品种（如大米、小麦、电视机、电冰箱等），通常以属性加工艺、形态、用途等方式命名。它不能区别产品来源。而品牌名称却是一种标记，用来区分产品来源，反映一个企业的特征与精神。

二、品牌的作用

（一）对生产经营者的作用

（1）有利于广告宣传和产品陈列，加深消费者对产品和企业的印象。广告作为促销的有力武器，虽然可以创造不同的产品形象，但产品形象多属一种抽象的、缥缈的观念，很难形成一种具体的影响力量。而透过品牌，则可以使这种形象凝结为实实在在的标志，使广告更好地发挥作用。而且，企业宣传品牌比介绍企业名称或产品制造技术要方便得多。

（2）有利于控制市场。市场竞争的手段之一是取得有效的市场控制权力。在现代市场营销中，厂商为了扩大销售，提高效率，往往要在某种程度上依赖中间商进行多层分销，但这样会削弱厂商对市场的控制能力。如果厂商有了自己的品牌，就可以与市场直接沟通，形成自己的市场形象，市场控制权力又回到厂商手中。

（3）有利于建立品牌偏好，扩大市场占有率，吸引消费者重复购买。借助于品牌，也可以防止同类劣质产品的假冒。

（4）有助于减少价格弹性，使产品自然而然地与竞争对手的产品产生差异，即品牌差异。品牌所有者可以建立自己的产品价格，而不轻易随竞争品牌的价格波动而波动。

（5）有利于产品组合的扩张，在有品牌的产品线中增加新的产品项目较之没有品牌的产品线要容易得多，因为这种新增加的产品容易为市场所接受。

（6）有助于监督、提高企业产品质量。企业创造出一个名牌产品，需要长期的努力。要保证其产品质量，才能在市场上树立良好信誉。因此；无论是创立名牌还是保住名牌，品牌都是公众监督企业产品质量的重要手段。

（二）对消费者的作用

品牌使消费者易于辨别所需要的产品或服务。同一品牌的产品一般都具有相称的品质，容易消除消费者对新产品的疑虑。消费者可以根据品牌知道生产（经营）者，便于产品的维修，以维护消费者的利益。品牌还便于消费者在选择几种同类商品时，比质比价。

三、品牌成长的规律

由于品牌对于生产经营者具有十分重要的作用，因此企业总希望自己的品牌成长、壮大，直至成为名牌。从国内外著名企业的品牌成长、壮大的历程看，虽然它们各有特色，但也有其共性，即品牌成长有规律可循。这就是企业品牌在适应市场需求及其变化的过程中成长；在激烈的市场竞争中成长；在追求技术进步中成长；在管理优化中成长；在强化市场营销中成长。

（一）品牌在适应市场需求中成长

市场需求是有规律的，无论对消费品还是对产业用品的需求，都有其发展变化的规律。掌握市场需求规律，适应市场需求，尤其是适应变化和发展着的市场需求，企业就能兴旺和成长起来，产品品牌就能从知名到著名。

（二）品牌在激烈的市场竞争中成长

品牌要在激烈的市场竞争中取胜，首先必须遵循优胜劣汰的规律。有的品牌是以"奇"取胜，即通过满足某部分消费者群的特殊需要而赢得市场。如美国人吉利发明了安全型剃须刀，满足了成年男子安全剃须的需要，从而成为刀片巨人，享誉世界。日本尼西公司开发和生产的一次性尿布，可吸潮、无臭味、清洁，从而受到青年父母的欢迎，很快打入市场，畅销世界 70 多个国家和地区。有的是以质优取胜。质量是产品的生命，是产品品牌成名的关键。企业开发和生产顾客满意的产品，质量达到顾客满意的标准，并高于竞争对手，才能提高企业及其产品的知名度和美誉度，扩大其市场覆盖面，增加其市场份额。有的是以新取胜。这是企业依靠技术进步，不断开发新产品，满足市场的新需求，从而把顾客的潜在需求转化为现实需求，把潜在的市场转化为本企业占领的市场。如柯达公司依靠技术创新，不断开发出新产品，使该公司成为世界著名企业，他们生产的照相机和彩色胶卷成为世界名牌。有的是以诚取胜。这是企业开拓市场营销，加强销售服务，提高服务质量，以诚取信，赢得顾客信赖，从而赢得市场。如美国的 IBM 公司创立 90 多年来，产品和服务遍及世界 140 多个国家和地区，其成功的秘诀之一，就是为顾客提供最佳服务。我国的海尔牌电冰箱及其系列家电产品，不但质量过硬，而且服务优质。公司提出的经营宗旨"真诚到永远"、"卖一台冰箱赢一颗心，进一家用户送一片情"，树立了海尔在顾客中的名牌形象。

其次是后来居上的规律。市场竞争是企业及其产品实力的较量，在一般情况下，只有依靠雄厚的实力才能在竞争中取胜。但实力较弱的企业只要努力积累自己的实力，并善于和巧用竞争战略和策略，是可以与实力强大的对手进行较量、战而胜之、后来居上的。如美国的百事可乐公司在起步时可口可乐公司已是实力非常强大的公司，正面与其竞争将不堪一击。但百事可乐公司逐步积累自己的实力，先在某些细分市场上蚕食可口可乐的市场，特别是青年人市场，待实力增强后才与可口可乐公司展开正面的竞争，从而后来居上，在美国最大 500 家工业企业排名中，遥遥领先于可口可乐公司。

再次是又竞争又联合，参与更大范围内竞争的规律。无论是竞争强手还是竞争弱手，在一定的条件下，都会运用联合的手段来增强自己的实力，参与更大范围内的竞争。一般来说，竞争弱手无法与强手展开正面竞争，但可以与强手展开非正面竞争，在局部谋取相对优势，逐步使自己壮大起来，或者是与强手联合、协作，在强手的扶持下获得发展，或者是与弱者联合，对付强手。所有这些，都可以使企业产品品牌成长、壮大。

(三)品牌在追求技术进步中成长

技术进步是一个客观趋势，品牌依靠技术的不断更新、推陈出新而求得发展。从产品数量方面看，随着产品市场占有率的提高，企业必须扩大生产规模，增加生产，这就要求采用先进的设备和工艺，技术进步促进了产量和销售量的增长，从而进一步促进了产品品牌知名度的提高。从产品质量方面看，产品质量的提高同样是以技术进步为基础的。企业依靠技术进步实现产品升级换代，以质量可靠、品种新颖的产品供应市场，有利于确立产品品牌在顾客中良好的信誉，提高顾客对本企业产品的忠诚度。从经济效益方面看，依靠技术进步，使企业技术结构升级，从而推动产品结构升级，增加产品的技术含量，有利于提高产品的附加价值，为企业创造理想的经济效益。而这又为宣传品牌，提高品牌的知名度提供了资金来源。

（四）品牌在管理现代化中成长

任何一个品牌成为名牌都离不开严格而科学的管理。管理随生产技术的发展而进步，随着市场经济的发展而提高。企业管理的进步和优化，有力地促进着企业品牌走向名牌。例如美国通用电气公司推行"全员决策"管理制度，调动工人、中层管理人员参与决策的积极性，定期邀请他们参加决策讲座会，发表意见和建议，使企业高层决策者作出了一系列正确的决策，公司取得巨大发展，成为美国最优秀的企业和世界著名的公司。

（五）品牌在强化市场营销中成长

从生产经营到产品经营，再转化为品牌经营，营造品牌优势并逐步成为名牌，这是企业品牌成长的又一客观规律。在供不应求的卖方市场条件下，企业的重点放在生产经营上，即抓好生产管理、提高效率、降低成本、增加产量，以满足市场日益增长的产品数量的需求。当出现供求基本平衡或供过于求时，顾客的需求特点由数量型向质量型转变，企业管理的重点也应随之转向产品开发、强化质量管理和产品推销上，以新品、优质争夺顾客，即重点转到商品经营上。当各个竞争对手的产品质量和品种都达到先进水平、差距缩小时，竞争的重点便转向销售服务、企业形象、品牌形象、广告宣传、公共关系等方面，各个竞争对手都在努力营造品牌优势、商标优势，提高体现在品牌、商标中的无形资产的价值，争取赢得顾客对本企业品牌的依赖，提高其忠诚度。在品牌竞争时代，以品牌为核心已成为企业重组和资源重新配置的重要机制。美国学者莱利·莱特认为：拥有市场将会比拥有工厂更重要，拥有市场的唯一方法是拥有占市场主导地位的品牌。因此，当某企业品牌在一个较大的市场上占有主导地位，并且其信誉度不断提高时，该品牌也就逐步成长为名牌，企业也由品牌经营向名牌经营转变，进入名牌成长的新阶段。

四、名牌理论

企业创名牌，要有正确的名牌理论指导。名牌理论是企业创立名牌的实践经验的理性认识和系统概括，是名牌实践经验的科学总结。名牌理论主要包括名牌基础理论、名牌效应理论、名牌价值理论、名牌成长理论与名牌经营理论等。随着实践的发展，名牌理论的内容还将进一步丰富。这里仅对名牌效用、名牌价值以及名牌基础理论方面的有关问题进行讨论。

（一）名牌的内涵与类型

名牌即著名品牌。一般认为，所谓名牌，是指在市场竞争环境中具有杰出的表现、得到相关顾客公认的，能生产巨大效应的企业产品品牌、商标和商号。这表明，名牌的涵盖对象包括三个方面，即名牌产品、著名的商标及商号。但不同的企业或企业不同的发展阶段，创名牌的重点也不同。有些企业的重点是创名牌产品，有些是创名牌商标，有些则是创名牌商号。对于工业企业来说，按照创名牌的规律，首先是创名牌产品，接着是创名牌商标，最后是创名牌商号。名牌产品受其寿命周期的限制，而名牌商标和名牌商号，其寿命却比较长。名牌在市场竞争环境中，通常具有高知名度、高信誉度、高市场占有率和高盈利率的特点，因而能产生巨大的名牌效应，有利于企业的进一步发展。这就是所谓名牌的"杰出表现"。

名牌可以从不同角度进行分类。按名牌影响范围的大小，可分为当地名牌、地区级名牌、国家级名牌、国际级名牌和世界级名牌；按名牌面对的消费层次不同，可以划分为高档名牌、中档名牌和低档名牌；按名牌的技术含量不同，可以划分为高技术含量名牌和一般技术含量名牌；等等。正确解决和认识名牌的分类，有利于明确确立名牌方向与目标，有利于企业制定正确的名牌战略与策略。

（二）名牌的特征

名牌的基本特征表现为名牌具有比一般品牌杰出和超群的表现，这是构成名牌内涵的核心内容，也是不少名牌效应的源泉和基础，是企业确定创立名牌的目标依据，也是名牌价值评价和著名商标、驰名商标认定、评价体系设置的依据。

对于名牌的基本特征，企业界和理论工作者从不同角度提出了多种表述。一般认为，名牌的基本特征表现在四个方面。

1. 名牌具有发展的持续稳定性

这是名牌的时间特征。名牌都能经得起时间的考验，能打破市场寿命周期的循环，较长期的持续存在，并能抵御市场危机，稳定发展。除少数例外，一般来说，名牌等级与名牌的延续时间成正比。世界级名牌比国家级名牌持久，国家级名牌比地区级名牌持久。

2. 名牌具有占优势的市场地位

这是名牌的空间特征。名牌有很高的知名度，它反映了名牌空间传播的程度，这种高知名度是企业经营实力、销售实力的结果，也是企业进一步增强实力，特别是进一步增强竞争力、提高市场占有率的重要条件。高的市场占有率和高的市场覆盖面是名牌优势地位的表现。名牌等级越高，其市场覆盖面越广。

3. 名牌具有巨大的经济价值

这是名牌的经济特征。名牌由于市场覆盖面广，市场占有率高，必然给企业带来较大的经济效益，增强企业发展的后劲，也为名牌持续发展奠定了雄厚的基础。名牌的经济价值，一是表现为给企业创造更多的利润；二是表现为给企业创造巨大的品牌价值，这是一笔比有形资产还要大的无形资产价值。它是企业长期经营积累的结果，也是企业长远发展、取得更大利润的源泉。名牌等级越高，其知识产权分量越大，无形资产价值越高。

4. 名牌具有很高的社会声誉

这是名牌的社会特征。企业名牌的高信誉主要来自于优质的产品和优质的服务。产品质量和服务质量是企业的生命。为顾客提供满意的优质产品，或提供他们所要求的合格的产品和称心如意的服务，是赢得顾客信任、忠诚于品牌的关键。名牌的信誉度越高，即顾客对本企业名牌忠诚度越高，影响范围越大，名牌的等级也越高。

（三）名牌的本质

名牌本质上是企业同顾客及竞争对手之间的关系。正确认识名牌的本质是创立名牌、实施名牌战略的关键。

（1）企业名牌本质上是企业与顾客之间高度信任的关系，即名牌是建立在顾客的高度信任和忠诚的基础上。没有顾客对企业生产的高度信任和忠诚，就谈不上名牌。而名牌之所以能取得顾客的信任，关键在于企业对顾客的高度责任感，对产品质量精益求精，对服务质量追求完美，对顾客诚心诚意，热情周到。企业与顾客之间建立了高度信任和谐的关系，企业便可赢得很高的社会声誉。这就是名牌的本质，是企业创名牌的关键。

（2）名牌本质上又是企业在市场上取得顾客认同和选择的关系。名牌是市场经济中一种经济关系的反映，即顾客用货币对企业及其产品、服务进行选择和认同的关系。企业产品和服务优良，取得了顾客的高度信任，顾客就用货币选择企业提供的产品和服务。哪一种产品和服务得到的"货币选票"越多，哪种产品和服务的名气就越大，市场地位就越高。因此，名牌不是企业花钱做广告吹出来的，也不是花钱能买得来的，更不是靠政府奖励来的或靠某些社会团体评选出来的，名牌是在市场中广大顾客认同和选择的结果。

（3）名牌本质上是还是市场竞争优胜劣汰的结果，反映出企业同竞争对手的关系。因此，必须用竞争的观点看名牌，依靠实力创名牌。企业只有敢于竞争，同时善于竞争才能创出名牌。

（四）名牌的效应

品牌一旦成为名牌，就能产生普通品牌或商标所起不到的重要作用，这种作用就是名牌效应。名牌效应能给企业带来高额的经济效益和显赫的声誉，提高其社会地位。名牌的效应主要有：

1. 附加效应

名牌能够给消费者带来附加价值，这种附加价值主要表现在四个方面：

（1）自我防卫。一般来说，消费者是按遗憾最小原则来进行购买决策的。消费者对最小限度的遗憾的关心超过对最大限度满足的关心。通常消费者在多种选择机会面前，会更多地估计可能发生的最坏情形，并使最坏结果发生的可能趋向最小，这是人们自我防卫的一种本能。因此，当一个消费者在购买产品感到不保险或没有把握时，就只有依赖名牌，以防止任何不正确的选择，避免损失。

（2）自我表现。即通过消费者的购买和使用，显示购买者的身份与地位。名牌是消费者显示自己的个性、地位和身份的标志。消费者购买名牌产品，不仅仅是追求实用，更是为了表现自我。

（3）自我维护。消费者对名牌产品的依赖，是建立在消费者具有自我维护效能之基础上的。

（4）自我协调。消费者在进行一次较重大的购买决策之前或之后，都可能因某种担忧而感到不协调。但如果购买的是名牌产品，人们在购买时不仅可以用这块牌子消除自己的疑虑，而且还能感觉到一种荣耀和自我满足。

2. 扩散效应

名牌一旦确立，其良好的信誉就会通过消费领域的传导和流通范围的扩展，迅速扩大产品的影响力，赢得越来越多的消费者的信赖，提高顾客的忠诚度。

3. 持续效应

只要名牌不倒，不出现严重的质量问题和信誉问题，它的影响力及其经济效果就会长期持续下去，甚至延续上百年的时间。

4. 放大效应

企业一旦创立一个名牌，其信誉可以从一个产品放大到一组产品，从一个品牌放大到一系列的品牌，从品牌形象放大到企业形象，由此带来的经济效果也起到了放大作用或乘数作用。

5. 刺激效应

名牌有利于进一步刺激市场需求，开发市场潜力，特别是能够刺激消费者的攀比心理和炫耀心理。

正是由于名牌具有上述重要作用，因此企业在品牌经营过程中应该把创名牌与发展名牌作为其最高目标。

（五）名牌价值

名牌有巨大的经济价值，它不仅能给企业带来可观的利润，还能给企业带来巨额的无形资产价值。对名牌的这种特殊形态的资产价值形成、变化规律的理性认识和系统概括，就是名牌价值理论。

1. 名牌价值的形成

名牌的价值是企业在长期的生产经营活动中，在市场竞争中形成的。首先是在生产劳动或服务劳动中形成的。它是企业员工投入的大量的有效体力劳动和智力劳动的结果，是优质产品、优质工作、优质服务的凝结。投入在品牌中的有效劳动越大，品牌的价值也越大。其次，名牌价值是在市场竞争中形成的。为了战胜对手，争夺顾客，企业要开辟、占领和扩大市场，要开展广告宣传、公共关系、营业推广、形象策划、包装设计、售后服务等，因而在这些营销活动中要投入大量有效劳动，这样，所产生的产品、服务和企业的知名度和美誉度就可能提高，从而使品牌的价值增值和提高。

2. 名牌是一种特殊形态的资产

名牌是一种知识产权，即无形资产，因而有价值。但名牌这个知识产权或无形资产，与其他知识产权不同，其他如专利权、著作权等，一般都是单项性的，而名牌这种知识产权是综合性、整体性的，它指的是名牌企业的"整体"和"全部"，是有形资产与无形资产的结合，并以特定关系存在为特征的特殊形态的资产。这种"特定关系"包括三个方面，即企业与顾客之间的信任关系；企业与竞争对手之间的关系，即名牌企业是企业中的佼佼者；名牌企业内部有形资产与无形资产之间的关系，即名牌运作的依托。名牌是这三种关系有机结合而形成的总的关系。必须正确处理好这三种关系，名牌这种特殊形态的资产才能在正常的运行中增加价值。

3. 名牌在发展中可以独立存在

品牌在创牌过程中或在成为名牌后的较长时期内，是离不开产品和企业这个实体的，否则，就无法存在。但又不能把名牌与产品和企业等同起来。产品有其寿命周期，企业也有其寿命周期，产品进入衰退期就可能过时，企业到了寿命终点，就可能倒闭，被淘汰或兼并。但名牌不会过时，真正的名牌的生命力是长久的。名牌可以不依附于原有产品和企业而存在。名牌有其相对独立的生命，既可依附于原有实体，也可随企业易主、转业而依附于新的实体。名牌可凭着已形成的价值，发挥出独立的功效，可以使新的产品、新的企业借名生辉。

4. 名牌价值构成及其发展变化

名牌价值的评价涉及名牌价值由哪些部分组成。名牌价值的各个部分是由名牌的特征构成，各个名牌特征决定着名牌价值的大小。因此，在评价名牌价值时，首先要正确地界定各个特征给名牌带来的价值；其次是确定各个特征在创造名牌价值中的地位，根据地位和作用的不同，确定相应的权数；第三是将每个权数乘以该特征的价值，就是该特征价值在整个名牌价值中所占的份额；最后是各个份额加总即构成名牌的全部价值。

在品牌价值的实际评价中，由于名牌的时间、空间、经济和社会特征最终都表现为企业收益，因此，品牌价值通常是指使用某一品牌所能带来的超过同行业平均利润的收益，决定一个品牌价值的就是由这一品牌的产品销售收入中所包含的超值利润。一个品牌价值的大小，就是看它在市场上的竞争力的大小。品牌的竞争力是由两大因素决定的：一是该品牌所代表的产品的市场占有率(即空间特征)，二是它所实现的超值利润(即经济特征)。从时间上看，不仅要看该品牌现在的竞争能力，更重要的是要看它在市场上未来的竞争能力(即时间特征)。因此，市场占有能力、超值创利能力和发展潜力是某一名牌价值确定的三个不可缺少的要素。确定这三个要素各自的权重再乘以该特征的价值后，再加总就得出某一名牌的全部价值。

名牌的价值是不断变化的。从国际和国内著名品牌价值变化的情况看，大致有以下几种变化情况：①多数世界级名牌、国家级名牌随着时间的推移，其名牌价值在逐年增长；②名牌等级越高，名牌价值越大；③名牌在成长中会有曲折，其价值也会随之发生变化。企业应及时总结经验教训，巩固和发展名牌。

第二节　品牌文化与品牌资产

一、品牌文化

(一)品牌文化的内涵

品牌文化就是指文化特征在品牌中的沉积和创建品牌活动中的一切文化现象。品牌文化包括三个层次的内容：

1. 外层品牌文化，即品牌文化物化现象的外在表现，它包括企业的名称、厂徽、商标、电话号码、建筑物等等，这是品牌文化的最基本要素。

2. 中层品牌文化，即品牌在管理、营销活动中所渗透的社会文化的精华及民族文化的成果总和的展望，它包括品牌口号、厂歌、规章制度、广告内容、公关活动、品牌管理方式、品牌营销方法等等，这是品牌文化得以体现的关键。

3.深层品牌文化，即品牌文化的精神，它包括企业价值观，企业家精神，企业与社会，消费者之间的利益关系，企业道德，等等，这些都是在长期的品牌发展过程中形成的，它渗透到品牌的一切活动之中，它是品牌文化的灵魂和核心。品牌文化是品牌发展过程中不断发展而积淀起来的，是企业不断适应市场和消费者需求，进行广泛的交流沟通而建立起来的。品牌文化由品牌物质文化和品牌精神文化构成，品牌的物质文化是品牌通过产品、符号、标识等传递的产品、企业信息；品牌的精神文化是附着在品牌上的关于企业的经营理念、消费者权益及共同价值观等。品牌的精神文化是品牌的灵魂，是品牌文化构建的基础。

(二)品牌文化的形成过程

就个体品牌而言，品牌文化的形成需经历三个阶段。

1.品牌知名度阶段。品牌的知名度是指某品牌被公众知晓、了解的程度，它表明品牌为多少或多大比例的消费者所知晓。品牌首先是一种产品，当品牌处于初创阶段的时候，它所代表的只能是某一种产品，当这种产品取得市场成功时，产品就有一定的知名度，大多数企业就会进行品牌延伸，形成品牌系列和品牌家族。

2.品牌美誉度阶段。品牌美誉度是指某品牌获得公众信任、支持和赞许的程度。这是指消费者对某一品牌在品质上形成的良好的整体印象，并产生了偏爱心理，这时品牌就意味着价值。知名度高的产品美誉度不一定高，只有那些企业提供始终如一的、高质量的、可以和任何竞争对手抗衡的产品或服务才可能有高的美誉。

3.品牌文化知名度阶段。这时品牌就是一种文化，而且是一种富有内涵的文化，这是品牌运作的最高阶段。此时，品牌脱离具体产品，成为品质和文化、物质和精神高度融合的产物，成为身份的标志、时尚的潮流和企业无形的财富。

(三)品牌文化的表现形式

品牌文化的表现形式主要有包装文化、设计文化和服务文化三类。

1.品牌包装文化。在讲究产品质量的时代，包装并不重要，它的主要作用在于保护商品和方便商品的运输、携带及存储。但在今天的品牌时代，包装就变得相当重要和必要了，甚至比产品的质量更重要。因为商品包装文化是商品价值的象征，是一种投资行为和广告形式，是沉默的推销员。良好的品牌包装所体现出来的文化不仅有利于保护商品、有利于消费者的识别，更有利于企业的创新经营，使企业在市场竞争中树立良好的品牌形象，提高其品牌资产。

2.品牌设计文化。品牌设计是品牌运营的基础，具有美感、富有感召力的品牌是品牌经营获得理想成果的必要前提。品牌的设计不仅仅是其品牌的外观体现，其更重要的是要具有一种文化理念，而这种文化理念的最完美表现就是设计文化。设计文化是融科技、经济、文化、艺术、社会、生活等诸多要素的综合体，它往往能给企业创造出高品质、高品位文化，具有丰富文化内涵、形象别致新颖的品牌。

3.品牌服务文化。在产品同质化的今天，产品的竞争在某种程度上说是服务的竞争。把服务上升到文化的战略高度，也就是把文化因素融入企业公关服务当中，让消费者在享受精神文化的同时，产生购买兴趣。市场经济发展到今天，非价格竞争已成为商战的重点。商家提供给消费者及时、完善、一流的售后服务，让顾客买得舒心，用得放心，使之从心底培养和树立起对品牌的喜爱和忠诚，从而增强品牌自身的价值和信誉。服务文化可以使品牌获得溢价效应，也可以使品牌增值赢利。商家只有注重服务，用心去为顾客提供优质完善的服务，才能使企业的服务文化深入人心，也能提高品牌自身在顾客心目中的信誉度，还能有助于提升品牌的美誉度，更能提高品牌的知名度。

（四）品牌文化策略

1.创立品牌文化的核心价值体系。构建企业的品牌文化，首先要考虑的是创建品牌的核心价值观。一个品牌只有拥有了清晰的价值观，才能对内为企业打造强势品牌的各环节提供一种明确的规范，对外展示给消费者充满个性特征的文化理念，从而在内外认同中形成自身鲜明的个性文化。

品牌文化既是渗透到企业运行全过程、全方位的理念、意志、行为规范和群体风格，又是凝结在品牌上的企业精华的外射，最终的目的是要得到消费者的认同和共鸣。因此，那些能为消费者所看到和感受到的特征，如：效率、乐趣、卓越、美、地位、道德、尊严和精神风貌等因素就显得十分重要，在创建品牌的核心价值观时应予以充分重视。

2.品牌文化须承载民族文化

企业创建品牌文化时必须承载民族文化。

（1）承载民族文化的品牌，更易引起消费者的情感共振。品牌文化的建立，既要适合产品的特性，又要符合目标市场消费者群体的特征，这种群体特征会通过他们的思想心态和行为特征表现出来，实质上就是某种民族文化的映射。品牌文化只有适应、融合这种民族文化，才容易被目标市场消费者认同。

（2）承载民族文化的品牌，更容易获得社会认同，提高其社会认同度。民族文化是一个民族在其长期共同的社会实践中形成的，其表现形式服从于统一的价值体系。而承载民族文化的品牌，也就融入了这个价值体系之中而获得社会认同。

（3）品牌成为民族文化的载体，可以传播民族文化，提高民族文化的影响力。企业创建品牌的过程，也是一个文化渗透的过程，因为人们在消费品牌的同时，也在消费着文化。消费者接受了品牌，也就接受了文化。

3.国际化品牌的品牌文化必须本土化。"入境而问禁，入国而问俗，入门而问讳"，说的就是在品牌的运作中要注意不同地区、不同文化差异的问题。太多的实践证明，一个标识、一个字母，哪怕只是一个符号，其折射出的文化内涵是否与当地文化思维吻合、是否得到当地文化认同，直接关系到这个产品在这个地区的生存和发展。"可口可乐"在中国的成功发展同样得益于其品牌的本土化。Coca－Cola在中国获得了一个颇为美妙的汉化名称——可口可乐，既"可口"又"可乐"。正是"可口可乐"这个美妙的名称，拉开了Coca－Cola公司在中国本土化的序幕。在中国选择刘翔等本国体育明星做广告代言人，甚至在中国传统佳节——春节期间向顾客赠送对联，上联为"春节家家包饺子"，下联是"新年户户放鞭炮"，横批则是"可口可乐"。拉近了我国消费者与这个洋品牌的心理距离，使之产生新鲜感和亲切感，商机自然而然也就随之而来。可口可乐到目前已占据中国碳酸饮料市场50%以上的份额。以上事例充分说明，实施品牌国际化战略必须使品牌文化融入当地文化中，即品牌文化必须本土化。

4.建立学习型组织。品牌文化是企业知识的一种形态，它主要是意会性知识。品牌文化是习得性的，即它是企业组织成员在企业发展过程中通过不断学习而逐渐获得的。或者说，组织成员对品牌文化的认识、接受和认同的过程就是一个不断学习的过程。

品牌文化的建立过程实质上是组织及其成员的不断学习的过程。有效地组织学习应该是组织全体成员参与的学习。它包括个体学习、群体学习和组织学习三个层次，个体学习是群体学习和组织学习的基本单元，但个体学习必须逐步上升到群体学习和组织学习。这样，个体学习才能得到升华，形成组织的知识基础。在品牌文化建立过程中，组织学习的内容是共同的品牌文化，而品牌文化是一种共享的群体意识，这就要求组织学习必须以个体学习为基础，以群体学习和组织学习为主体。个体学习的主要任务是掌握品牌文化的要素含义，获得共同品牌文化的基本知识；群体学习的主要任务是对个体学习的成果进行整合，使个体对共同的品牌文化的领会和认识上升为群体的认识，建立群体的品牌文化知识基础；组织学习的主要任务是进一步对群体的品牌文化知识基础进行整合和系统化，使之成为整个组织的品牌文化知识基础，使共同的品牌文化转变成组织的全体成员共享的群体意识。

二、品牌资产

（一）品牌资产的定义及构成

品牌资产（Brand Equity）这一概念是个舶来品。因此，在剖析品牌资产的概念之前，有必要说明其中文翻译用语以及其英文原意。在国外，除了 Brand Equity 外，还存在着一个与 Brand Equity 相近的概念——Brand Asset。有人把 Brand Equity 译为"品牌权益"，却将 Brand Asset 译为"品牌资产"，但 Brand Asset 是一个基于会计学的财务概念，保留着较强烈的财务意义色彩，将其理解为"品牌财产"似乎更贴切。"品牌财产"（Brand Asset）一词较早使用，含义较窄，在西方有关文献中已越来越为 Brand Equity 所替代。品牌资产是与某种品牌名称或标志相联系的品牌资源或保证，它能够为提供这种产品或服务的公司以及购买这种产品或服务的顾客增加或减少价值。

品牌资产由品牌忠诚度、品牌诚信、品牌知名度、品质认定、与品质认定相关的品牌联想和其他一些相关的品牌资源——商标权等构成。

1. 品牌忠诚度。品牌忠诚度，是指产品或者服务的质量、价格等因素的影响，使消费者对特定的品牌产生感情依赖，并表现出对该品牌的产品或者服务有偏向性的行为反应。

（1）品牌忠诚度的内容

品牌忠诚度应包括两方面的内容：一是行为忠诚度，是指消费者在实际行动上能够持续购买某一品牌的产品。这种行为的产生可能源于消费者对这种品牌内在的好感，也可能是由于购买冲动、促销活动、消费惯性、转换成本或者市场覆盖率高于竞争品牌等其他与情感无关的因素促成的。二是态度忠诚度，是指某一品牌的个性与消费者的生活方式、价值观念相吻合，消费者对该品牌已产生了情感，甚至引以为豪，并将此作为自己的朋友和精神寄托，进而表现出持续购买的欲望和行为。

（2）品牌忠诚的价值。顾客留在企业的时间越长，顾客越有价值。长期的顾客会购买更多，公司同其交易时所花费的时间更少，对价格越不敏感，并带来新顾客。忠诚顾客带来的价值为：

①减少争取顾客所需要的成本。为把新顾客吸引到企业中来，企业必须先行投入资金，如针对新顾客所展开的广告宣传、向新顾客推销所需的佣金、销售费用等。而针对现有顾客展开营销，成本显然要低得多。

②增加基本利润。一般来说，顾客支付的价格要高于企业的成本，其差额就是利润。显然，留住顾客的时间越长，赢得这一基本利润的时间越长，那么企业为获得这一顾客所进行的投资越有意义。

③按顾客数量计算的人均营业收入增长。在大多数行业里，顾客的消费量会随着时间而增加，不但会继续购买原来需要的产品，而且可能会购买企业的其他产品。

④减少营业成本。顾客逐渐熟悉一个企业后，就会降低交易费用。与此同时，顾客通过与企业员工的交流，会产生巨大的生产力优势。在大多数行业中，忠诚关系表现在成本上的益处经常直接反映在长期顾客和长期雇员之间的相互交往及相互学习上。

⑤顾客间口碑相传。长期的顾客关系还可表现在，如果顾客满意，就会向别人推荐。而且根据现有顾客推荐而找上门来的顾客，往往质量会比一般顾客更胜一筹。

⑥价格优势。在大多数行业里，忠诚顾客支付的价格实际上要比一般顾客高。因为，促销的折扣价往往只对新顾客有效。另外，老顾客熟悉公司的办事程序，也了解它的所有系列产品，公司也可从这一买卖关系中获得额外的价值[88]。

（3）品牌忠诚度的培育。培育品牌忠诚度是一个极为复杂的系统工程，每个企业都应根据自身企业的具体情况和特点，创建适合自己的品牌忠诚体系，以适应激烈的市场竞争环境。

①提高顾客让渡价值，通过顾客满意来实现顾客品牌忠诚。顾客满意是顾客品牌忠诚的基础和前提。对于企业来说，要想使顾客满意，就要比竞争对手向顾客让出更大的价值，只有不断地提高顾客购买商品所得到的包括产品价值、服务价值、人员价值和形象价值在内的顾客总价值，降低顾客购买商品所付出的包括货币成本、时间成本、精神成本和体力成本在内的顾客总成本，从而不断提高顾客让渡价值，促使顾客对产品和企业产生良好的感知效果，才能实现顾客满意的目标。

②提高转换成本，加强顾客品牌忠诚。转换成本是指顾客因转换服务企业而发生的成本，如果他们继续保持现有企业服务关系，那么这种成本就不会发生。随着转换成本的提高，顾客对满意度的敏感性降低。由于转换成本使顾客在转换现有企业过程中感知较高的成本，因此其在顾客维系中发挥重要作用。由于转换成本的存在，顾客满意与顾客忠诚通常会呈现不同的转换关系特征。因此，我们所观测的顾客忠诚或许是因为顾客满意，或许是因为顾客对某种类型服务不满意，但由于顾客在该种服务中存在相对较高的转换成本，使顾客难以转换现有企业。同样地，我们所观测的顾客非忠诚可能因为顾客不满意，或者是因为满意的顾客拥有较低的市场转换成本，顾客能够比较容易地做出转换行为的决策。转换成本对顾客满意与顾客忠诚关系的调节作用受市场结构影

响。如果市场拥有单个或者庞大的市场经营者(如垄断经营商),那么转换成本对顾客满意和顾客忠诚之间关系的调节作用将很小。另一方面,当市场中可供选择的企业很少时,转换成本就会变得十分重要。由于顾客不满意可以随时转换服务企业,因此,在转换成本较低时,我们很难会看到真正的忠诚者。但是,我们会发现许多满意而不忠诚的唯利是图者,因为较低的转换成本能够使这些顾客轻松做出转换决策。由此,当顾客对企业的顾客满意度较低时,企业可以构造不同的转换成本来维系现有顾客。对于在通常情况下能够满足顾客但是偶尔会遭遇服务失败的企业,转换成本则提供了一种防止顾客背叛的保证。

③培养忠诚的员工,赢得顾客品牌忠诚。没有忠诚的员工就没有忠诚的顾客。要想提高顾客的品牌忠诚度,把顾客留住,企业的员工具有关键的作用,特别是与顾客直接接触的第一线员工,他们代表企业的形象,是企业的窗口。他们的一言一行都影响着消费者的情感,他们可以为企业赢得顾客的品牌忠诚,也可以让顾客掉头就走。所以,企业要致力于培养以顾客忠诚为导向的员工。

④提供差异化的产品,建立顾客品牌忠诚。为顾客量身定制企业的产品,以创造、满足顾客的个性化需求为重点,建立顾客忠诚。也就是以顾客个性化的价值观为导向,为顾客创造增值,不同顾客的价值取向可能会有很大差别,例如有些顾客希望自己能够获得关注,而另一些顾客则倾向于获得更多的信息。信息沟通的迅速发展,使企业可以迅速地了解客户的需求和偏好,为建立顾客忠诚创造了条件。企业只有尽可能地满足每个顾客的特殊需求,与顾客建立起长期稳固的交易关系,才能使企业在同顾客的长期交往中获得更多利润。

⑤提供优质的服务,获取顾客品牌忠诚。在产品同质化的今天,良好的顾客服务是建立顾客品牌忠诚的最佳方法。优质的产品和适宜的价格固然会影响顾客的购买决策,但这两个因素极易被竞争对手模仿和复制,而高质量的服务却是难以复制的,它是构建企业持久竞争优势的决定因素。因此,企业服务的态度、员工的精神面貌、回应顾客的速度及良好的售后服务、配送及时等等都是企业获取顾客忠诚的重要因素。

2. 品牌诚信。品牌诚信是指企业在经营活动中诚实守信,如履行合同、信守承诺等等。并将这种诚信理念贯穿于品牌战略的全过程,将创造出为消费者信赖并常盛不衰的强势品牌。市场经济是建立在严格的契约基础上的信用经济,它要求经济主体遵守规则,诚实守信。

(1)品牌诚信的特征

①品牌诚信的建立过程具有非重复博弈特征。如果说人与人之间或企业与企业之间产生诚信是以重复博弈为基础的(重复博弈也可能产生完全相反的结

果），那么品牌诚信则更多地表现为非重复博弈。在买方市场条件下，这种特征非常明显。消费者在交易过程中，为搜集信息付出了较高的时间成本和体力成本、精力成本，如果购买到的商品价格远远超出它的价值或者说消费者得到的让渡价值较低，那他就会转向其他厂商，以寻求更多的让渡价值，此时消费者对交易方会失去信任。这种交易一般只进行一次。消费者一旦失去对交易方的信任，要转变他的态度就非常困难。因此，品牌诚信与其他类型的诚信建立途径是不同的，一般不具有重复博弈的特征。

②人际信任对品牌诚信的影响大于社会信任。从理论上来说，品牌诚信属于社会信任，消费者通过相关的市场机制和交易合约，在与企业的交易过程中产生信任关系。但在我国，由于社会信任度很低，使其无法发挥正常作用，这就使人际信任成为人们对品牌产生信任的重要途径。通过人与人的交往以及交往对象对某一品牌的信任影响其他人产生对同一品牌的信任。这主要是指家族主义信任之外的人际信任。这种信任使他们很容易分享消费经验，从而形成某一品牌的口碑，忠实消费群体也就由此产生了。

③品牌战略与诚信互为因果。有学者认为，诚信是品牌战略的基石。这一表述只说对了一半。事实上，一方面品牌战略要以诚信为基础，另一方面品牌战略又能促进诚信。强势品牌以其卓越的品质体现品牌形象，无疑会增强品牌的诚信度。从消费者行为来看，理性的消费者会根据品牌来选择商品，这类消费者在我国已越来越多。在这种情况下，品牌成为信任的前提。

④交易设施对品牌信任产生重要影响。张维迎在对跨省信任的分析中认为，交易设施对信任产生正面积极的影响。张维迎所指的交易设施主要是交通设施和信息传播。这种理解并不全面。交易设施还应该包括一系列为营销服务的组织机构，如广告代理机构、代理商等等。交易设施对信任的影响同样适用于品牌信任的形成。

销售商是交易设施的重要组成部分，销售商的诚信直接影响企业诚信。目前一些销售商为了自身利益不择手段，不惜牺牲消费者的利益，伤害消费者的感情。在实际操作中，企业生产的产品通过经销商、代理商达到最终消费者手中，如果他们不能将生产商的信息准确无误地传达给消费者，那么企业形象就会受损，企业诚信就会产生危机。在交易设施中，广告代理机构也是其重要组成部分之一。目前我国广告业的诚信危机是有目共睹的。一方面企业缺乏品牌意识，疏于品牌管理，错误地认为只要大打广告就能造就强势品牌；另一方面，广告代理机构在利益驱动下，充当虚假广告的急先锋，不顾一切地为某些产品进行鼓噪。这些不实广告已成为一种社会污染、一个企业诚信的最大杀手。

（3）品牌诚信的建立要注意以下几点：

①注重企业的伦理建设，树立诚信为本的经营理念。品牌诚信建设的关键在于企业领导者和高层管理人员。在企业品牌诚信建设中，企业主要负责人起着极为重要的关键作用。企业领导者的遵纪守法、诚实经营，可以带好整个团队，可以在企业中形成良好的道德氛围，可以给全体员工树立好的榜样。相反，企业领导者不诚实，不守信，搞欺诈行为，就会把企业引上绝路。品牌诚信应看做是企业的社会责任和应尽的义务，企业作为社会成员之一，应当承担起维护社会整体利益的责任。企业的守法诚信经营有助于提高全体社会组织、成员的道德氛围，推动社会风气的净化和文明程度的提高，进而也有助于实现企业的可持续发展。

②从公司制度和治理结构上建立品牌诚信的物质基础。品牌诚信必须贯穿于企业日常经营行为和长期发展战略中，企业内部应建立严格的科学管理制度，建立监督及风险管理机制，保证诚信原则能够得到认真的执行，这样才能有效地抵御一些利益的诱惑。在内部监督上，建立科学而制衡的约束机制，防止个人专权、徇私舞弊，首先是要健全完善企业的治理结构，防止形成内部人控制；其次是决策程序要公开透明，重大事项要民主决策，在管理层形成监督制衡机制，防止个人独断；三是建立诚信经营的奖励，形成合理的激励与约束机制。

③创造品牌诚信的法制环境。诚信无价亦有价。诚信无价是指诚信是金，是无价之宝。诚信有价是指对失信者而言，应为其失信行为付出高昂代价，这个代价多高才算高？一直到他失信成本大于它的失信所得为止。因此，我国政府应该制定相关的法律，严厉惩治失信行为，建立失信约束惩罚机制。

规范和整顿市场经济秩序。市场秩序是市场经济中不可或缺的要件之一。如果市场秩序混乱，游戏就没有规则，这时品牌不要说发展，就连维持也很困难。维护"公正、公平、公开"市场秩序是政府的工作，但同样需要企业的共同努力，因为企业是市场的主体，企业行为直接影响市场秩序，对在行业中具有举足轻重作用的品牌企业更是如此。

④健全信用查询系统。品牌诚信要以大量信息为支撑，我国在企业信用体系管理问题上应借鉴发达国家的经验，尽快建立全国的信用信息库，尽可能减少信息不对称现象。建立全国联网的企业信用查询系统，以保证消费者或客户及时全面地了解企业信用信息。

⑤以企业信用体系保障品牌诚信。现代信用体系是指企业能够履行与客户、社会约定的职责而取得的信任。企业信用体系建设具体包括：制定企业信用标准、建立企业信用管理数据库、建立企业信用等级评审和公布制度三方

面。从建立企业信用体系入手，在制度安排上为品牌诚信的建设奠定基础，使品牌诚信建设有章可循。

⑥以关系营销铸就品牌诚信。关系营销理论强调的是建立企业与消费者之间的良好关系。这一理论对建立品牌诚信具有重要意义。企业在建立关系营销中应做到：以优质产品托起品牌诚信、以渠道诚信促进品牌诚信、以诚实广告传播品牌诚信。在向顾客提供产品和服务中，应考虑顾客可能付出的成本，尽可能向顾客提供方便的服务，时时同顾客保持沟通。与此同时，企业应清醒地认识到与顾客的关联性，与顾客保持良好的互动关系，及时对顾客的需求做出反应，在向顾客提供产品和服务中获得回报，达到双赢的结果。

3. 品牌认知

（1）品牌认知的定义。品牌认知就是指消费者对品牌的了解、记忆和识别，它包括品牌了解、品牌记忆和品牌识别3个子维度。品牌认知首先是对品牌的了解，包括对品牌形式和内容两方面的了解，这是消费者的一个动态的品牌学习过程。其次是对品牌的记忆。如果消费者仅仅对品牌有所了解是构不成品牌资产的，还必须有所记忆。品牌只有被消费者记住，才可能形成品牌资产。品牌记忆也包括品牌形式和内容的记忆。再次是对品牌的识别。品牌形式的识别比较容易，比较难的是品牌内容的识别。

（2）品牌认知的类型

①未提示知名度——未经提示对品牌的回忆率。有的研究人员将其再细分为第一未提示知名度（top of mind，TOM）和总体未提示知名度，前者更能反映品牌之间的竞争力。

②提示知名度——经提示后对品牌的回忆率。同等比率情况下，品牌竞争力弱于未提示知名度。

③认知渠道或媒体——认知该品牌的信息渠道，及其媒体传播手段。

④广告认知度——以广告传播品牌形象时，对广告内容的认知状态。

⑤广告美誉度——以广告传播品牌形象时，对广告是否满意等情绪性的反应。需要注意的是，现代品牌的塑造已经频繁地使用广告人物，人们对广告人物的认知占据了品牌形象的一定位置，广告人物的社会声誉与行为品德也构成了品牌形象的组合之一，品牌认知应该包含对广告人物的认知。

品牌认知的作用是消费者一般不会在对某品牌一无所知的情况下购买该品牌产品，只有消费者对品牌的认知性越强，该品牌的资产在他们身上就体现得越多。品牌资产在某种意义上就是市场对品牌认知的总和，即等于消费者认知人数（即知名度）与消费者平均认知深度的乘积。

（3）提高品牌认知的策略。因为影响品牌认知的因素包括品牌独特性、品牌传播、品牌行为、消费者经验、消费者需要和消费者特征等。笔者根据这些影响因素，相应地提出以下策略：

①塑造品牌独特性来提高消费者对品牌的认知。品牌形式的设计越独特，越容易引起消费者的注意和兴趣，而注意和兴趣是认知行为的前提。消费者对注意到和感兴趣的品牌，更有认知的积极性，也更容易记忆和识别。品牌内容的独特性则进一步加深消费者对品牌的认知。如品牌产品的特色往往给消费者很强的刺激信号，使消费者容易感知和建立较深的印象。

②加大品牌传播力度来提高消费者对品牌的认知。品牌广告、品牌宣传、品牌展览和品牌促销等传播形式和内容，促进消费者对品牌的认知。品牌广告等传播的知识虽然是理性知识，不是消费者对品牌的直接感知，但可以大大提高消费者对品牌的认知效率。尤其是通过广告这样的大众传媒，可以在较短的时间建立品牌的认知度。广告中的广告语很重要，如广告中加入一句口号或顺口溜，这样的话就容易让顾客回忆起这则广告。

③通过品牌行为来提高消费者对品牌的认知。品牌产品的定价、创新和品牌公司的行为都影响品牌认知。例如，德国名牌轿车奔驰和宝马由于昂贵的定价，而被消费者看做高质量、高性能、高品位品牌加以认知。

④通过增加消费者自身经验的积累来提高消费者对品牌的认知。品牌经验丰富的消费者对某一品牌的认知比品牌经验缺乏的消费者更全面、更深入。大城市与中小城市相比，商业更发达，品牌更多，相对应消费者的品牌经验更丰富，因此，大城市的消费者对品牌的认知更多一些，认知积极性更高一些。

⑤通过加强消费者的需要来提高品牌的认知。消费者对某种产品的需要越迫切，对这种产品的品牌就越关注，品牌认知的积极性和品牌认知度就越高。

⑥通过消费者的社会特征、文化背景和个性来提高品牌认知。如消费者的理性程度影响品牌认知的积极性，理性强的消费者，更重视品牌认知，对品牌认知的积极性更强，因而他们身上更容易形成品牌资产。

4. 品质认定

(1)品质认定的内涵。品质认定就是顾客在对竞争品牌进行各方面的对比和选择之后，对某种产品的整体质量和优点所形成的定论和概念。品质认定要根据产品自身的定位目标及其系列竞争品牌进行对比之后才能形成确定的概念。品质认定不同于满意度，一个顾客可能因为其期望值很低而很容易满足。高品质认定并不与低期望值保持一致。品质认定是顾客对于某个品牌的一种无形的整体的感觉。一般情况下是以与品牌相关的方面如可靠性和功能为基础来对产品进行评价的。

（2）品质认定的类型

①品质认知——产品的物理构成及其质量属性在心理上的反应。

②档次认知——人们对产品品质及质量标准的主观评价。

③功能认知——正常状态下人们认知产品所达到的功能与效果。

④特色认知——与同类产品相比，认知该品牌具有独一无二的功能与效果。

（3）影响品质认定的因素。影响品质认定的因素很多，下面讨论一些主要因素：

①产品的性能，包括基本的产品操作特征。有些顾客注重产品的使用性能，而有些注重产品的经济性和舒适性。

②产品的特征。品牌独具一格产品特征，也是该品牌的独特卖点（USP），使其与竞争产品区别开来，以自己产品的特征来吸引顾客的注意力，而且也可以反映出这个公司更关心顾客的需求。

③追求完美（即零缺点）这是对质量所持的一种传统的、以生产为指导的观点。追求质量完美，是每一厂商的宗旨，企业尽可能使其产品质量完美。日本的汽车制造商站在顾客的立场上减少产品的缺点而取得巨大成功。

④产品的可靠性。这与产品行为保持一致，也可以使顾客连续购买，让顾客感到他们总能买到产品功能良好的产品。

⑤产品的耐用性。这反映出产品的经济寿命即产品可以使用的时间。

⑥企业提供服务的可能性。产品在使用过程中出现质量问题，企业的售后服务部门能否及时、可靠地进行维修。

⑦产品使用时给人的舒适感。这是纯粹的外观或感觉。对于汽车而言，可以指其油漆的情况，车门缝是否严合，这些极小的地方却极有可能引起顾客对其的产品质量判断。

（4）品质认定提升的策略。高品质认定可以增加品牌资产，所以企业如何提高品质认定是每个企业急需解决的课题，应采取以下措施：

① 长期保证产品高质量。要较长时间持续地保持高质量是很困难的事。如果不是公司将质量看作最高的信条，要保持高质量几乎是一件不可能的事。高质量是品质认定的基础。

②加强企业文化建设。对质量的承诺应该在企业文化中反映出来，企业应该有一套行为、标志以及价值准则来约束企业员工。

③ 注重顾客评价。顾客最终决定质量。企业要定期就客户满意度进行调查，进行集体访问，并了解顾客，对其产品和竞争对手的产品质量的看法进行调查。

④生产标准化的产品。口头承诺和实际提供服务之间是有距离的，正因为

有距离，所以可以设定一定的目标，并将实现目标的过程纳入一个可操作的体系中。只要设定标准化，而企业又能按照标准化的要求去完成，这样才能保证品质认定。

⑤发挥职员的主观能动性。企业职员对企业的产品质量和形象的影响是比较大的。日本企业已经证明了通过团队合作，职员往往能够找到一种有效地提高产品质量的方法。

⑥满足顾客的期望。如果顾客的期望过高，他们就会认为产品的质量很低。所以产品质量和服务要超出顾客的期望为好。

5.品牌联想。品牌联想指记忆中与品牌相连的每一件事，即一提到品牌名称消费者脑海中就出现所有事物。品牌名称的价值在于一系列的联想，它是制定品牌决策和建立品牌忠诚的基础。品牌联想有助于消费者在购买商品前处理、提取信息以及产生购买的原因；品牌联想可以实现品牌的差别化和对品牌产生积极的态度和感知；品牌联想是品牌延伸的基础。品牌联想的类型有：

（1）词语联想——由该品牌首先联想到的词语，一般采用前3个联想到的词语。

（2）档次联想——直接评价该品牌的档次。

（3）美誉度联想——该品牌直接引起令人喜爱或满意的情绪性反应及评价。

（4）理想使用者——消费该品牌合适人物的联想，是未来形象定位的重要依据。

（5）理想形象——不考虑现实的条件与限制，人们期望该品牌的理想状态，是未来形象定位的重要依据。

（6）品质联想——由品质联想到的信息，是品牌档次联想的补充。

（7）功能联想——由产品功能引起的联想，是理想形象的补充。

（8）消费缺憾——消费该品牌后联想到的消极评价及期望，是理想形象的补充。

除此之外，商标也是构成品牌资产的重要组成部分，企业必须学会使用商标、管理商标，通过商标来提升品牌资产价值。

第三节　品 牌 策 略

一、品牌建立决策

这是指决定是否为企业的产品确定品牌。品牌是产品整体概念中的一个重要因素。因此，对大多数产品来说，使用品牌具有积极作用，但并非所有产品都必须使用品牌。有些产品不会因生产企业不同而形成不同的特点，因而无法用品牌加以区别，如电力、煤炭、面粉、食糖等。有些产品消费者一般根据习惯购买和使用，并不去识别品牌。有些小商品，工艺简单，没有明确的技术标准或属一次性生产和消费的，也可不用品牌。另外，受自然条件影响较大，且不易控制的产品，也可不用品牌。

以上这些产品虽然可以不使用品牌，但为了对消费者负责，必须标明生产厂家或经营商店。无品牌、简包装的商品能大幅度降低营销成本，有利于扩大产品销路。采用这种策略的通常是大众化的同质商品，消费者对品牌无特殊要求。

二、品牌使用者决策

这是指企业在决定使用品牌之后，应对使用谁的品牌作出决策。品牌的使用决策有三种选择：

（一）制造商品牌

制造商品牌即制造企业采用自己的品牌。这种品牌称为制造商品牌或生产者品牌或全国性品牌。一般来说，大中型企业或产品声誉比较高的企业，愿使用自己的品牌。

（二）中间商品牌

中间商品牌又叫经销商品牌或私人品牌。指制造企业把产品批发给中间商，由中间商使用自己的品牌把产品推销出去。一般来说，产品知名度不高的企业，或不如中间商声誉高的企业，大都采用这种策略，也称为贴牌生产与贴牌经营。如中国无锡出产的西服、衬衫用美国利维公司的商标在美国和全世界出售。

（三）混合品牌

制造商还可以决定有些产品使用自己的品牌，有些产品使用经销商品牌。选择的标准是看哪种品牌对企业更有利。

传统上，品牌是厂商的制造标记，因此制造商品牌是工商业舞台的主角，大多数制造商都使用自己的品牌。此外，有些享有盛誉的制造商也将其著名商标转让给别人使用，收取一定的特许使用费。但商业的发展也使商业企业逐步形成了自己的声誉，在消费者中产生了一定的影响，因此产生了经销商品牌，并成为消费者选购商品的重要依据之一。工商企业究竟是使用制造商品牌还是经销商品牌，必须全面权衡。在制造商具有良好市场信誉、拥有较大市场份额的条件下，多使用制造商品牌。特别是制造商品牌成为名牌后，使用制造商品牌将更为有利。在制造商资金能力薄弱，市场营销力量相对不足、企业名气小，或生产的产品还不被市场所了解的情况下，则可采用声誉较好的经销商的品牌，也可征得经销商同意后，把制造商品牌与经销商品牌联用，构成联合商标。

三、名牌名称决策

企业在决定使用自己的品牌之后，面临着选择品牌名称的决策。一般有四种策略可供选择。

（一）个别品牌名称

个别品牌名称即企业生产的每种产品分别采用不同的名称。个别品牌策略又有以下几种形式：第一，不同的产品采用不同的品牌；第二，相同的产品依据其质量、式样、花色等不同而采用不同的品牌；第三，质量、式样、花色完全相同的商品在不同的市场上采用不同的品牌。采用这种品牌策略，能严格区分高、中、低档产品，便于满足不同消费者的爱好与需要，减少市场风险。例如，上海牙膏厂生产的牙膏分别采用"美加净"、"中华"、"白玉"、"黑白"、"玉叶"、"庆丰"等品牌，以示质量和价格的区别。

个别品牌策略的主要优点是：①企业不会因某一品牌信誉下降而承担较大的风险，不会因个别产品出现问题而影响整个企业的声誉；②个别品牌为新产品寻求最佳品牌提供了条件，有利于新产品和优质产品的推广，同时也为品牌变更提供了方便；③新产品在市场上销售不畅时，不致影响原有品牌的信誉；④有利于发展多种产品线和产品项目，开拓更广泛的市场；⑤有利于对企业的各个品牌进行个别定位，从而可以获得不同的细分市场。

个别品牌的主要缺点是：①企业必须把自己的资源消耗在若干个品牌上面，从而有可能分散企业在品牌管理方面的精力；②加大了产品的促销费用，使企业在竞争中处于不利地位；③品牌过于繁多，不利于创立名牌。

（二）统一的家族品牌名称

这种策略是指企业生产的所有产品都采用统一的品牌。如"郁美净"系列化妆品、"海尔"系列产品等。这种策略的好处是：采用统一品牌策略，可以利用企业已有声誉迅速增强系列产品的声誉，建立一整套"企业识别体系"和统一的品牌。这样的系统推销，能广泛地把企业的精神和特点传播给顾客，让商品具有强烈的可识别性和给人留下深刻的印象，从而提高企业的信誉和知名度。采用这种策略，有利于节约广告费用开支，便于开展系列广告。在统一品牌下的各种产品可以互相声援、扩大销售。推出新产品时节省大量设计和宣传促销费用，特别是在原有产品已有很好声誉的情况下，可以很容易地使消费者接受企业的新产品。缺点是任何一种产品的失败都可能使其他产品和企业声誉受到影响。

采用统一的家族品牌名称策略应具备以下条件：第一，企业与产品都必须在市场上处于优势地位，这种品牌已经在市场上已获得一定的信誉。第二，采用统一品牌的所有产品都必须保持相称的质量水平，要有严格的质量控制。因为任何一种产品的质量问题，都会影响到全部产品的声誉。

（三）分类的家族品牌名称

采用这种策略，企业生产的各类产品分别命名，每一类产品使用一个品牌。这种策略可以区分在需求上具有显著差异的产品类别，对于多角化经营企业尤其适用。如第一汽车制造厂生产的各种载重车都用"解放"牌，而各种小客车都用"红旗"牌。

（四）企业名称加个别品牌名称

这种策略在每一品牌名称前冠以企业名称，这种策略既有利于企业推出新产品，使企业各类产品相互推动，壮大声势，节省广告宣传费用，又可使各品牌保持相对的独立性。如美国通用汽车公司所生产的各种类型的汽车，前面都加上 GM 两个字母作为统一品牌，后面再分别加上凯迪拉克（Cadillac）（豪华型的高级轿车）、别克（Buick）、雪佛兰（Chevrolet）（普通型的大众化轿车）等不同的品牌，以表明这些汽车都是通用汽车公司生产的，但它们又各有特点。

四、品牌质量决策

制造商在作品牌决策时，还必须决定其品牌质量水平，以保持其在目标市场上的地位。所谓品牌质量，是指反映产品耐用性、可靠性、精确性等物理属性的一个综合尺度。

制造商首先应决定其品牌的最初质量水平——低质量、一般质量、高质量或优质量。一般来说，企业的盈利能力、投资收益率会随着品牌质量的提高而提高，但不会直线上升。优质产品只会使投资收益率少量提高，而低质量品牌却会使投资收益率大大降低。因此，企业应当提供高质量品牌。但如果所有竞争者都提供高质量品牌，这种策略就难以奏效。同时，制造商在决定其品牌的最初质量水平以后，还要决定如何管理其品牌质量，即是提高品牌质量还是保持品牌质量，还是逐步降低品牌质量。近年来，国内外的一些企业，为了提高其产品的竞争能力，特别注意加强产品的质量管理，使产品质量管理成为市场营销组合的一个组成部分。

五、品牌扩展决策

品牌扩展决策是指企业利用其成功品牌的声誉来推出改良产品或新产品的策略。这种品牌决策可以节省宣传介绍新产品的费用，使新产品能迅速、顺利地打入市场。此外，还有一种品牌扩展，即制造商在其耐用品类的低档品中增加一种式样比较简单的产品，以宣传其品牌中各种产品的基价很低，以此来招徕顾客，吸引顾客前来购买式样较好的高档产品。

六、品牌再定位决策

一种品牌在市场定位一段时间后，有时需重新定位。这并不是因为这种品牌在市场上最初定位是错误的，而是因为随着时间的推移，可能顾客的偏好发生转移或竞争者推出的后继品牌，使公司品牌的需求减少。在这种情况下，企业就得考虑品牌的再定位问题。

品牌重新定位的成功范例要数七喜公司。20 世纪 60 年代，七喜公司为在日益激烈的软饮料市场上取得一席之地，进行了广泛的市场调查，结果发现，虽然大部分软饮料的消费者确实偏爱可乐，但消费者并非对某种品牌始终忠诚如一，有时他们也想试试其他口味，另外，尚有许多消费者确实并不太想喝可乐饮料。于是，七喜公司在 1968 年开始把自己的柠檬饮料推向了市场，并针对可口可乐公司的"可乐"饮料，公开向公众宣称自己的柠檬饮料纯属非可乐饮料。通过这种品牌的再定位策略，七喜产品成了当时软饮料两巨头可口可乐公司和百事可乐公司两大可乐产品的替换品，这种非可乐饮料的销量在上市的头一年就上升了 15%，从而获得了非可乐饮料市场的领导地位。

品牌的重新定位，需要企业的管理部门作出两个方面的权衡，即费用与收益之间的对比状况。一是企业将某种品牌转移到另一细分市场上时所需要支付的费用状况，包括品质改变费、包装费、广告费等。一般来说，重新定位离品牌的原有位置越远，所需的费用就会越高；企业改进品牌形象的必要性越大，所需的投资也就越多。二是企业用新品牌定位于新细分市场时的收益状况。一般收益的大小要取决于细分市场的人数、细分市场上的消费者平均购买率，同一细分市场上的竞争对手数量与实力，等等。

七、品牌创新决策

前面说过，一种品牌如果已被消费者所认知，就不要随意更改。但品牌也和产品一样，对陈旧、落后的品牌应注意创新。品牌创新有两种方法：一种是骤变，又称全新品牌策略，即舍弃原品牌，采用全新设计的品牌名称与品牌标志。但这种策略花费太大，而且风险也较大。二是渐变，又称改良品牌策略，指在原品牌上作某些局部改进，使改进后的品牌与原品牌大体接近。这样，既有利于创新又不失原有品牌的精髓，易于保持原品牌的信息，减少更换品牌给企业带来的风险。

第四节　包装策略

一、包装的概念

包装是指产品的容器或外部包扎物。它是产品整体概念的重要组成部分。产品包装有两层含义：一是指采用不同形式的容器或物品对产品进行包容或捆扎。如用盒、箱、匣等盛装产品。二是泛指盛装产品的容器或包装物。

产品包装一般有三个层次：内包装、中包装和外包装。内包装指盛装产品的直接容器，如牙膏软管等；中层包装，指用于保护产品和促进销售的直接容器外面的包装；外包装，又称运输包装，指便于储存和搬运，保护商品不被损坏而进行的包装，如装运牙膏的纸板箱等。此外，包装上的标签、装潢（指对包装进行装饰和艺术造型）等也属于包装范畴。

包装是产品实体的一个重要组成部分，是商品的形象，其重要性远远超出了作为容器保护商品的本身。在当今市场上，各种包装形态多达 10 万种以上。在发达国家，75% 以上的商品是通过包装供应市场的。人们把包装比喻为"沉默的推销员"、"心理的推销手段"。包装在现代市场营销活动中显示出越来越重要的作用，成为刺激消费需要，开展市场竞争的重要手段。在现代经济生活中，产品的包装日臻重要，包装对产品的促销具有十分重要的意义。

二、包装的功能

包装是产品生产的最后一道工序，也是商品的外衣。包装的功能有以下几点：

1. 保护商品

保护商品质量安全和数量完整，是包装最原始、最基本的功能。包装可保证产品在储存、运输和销售过程中不至于损坏、散失和变质，同时使产品清洁、卫生，使用便利。包装商品的主要目的在于保护商品的使用价值，因此，必须根据商品的特点进行包装，否则就会造成巨大损失。这些损失除一部分由厂家、商家承担外，还有一部分转嫁到消费者身上，无形中增加了消费者的负担。

2. 便于商品运输与销售管理

针对商品的存在形态（固、气、液、胶体）不同，理论性质（有毒、有腐蚀性、易挥发、易爆、易燃等）不同，外形（有棱角、锋刃等危及人身安全的形状）不同，进行合理的包装，可便于商品的运输，从而节省流通时间及降低运输费用。经过合理包装的产品，便于储存和点检，有利于仓库作业，合理堆码，节约仓容，保护商品品质。同时，在商品验收中，便于计数，有利于销售管理。

3. 美化商品，促进销售

包装的销售促进作用有两个方面：其一，经过包装，尤其是加上装潢之后，商品更加美化，本身更具有了广告宣传的作用。一个好的包装不仅可以增加产品价值，在一定程度上还可以与巧夺天工的工艺美术品达到异曲同工的效果，能引起消费者的兴趣，从而促进产品销售。其二，不同的包装便于消费者携带和使用，消费者乐于购买。例如，苏州产檀香扇，没有包装前，在香港市场上卖65元，采用成本5元的锦盒包装以后，售价提高到165元，销售量还大幅度增长。

4. 识别商品，增强竞争能力

不同产品采用不同包装，或同类产品不同厂家不同牌号或规格，采用不同的包装，可以使消费者易于识别。同时，产品经过包装可与竞争者的同类产品有所不同，不易仿制、假冒和伪造，有利于维护本企业产品的信誉，增强竞争能力，提高经济效益。尤其在假冒伪劣产品充斥市场的情况下，享有信誉的包装产品就可以起到维护企业和消费者利益的作用。

5. 方便与指导消费

通过包装表明产品的性质结构、化学成分、使用说明及保管方法等，能帮助消费者正确地使用产品。另外，产品包装容器大小、包装方式、拆封办法、包装物重量等，也都直接影响产品使用的方便性和销售量。例如，瓶装酒用一斤装或半斤装（一斤半装），味精一斤装（适用于食堂和饭馆），一两装（适用于家庭），药片1 000片装（适用于医院），10片装（适用于个人）等，并在包装上说明用法用量，这里包装的大小就起着便于使用的作用。其他如拉环式易开罐头、拉链式包装盒等，也是如此。

6. 增加利润

包装保护商品使用价值，能减少商品在生产领域到消费领域的转移过程中损坏、散失、变质等，减少损耗，增加盈利。在销售中，包装是争取顾客的重要手段，好的包装引人注目，激发消费者购买欲望，扩大销售，增加盈利。优良、精美的包装往往可以提高商品的身价，使顾客愿意付出较高的价格购买，直接增加利润。

三、产品包装的设计原则

(一)运输包装的设计原则

就保护产品的观点考虑，运输包装是产品的外包装。它不随同产品一起出售。因此，运输包装的设计要求主要着眼于保护产品在运输过程中产品质量的安全和数量的完整，具备牢固、防潮、隔水、避震、防外溢等作用。同时应尽可能推行包装标准化、系列化，以适应现代运输、装卸、储存的要求，节省包装及运输费用。

（二）销售包装的设计原则

销售包装的设计，应着重考虑美化商品，促进销售和便于使用。销售包装的结构和图案设计应符合下列要求：

1. 包装造型新颖，美观大方，图案生动形象，别具一格，并使其具有亲切感

包装材料应尽量采用新材料、新工艺，装满画面设计要能突出企业产品的特点，建立良好的信誉，文字说明要同装潢内容相结合，互相衬托，互相补充，相映生辉。同时，包装作为一门艺术应根据人体工程学来设计产品包装，使其真正适合消费者使用。如果是出口商品，则应采用国际性标志。

2. 包装费用要与商品的价值相一致

当前包装市场上出现了两种趋势：一是包装与内容相脱离，用豪华包装为伪劣产品作掩护，结果是"金玉其外，败絮其中"；二是一些真正需要精美包装的商品如出口商品、高档礼品，却因缺乏针对性设计，再加上包装质量低下，从而出现"一流的产品、二流的包装、三流的价格"的令人叹息的现象。

包装费用与全部商品成本是否应有适当的比例，对此，各国尚无统一的标准，因为商品的类别和档次不同，包装所占成本的比重自然有所不同，但一般来说，这一比例应当在15%以下。珍贵的首饰和玉雕、牙雕等，应配以各种镶嵌、雕刻的名贵的手工艺包装盒；名画应配以樟木雕刻的画卷盒包装；贵重皮大衣应配以高级手提箱包装，包装应与商品的类别和档次相适应，也就是说，"豪华包装"+"质次商品"的行为是不符合市场规范的，同样，"一流的商品"+"二流的包装"的现象也亟待改进。根据市场决定包装，应是目前产品包装唯一可行的法则。

3. 包装要显示出商品的特点或独立风格

对于以外形或色彩表现其特点或风格的商品，如服装、装饰品、食品等的包装，应设法向购买者直接显示商品本身，以便于选购。如采用透明包装、开天窗包装，或在包装上附有彩色照片等。对于经常使用的商品，则要考虑如何便于使用等。

4. 包装上的文字设计要能直接回答顾客最关心的问题

产品的性能、使用方法和使用效果常常不是直观所能显示的，需要用文字表述。包装上的文字设计应根据顾客的心理，对不同产品突出不同的重点。如在食品类的包装上，应说明用料、食用方法等。总之，运用营销心理学直接准

确地回答购买者最关心的问题。同时也应考虑购买者可能存在的顾虑，在包装上要有针对性地加以说明，以增加顾客对商品的了解和信任。如松花蛋的塑料包装袋上面印着"无铅"，可以解除消费者怕铅中毒的顾虑。当然，文字说明必须与商品性质相一致，并应有可信的科学依据。否则，如果仅仅在文字上大肆渲染，等于是欺骗性的广告，这既损害消费者的利益，又破坏了企业的声誉。

5. 包装装潢所用的色彩、图案要符合消费者的心理要求，并不与民族习惯、宗教信仰相抵触

色彩和图案的含义，对于不同的消费者，可能截然不同，甚至完全相反。对于色彩，中国人节日喜欢用红色，而埃及人则喜欢绿色，忌用蓝色；不同年龄的消费者，对颜色也有不同的爱好，如老年人喜欢素色，青年人则喜欢红、橙、黄色等。图案也是如此。如大象在东南亚国家受尊敬，而欧洲人则把它当作呆头呆脑的东西；乌龟的形象在很多地区代表丑恶，而在日本则代表长寿等。所以，包装设计人员一定要掌握世界各地市场上人们的爱好和禁忌，以提高包装装潢设计的质量。

当然，在保证包装封口严密的情况下，包装应易于开启，而且包装大小应适当，以便于携带和使用。

随着当前商品包装的不断豪华化，环保问题越来越受到人们的关注，因为包装不像商品可以被消费，包装废弃物的去向问题就成了人们关注的焦点。目前国际上通行的"三 R"原则，即减量(reduce)、再循环(recycle)、再利用(reuse)原则已为国际包装界普遍认可，我国产品包装的发展也应遵循这一原则。

"减量包装"是指在制造过程中，尽可能地减少包装材料的使用和包装所占的体积。如日本消费者在第一次用完清洁剂后，能够买到一种立式塑料袋装的清洁剂，回家后只需把清洁剂倒入原有的塑料容器中即可继续使用。既减少了垃圾量，又可以让顾客减少一部分开支。

"再循环"是指能够进行循环使用或回收再生利用的包装。这首先要求包装材料是可再生材料，同时还要对其加以回收。

"再利用"是指当商品用完后，精美的包装容器可作其他用途。如杯形包装、盒式装、提袋式包装等，不仅能使包装容器成为具有可再使用的物品，还能充分发挥广告宣传作用。

四、产品包装策略

产品包装作为整体产品的一个重要组成部分，在产品销售中具有重要的作用。包装策略是产品营销策略的重要一环。由于包装在产品营销中的重要性，企业除了认真做好包装设计，使包装充分显现产品的特色与魅力外，还需要运

用适当的包装策略，使包装的设计与策略的运用相得益彰，发挥更大的作用。常用的包装策略主要有以下几种：

1. 类似包装策略

类似包装，亦称产品线包装，即指企业所有产品的包装采用共同或相似的形状、图案、特征等。这样可以节省包装设计的成本，有利于提高企业的整体声誉，壮大企业声势。特别是新产品上市时，容易迅速进入市场。但必须注意，如果企业的产品品质相差太大，则不宜采用这种策略。

2. 等级包装

按照产品的价值、品质，分成若干等级，实行不同的包装，优质产品优质包装，一般产品普通包装，使包装与产品的价值相称、表里一致。这种包装策略有利于消费者辨别产品的档次差别和品质的优劣，"一分钱一分货"。它适用于生产经营的产品相关性不大，产品档次、品质比较悬殊的企业。这种策略的优点是能突出商品的特点，并与商品质量协调一致。缺点是加大了设计成本。

3. 配套包装策略

配套包装又称组合包装，即在同一包装内放入相关联的多种产品。如医用药箱、工具包等。这种策略不仅有利于充分利用包装容器的空间，而且有利于同时满足同一消费者的多种需要，方便使用，扩大销售。

4. 附赠品包装策略

在包装物内附赠物品或奖券，如儿童用品中附赠玩具是目前一种最为流行的做法。这样可以增加购买者的兴趣，吸引顾客的重复购买。

5. 再使用包装策略

再使用包装又称复用包装，双重用途包装。指包装物在产品用完后，还可以作其他用途，如常见的咖啡、果酱瓶用作茶杯，盛装物品的袋子用作手提袋等。这样可以利用顾客一物多用的心理，使顾客得到额外的使用价值。同时，包装物在再使用过程中，还能起到广告宣传的作用，诱发消费者购买或引起重复购买。

6. 变更包装策略

对原产品包装进行某些改进或改换，开拓新市场，吸引新顾客；或者原产品声誉受损，销量下降时，通过变更包装，制止销量下降，保持市场占有率。变更包装策略既可以以新形象吸引顾客的注意力，又可以改变产品在消费者心目中的不良形象。但对优质名牌产品，消费者早已熟悉了它们的包装，则不适宜采用这种策略。

近年来人们提出"绿色包装"观点，认为某些商品应采用小包装、简包装甚至不包装，以减少由包装带来的垃圾，减少环境污染。

☞ **案例背景资料**

"七匹狼"品牌文化解析

如何通过对产品文化内涵的挖掘,通过对品牌文化理念的贯彻来实现对产品的市场认识,福建七匹狼集团公司在纷繁复杂的男性消费品市场上独树一帜,并使"七匹狼"品牌越来越具有影响力,其品牌文化的影响力是深远的。

纵观服装市场不难发现,许多厂商都易犯一个忌:不愿轻易放弃任何一个市场,什么钱都想赚。面对巨大的市场诱惑,以周永伟为主的七匹狼公司决策班子却理智地决定,主动放弃其他市场,专业生产男装,从而迈开了建立"七匹狼"品牌、塑造男性消费文化的第一步。

与许多企业一样,七匹狼公司注册了商标后也对企业进行了品牌文化的全面导入,但与其他企业不同的是,七匹狼公司在导入品牌文化的过程中,没有停留在文化的表层,而是随着市场竞争的变化不断地发展七匹狼品牌文化。他们通过对男士消费时尚的深入研究,不断地酝酿出主题文化观念,使企业从单一的男式休闲服装,逐步深入皮具业、香烟、酒业、茶业等领域,从而走上了统一品牌的多元化经营之路,这种统一品牌下跨行业经营使七匹狼品牌在延伸中所隐藏的经营风险不断得以化解,又逐渐形成了"七匹狼"倡导男性族群新文化的品牌文化定位。

谈及七匹狼的男性族群文化,七匹狼集团公司董事长周永伟告诉记者:男性面临着巨大的社会压力,包括家庭责任、社会关系、事业成败等方面的因素。男性在表面和潜质上兼具狼的性格:孤独沧伤、百折不挠、精诚团结,而这正是中国男性中"追求成功人士"必经的心路历程。成功和正走向成功的"男性族群"大多数时候只是表面辉煌灿烂,而正是在这群人身上折射出一种在人生旋涡里激流勇进、百折不挠、勇于挑战光芒,年龄以30~40岁男性为主要目标消费群体的男士精品形象,这种个性鲜明突现男性精神的品牌文化,从而使七匹狼品牌以其深刻的文化品质,取得了中国男性群体时尚消费的代言地位。

通过对男性精神的准确把握,七匹狼公司将服装、香烟、酒业、茶品等产品统合在"男性文化"下,并围绕这一品牌文化,对各类产品进行了开发和定位:服装——自信、端庄;香烟——沉重、思索;酒类——潇洒、豪放;茶品——宁静、遐想。这种将男性主要性格特征全部融入企业涉及的各行业中的现象,在我国工业企业中是十分罕见的。

正是有了这种品牌精神,七匹狼集团在竞争中能自如地与市场共舞。据了解，七匹狼集团在全国拥有以经营服饰为主的800多家加盟连锁店，为了准确地把握市场脉搏，七匹狼公司投入了大量人力、物力、财力对产品进行跟踪销售，他们通过仔细研究每一个竞争品牌，严密关注竞争对手在营销策略上的变化，从而找准自己在市场中的切入点，制定出有效可行的营销策划。

七匹狼集团深刻认识到，作为一个生活消费品的生活集团，除了要面对技术现实外，七匹狼的生存与发展更有赖于自己独特的文化生活理念，这就是以人为本，不断提高自己市场美誉度。在进入新世纪的时候，七匹狼集团与我国著名的服装设计师合作，通过将七匹狼休闲服饰注入一种尚真、尚纯、尚淡的新流行文化，使更多消费者在感悟七匹狼男性族群新文化的过程中，升华自己的性格魅力和人生含义。这种将21世纪中国男性自信于豪放的个性、深刻而博大的人文精神进行全面诠释的举措，使七匹狼品牌理念汇入了国际时尚潮流中。

资料来源：周良伟."七匹狼"品牌文化的魅力. 市场报, 2002 – 11 – 18

案例思考题

1. 从"七匹狼"的成长历程看，品牌文化起了很大的作用。试分析"七匹狼"的表层文化和内层文化。

2. "七匹狼"是如何进行品牌文化传播的？

本章小结

1. 品牌是产品整体概念的重要组成部分。品牌又称厂牌或牌子，它是指打算用来识别一个卖主的产品或劳动的名称、符号、术语、记号或设计，或者是它们的组合，是用来区别本企业与同行业其他企业同类产品的商业名称。

2. 商标是商品上的一种特定标记，它是将品牌图案化固定下来，并经向有关部门注册登记后作为商品的固定符号受到法律的保护。

3. 名牌即著名品牌。一般认为，所谓名牌，是指在市场竞争的环境中具有杰出的表现、得到相关顾客公认的，能生产巨大效应的企业产品品牌、商标和商号。

4. 品牌文化是指文化特征在品牌中的沉淀与创建品牌活动中的一切文化现象，企业必须了解品牌文化的表现形式，采取有效的策略构建品牌文化。

5. 品牌资产是与某种品牌名称或标志相联系的品牌资源和保证，它由品牌忠诚度、品牌诚信、品牌知名度、品质认定及品牌联想组成。

6. 品牌忠诚，是一种行为过程，也是一种心理（决策和评估）过程，是一种在一个购买决策单位中，多次表现出来的对某个品牌有偏向性的行为反应。

7. 品牌优势，是指一个品牌与其他品牌相比所表现出来的与社会公众、顾客、竞争对手、渠道企业关系方面所具有的一系列有利条件。

8. 包装是指产品的容器或外部包扎物。它是产品整体概念的重要组成部分。产品包装有两层含义：一是指采用不同形式的容器或物品对产品进行包容或捆扎，如用盒、箱、匣等盛装产品；二是泛指盛装产品的容器或包装物。

思考题

1. 什么是品牌？品牌与商标的关系如何？
2. 品牌对生产经营者有何重要作用？
3. 试述品牌成长的一般规律。
4. 名牌的本质是什么？它有哪些效应？
5. 试述名牌价值理论的主要内容。
6. 试述品牌经营与商品经营的关系。
7. 品牌名称决策包括哪些主要内容？
8. 试述销售包装设计的原则。

第十一章　市场营销定价策略

在现代社会，虽然非价格竞争在市场竞争中居于愈来愈重要的地位，但定价策略依然是市场营销组合中重要的且具特色的组成部分。首先，价格是营销组合中最难以确定的因素，这是因为，企业定价的目的是为了促进销售、获取利润，这就要求企业在定价中考虑各种内外变量的变化对定价的影响，从而使定价策略具有买卖双方双向决策的特征。其次，价格是营销组合中最活跃的一个因素，企业应根据市场需求和竞争的变化，随时调整价格水平，使得定价能对市场变化作出灵敏的反应。最后，价格是营销组合中唯一不增加成本的因素，但价格的变化会对企业产品销售产生深远影响。企业价格政策的走向及具体产品价格的确定，必须以企业整体营销目标和产品形象为依据，以成本费用为基础，以消费者需求为前提，以竞争对手为参照。定价策略的形成过程，是定价目标与定价方法的统一，是科学和艺术的统一。

第一节　市场营销定价目标

一、影响市场营销定价的主要因素

（一）企业自身因素

1. 产品成本

产品成本是营销定价的基础，是商品价格的最低经济界限。一般来说，商品价格必须能补偿产品生产及市场营销活动中的所有支出，并补偿企业为经营该产品所承担的风险支出。尽管在营销活动中，有些企业在某些时候因各种原因采取了低于成本的定价，但这种定价是不能长期维持的，而且很可能会被政府有关部门判定为倾销行为而被禁止。成本的高低是影响定价策略的一个重要因素，产品定价高于平均成本，企业才会赢利。

2. 市场营销目标

任何企业都为自己确定了一定时期内的市场营销目标。企业在某个时期的营销目标会因为自己所拥有的营销资源、市场潜力和市场竞争等因素的不同而有较大的差异，如保持或扩大市场占有率、树立企业或产品的形象、应付或抵御竞争等。不同的市场营销目标对企业的价格政策的制定、定价方法和价格水平的确定都会产生直接的影响。当然，企业定价策略制定和实施的好坏对企业营销目标的实现也将会产生重要的影响。

3. 市场营销组合因素

企业的定价策略必须与市场营销组合的其他因素相配套。如产品方面，企业产品的质量、特性、功能、附加服务和品牌形象的状况对价格有直接的制约作用，要求企业在定价中处理质与价的关系，做到价格与质量相符，价格与特性、服务相符，并根据企业产品品牌当前的形象或企业对产品品牌的预期形象确定价格水平。另外，企业当前或预期促销宣传的风格和力度，营销网络的架构和中间商的信誉和服务能力也会制约价格策略的选择。

(二) 市场环境因素

1. 市场需求

市场需求是市场营销定价的主要参考因素。在一般情况下，如果市场对某产品的需求量大于供应量，则产品的定价可适当提高，反之则应适当降低。脱离市场需求的定价，消费者是不会接受的。实际上，市场需求与价格之间是相互影响、相互作用的，市场需求状况会制约某种产品的价格水平，而产品价格水平的上升或降低，又反过来会影响到市场需求。一般来说，人们会从需求弹性来分析和揭示两者的关系。

(1) 需求价格弹性。是指因价格变动而引起的需求量的相应变动率，反映需求量的变动对价格变动的敏感程度。在正常的情况下，市场需求会按照和价格相反的方向变动。所以，需求曲线是向右下方倾斜的。正因为价格会影响市场需求，所以企业制定产品的价格的高低会影响企业产品的销售，因而会影响企业营销目标的实现。因此，企业营销人员在定价时必须了解需求的价格弹性，即了解市场需求对价格变动的反应。

在以下条件下，需求可能缺乏弹性：①市场上没有替代品或没有竞争对手；②购买者对价格不在意；③购买者对产品有较强的购买习惯且不易改变；④购买者认为产品质量有所提高或认为存在通货膨胀等。

(2) 需求收入弹性。是指因收入变动而引起的需求量的相应变动率。反映需求量的变动对收入变动的敏感程度。有些产品的需求收入弹性大，意味着消费者货币收入的增加导致该产品的需求量有更大幅度的增加。一般来说，高档食品、耐用消费品、娱乐支出的情况就是如此。有些产品的需求收入弹性较小，这就意味着消费者货币收入的增加对该产品需求量无多大影响，例如生活必需品的情况就意味着消费者货币收入的增加将导致该产品需求量下降，例如某些低档食品、低档服装等。

(3) 需求的交叉弹性。指因一种商品价格变动引起其他相关商品需求量的相应变动率。企业在为产品线定价时必须考虑各产品的项目之间相互影响的程度，看产品线中是否存在某一个产品项目是其他产品的替代品或互补品的情况。

替代品是消费时使用价值可以相互替代的商品，或者说是具有相同、相近的使用价值的商品。当消费者在消费互相替代的商品时没有明显偏好的情况下，一种产品价格的提高会导致另一替代品需求量的上升；反之，价格下降会导致替代品需求下降。

互补品是消费中只有配合使用才具有某种使用价值的商品，如照相机与胶卷。当其中一种商品价格上升时不仅该种商品需求量会下降，而且其互补品的需求量也会下降；反之，当其中一种商品价格下降时，两种互补品的需求都会跟着上升。

不同商品的交叉弹性各异，企业定价时就不仅要考虑价格对其自身产品需求量的影响，也要考虑市场上相关商品价格对其产品的需求的影响。这些商品价格变化对企业产品需求在客观上起着抑制或增强作用。特别是企业本身产品线多，且产品项目相关程度高时，定价时更要重视交叉弹性的影响，区别对待。替代性商品定价要同时兼顾各种替代品间需求量的影响，选择恰当的比价；互补性商品定价则应错落有致，高低分明，以一种商品需求的扩大带动另一种商品需求的增加，从而兼获销售量增长与盈利水平不减之利。如可口可乐公司总部廉价向其他国家供应罐装生产线，高价供应浓缩液，就是采用此类策略。

2. 市场竞争

市场营销理论认为，产品的最低价格取决于该产品的成本费用，最高价格取决于产品的市场需求。在最高价格和最低价格的幅度内，企业把这种产品价格定多高，则取决于竞争者同种产品价格水平。可见，竞争因素对定价的影响主要表现为竞争价格对产品价格水平的约束。

（1）价格竞争。同类产品的竞争最直接地表现为价格竞争。企业都谋求通过制定适当的价格及价格的调整来争取更多的顾客。市场竞争的程度不同，竞争对市场营销者制定商品价格会产生不同的影响。在完全竞争市场上，任何一个卖主或买主都不能单独左右该种商品价格，价格在多次市场交换中自然形成，买卖双方均是价格的接受者；在完全垄断市场上，企业没有竞争对手，独家或少数几家企业联合控制市场价格，定价基本上可以不考虑竞争因素；在不完全竞争市场上，市场竞争激烈，企业都会认真分析竞争对手的价格策略，密切注视其价格变动动向并及时作出反应。

（2）以产品为核心的全面竞争。价格竞争只是同类产品竞争的一个方面。实际上，同类产品的竞争体现在产品的开发、研制直至销售的全过程，包含了以产品为核心的价格、渠道及促销的全面竞争。价格竞争的实质，是通过价格的调整，改变产品的质量价格比、效用价格比，促使消费者对商品重新作出评价。消费者的购买行为只有在期望得到的满足与愿意付出的货币量至少相等时（满足≥付出）才会发生。因此，企业定价时不仅要关注竞争者的价格策略，对其产品策略、渠道策略及促销策略也不能忽视。

（三）社会经济因素

社会经济因素主要是指一个国家或地区的经济发展状况，它从宏观上对企业产品定价产生软约束。也就是说，企业产品的定价水平，必须符合目标市场的经济发展水平，只有这样，企业的营销定价才能为目标市场所接受。对企业营销定价有约束作用的社会经济因素主要有：

1. 社会生产的发展状况

在一般情况下，社会生产发展较快或建设扩充时期，由于社会需求量增大，产品价格容易上涨；反之，在社会生产萎缩或衰退时期，社会需求减少，产品价格就会下跌。社会生产若处于良性平衡发展阶段，社会物价整体水平平衡；社会生产若处于失衡发展阶段，必然会出现结构性供求失衡矛盾，社会物价水平便会发生动荡。这些都会影响到企业产品的定价。

2. 社会购买力水平

社会经济发展与社会购买力水平的提高是紧密相连的，社会经济越发展，人们购买力水平则会相应提高。在此情况下，消费者对价格敏感程度会有一定程度下降，产品价格可适当提高；反之，则产品价格应适当降低。

3. 社会货币发行量

社会货币发行量与价格水平有密切的关系。货币的发行量如果超过了商品流通中的正常需要，就意味着通货膨胀，纸币贬值，产品价格就会上涨；如果国家保持适度从紧的货币政策，控制信贷规模，货币发行量与流通中对货币需要量保持基本一致，产品价格就会稳定。

4. 社会资源状况

社会资源的稀缺程度及利用状况对企业定价也有重要影响。当资源供应充足时，企业可以选择价格较低的原材料进行生产，使产品成本降低，企业在定价时就会扩大价格选择余地；当资源供应紧张时，原材料价格会上涨，产品成本会增加，企业在定价时就会缩小价格选择余地。

（四）法律和政策因素

市场经济的发展，价值规律、供求规律和竞争等的自发作用，会产生某些无法自我完善的弊端。在我国社会主义市场经济中，政府制定了一系列的政策和法规，对市场进行管理，并制定和建立了较为完善的价格监管体制。这些政策、法规和措施有监督性的，有保护性的，也有限制性的，它们在社会主义市场经济中制约着价格的形成，是企业定价时的重要依据，企业在制定价格策略时都不能违背。如国家在某些特殊时期，利用行政手段对某些特殊产品实行最高限价、最低保护价政策；为刺激或抑制需求、扩大或减少投资而采取的提高或降低利率或税率的经济政策；为保护竞争、限制垄断，促进市场竞争的规范化、有序化而通过立法手段制定的一些相关法规，如《价格法》、《反不正当竞争法》等。从长期来看，法律因素将会对企业定价行为产生越来越大的影响。

二、市场营销定价目标

定价目标是企业通过特定价格水平的制定或调整所要达到的预期目的。定价目标是企业市场营销目标体系中的具体目标之一，它的确定必须符合企业营销总目标，也要与其他营销目标（如促销目标）相协调。不同时期，体现营销总目标的定价目标不同，因而产生了不同的价格策略。而且，一定时期内企业定价目标还有主要目标与附属目标之分。企业在定价时，主要的定价目标有：

（一）以追求最满意的利润为目标

即企业追求一定时期内可能获得的最高盈利额。最满意的利润或利润最大化取决于合理定价所推动的销售规模，因而追求最满意的利润并不等于追求最高价格。

在此目标下，企业决定商品售价时主要考虑何种价格出售可以获得最大利润，而对市场竞争的效果和价格在社会和顾客中产生的影响考虑较少。因此，当企业及产品在市场上享有较高的声誉，在竞争中处于有利地位或供不应求时，企业可以以利润最大化为定价目标。但是市场供求、企业声誉和竞争状况总是会发生变化的，产品也在不断更新，市场及其竞争对手的多变性不可能使企业保持永久的一个长期定价目标，与此同时会在某些时期选择一个适应当时特定市场环境的短期定价目标来制定价格。

（二）以实现预期投资收益率为目标

投资收益率反映企业的投资效益。任何企业对其所投入的资金，都希望获得预期报酬水平，而预期投资报酬水平通常是通过投资收益率（资金利润率）来表示的。很多企业在定价时一般在总成本费用之外加上一定比例的投资预期报酬，在产品成本费用不变的情况下，价格的高低即取决于企业所确定的投资报酬率的大小。因此，在这种定价目标下，投资报酬率的确定与价格水平直接相关。一般来说，投资报酬率的确定应掌握以下原则，投资若为银行借贷资金，投资报酬率应高于银行贷款利率；投资若为企业自有资金，投资报酬率应高于银行存款及其他证券利率；投资若为政府拨调资金，投资报酬率应高于政府规定的收益指标。另外，投资报酬率的高低还取决于投资回收期的长短。

（三）以保持或扩大市场占有率为目标

市场占有率是企业经营状况和产品竞争力状况的综合反映，较高的市场占有率是企业了解掌握消费需求变化，保证和扩大产品销路，实现对市场及其价格的控制，从而实现企业稳定盈利的保障。事实证明，市场占有率越高，企业对市场的控制能力就越强，其盈利率就越高。提高市场占有率比追求短期盈利意义更为深远。正因为如此，提高市场占有率通常是企业普遍采用的定价目标。以低价打入市场，用高密度广告宣传开拓销路，逐步占领市场是以提高市场占有率为定价目标时普遍采用的方法。

当企业的市场占有率扩大到一定的比例之后，由于市场竞争，其市场占有率便有逐步回落的趋势。这时，企业在定价中往往会以维持较高的市场占有率为目标。

（四）以实现销售增长率为目标

一般情况下，销售增长率的提高与市场占有率的扩大是一致的。因此，追求一定的销售增长率也是企业重要的定价目标之一。但是，在企业发展的某些特殊时期，实现一定的销售增长率却有着特殊的意义。如企业新产品的试销期和畅销期，企业往往把实现产品一定的销售增长率作为产品定价的主要目标。在市场竞争比较激烈的时期，市场占有率的高低也更多地取决于企业与竞争对手的销售额的对比状况。而且，销售增长率的提高也必然带来利润的增加。因此，企业应结合市场竞争状况和新产品投放市场前的预计市场份额，有选择地实现有利可图的销售增长率。

企业还可以通过降低产品线中某些商品价格的做法来实现总销售增长的目标。生产多品种且品种间关联程度大的生产企业和零售企业经常采用这种定价策略。

（五）以阻止新的竞争者加入为目标

从理论上讲，需求价格弹性小的产品采取高价可以获取高利，实际上，由于高利润有极大的诱惑作用，会使许多新的竞争者加入并引发价格竞争，对企业的长期利益是不利的。为了预防这种情况，原有企业宁可将产品价格定低一些，利润微薄一些，使其他企业不愿加入，即使有新企业加入，由于这些企业的生产和销售成本在相当一段时期内一般要高于原有企业的经营成本，而他们在市场上又只能以较低价格销售，故获利甚小甚至长期处于亏损阶段，从而能有效地抵御竞争者介入，使企业能长期占领市场，获取长期稳定的利润。

（六）以保持稳定的价格为目标

稳定的价格通常是获得稳定收益的必要条件。当企业拥有较丰富的后备资源，打算长期经营，需要一个稳定发展的市场，或者是市场供求与价格经常发生波动的行业，需要稳定的价格来稳定市场时，往往由行业中的大企业（领袖企业）率先制定一个价格，行业内其他企业价格随之而制定，之后在相当长的一段时期内均保持价格不变。这种价格又称领导者价格或领袖者价格。一般来说，当行业中大企业利用价格进行多轮竞争确立了自己在市场上比较稳固的地位后，为了保证自己稳定的收益，都会采用此种定价目标。对中小企业而言，由于大企业不随意降价，其利润也能得到保障。这种定价目标，可以避免新的不必要的价格竞争风险。

（七）以维护企业形象为目标

良好的企业形象是企业无形的资源与财富，是企业成功地运用市场营销组合所取得的消费者信赖，是企业长期积累的结果。为了维护企业良好的形象，企业必须在定价上避免同政府、中间商、消费者发生严重摩擦，利用价格来维护企业及其产品在市场中的声望。如有些行业中的大企业在原材料价格上涨或行业发生大的波动的时候，不随波逐流，通过稳定价格来给顾客和中间商以实力雄厚、靠得住的感觉，以维护其良好形象。

（八）以维持生存为目标

以保持企业能正常营业为定价目标，通常是企业处于不利环境中实行的一种缓兵之计。当企业受到原材料价格上涨、供应不足、新产品加速替代等方面的猛烈冲击时，产品难以按正常价格出售。为避免倒闭，企业往往进行大幅度折扣，以保本价格，甚至小于成本价格出售产品以求收回资金，只要价格高于单位变动成本，企业便可达到减少亏损或维持生存、维持营业的目的，以争取渡过财务危机和赢得新产品研制的时间，重新问鼎市场。这种定价目标只能作为企业困难时期的过渡性目标，一旦出现转机，此目标将很快被其他目标所代替。

三、市场营销定价的主要步骤

企业在市场营销定价时，一般可以采取六大步骤：

（一）确定定价目标

价格作为企业市场营销的重要措施，是同其他各项营销组合因素密切配合来实现企业营销目标的。为了使定价能适应企业营销目标的要求，并与其他营销组合因素配套，企业在制定价格时，首先要确定定价目标，以明确定价思路的基本走向。

（二）估算成本

任何企业在市场营销定价时都会面临着一个成本估算的问题，进行保本分析，从而确定一个企业可参照的最低价格——保本价格。

（三）测定需求

测定需求主要是分析目标市场对产品的需求数量和需求强度，预测顾客对产品定价的接受程度。如果目标市场对产品的需求数量和需求强度大，对价格的接受程度高，则对企业产品的定价较为有利。同时，市场需求又是一个可变的量，它反过来又会受到价格水平的影响。因此，在定价中，企业应根据需求弹性理论来测定产品的不同价格水平对市场需求数量和需求强度的影响，以便确定市场需求最大时消费者所能接受的价格上限——最高价格。

（四）分析竞争

分析竞争的目的是为企业产品确定一个最有竞争力的价格。对市场竞争的分析主要包括：市场竞争的格局分析、主要竞争对手实力的分析、竞争对手应变态度和策略分析。一般情况下，市场竞争格局对企业有利和竞争对手实力较弱时，企业能较自主地制定自己产品的价格；如果竞争格局较为均衡或竞争对手实力与本企业相当时，企业在制定价格时应特别慎重，避免价格的对峙而形成"价格战"；如果市场竞争格局对本企业不利或竞争对手实力强大时，则只能根据竞争对手的价格水平来制定本企业产品价格。另外，企业在制定和调整价格时，还应分析竞争对手的应变态度和策略。如企业价格调整后，对手可能针锋相对地调整价格，进行价格竞争，也可能不调整价格，而在营销组合的其他因素上下功夫，与企业进行非价格竞争。

（五）选定方法

企业定价方法选择的根本原则是为实现企业定价目标，进而实现企业的经营目标而确定出一种最为可行的定价方法。一般来说，企业在定价时，要综合考虑成本、需求和竞争三个基本因素。而在实际定价中，由于当时所处条件和环境的差异，通常会侧重于其中一个因素，从而形成了三种类型的定价方法：成本导向定价法、需求导向定价法和竞争导向定价法。

（六）确定最终价格

企业运用一定的定价方法确定出了初步价格后，还不能交付使用。因为依据每种方法制定出来的价格都有一定的片面性，因而需要在全面分析的基础上进行调整，以确定最终价格。在调整时，应从以下三个方面进行：一是将初步价格按照国家有关的方针、政策、法规的要求进行调整，以使价格不与国家现行有关规定、法律相冲突；二是将初步价格按照企业市场营销组合的需要进行调整，以使产品价格与营销组合的其他因素相配套；三是将初步价格依据目标市场消费心理需求进行调整，以使产品价格能为消费者所接受。

第二节　市场营销定价方法

一、成本导向定价法

成本导向定价法是以产品的成本为基础，将成本加上预期利润来制定价格的定价方法。其具体方法有：

（一）成本加成定价法

成本加成定价包括完全成本加成定价和进价加成定价。完全成本加成定价为制造业普遍使用，方法是首先确定单位变动成本，再加上平均分摊的固定成本组成单位完全成本，在此基础上加上一定的加成率和应纳税金，形成销售价格。计算公式为：

$$产品售价 = \frac{单位完全成本 \times (1 + 成本加成率)}{1 - 税率}$$

进价加成定价是零售业流行的一种定价方法。其计算公式为：

$$产品售价 = \frac{进货价格}{1 - 加成率 - 税率}$$

成本加成定价法的优点是：计算简单，简便易行；正常情况下能补偿成本并获得预期利润；可以减少价格竞争的风险。其缺点是：缺乏灵活性和适应性，因为它忽视了市场的需求和竞争对定价的影响，难以适应市场变化；加成率难以确定，其主观色彩较浓；固定成本分摊的不合理性，因为在价格既定的情况下，企业难以准确得知对应价格水平的市场销售量，使固定成本费用分摊难保其合理性。

（二）盈亏平衡定价法

盈亏平衡定价法又称收支平衡定价法或保本定价法，即根据盈亏分界点的总成本确定产品价格。盈亏分界点是指企业收支平衡、利润为零时的销售量。计算公式是：

$$盈亏平衡点的销售量 = \frac{固定成本}{单位产品价格 - 单位产品变动成本}$$

在此价格下实现的销售量，使企业刚好保本，因此，该价格实际上是保本价格，即：

$$保本价格 = \frac{固定成本}{盈亏平衡点的销售量} + 单位产品变动成本$$

在企业定价实务中，可利用此方法进行定价方案的比较与选择。对于任一给定的价格，都可以计算出一个保本销售量。如果企业要在几个价格方案中进行选择，只要给出每个价格对应的预计销售量，将其与此价格下的保本销售量进行对比，低于保本销售量，则淘汰。而在保留的定价方案中，具体的选择取决于企业的定价目标。利用盈亏分析，实际价格的计算公式如下：

$$单位产品价格 = \frac{固定成本 + 单位产品变动成本 \times 预计销量 + 预期盈利总额}{预期销量}$$

盈亏平衡定价法侧重于总成本费用的补偿，这一点对于经营多条产品线和多种产品项目的企业极为重要。因为一种产品盈利伴随其他产品亏损的现象时有发生，经销某种产品时所获的高额盈利与企业总盈利水平的增加并无必然联系。因此，定价从保本入手而非单纯考虑某种产品的盈利状况无疑是必要的，企业可以此确定企业最佳产品的结构和产量 – 价格组合。

（三）目标收益率定价法

目标收益率定价法是以某一估计销量下的总投资额为依据，再加上投资的目标收益率来制定价格的方法。目标收益率即投资报酬率，它是投资额或占用资产总额与投资报酬率的乘积。投资报酬率的确定，在前面定价目标中已经阐述，其价格计算公式为：

$$单位产品价格 = \frac{计划总成本 + 目标收益 + 应纳税金}{计划产量}$$

$$或 \quad = 计划总成本 \times (1 + 目标成本利润率) / [计划产量 \times (1 - 税率)]$$

$$目标成本利润率 = \frac{占用资产总额 \times 目标收益率}{计划总成本}$$

目标收益率定价法更全面地考虑了企业资本投资的经济效益，对一些大型企业或大型公用事业尤为适用，因为这类企业或公司事业投资巨大，更需顾及投资的补偿和回收。如美国通用汽车公司以总投资额的15% ~20%作为每年目标收益率，然后摊入汽车售价。其次，这种方法有助于确定可以接受的能获得一定资产报酬的最低价格，或按规定价格出售，企业可以得到多大的资产报酬率。因此，这种方法为选择最佳定价方案和投资方案提供了必要的参考。但这种方法与收支平衡定价法一样，是根据计划产量或预计销售量推算价格的，而价格又是影响销售量的一个重要因素，因此，据此而计算出来的价格不一定能保证销售量达到预期目标，从而影响目标收益率的实现。所以，在实际定价中，还需结合企业实力和市场引力两方面因素加以调整。

（四）目标贡献定价法

目标贡献定价法又叫变动成本定价法，即以单位产品的变动成本为依据，加上单位产品贡献，形成产品售价。即：

单位产品价格 = 单位产品变动成本 + 单位产品贡献额

在这里，产品售价超出可变成本的部分被视为贡献，它的意义在于，单位产品的销售收入在补偿其变动成本之后，首先用来补偿固定成本费用。在盈亏分界点之前，所有产品的累积贡献均体现为对固定成本的补偿，企业无盈利可言。到达盈亏分界点之后，产品销售收入中的累积贡献才是现实的盈利。由于补偿全部固定成本费用是企业获取盈利的前提，因此，所有产品销售收入中扣除其变动成本后的余额，不论能否真正成为企业盈利，都是对企业的贡献。在实践中，由于以可变成本为基础的低价有可能刺激产品销量大幅度提高，因此，贡献额有可能弥补固定成本甚至带来盈利。

目标贡献定价的关键在于贡献的确定。其步骤如下：

(1)确定一定时期内企业目标贡献

年目标贡献＝年预计固定成本费用＋年目标盈利额

(2)确定单位限制因素贡献量

单位限制因素贡献量＝年目标贡献/限制因素单位总量

其中，限制因素指企业所有产品在其市场营销过程中必须经过的关键环节，如劳动时数、资金占用等，也可根据企业产品自身特性加以确定。各种限制因素单位加总即为限制因素单位总量。

(3)根据各种产品营销时间的长短及难易程度等指标，确定各种产品在营销过程中对各种限制因素的占用数量(或比例)。

(4)形成价格

价格＝单位可变成本费用＋单位限制因素贡献量×单位产品所含限制因素数量

目标贡献定价法有以下优点：

(1)易于在各种产品之间合理分摊固定成本费用。限制因素占用多，其价格中所包含的贡献量就大，表明该种产品固定成本分摊额较多。

(2)有利于企业选择和接受市场价格。在竞争作用下，市场价格可能等于甚至低于企业的平均成本，但只要这一价格高于平均变动成本，企业就可接受，从而大大提高企业的竞争能力。

(3)根据各种产品贡献的多少安排企业产品线，易于实现最佳产品组合。

二、需求导向定价法

需求导向定价法是以消费者对商品价值的认识程度和以商品的需求程度为依据来制定价格的方法。这种方法实际上就是根据目标市场消费者所能接受的价格来进行定价，体现了"以需定产"的经营思想。它按买方意图定价，最能为消费者所接受，有利于产品销售的扩大。但是这种方法很少考虑企业的生产能力和成本方面的影响，同时，市场需求是难以确定和计算的，因此，采用此法确定的价格很难为企业接受和消化。

需求导向定价法有理解价值定价法、区分需求定价法等具体方法。

（一）理解价值定价法

理解价值定价法是依据消费者对商品价值的理解程度来定价的方法。这种方法实际上就是根据买方的价值观念来定价，定价的关键问题是买方的价值观念，而不是卖方的成本。各种商品的价值在消费者心目当中都有特定的位置，消费者选购某一产品，常常会将该产品与其他同类产品进行比较，通过权衡相对价值的高低而决定是否购买。因此，采用理解价值定价法定价要准确估计消费者对本企业产品价值的理解。如果企业对消费者的理解价值估计过低，则定价会过低，影响营销的经济效益；反之，估计过高，定价必然过高，则会影响产品的销售量。

（二）区分需求定价法

区分需求定价法是企业对同种产品依据不同的需求强度而制定不同价格的方法。这种方法确定的同种产品的价格差异，体现了消费者需求强度方面的差异，并不一定反映成本的差异。它主要有以下几种具体方法：

1. 区分顾客定价

不同的顾客，对同种产品的需求强度不同，因而可对不同顾客实施不同的价格，以争取更多的购买者。有时，企业对特殊顾客还实行特价照顾，借以改善企业形象，取得顾客的好感。如客运公司对儿童、残疾人实行与一般乘客不同的票价。

2. 区分产品外观、花色定价

同种产品，因其外观、花色等不一样，消费者的需求强度就有差异，据此可以制定不同的价格。如同种电风扇，内部构造相同，但外观上有普通型与豪华型的差异，因此定价也不一样。

3. 区分时间定价

同种产品或劳务，由于季节、日期（如周末或非周末）甚至钟点不同，消费者对它的需求强度存在着差异，因此可以制定不同的价格或收费标准。这种方法在季节性消费品、某些公用事业（如电报、电话）中采用得最多。

4. 区分位置（地区）定价

同种产品或劳务在不同的位置或目标市场上有不同的需求强度。如影剧院、体育场可按不同的座位定价，同种产品可按不同目标市场情况来分别定价等。

企业采取需求区分定价须具备以下条件：①市场必须是可以细分的，而且各个市场部分须表现出不同的需求度；②各细分市场对同一产品存在不同的需求价格弹性；③市场细分与控制的成本不能高于企业价格差别所带来的额外收益；④各细分市场不会出现以低价买进高价卖出的倒卖行为；⑤竞争者不可能在企业以较高价格销售的市场低价竞销；⑥顾客对此区分价格能够理解接受，不会产生不满；⑦符合政府相关法律法规。

（三）逆向定价法

指企业依据消费者能够接受的最终销售价格，计算自己从事经营的成本和利润后，逆向推出商品的批发价和出厂价。这种定价方法不以实际成本为主要依据，而以市场需求为定价出发点，力求价格为消费者接受。市场营销渠道的批发商和零售商较多地采用此定价方法。

三、竞争导向定价法

竞争导向定价是以市场上相互竞争的同类产品价格为定价基本依据，随竞争状况的变化而确定和调整价格水平的定价方法。主要有通行价格定价、密封投标定价、主动竞争定价等方法。

（一）通行价格定价法

这是竞争导向定价方法中广为流行的一种。定价原则是使本企业产品的价格与竞争产品的平均价格保持一致。这种定价法的目的是：平均价格水平在人们观念中常被认为是"合理价格"，易为消费者接受；试图与竞争者和平相处，避免激烈竞争产生的风险；一般能为企业带来合理、适度的盈利。

这种定价适用于竞争激烈的均质产品，如大米、面粉、钢铁以及某些原材料的价格确定。在寡头垄断竞争条件下常采用这种方法。

（二）主动竞争定价法

与通行价格定价法相反，它不是追随竞争的价格，而是根据本企业产品的实际情况及与竞争对手的产品差异状况来确定价格，因而价格有可能高于、低于或与市场价格一致，一般为实力雄厚或产品独具特色的企业所采用。定价时首先将市场上竞争产品价格与企业估算价格进行比较，分为高于、一致及低于三个价格层次。其次，将本企业产品的性能、质量、成本、式样、产量等与竞争企业进行比较，分析造成价格差异的原因。再次，根据以上综合指标确定本企业产品的特色、优势及市场定位，在此基础上，按定价所要达到的目标，确定产品价格。最后，跟踪竞争产品的价格变化，及时分析原因，相应调整本企业产品价格。

（三）密封投标定价法

密封投标定价法主要适用于投标交易方式。投标价格是投标企业根据对竞争者的报价估计确定的，而不是按企业自己的成本费用或市场需求来制定的。企业参加投标的目的是希望中标，所以它的报价应低于竞争对手的报价。一般说，报价高、利润大，但中标机会小，如果因价高而招致败标，则利润为零；反之，报价低，虽中标机会大，但利润低，其机会成本可能大于其他投资方向。因此，报价时，既要考虑实现企业目标利润，也要结合竞争状况考虑中标概率。最佳报价应是使预期利润达到最高水平的价格。此外，预期利润是指企业目标利润与中标概率的乘积，显然，最佳报价即为目标利润与中标概率两者之间的最佳组合，如表 11 - 1 所示。

表 11 - 1　最佳报价分析   单位：元

报价	成本	目标利润	中标概率	预期利润
①	②	③ = ① - ②	④%	⑤ = ③ × ④
9 700	9 500	200	70	140
11 000	9 500	1 500	20	300
12 000	9 500	2 500	8	200
13 000	9 500	3 500	2	70

由表可知，报价 11 000 元，预期利润最高，为最佳报价。报价 9 700 元，虽然中标概率高，但实现利润较低。其余两种报价中标概率过低，极有可能招致败标而使实际利润为零，显然不可取。

运用这种方法，最大的困难在于估计中标概率。这涉及对竞争者投标情报的掌握。只能通过市场调查及对过去投标资料的分析大致估计。

第三节　市场营销定价策略

企业市场营销定价策略，就是把产品定价与企业市场营销组合的其他因素结合起来，制定出最有利于市场销售的价格，以实现企业营销目标的一种价格措施。定价策略的全部奥妙，就是在一定营销组合条件下，如何把产品价格定得既能为消费者所接受，又能为企业带来比较多的效益。定价策略主要有新产品定价策略、折扣定价策略、心理定价策略、地理定价策略和价格调整策略。

一、新产品定价策略

新产品定价策略是新产品营销中一个十分重要的问题。新产品定价的高低直接关系到产品能否挤入市场、站稳脚跟、打开局面的问题。新产品定价的高低也关系到是否会引发竞争对手加入，影响到可能出现的众多竞争者。新产品定价策略有：高价策略、低价策略和中间价格策略。

（一）高价策略

高价策略是指在新产品上市时把价格定得较高，以期获取超额利润，在短期内收回投资并取得较高收益的一种定价策略。这种策略含有提取精华之意，所以又称为取脂定价策略。采用此策略是为了尽快收回投资。一般情况下，在价格趋于下降之前，只要高价未引起顾客的反感和抵制，即可维持一段时间，获取可观的盈利；如果影响到预期销量，或招来竞争者，即可削价竞销。

高价策略的优点是：第一，采用高价策略，有利于树立产品高品质形象，扩大销售。最初上市的产品，往往需求弹性小，竞争者尚未进入市场，加上顾客对产品还不熟悉，可利用其求新好奇心理，以偏高价格提高产品身价，刺激顾客购买，配合产品品质较高的特性，有助于开拓市场，扩大销售。第二，采用高价策略，有利于企业掌握价格主动权。当高价引发了竞争或市场反应不佳时，可以主动降价。若开始实行低价，就缺乏降价的余地，或是销路好，想提高价格，则会引起顾客的反感。第三，高价比低价获利更多，所实现的利润可作为扩大市场投资的来源。

高价策略的缺点是：第一，会提高消费者购买成本，不利于维护消费者权益。价格远高于价值，必然影响消费者利益，引起顾客反感。第二，不利于拓展市场。当新产品在消费者心目中的声誉尚未建立时，初期高价不利开拓市场，甚至无人问津。第三，容易诱发竞争。如果高价投放，销路旺盛时，则极易诱发竞争，迫使价格惨跌，影响企业本身的长期目标，因此，往往好景不长。

高价策略一般适用于：产品寿命周期短、需求弹性小的商品以及高档商品和奢侈性用品；市场资源不足，供应紧张，短期内在一定范围的某些紧缺商品；由于新技术未公开或有专利权，将能保护独家生产或经营的"奇货可居"的新产品；企业生产能力不足，一时难以扩大的产品等。

（二）低价策略

低价策略又称为渗透定价策略，它是指产品上市初期，将产品价格定得低于预期价格，以市场占有率扩大为目标的定价策略。它是利用低价来进行市场渗透，从而达到扩大销售的目的，所以又称渗透策略。

低价策略的优点：第一，低价易为顾客接受，有利于迅速打开产品销路；第二，低价可以有效地排斥竞争者介入，因而能在较长时期内占领市场；第三，低价能带来销售额的迅速增长和市场占有率的扩大，从而保证企业经营长期稳定地发展。

低价策略的缺点：第一，由于新产品刚上市就实行低价，影响同类产品的销路，造成同类产品寿命周期短；第二，不利于其高质量形象的确立，往往会影响产品的声望；第三，在成本发生变化等原因需要提高产品价格时，会引起顾客的反感，从而影响销路。

低价策略较之高价策略具有积极的竞争性。它适用于：需求弹性大的产品，对于这些产品，实行低价会带来销量的扩大；可因销路扩大而导致企业生产与销售成本迅速下降的产品；潜在市场大的产品以及竞争者很容易进入的市场，在此情况下，实行低价低利，可使竞争者望而却步；消费者购买力较为薄弱的市场，低价易为消费者接受。

（三）中间价格策略

中间价格策略又称满意定价、温和定价策略，它是指将新产品价格定在高价与低价之间，使各方面都满意的定价策略。新产品在上市初期采取高价策略与低价策略，都比较极端，在某些情况下往往会损害中间商、消费者和同行其他企业等各方面的利益，从而使企业处于不利的境地，影响企业市场形象。因此，很多企业在产品定价时既不偏高，也不偏低，在价格上与人为善，不以低价排斥同行。

满意定价策略的优点：用该方法制定出来的价格既能吸引广大消费者的购买，又能赢得各方的信任与尊敬，使各方均感到满意。

满意定价策略也有较明显的弱点是定价缺乏鲜明的特色，对各方面兼顾太多。商场如战场，企业间都存在各自的经济利益和激烈竞争。在很多特殊市场环境下，满意定价容易丧失市场占有率及扩大获得高额利润的机会。

以上三种新产品的定价策略，各具利弊。在选择使用时，主要应考虑以下几个方面：第一，企业生产能力的大小。生产能力大，新产品可大量投放市场，那么，产品宜采用低价策略，薄利多销，兼收大量生产之利；反之，如果生产能力有限，则采用高价策略。"物以稀为贵"就是这个道理。第二，新技术是否已公开以及是否易于实施和采用。如果新技术公开后易于采用，竞争者易于加入，宜采用低价策略。第三，需求弹性的大小。需求弹性大的新产品，宜采用低价策略；反之，可采用高价策略或中间价格策略。第四，消费者的理性程度。如果消费者的理性程度低，用高价则易抬高产品的身份，从而扩大销售；反之，消费者理性程度高，对产品的客观认识程度高，则宜采用中间价或低价策略。

二、折扣与让价策略

通过定价方法而确定的价格，是价目表上的价格。在实际销售中，为了促销，经常将价目表上的价格作适当折扣或让价后作为实际成交价，所以，折扣与让价策略也是一种重要的促销手段。折扣与让价策略，是指企业对标价或成交价格，实行降低或减让的一种定价策略。这种给顾客施以优惠，鼓励顾客购买的方式，是争取顾客，提高市场占有率的一种有效方法。折扣、让价策略有现金折扣、数量折扣、交易折扣、季节折扣、推广让价、旧货让价、运费让价等。

（一）现金折扣

现金折扣又称付款期限折扣，即卖方对按约定日期付款的购买者，按原价享受一定折扣的策略。这种策略的目的是为了鼓励买主早日以现金付款，减少赊销。应用现金折扣，应考虑三个方面的因素：一是折扣率的大小；二是给予折扣的限制时间的长短；三是付清货款期限的长短。现金折扣为商业销售者乐于采用，其优点是，可以提早收回贷款，加速资金周转，并减少呆账的风险，减少收款的手续和费用，吸引顾客的购买兴趣。

（二）数量折扣

数量折扣是卖方根据买方的购买数量或金额的多少，分别给予大小不同折扣的策略。对于购买数量大、购买金额多的顾客，给予其折扣也大，以此鼓励顾客大量购买，或吸收顾客长期购买本企业的产品。数量折扣有两种具体形式：

（1）累计数量折扣。即在一定时期内，按照买方购货累计达到的数量或金额的大小给予不同的折扣。时间的长短，可以任意制定为一周、一月、一季、半季、一年等。这种策略有利于稳住顾客，鼓励顾客长期购买，使之成为企业可以信赖的老主顾。企业掌握的这类顾客越多，就越易掌握产品的销售规律。但这种策略在实施中也会遇到一些问题，如购买者为获得较多的折扣率，常在规定期届期满之际大批进货，直接影响到企业市场营销计划的平衡性。

（2）非累计数量折扣。即规定顾客每次购买达到一定数量或金额时，给予其一定的折扣优惠。购买的数量、金额越多，折扣率就越大，目的在于鼓励顾客一次性地大量购买。因为，购买量大，卖方费用开支不会成比例增加，反而可以节省费用，加速资金周转，增加盈利。目前，很多企业都采用了这一策略，使销售量迅速增加，营销效果极为显著。

（三）交易折扣

交易折扣又称功能折扣，是指卖方根据中间商的不同交易职能而给予不同价格折扣的策略。这种策略实际上就是按倒扣毛利率计价。如某生产厂家的产品零售价格为 100 元，其交易的折扣率分别为 15%、10%、5%，表示零售商从批发商购进的价格为 $100 \times (1 - 15\%) = 85$ 元，批发商人从总经销商购进的价格为 $85 \times (1 - 10\%) = 76.5$ 元，总经销商从厂家购进的价格为 $76.5 \times (1 - 5\%) = 72.68$ 元。实行交易折扣的依据是买方企业性质。不同性质的企业，它处于分销渠道不同环节，其所担负的功能不一样，开支的费用就存在差异，需要卖方以各不相同的折扣率补偿。因此，交易折扣的大小，应根据行业和产品性质，特别是买方企业所提供的功能性服务和正常流通环节多少而定。

（四）季节折扣

季节折扣是指生产或经营季节性产品的企业对提前进货的买方给予一定价格优惠，或者对过季产品折价出卖的策略。其目的是鼓励批发商、零售商早期进货，消费者早期购买或淡季购买，以便充分利用企业设备，减少资金占用和仓储费用，有利常年的均衡生产或经营。季节折扣目前也可以应用于非商品买卖的第三产业中，如旅游业，往往在旅游淡季也实行折扣，以招徕游客。

（五）推广让价

推广让价又称推广津贴，是指生产者对开展各种推广活动的中间商给予减价或津贴作为报酬的策略。其目的于鼓励中间商对生产者的产品进行推广宣传。如刊登地方性广告，特设新产品展销橱窗等，以提高生产者产品在该地区的市场形象和知名度。这种策略特别用于新产品的投入期。

（六）旧货让价

旧货让价又称回收折旧，是指卖方在收购买方旧货的同时，在出售新货时给予价格减让的策略，其目的在于刺激消费者的连续购买和加速消费。新产品价格减让的金额应相当于旧货的残值。这种策略多用于汽车行业和一些耐用消费品的交易。

（七）运费让价

运费让价是指卖方对较远的买方用减让部分价格的办法弥补买方全部或部分运费，以吸引较远买方的策略。

三、心理定价策略

心理定价策略是企业根据消费者在购买产品时的心理需要而采取的定价策略。即根据消费者的需求心理制定价格。具体包括非整数定价与整数定价、声望定价、分级定价、招徕定价、组合定价和习惯定价等。

（一）非整数定价

非整数定价即企业在制定产品价格时，根据消费者求廉心理，以零头数结尾，拆整为零，以促进消费者购买欲望的一种策略，非整数定价一般是制定整数以下的零头数。例如，一双运动鞋定价为 99.97 元，比定价为 100 元要受欢迎。非整数定价在消费者偏重于价格低廉时使用最佳。

消费者之所以欢迎非整数定价，有三个方面的原因：第一，消费者对非整数定价有一种信任感。对于整数价格，如 1 元、30 元、100 元，消费者从心理上会认为这是一种概略性价格；而非整数定价，如 0.97 元、29.97 元、99.90 元，则给消费者一种经过了精确计算、对顾客负责任的价格概念。第二，消费者对非整数定价有一种便宜感和降价感。人们在购物时，往往重视价格的首位数而忽视价格的零头数，因此，用非整数定价制定出来的价格虽然与整数价格十分接近，有时只相差几分钱，但却给人低一级数目的便宜感觉。当然，要使消费者产生这种感觉，在具体定价时，要使用靠近整数以下的零头数，如 9.98 元、89.7 元，而不要使用整数以上的零头数，如 10.10 元、90.2 元。所以，非整数定价只要使用得当，便会使顾客产生便宜感。第三，可以顺应某些地区、民族的风俗习惯，给人以数字合意的感觉。

（二）整数定价

整数定价即企业在制定产品的价格时，根据消费者价高质优的心理，以整数出现，不用零头数，以满足消费者心理需要的一种策略。适合采用这种定价策略的产品，主要是消费者偏重于质量的产品。如高档产品、耐用消费品、礼品等。因为消费者对这些产品质量往往缺乏了解，往往凭借价格的高低来进行判别，容易产生"一分钱一分货"的消费心理。在当代社会，随着人们生活水平的提高，产品及其定价除了满足人们物质生活需要外，还应满足其精神生活需要，人们容易产生高价消费心理。在顾客有按质论价心理和高价消费心理需求时，产品宜采用整数定价。如某种礼品定价为 100 元比定价 99.5 更受欢迎。因为，在消费者看来，100 元比 99.5 高出一档。

（三）声望定价

声望定价即企业利用消费者求名好胜心理，凭借企业或产品的声望，在制定价格时以高价来增进消费者购买欲望的一种策略。这种策略适用于一些名牌优质产品、时尚产品及奢侈品。这些产品市场声誉极佳，顾客非常信任，甚至以追逐这些产品为荣耀，因此，定价较高反而能刺激购买。某些不易直接鉴别质量的产品，有时定价低了，消费者认为"便宜没好货"，或是购买低价产品会认为降低了自己的身份，反而影响到产品的销路。但一般产品不宜采用声望价格，而且价格不能高到消费者无法购买或不愿购买的水平。

（四）分级定价

分级定价即零售企业根据不同层次消费者的不同的消费心理，将众多规格、型号、款式的同类产品分成几个档次，每个档次制定一个价格，以满足不同消费者需要的定价策略。如皮鞋店将各种式样的皮鞋分为五组，分别标价为 250 元、200 元、124 元、95 元、50 元，形成价格系列。这样标价，可使消费者感到高低档次的差别，档次高的，可以满足高收入消费者优越的心理需要；档次低的，可以满足低收入消费者求廉的心理需要。消费者根据自己的需求能力和期望目标，很快就能做出购买决策。运用这种策略应注意的分级不宜过细或过粗，档次价格不宜拉得太大或太小。分级过细或价格差别太小，就失去了档次的差别感；分级太粗或价格差别太大，就容易失去顾客，减少销售机会。

（五）招徕定价

招徕定价是企业利用消费者的求廉、好奇心理，暂时将少数几种产品减价来吸引顾客，以招揽生意的一种策略。招徕定价包括特价品定价和引诱定价。

特价品定价即企业将几种产品暂时削价，借低价来吸引顾客，以增加消费者购买商品的机会和可能性。当顾客被吸引到商店购买特别商品时，商店还可以继续运用连带推销、增加售中服务等，促使顾客购买其他众多的非特价品，以扩大企业销售。如根据季节或某些节日，采用大减价，或大做宣传，以招揽生意、吸引顾客登门选购。采用特价品定价应注意以下几点：第一，特价品必须是广大群众常用的、价值不大的商品；第二，特价品的价格必须真正削价，使价格接近成本，才能取信于消费者；第三，实行特价品定价的商店，必须是规模较大，经营商品种类多的商店；第四，特价品应有一定的限制，数量上应有一定限额，并经常变化品种。

引诱定价也是用低价吸引顾客，但不打算出售"引诱品"，而出售其他价格较高商品的一种招徕定价。当顾客被低价引诱到商店之后，卖主就指出这些低价品的缺点，进而介绍其他高价商品，因此，引诱定价带来较大的欺骗性，容易损害企业形象。

（六）习惯定价

习惯定价是指企业将市场上长期流通、广为消费者熟悉的产品的价格定在消费者书籍和习惯的固定水平上，以稳定消费者购买情绪的一种定价策略。如火柴、肥皂、冰棒等产品的定价，都应采用这种策略。如果在定价中违反习惯价格而稍有变动，便会使消费者感到价格的波动，影响购买情绪，使得需求急剧变动。如果高于习惯价格，人们马上产生涨价的感觉，产生不满情绪；如果低于习惯价格，消费者往往会对产品产生怀疑，认为它不是次品就是冒牌货。因此，很多企业即使在成本上升或通货膨胀时期，也不轻易变动习惯价格，否则不仅会遭到公众反对和政府干预，还会使产品销路受阻。因此在这些情况下，企业一般都是通过采取价格以外的措施来改善处境，如改善经营管理，生产或经营同类新产品，使产品以新面貌出现于市场，等等。

（七）组合定价

组合定价是企业利用消费者求廉心理，在制定两种或两种以上在消费中有关联的产品的价格时采用的价格高低配套策略。实际运用中，企业往往有意识地降低消费者购买次数少而对价格较敏感的产品价格，提高消费者购买次数多但对价格不太敏感的产品价格，或者对配套出售的产品实行一定的优惠或免费赠送的办法，以迎合消费者的求廉心理，推动关联产品的销售。如美国柯达公司生产的柯达胶卷较其他牌号的胶卷昂贵，但公司同时又生产一种价廉物美的照相机，此种照相机必须使用柯达胶卷，才能照出理想的相片。由于照相机物美价廉，深受顾客喜爱，使高价胶卷销路大增，公司获利甚多。

（八）跌价保证

跌价保证是指卖方向买方保证，在一定期间，因卖方跌价而给买方原有存货造成的损失予以弥补的策略。当卖方跌价时，必然给买方原有存货造成损失，因而影响买方的经济利益和进货的积极性。因此，在卖方产品跌价时，必须对买方原有存货依其数量退还或补贴因跌价造成的损失。这种保证措施，可以使中间商和用户安心进货，放心购买，不必顾虑进货或购买损失。在竞争激烈或开拓市场时，有利于调动中间商的积极性。但使用这种策略也有以下弊端：中间商存货太多时，补贴金额可能太大；中间商库存不易核实；可能导致中间商盲目大量进货，造成虚假的需求，使已供过于求的产品仍大量生产，给企业造成重大损失。

四、地理定价策略

地理定价策略是企业根据买方所在地区或路途的远近，考虑产品的运杂费负担的一种定价策略。这种策略主要是在价格上灵活反映和处理运输、装卸、仓储、保险等多项费用。当运杂费用开支比较大时，企业在定价时必须考虑这方面的问题，以提高买方进货的积极性。地理定价策略主要包括产地定价、销地定价、津贴加运费定价、统一交货定价、分区送货定价等。

（一）产地定价

产地定价又叫离岸价格，即由卖方在产地制定出厂价或产地价格，由买方负担全部运杂费用。这种策略在地理价格策略中应用最普遍。产地定价对卖方来说，是最单纯、最便利的定价，适用于各地的买主，但实际上不利于路途较远、运输费用和风险较大的买主，因而会限制企业产品的销售范围。

（二）销地定价

销地定价又叫到岸价格或运费免收，即由卖方负担全部运杂费和运输途中的风险损失，与买主在销地交货定价。销地价格包括卖方产地价格加上到达目的地的一切手续费、运杂费、风险损失等。这一策略运用于价高利大且运杂费在成本中所占的比重较小的产品，卖主把送货上门作为一项服务，以求扩大和巩固买主，发展业务。

（三）津贴加运费定价

津贴加运费定价即卖方在产地以出厂价格或产地价格出售商品之后，给买方津贴部分运杂费或承担部分运输途中的风险损失。由于产地与销地距离不同，造成买方的运杂费用负担悬殊。路途遥远的买方，负担的运费较多，承担的风险和损失较大，如果按产地定价，就增加了较远买方的成本，从而影响其进货的积极性。因此，企业给买主津贴小部分甚至大部分运杂费用或风险负担，就能吸收较远的买主，从而保持一定的商品辐射率和市场占有率，以扩大商品销售。这一策略适合于运杂费在成本中所占比重较大、市场需求范围较大、需求弹性较小的商品。

（四）统一交货定价

统一交货定价即卖方对买方不论路程远近，由卖方将货物运送到买主所在地，收取同样的价格。在运费低廉的地方或运费占成本比重小，以及产品重量轻，体积小的情况下，卖方都倾向于采用这种定价。它使买主认为运送是一项免费的服务，因而有利于巩固卖主的市场地位。

（五）分区送货定价

分区送货定价即卖方将市场划分为几个区域，以每个区域与卖方距离分别定价，在每个区域实行统一定价。一般原材料产品和农产品都实行这种价格策略。

（六）基点城市定价

即企业选择某些城市作为基点，然后按照一定的厂价加从基点城市到顾客所在地的运费来定价（不管货物实际上是从哪个城市起运的）。有些公司为了提高灵活性，选定许多个基点城市，按照顾客最近的基点城市计算运费。

第四节　价格变动反应及价格调整

企业处在一个不断变化的环境之中，为了生存和发展，有时候需主动降价或提价，有时候又需对竞争者的变价作出适当的反应。

一、企业降价与提价

（一）企业降价

企业降价的主要原因有：

（1）企业的生产能力过剩，因而需要扩大销售，但是企业又不能通过产品改进和加强销售工作等来扩大销售。在这种情况下，企业就需考虑降价。

（2）在强大竞争者的压力下，企业的市场占有率下降。例如，在国内1996年以后的彩电行业降价风潮也说明了类似问题。当时，长虹的降价幅度高达30%，TCL曾试图以保持原有价格，提高产品质量，加大宣传力度，扩大与竞争者的差异来应对，但因产品的价格弹性较强，未能奏效。为保持其市场占有率，TCL 也被迫采取了降价策略。

（3）企业的成本费用比竞争者低，企图通过降价来掌握市场或提高市场占有率，从而扩大生产和销售量，降低成本费用。在这种情况下，企业也往往发动降价攻势。

（二）企业提价

虽然提价会引起消费、经销商和企业推销人员的不满，但是一个成功的提价可以使企业的利润大大增加。引起企业提价的主要原因如下：

（1）由于通货膨胀，物价上涨，企业的成本费用提高，因此许多企业不得不提高产品价格。在现代市场经济条件下，在通货膨胀条件下，许多企业往往采取种种方法来调整价格，对付通货膨胀，诸如：①采取推迟报价定价的策略。即企业决定暂时不规定最后价格，等到产品制成时或交货时方规定最后价格。工业建筑和重型设备制造等行业一般采取这种定价策略。②在合同上规定调整条款。即企业在合同上规定在一定时期内（一般到交货时为止）可按某种价格指数来调整价格。③采取不包括某些商品和服务定价策略。即在通货膨胀、物价上涨的条件下，企业决定产品价格不动，但原来提供的某些服务要计价，这样一来，原来提供的产品的价格实际上提高了。④降低价格折扣。即企业决定削减正常的现金和数量折扣，并限制销售人员以低于价目表的价格来拉生意。⑤取消低利产品。⑥降低产品质量，减少产品特色和服务。企业采取这种策略可保持一定的利润，但会影响其声誉和形象，失去忠诚的顾客。

（2）企业的产品供不应求，不能满足其所有顾客的需要。在这种情况下，企业就必须提价。提价方式包括：取消价格折扣，在产品大类中增加价格较高的项目，或者开始提价。为了减少顾客不满，企业提价时应当向顾客说明提价的原因，并帮助顾客寻找节约途径。

二、顾客对企业变价的反应

企业无论提价或降价，这种行动必然影响到购买者、竞争者、经销商和供应商，而且政府对企业变价也不能不关心。在这里，首先分析购买者对企业变价的反应。

顾客对于企业降价可能会这样理解：①这种产品的式样老了，将被新型产品所代替；②这种产品有某些缺点，销售不畅；③企业财务困难，难以继续经营下去；④价格还要进一步下跌；⑤这种产品的质量下降了。企业提价通常会影响销售，但是购买者对企业的某种产品提价也可通用会这样理解：①这种产品很畅销，不赶快买就买不到了；②这种产品很有价值；③卖主想尽量取得更多利润。

一般地说，购买者对于价值高低不同的产品价格的反应有的不同。对于那些价值高、经常购买的产品的价格变动较敏感，而对于那些价值低、不经常购买的小商品，即使单位价格较高，购买者也不大注意。此外，购买者虽然关心产品价格变动，但是通常更关心取得、使用和维修产品的总费用。因此，如果卖主能使顾客相信某种产品取得、使用和维修的总费用较低，那么，它就可以把这种产品的价格定得比竞争者高，取得较多的利润。

三、竞争者对企业变价的反应

企业在考虑改变价格时，不仅要考虑购买者的反应，而且必须考虑竞争对手的反应。当某一行业中企业数目很少，提供同质的产品，购买者颇具辨别力与知识时，竞争者的反应就愈显重要。

（一）了解竞争者反应的主要途径

企业如何估计竞争者的可能反应呢？首先，假设企业只面临一家大的竞争者，竞争者的可能反应可从两个不同的出发点加以理解。其一是假设竞争者有一组适应价格变化的政策，其二是竞争者把每一次价格变动都当做单一挑战。每一假设在研究上均有不同的含义。

假设竞争者有一组价格反应政策，至少可以通过两种方法了解它们：通过内部资料和借助统计分析。取得内部情报的方法有好几种，有些是可接受的，有些则近乎刺探。有一种方法是从竞争者内部打开缺口，通过内线关系，以获得竞争者决策程序及反应模式等重要情报。此外，还可以雇用竞争者以前的职员专门建立一个单位，其工作任务就是模仿竞争者的立场、观点、方法思考问题。类似的情报也可以由其他渠道如顾客、金融机构、供应商、代理商等获得。

（二）预测竞争者反应的主要假设

企业可以从以下两个方面来估计、预测竞争者对本企业的产品价格变动的可能反应：

（1）假设竞争对手采取老一套的办法来对付本企业的价格变动。在这种情况下，竞争对手的反应是能够预测的。

（2）假设竞争对手把每一次价格变动都看做是新的挑战，并根据当时自己的利益作出相应的反应。在这种情况下，企业就必须断定当时竞争对手的利益是什么。企业必须调查研究竞争对手目前的财务状况，以及近来的销售和生产能力情况、顾客忠诚情况以及企业目标等。如果竞争者的企业目标是提高市场占有率，它就可能随着本企业的产品价格变动而调整价格；如果竞争者的企业目标是取得最大利润，它就会采取其他对策，如增加广告预算，加强广告促销或者提高产品质量等。总之，企业在实施价格变动时，必须善于利用企业内部和外部的信息来源，观测出竞争对手的思路，以便采取适当的对策。

实际问题是复杂的，因为竞争者对本企业降价可能有种种不同理解，如：竞争者可能认为企业想偷偷地侵占市场阵地；或者认为企业经营不善，力图扩大销售；还可能认为企业想使整个行业的价格下降，以刺激整个市场需求。

上面假设企业只面临着一个大的竞争者。如果企业面对着若干个竞争者，在变价时就必须估计每一个竞争者的可能反应。如果所有的竞争者反应大体相同，就可以集中力量分析典型的竞争者，因为典型的竞争者反应可以代表其他竞争者的反应。如果由于各个竞争者在规模、市场占有率及政策等重要问题上有所不同，则它们的反应也会有所不同，在这种情况下，就必须分别对各个竞争者进行分析；如果某些竞争者随着本企业的价格变动而变价，那么我们就有理由预料其他的竞争者也会这样干。

四、企业对竞争者变价的反应

在现代市场经济条件下，企业经常会面临竞争者变价的挑战。如何对竞争者的变价作出及时、正确的反应，是企业定价策略的一项重要内容。

（一）不同市场环境下的企业反应

在同质产品市场上，如果竞争者降价，企业必须随之降价，否则顾客就会购买竞争者的产品，而不购买企业的产品；如果某一个企业提价，且提价会使整个行业有利，其他企业也会随之提价，但是如果某一个企业不随之提价，那么最先发动提价的企业和其他企业也不得不取消提价。

在异质产品市场上，企业对竞争者变价的反应有更多的选择余地。因为在这种市场上，顾客选择卖主时不仅考虑产品价格因素，而且考虑产品的质量、服务、性能、外观、可靠性等多方面的因素。因而在这种产品市场上，顾客对于较小的价格差异并不在意。

面对竞争者的变价，企业必须认真调查研究如下问题：①为什么竞争者变价；②竞争者打算暂时变价还是永久变价；③如果对竞争者变价置之不理，将对企业的市场占有率和利润有何影响；④其他企业是否会做出反应；⑤竞争者和其他企业对于本企业的每一个可能的反应又会有什么反应。

（二）市场领导者的反应

在市场上，市场领导者往往会遭到其他企业的进攻。这些企业的产品可与市场领导者的产品相媲美，它们往往通过进攻性的降价来争夺市场领导者的阵地。在这种情况下，市场领导者有以下几种策略可供选择：

1. 维持价格不变

因为市场领导者认为，如果降价就会减少利润收入。而维持价格不变，尽管对市场占有率有一定的影响，但以后还能恢复市场阵地。当然，维持价格不变的同时，还要改进产品质量、提高服务水平、加强促销沟通等，运用非价格手段来反击竞争者。许多企业的市场营销实践证明，采取这种策略比降价和低利经营更合算。

2. 降价

市场领导者之所以采取这种策略，主要是因为：降价可以使销售量和产量增加，从而使成本费用下降；市场对价格很敏感，不降价就会使市场占有率下降；市场占有率下降之后，很难恢复。但是，企业降价以后，仍应尽力保持产品质量和服务水平。

3. 提价

提价的同时，还要致力于提高产品质量，或推出某些新品牌，以便与竞争对手争夺市场。

(三)企业应变需考虑的因素

受到竞争对手进攻的企业必须考虑：①产品在其生命周期中所处的阶段及其在企业产品投资组合中的重要程度；②竞争者的意图和资源；③市场对价格和价值的敏感性；④成本费用随着销量和产量的变化而变化的情况。

面对竞争者的变价，企业不可能花很多时间来分析应采取的对策。事实上，竞争者很可能花了大量的时间来准备变价，而企业又必须在数小时或几天内明确果断地做出明智反应。缩短价格反应决策时间的唯一途径是：预料竞争者的可能价格变动，并预先准备适当的对策。

☞　**案例背景资料**

广汽丰田凯美瑞欲树中级车价格新标杆?

广州丰田成立于2004年9月，由广汽集团和日本丰田汽车各出资50%建成，投资总额为38.21亿元人民币。首期规划年产量为30万辆，目前已在规划第二工厂。建成后，广州丰田的总产能将达40~50万辆。凯美瑞是广州丰田在中国推出的第一款车。还在它未上市之初，它的定价就引起了消费者的极大兴趣和竞争对手的关注。早在2005年，一汽丰田锐志的低价入市早已经引发了中高档轿车危机，新马6、领驭、2006款雅阁、东风雪铁龙凯旋等中高档轿车也先后粉墨登场，中高档轿车大战一触即发。不过各个汽车厂家仍然不敢轻易出手，业界都期待凯美瑞的定价出台，2006年5月26日，广州丰田汽车首款轿车正式下线并公布价格，两种排量的五款车型售价介于 19.78～26.98 万元之间，首先推出国产 2.0L、2.4L 两种排量。这个极大吸引市场眼球的价格，为凯美瑞的成功奠定了基础。凯美瑞从 2006 年 6 月 17 号上市，到 2007 年 4 月 11 号就达到 10 万台的销量。这个速度对于综合型轿车来讲，销量惊人。

　　凯美瑞这款车，能在短期内得到市场的认可，除了丰田品牌的吸引力，其在中国市场的整个定价策略也是它赢得市场的重大因素，它的定价超出了媒体及广大消费者的预期，特别低，它综合的性价比在中高级车的市场上，具有非常高的竞争力。而凯美瑞能够实行低价策略的最根本原因是，丰田汽车公司将本土化和技术开发作为 2006 年丰田公司强化发展战略的两大任务。凯美瑞第一期投入是 22 亿元，但实际只花了 16.5 亿元，节省了成本。广州丰田的成本管理是凯美瑞低价的保证。在原料和零部件采购上，广州丰田一开始就加入到丰田全球的车型选配体系中，选择好的搭配已经预先储存在丰田全球采购体系的资料库中，在它一投产就达到了 70% 的国产化要求，其中零部件在广州的本地化就达到了 35%，其余来自天津和华东地区的配件供给。在激烈的价格面前，广州本田雅阁也于 2007 年 4 月降价 2 万元，在此之前，一汽大众、上海大众、上海通用、东风日产也已降价。价格调整后，雅阁的最低价格历史性地下探至 17.98 万元。这对于价格尚处 19.78 万元的凯美瑞来说压力陡增。面对雅阁的降价，刚刚登上中高级车王位的"老冤家"凯美瑞将有何举动，我们将拭目以待？

　　（资料来源：徐晨华. 中档轿车细分市场定位. 第一财经日报，2006 - 02 - 22；赵新慧. 中高级车杀伐激烈凯美瑞能否守住第一. 成都晚报，2007 - 05 - 22，有改动）

[案例思考题]

1. 请问凯美瑞（Camry）汽车上市之初的定价策略是什么？
2. 影响凯美瑞定价的因素有哪些？
3. 在激烈的价格战中，中国汽车市场中竞争最激烈的中高级车价格之争会走向何方？

本章小结

1. 价格是营销组合中一个最难确定、最活跃和唯一不增加成本的因素，定价的重要意义在于使产品价格成为促进销售的最有效手段。

2. 定价受到多种因素的影响和制约。从企业内部因素来看，成本是定价的基础，是价格的最低经济界限，定价一般应高于成本。同时，定价水平必须反映企业营销目标的要求，并与营销组合的其他因素相配套。从企业外部来看，市场环境因素对企业定价有着重要的影响。企业在定价时，应充分考虑产品的各种需求弹性和市场竞争状态。此外，社会经济因素、政策法律因素也是企业在定价中所不能忽视的环境因素。

3. 根据侧重点不同，企业在定价时，会形成三种不同方向的定价法：成本导向定价法、需求导向定价法和竞争导向定价法。每种方法各有不同的特点和适应条件。

4. 定价策略最能体现营销定价的艺术性和对市场反应的灵敏性。可以说，新产品定价策略、折扣与让价策略、心理定价策略、地理定价策略等既是一种定价策略，又是一种重要的促销策略。一个成功的定价策略，应当既能体现其他策略的要求，又有助于其他策略的实施，以实现企业营销目标。

思考题

1. 在中国现阶段影响企业定价的最主要因素是什么？
2. 高新技术企业最适宜采取哪些定价方法？
3. 定价策略如何与其他营销组合策略协调配合？
4. 企业对新产品应怎样定价？请联系实际予以说明。

第十二章　分销渠道策略

分销渠道是整个营销组合策略实施的基础，分销渠道在整个市场营销中具有十分重要的意义。市场营销的核心是要以顾客能接受的价格，在其需要的时间、需要的地点提供其需要数量的产品和服务。渠道策略要研究并解决的就是如何使顾客能在需要的时间、需要的地点满意地获得其产品和服务。此外，还应了解分销渠道的职能，分销渠道的选择与管理。

第一节　分销渠道的职能与类型

一、分销渠道的含义

市场营销的核心是要以顾客能接受的价格，在其需要的时候、需要的地点提供其需要数量的产品和服务。那么，渠道策略要研究并解决的就是如何使顾客能在需要的时候、需要的地点满意地获得其产品和服务。

分销渠道在整个市场营销中具有重要意义，其理由有四：一是分销渠道是最基本的市场营销组合因素之一，是其中不可分割的一部分。二是它会较大程度地影响产品、价格、促销等其他市场营销组合因素，甚至决定一个产品在市场上能否获得成功，因为它担负着将产品及时转移到市场并引导顾客购买产品的重要功能。三是分销渠道的性质决定了它与整个市场营销处于一种长期关系，不能轻易变动，因为它的决策意味着对其他公司的一种比较长期的承诺。四是分销渠道具有运输、贮藏等提高产品价值的功能，并通过其功能的发挥而在适当的时候，适当的场所，将适当数量的产品提供给批发、零售业者和消费者。

（一）分销渠道的含义

对于什么是分销渠道，不同的学者有不同的看法。美国营销协会（AMA）认为，分销渠道是指企业内部和外部代理商和经销商（批发和零售）的组织机构，通过这些组织机构，产品才得以上市销售。菲利普·科特勒认为，分销渠道是指某种货物或服务从生产者向消费者移动时取得这种货物或服务的所有权或帮助转移其所有权的所有企业和个人。因此，分销渠道主要包括商人中间商（取得所有权）和代理中间商（帮助转移所有权）。此外，它还包括作为销售渠道的起点和终点的生产者和消费者，但是，它不包括供应商、辅助商等。

综上所述，可以给分销渠道作如下定义：分销渠道，也称销售渠道或者简称为渠道，是指产品从生产者转移向消费者或用户所经过的由企业和个人连接起来形成的通道。分销渠道的起点是生产者，终点是消费者或用户，中间环节为中间商，包括批发商、零售商、代理商和经纪人。他们都成为分销渠道的成员，共同构筑起分销渠道。

(二)市场营销渠道与分销渠道

市场营销渠道和分销渠道常被人们混为一谈，其实是两个不同的概念，应加以区别才是。科特勒曾经指出："市场营销渠道是指那些组合起来生产、分销和消费某一生产者的某些货物或服务的一整套所有企业和个人。"这就是说，市场营销渠道包括某种产品的供产销过程中所有的企业和个人，如资源供应商、生产者、商人中间商、代理中间商、辅助商(包括运输企业、公共货栈、广告代理商、市场调研机构等)以及最后的消费者或用户等。

根据市场营销渠道和分销渠道的定义可以明了：第一，两者涉及的范围不同，市场营销渠道比分销渠道广，前者包括原材料或零部件供应商和辅助商，而后者却不包括；第二，两者的起点不同，前者的起点是供应商，而后者则是制造商。

二、分销渠道的职能

社会生产的大规模复杂化，使得各种经济上的不一致成为必然，在生产和消费之间，在产品、服务和其使用者之间，会出现时间、数量、地点和持有权等的缺口。分销渠道将承担起除去、调整经济上不一致现象和弥补各种缺口的重要职能。

(一)收集、提供信息

分销渠道构成成员的中间商或者能直接接触市场的消费者，或者处在离其更近之处，最能了解市场的动向和消费者实际状况。这些信息都是企业产品开发、促销等创造需求和经营全盘必不可少的。在信息化社会，由渠道系统承担的这一职能越来越重要。尤其对那些信息收集能力较弱的生产企业来说，流通业者提供的信息便成为经营的耳目。

(二)刺激需求，开拓市场

市场营销的本质在于创造需求。分销渠道系统通过其分销行为和各种促销活动来创造需求，扩展市场。分销渠道所采用的促销手段与制造商是相同的，主要包括人员推销、广告、营业推广、公共关系等。分销渠道协助、配合制造商或者独自开展促销活动。

（三）减少交易次数

中间商存在的理论根据之一就是在分销过程中介入中间商可以减少卖方和买方之间的交易次数（如图 12－1）。例如，以安全胡须刀而闻名的吉列公司通过约 4 000 家批发商向 50 万家零售商，再由 50 万家零售商向 1 亿消费者出售其产品。由于其中间商的存在，大大减少了吉列公司的交易次数，也降低了成本和节约了时间。

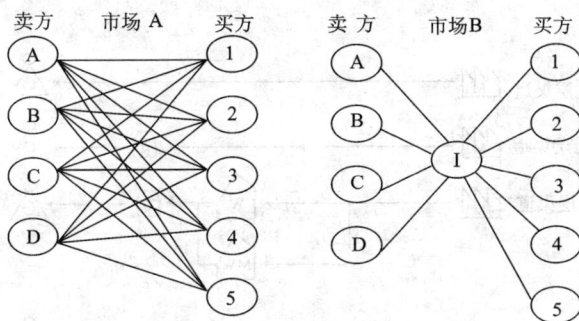

图 12－1　中间商的交易次数减少职能

从上图可以看出，市场 A 卖方和买方直接交易，其次数为 20 次，而在市场 B 介入中间商 I，一共只需 9 次便可完成交易。

（四）调整

分销渠道所进行的调整活动主要包括：选择、集中产品；编配分装、标准化、规格化；扩散，尽可能通过较多的途径销售出去，等等。这些职能可以调整生产者和消费者之间的各种利害关系，使产品得以顺利流通。

（五）物流

又称实体分配，在产品从生产者转移到消费者或用户的过程中，承担储存和运输等职能。

（六）洽谈生意

洽谈生意，应包括双向洽谈，一是前向性洽谈，寻找可能的购买者并与其进行沟通；二是后向性洽谈，即渠道成员向生产者进行反向沟通并订购产品。

（七）承担风险

在产品分销过程中承担有关风险。

（八）融资

为补偿渠道工作的成本费用而对资金的获取与支用。

三、分销渠道的类型

分销渠道，可以从不同的角度来划分类型。

（一）按渠道的长度分类

渠道长度，是指产品分销所经中间环节的多少。所经中间环节越多，渠道越长，反之，渠道越短，最短的渠道是不经过中间环节的渠道。分销渠道按其长度分为四种或三种基本类型，如图 12 - 2、图 12 - 3 所示。

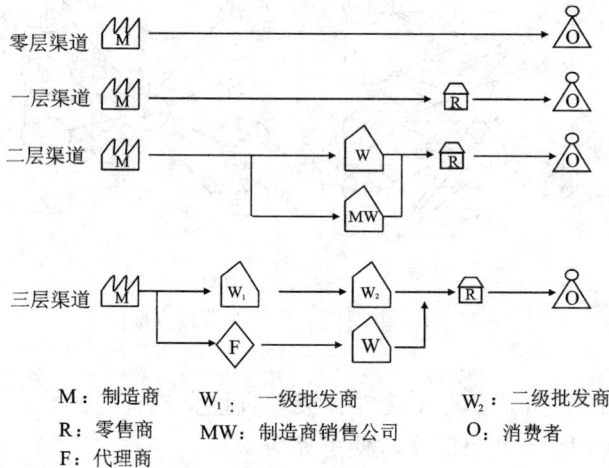

M：制造商	W_1：一级批发商	W_2：二级批发商
R：零售商	MW：制造商销售公司	O：消费者
F：代理商		

图 12 - 2　消费者市场分销渠道

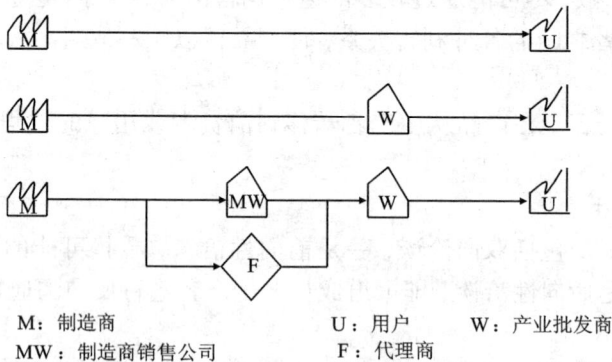

M：制造商	U：用户	W：产业批发商
MW：制造商销售公司	F：代理商	

图 12 - 3　生产者市场分销渠道

（1）零层渠道，通常叫直接渠道，指产品从制造商转移到消费者或用户的过程中不经过任何中间商转手的分销渠道。直接分销的主要形式有上门推销、邮寄销售、家庭展示会、电子通讯销售、网络营销、电视直销、制造商自设商店或专柜等。其主要优点是：能缩短产品的流通时间，使其迅速转移到消费者或用户；减少中间环节，降低产品损耗；制造商拥有控制产品价格的主动权，有利于稳定价格；产需直接见面，便于了解市场，掌握市场信息。

（2）一层渠道，是指生产者和消费者（或用户）之间介入一层中间环节的分销渠道。在消费者市场，其中间环节通常是零售商；在生产者市场，大多是代理商或经纪人。

（3）二层渠道，是指生产者和消费者（或用户）之间介入二层中间环节的分销渠道。在消费者市场，通常是批发商和零售商；在生产者市场则通常是代理商和批发商。

（4）三层渠道，是指在生产者和消费者（或用户）之间介入三层中间环节的分销渠道。

一般来说，三层渠道多见于消费者市场，通常包括两种情况：一是在批发商和零售商之间设有专业批发商，三者的关系为一级批发→二级批发（专业批发）→零售商；二是在批发商之前有一总经销商或总代理商，其关系是总代理（总经销）→批发商→零售商。

一层渠道至三层渠道与直接渠道相对，可统称为间接渠道。

（二）按渠道的宽度分类

分销渠道的宽度，是指渠道的每个层次使用同种类型中间商数目的多少。多者为宽渠道，意味着销售网点多，市场覆盖面大，少者则为窄渠道，市场覆盖面也就相应较小或很少。根据不同的渠道宽度，通常分为三种分销策略：密集分销、选择分销和独家分销，如图12-4所示。

（1）密集分销，又叫广泛分销或开放性分销，是指制造商尽可能地发展批发商和零售商，并由它们销售其产品。这种策略较适用于食品、日用杂品等生活必需品和便利品一类产品。这些产品的特点是以大多数消费者为对象，而消费者又希望能轻而易举、随时随地买到这些产品。

（2）选择分销，是指制造商根据自己所设定的交易基准和条件精心挑选最合适的中间商销售其产品。相对而言，这种策略最适用于消费品中的选购品和特殊品。

（3）独家分销，是指制造商在某一地区仅使用一家中间商销售其产品。通常双方协商签订独家经销合同，一方面规定制造商不再在该地区发展经销商；另一方面也规定经销商不得经营竞争者的产品。

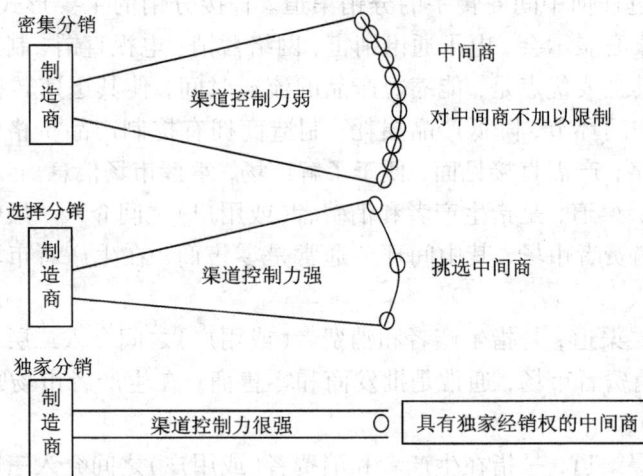

图 12 – 4　不同宽度的分销渠道

(三) 按渠道的整合分类

　　分销渠道的整合是渠道的发展。分销渠道并非一成不变，应随市场变化而不断发展，以期更好地满足市场需求，适应激烈的市场竞争，提高分销的效率。改革分销渠道的焦点就是在分销渠道成员之间形成利益共同体，走共同发展之路，实行统一组织，统一管理，统一设定渠道策略，调整市场营销战略，改变传统的分销渠道系统中制造商、批发商、零售商等各自为政的局面，如图 12 – 5 所示。

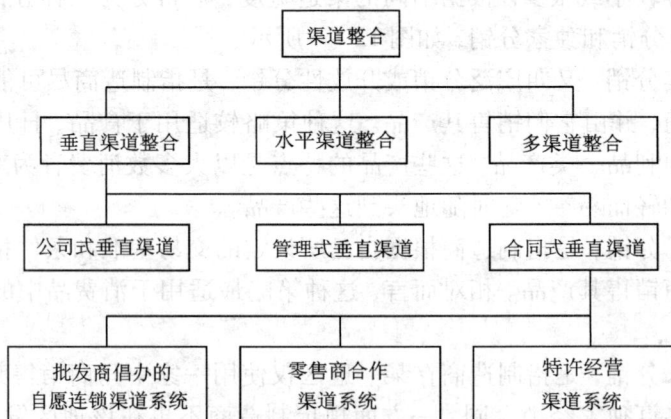

图 12 – 5　渠道整合类型

1．垂直渠道整合

这是指制造商、批发商和零售商等形成一个统一体。他们服从于一个领导者，或是制造商，或是批发商，或是零售商，取决于其能量和实力的大小。垂直分销系统有三种主要类型。

（1）公司式垂直渠道整合，是指制造商、批发商、零售商归属同一所有者并受其统一管理和控制。其实，这种垂直整合既能向前整合也能向后整合。

（2）管理式垂直渠道整合，是指由某一家规模大、实力强的企业出面将制造商和处于不同层次的中间商组织起来并实行统一管理。

（3）合同式垂直渠道整合，是指以合同的形式将各自独立的制造商和不同层次的中间商联合起来形成的渠道系统。合同式垂直渠道整合有三种形式：①批发商倡办的自愿连锁渠道系统。批发商组织独立的零售商成立自愿连锁组织，帮助他们和大型连锁组织抗衡。②零售商合作渠道系统。零售商组织一个新的企业实体来开展批发业务和可能的生产活动。⑧特许经营渠道系统，包括特许批发商和特许零售商等。

2．水平渠道整合

即在分销过程中履行同一渠道职能的两个或两个以上企业联合起来共同开发和利用市场机会。如某零售店可以通过同其他零售店合并或增加店铺来实行水平整合。水平渠道整合能在采购、市场调研、广告、人事等多方面获得规模效益。

3．多渠道整合

即一个公司建立两条或两条以上的分销渠道向一个或更多的顾客细分市场分销其产品。如某制造商一方面通过中间商分销产品；另一方面又利用因特网销售其产品。

采用多渠道分销，公司可以获得三个方面的好处：一是扩大市场覆盖面；二是降低渠道成本；三是增加销售特色，使其更适合顾客的要求。

第二节　分销渠道的选择与管理

一、分销渠道类型的选择

如前所述，分销渠道不仅有长短、宽窄之分，而且还有不同的整合，所以在选择哪种分销渠道分销其产品时必须进行四个方面的决策。

（一）直接渠道与间接渠道的决策

生产者将产品直接卖给消费者或用户，形成直接渠道，即上述的零层渠道；经过中间商转手卖给消费者或用户，则形成间接渠道，即上述的一层、二层、三层渠道。

（二）渠道层级的决策

如果决定采取间接渠道分销其产品，就要进一步进行层级的决策，决定采用多少层渠道。

（三）渠道宽窄的决策

生产者在决定采用间接渠道时，除上述的层级决策外，还要考虑间接渠道的宽窄之别，即从密集分销、选择分销、独家分销中选择适合自身特点的渠道策略。

（四）渠道整合的决策

首先要决定是否进行渠道整合；其次是要根据需要从垂直渠道整合、平行渠道整合、多渠道整合中选择相适应的渠道整合方式。

二、分销渠道选择的影响因素

分销渠道的选择和构筑是企业的重要决策事项，它对市场营销影响极大。选择和构筑什么样的分销渠道要根据本公司的总体市场营销战略进行综合判断和决策，尤其是分销渠道的选择和构筑一定要适合或最能接近企业所确定的目标市场。因此，在选择和构筑分销渠道时不仅要对渠道成员的中间商本身进行多方面的分析和研究，而且还要考虑和研究对分销渠道的长度、宽度和整合造成影响的其他一些主要因素，如图 12 - 6。

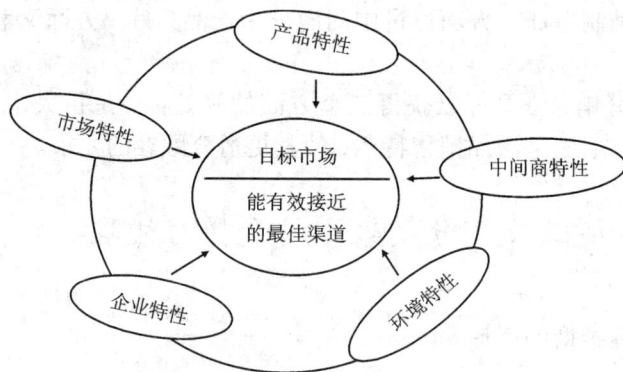

图 12 - 6　渠道选择的影响因素

（一）产品特性

产品的种类不同，其分销渠道不同。按消费者购买习惯划分的便利品、选购品、特殊品等，其零售店的类型差别甚大。如食品、日用杂品等生活必需品，因购买频率高，应选择在时间上、距离上方便消费者购买的分销渠道。也就是要尽量多设零售网点，建立全国规模的流通机构，形成长且宽的分销渠道。便利品较适合采用密集分销策略，而选购品、特殊品等较适合短且窄的渠道，可采用选择分销和独家分销策略。生鲜易腐坏的产品一般采用直接渠道或尽可能短的渠道。技术含量高、维修需要专业知识的产品最好选用直接渠道或尽量减少中间环节。单价高的产品一般采用短渠道，生产者直销或只通过零售商销售；相反，单价低的产品一般采用长且宽的渠道。体积大且重量重的产品宜用短渠道。非标准化产品一般多用直接渠道或较短渠道。

（二）市场特性

（1）无论是消费品生产企业还是产业用品生产企业，首先都必须考虑目标市场的规模和地域的宽广程度。市场规模大且分散时，介入中间商分销能提高效率，降低成本；市场局限、集中时，则宜限定或排除中间商。

（2）生产者和消费者之间的距离越远，采用间接渠道比直接渠道更能节省费用。

（3）对消费者的正确理解是所有市场营销活动的基础。分销渠道的选择和构筑也不例外，必须清楚地掌握消费者特性，具体地说，至少应明确以下一些项目：①购买者、使用者是谁？②为什么购买？③在哪儿购买？④何时购买？⑤买什么？⑥买多少，购买频率、购买单价多少？⑦购买行为是否有计划且慎重？⑧习惯性还是冲动性？⑨采取什么样的生活方式？⑩最能接近目标顾客的最佳分销渠道是什么？

（三）企业特性

分销渠道的选择和构筑不仅受外部因素的影响，还受企业自身各种因素的影响。

（1）企业的总体规模决定其市场范围、客户规模以及中间商的合作程度。

（2）经营者的经验和能力。如果经营者不能直接设立、管理销售部门，就必须利用中间商和代理商。

（3）财务能力。短渠道较长渠道需要更多的固定费用，必须投入更多的资金。因此渠道的选择必须分析公司的财务能力。

（4）企业竞争力（知名度、品牌力、技术力、销售力等）的强弱，对渠道的选择建立及管理、指导力的发挥具有很大影响。在市场、行业界处于有利的情况下，选择、开发分销渠道的幅度较大，既可建立独自的分销渠道，也可选定中间商来对应现有渠道。如果企业保持着强大的竞争力，就可以进行渠道整合，实现分销的垂直一体化，或者确定销售公司制度或者多渠道并存等。

（5）企业的产品组合也会影响其渠道类型。一般来说，产品组合广度越大，与顾客直接交易的能力越大；产品组合的深度越深，则使用独家专售或选择代理商就越有利；产品组合的关联性越强，则越应使用性质相同或相似的分销渠道。

（6）生产者对最终购买者是否需要进行管理也影响渠道长短的决定。如果生产者希望对产品开展积极的促销活动，就应选择可利用的最短渠道。

（四）环境特性

在渠道的决策过程中，生产者必须考虑竞争状况、生态、经济状况、技术、社会、法律等市场营销环境。

（1）分销渠道的选择要受到竞争者所采用渠道策略的影响。在了解、分析竞争者渠道策略的基础上，结合本公司情况决定其渠道类型。如有的生产企业为了与竞争者抗衡，选择与竞争者相同或相近的分销渠道；有的则设法避开竞争者所使用的渠道策略，如日本J公司在厨房用洗洁剂领域市场占有率居第一，它避开竞争，没有使用行业界一般使用的代理商，而是采取直接渠道策略，选派推销人员直接访问饭店、餐厅等用户，并向其推销产品，确保了市场占有率。

（2）技术的进步大大地改变了分销系统，出现了诸如电话销售、电视销售、电子商务、网络营销等一系列新的分销模式。

（3）经济的制约作用，如经济萧条时，生产者希望降低分销成本，使最终顾客获得低廉价格的实惠，这意味着用较短的渠道。

（4）政府有关产品流通的各种政策、法规也限制渠道的选择。

（五）中间商特性

选择分销渠道时还必须考虑在分销过程中承担不同职能的各种中间机构的优缺点，如规模、地理位置、信誉、分销能力、愿意合作的程度，等等。

三、渠道方案的评估标准

决策，简单而言，就是为达到一定的目的而从两个以上方案中选择一个方案的人们的合理行为。渠道方案的选择和决策也就是遵循一定的标准从许多种可行方案中选择一个方案。其主要标准有三：一是经济性标准；二是控制性标准；三是适应性标准。

（一）经济性标准

不同的渠道方案将会产生不同的销量和成本。第一步是要分析各方案的销量，看是使用公司的推销队伍销量大还是使用代理商销量大，选择的标准是看哪种做法会产生较高的销售额。选择前者的好处是：公司推销人员在本公司产品的推销方面训练有素，能专心推销其产品，他们富于进取，积极肯干，其前途与企业发展紧密相连，顾客也比较喜欢直接与企业打交道。而后者有可能比前者的销量还要大，其理由有四：一是代理商的推销人员比制造商的要多；二是代理商的推销人员如果激励得当，也可能具有与公司推销人员相同的积极性；三是有些顾客喜欢与代理商打交道；四是代理商在市场上建立起广泛的联系。

第二步是估计各渠道方案实现某一销售额所需成本。利用代理商所花固定成本比企业设立推销机构，组建推销队伍所需固定成本要低。但利用代理商的费用增长很快，因为代理商的佣金比公司推销人员要高。

如图12-7所示，销售额达到某一水平SB时，两种渠道的销售成本相等；低于SB时，利用代理商较为有利；高于SB时，较适合利用公司推销机构。

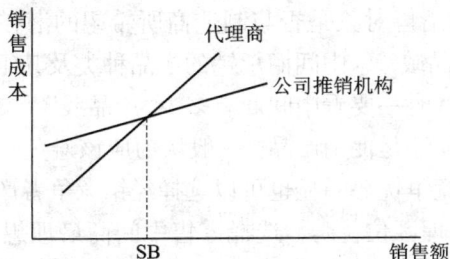

图12-7 公司推销人员与代理商的销售额及其成本比较

（二）控制性标准

使用代理商无疑会增加控制上的问题。代理商是一个独立的公司，它关心的是使本公司利润最大化的产品和顾客以及与之有关的问题，而忽略作为委托人制造商的企业形象和重要顾客等。

（三）适应性标准

评估渠道方案时还必须考虑生产者是否适应环境变化的问题。当今市场瞬息万变，市场营销不断创新，新的渠道模式层出不穷。每种渠道方案都会因某些协议期间的承诺而失去弹性。当某一制造商决定利用代理商推销产品时，可能要签订五年的合同。即使有更有效的销售方式，但也不得任意取消代理商。所以，一个涉及长期承诺的渠道方案，只有在经济性和控制性方面都很优越时才可予以考虑。

四、分销渠道的管理

分销渠道的管理，实质上是在制造商决定采用间接渠道销售其产品时，对渠道成员，即中间商的选择、激励和评估。

（一）选择中间商

中间商包括批发中间商和零售中间商。中间商选择是否得当，直接关系着制造商市场营销效果。选择中间商首先要广泛搜集有关中间商的业务经营、资信、市场范围、服务水平等方面的信息，确定审核和比较的标准。选定了中间商还要努力说服对方接受你的产品，因为并不是所有的中间商都对你的产品感兴趣。投资规模大，并有名牌产品的制造商完成决策并付诸实际是不太困难的，而对那些刚刚兴起的中小企业来说就不是一件容易的事情了。一般情况下选择中间商必须考虑以下条件：

（1）中间商的市场范围。市场是选择中间商最关键的因素，首先要考虑预先确定的中间商的经营范围所包括的地区与产品的预计销售地区是否一致。其次必须考虑中间商的销售对象是否与制造商所希望的潜在顾客相吻合。

（2）中间商的产品政策。中间商承销的产品种类及其组合情况是中间商产品政策的具体体现。选择时一要看中间商有多少"产品线"，二要看各种经销产品的组合关系，是竞争产品还是促销产品。一般认为应该避免选用经销竞争产品的中间商。但如果产品的竞争优势明显也可以选择经销竞争者产品的中间商。

（3）中间商的地理区位优势。选择零售中间商最理想的区位应该是顾客流量较大的地点。批发中间商的选择则要考虑它所处的位置是否利于产品的批量储存与运输。通常以交通枢纽为宜。

（4）中间商的产品知识。选择对产品销售有专门经验的中间商就会很快地打开销路。因此生产企业应根据产品的特征选择有经验的中间商。

（5）预期合作程度。如果中间商乐意与制造商合作，就会积极主动地推销产品，对双方都有益处。生产企业应根据产品销售的需要确定与中间商合作的具体方式，然后再选择最理想的合作中间商。

（6）中间商的财务状况及管理水平。中间商能否按时结算包括在必要时预付货款，取决于财力的大小。整个企业销售管理是否规范、高效，关系着中间商市场营销的成败，而这些都与制造商的发展休戚相关。

（7）中间商的促销政策和技术。采用何种方式推销产品及运用选定的促销手段的能力直接影响销售规模。因此，选择中间商时必须对其所能完成某种产品销售的市场营销政策和技术的现实可能程度作全面评价。

（8）中间商的综合服务能力。中间商所能提供的综合服务项目与服务能力应与企业产品销售所需要的服务要求相一致。

（二）选择商标

商标，可以分为制造商商标（NB）和中间商商标（PB）。一般而言，大型零售商销售产品时，往往使用自己的商标。如全美著名的大型零售商大西洋和太平洋茶叶公司、西尔斯公司等。企业如向这些大型中间商供应产品时，就必须作出决策：是保持自己企业的商标，还是使用他们的商标？

中间商商标策略既有优点也有缺点。优点之一是在一定时期内，制造商的大部分产品的销售可以得到保证，这样可以减少风险。优点之二是可以相应减少市场营销费用。其主要缺点是，假如这家大型零售商店停止购买其产品，则制造商必须重新寻觅新主，这样往往会造成一定时期的销量下降，从而带来损失。

如果制造商决定采用中间商的商标，它就失去了对该产品的市场营销控制权。如制造商认为自己有能力作好市场营销工作，那么就应拒绝使用零售商的商标。

（三）激励渠道成员

中间商需要激励以尽其职。使他们加入渠道的因素和条件已构成部分的激励因素，但尚需制造商不断地督导与鼓励。

制造商要激励渠道成员并使其良好表现，就必须从了解中间商的需要及其心理入手。

1. 正确理解中间商

（1）中间商并非受雇于制造商以形成其分销连锁中的一环，而是一个独立的市场，并且，经过一些实践后，他安于某种经营方式，执行实现自己目标所必需的职能，在自己可以自由决定的范围内制定自己的政策。

（2）中间商经常以担任其顾客的采购代理人为主要工作，其次才是供应商的销售代理人，任何向他购买产品的顾客，他都有兴趣出售。

（3）中间商试图把所有产品组成一组相关的产品组合，并将该组合销售给各个顾客。其销售努力在于取得该产品组合的订单，而非单项物品的订单。

（4）除非给予很大好处，中间商不会为所销售的品牌保存其个别的销售记录。那些可供产品开发、定价、包装及促销规划使用的信息，常被中间商未标准化的记录所抹杀，有时甚至有意对供应商加以隐瞒。

（5）激励中间商，需要站在被激励者的立场来看待整个激励情况。

一些老道的制造商常会与经销商建立长期合伙关系。这就需要制造商详细了解自身能从经销商那里得到什么，以及经销商可以从制造商获得些什么。所有这些，都可用市场涵盖程度、产品可获得性、市场开发、寻找顾客、技术方法与服务以及市场信息来测量。制造商希望得到渠道成员对这些政策的同意，甚至依其遵守情形建立报酬机制。例如，一家企业不直接给25%的销售佣金，而按下列标准支付：①能保持适度的存货，给5%；②能满足销售配额的要求，再给5%；③能有效地服务顾客，再给5%；④能及时地通报最终顾客的购买水平，再给5%；⑤能正确管理应收账款，最后再给5%。

2. 制造商对中间商的主要激励措施

（1）开展促销活动。制造商利用广告宣传推广产品，一般很受中间商欢迎，广告宣传费用可由制造商负担，亦可要求中间商合理分担。制造商还应经常派人前往一些主要的中间商，协助安排商品陈列，举办产品展览和操作表演，训练推销人员，或根据中间商的推销业绩给予相应奖励。

（2）资金资助。中间商（特别是经销商）一般期望制造商给予他们资金资助，以使他们放手进货，积极推销产品，一般可采取售后付款或先付部分货款待产品出售后再全部付清的方式，以解决中间商资金不足的困难。

（3）协助中间商搞好经营管理，提高市场营销效果。

（4）提供信息。市场信息是开展市场营销活动的重要依据。企业应将所获得的市场信息及时传递给中间商，使他们心中有数。为此，企业有必要定期或不定期地邀请中间商座谈，共同研究市场动向，制定扩大销售的措施；企业还可将自己的生产状况及生产计划告诉中间商，为中间商合理安排销售提供依据。

（5）与中间商结成长期的伙伴关系。一方面，企业要研究目标市场上产品供应、市场开发、账务要求、技术服务和市场信息等方面的情况，以及企业与中间商各自能从对方得到什么，然后，根据实际可能，与中间商共同商定这些情况，制定必要的措施，签订相应协约。另一方面，可在组织方面与中间商进一步加强合作，把制造商和中间商双方的要求结合起来，建立一个有计划的、内行管理的纵向联合销售系统。

（四）评估渠道成员

制造商除了选择和激励渠道成员外，还必须定期评估他们的绩效。如果某一渠道成员的绩效过分低于既定标准，则须找出主要原因，同时还应考虑可能的补救办法。当放弃或更换中间商将会导致更坏的结果时，制造商则只好容忍这种令人不满的局面。当不致出现太坏的结果时，制造商应要求工作成绩欠佳的中间商在一定时期内有所改进，否则，就要更换。

如果一开始制造商与中间商就签订了有关绩效标准与奖惩条件的契约，就可避免种种不愉快。在契约中应明确经销商的责任，如销售强度、绩效与覆盖率，平均存货水平，送货时间，次品与遗失品的处理方法，对企业促销与训练方案的合作程度，中间商对顾客须提供的服务等。

除了针对中间商绩效签订契约外，制造商还须定期发布销售配额，以确定目前的预期绩效。制造商可以在一定时期列出各中间商的销售额，并依销售额大小排出名次。这样既可以促使后进的中间商为了自己的荣誉而奋力上进；又可促进先进的中间商努力保持已有的荣誉，百尺竿头，更进一步。

需要注意的是，在排列名次时，不仅要看中间商销售水平的绝对值，而且还须考虑到他们各自面临的各种不同可控制程度的变化环境，考虑到制造商的产品大类在各中间商的全部货物搭配中的相对重要程度。

第三节 批发商 零售商 物流

一、批发商

介于生产者和消费者之间、专门从事产品流通经营活动、促成买卖行为发生和实现的组织和个人统称为中间商。中间商又按在流通过程中所起的不同作用分为批发商和零售商。

批发商，是指介于生产者和零售商之间从事产品的买卖交易及其他流通活动的流通机构（企业和个人）。

（一）批发商的业务

在流通市场所交易的商品交易量中，批发商的交易达50%以上，其主要业务如表12-1所示。

表12-1 批发商的主要业务

业 务	内 容
经营管理	批发业务的计划、组织、管理
洽谈、交易	作为顾客的购买机构，同生产者进行洽谈、交易
促销活动	开展人员推销、广告、营业推广、公共关系等促销活动
产品的储存和处理	产品的接受、储存、管理、订货处理、包装、出货
运送	给地方配送和调整远距离运输
库存管理和信息处理	对库存、账簿、交易记录、财务分析的记录等进行管理
保全	产品的安全和保护
定价	根据产品的附加值制定价格
财务和预算管理	提供信用、借款、投资、预测现金的收支
对顾客的指导和援助	协助顾客努力销售，提供有关市场和产品的信息，进行指导

1. 对生产者的业务

批发商收集、分散众多的产品，减轻生产者的经济负担。为此，生产者能够专心从事生产和加工活动以及开发适合顾客需求的优质产品。批发商较生产者更能直接同零售商打交道，从而可以迅速获取正确的市场信息并及时传达给生产者。

2. 对零售商的业务

批发商为其顾客的零售商进行需求预测，帮助选择采购商品。这样做可以减轻零售商的负担，不需零售商亲自选择或调整作为商品供应源的生产者。如果零售商直接从生产者采购产品，产品选择的范围就会受到很大制约，但批发商备有各种生产者的产品，零售商只需在少量的时间就可以从批发商采购到丰富、齐全的产品。

批发商把大量采购的产品按照客户的需要量销售给零售商，因此可以说，批发商进行运输、保管和库存管理等物流和信息管理较生产者和零售商自己进行效率更高，更合理。批发商的这种批发作用有效地减轻生产者和零售商在这方面的负担。正因为在生产者和零售商之间介入了批发商，所以既能使生产者安心稳定地从事生产活动，也能使零售商专门从事销售活动。

（二）批发商的种类

批发商的种类繁多，可以根据不同的分类基准分成各种类型，这里按照通常的所有权关系和经营方式，将其分为以下三大类。

1. 经销批发商

经销批发商，是指独立从事产品买卖的批发商。他们先将产品买进，然后再以批发的形式将产品卖出去。经销批发商可根据其履行职能程度分为完全职能批发商和有限职能批发商两类。

（1）完全职能批发商。完全职能批发商是指能履行作为批发商的所有职能，向生产者和零售商提供各种服务的批发商。完全职能批发商根据其目标市场的大小，经营产品的多寡又可分为综合批发商、有限批发商和专业批发商。综合批发商综合经营各领域的多品种产品；有限批发商只经营某些特定种类产品；专业批发商专业经营一种或几种极其有限的产品，如体育用品、乐器、照相器材、西装等。

（2）有限职能批发商。有限职能批发商是指只履行一部分职能，向生产者和零售商提供有限服务的批发商。有限职能批发商主要包括现金批发商、巡回批发商、直送批发商、函售批发商等。

2. 代理批发商

代理批发商和经销批发商的最大区别在于后者拥有产品所有权，而前者不拥有产品的所有权。代理批发商只进行买卖的洽谈，谋求销售的促进，他们获取产品销售价格一定比例的手续费。代理批发商一般可分为代理商和经纪商。

（1）代理商。代理商是指根据定期协议为买方或卖方从事代理业务的批发商，包括：

生产者代理商，是指代表生产者销售产品的代理商。生产者代理商是独立的，通常代表两个或两个以上的生产者，几乎和制造商的营业所一样从事着销售活动，接受订货。一般来说，制造商会明确地规定生产代理商的销售地区，要求其不能同时代理竞争企业的产品，但可以代理相互补充的产品。代理商和制造商的关系要用文件形式予以明确规定，还要确定好销售条件，如销售地区、销售价格、订货处理、运送、服务、保证等。

销售代理商，是指在生产者授权范围内销售其特定产品线或生产者所有产品的代理商。他们对产品除不拥有所有权外，进行着批发商所进行的一切活动。销售代理商发挥着生产者的市场营销部门应起到的作用，和其他代理商不同，他们不受销售地区的制约，而且对价格、促销、分销等拥有完全的权限。销售代理商在他们所代表的卖方的广告、市场调研、信用策略等方面扮演着重要角色。

（2）经纪商。经纪商是指为买卖双方牵线搭桥，协助双方进行洽谈的中介人。换句话说，经纪商的主要目的就是把买主和卖主结合起来，既不直接与金钱打交道，也不直接拥有产品，不制定价格，几乎不承担风险。他们拥有对顾客提供特定产品和市场的专门知识。

3. 制造商的销售公司或分支机构

制造商的销售公司是由制造商建立、专门负责本公司产品销售的批发机构。这种机构承担与市场、产品的销售有关的所有活动，如市场信息的收集、反馈、产品上市推广、销售、促销、分销、库存、运输等。

二、零售商

零售，是指将产品或服务直接销售给最终消费者的过程中所涉及的一切活动。零售商，是指将产品或服务直接销售给最终消费者、处于分销渠道最末端的中间商（包括企业和个人）。

（一）零售商的特点

（1）零售商的销售和服务对象为直接消费者，主要是个人消费者，还有社会某团消费者，如机关、团体、学校等。

（2）零售商处于产品流通的终点，零售交易结束后，产品脱离流通领域，进入消费领域。

（3）零售商分布面广，分布点多。

（4）零售商是联系制造商、批发商与消费者的桥梁，它一方面从批发商或制造商购进产品，另一方面再把产品销售给消费者。

（5）零售商一般多为小规模经营，销售数量零星，交易次数频繁。

（二）零售商的职能

当今社会，我们的日常生活不能没有零售商的存在，我们几乎从零售商获取所有与衣、食、住相关的物品。零售商在我们的日常生活中发挥着极其重要的职能。

1. 商流职能

零售商把消费者和产品结合起来。在生产者和消费者分离的现代社会，要让消费者购买和消费产品，首先就必须让消费者知道并理解产品的存在及用途。零售商对消费者要承担作为传达产品信息的信息源的作用和传送产品有效性的教育职能。

2. 物流职能

零售商提高产品的地点效用，在现代社会，产品的生产地和消费地不同，一般在两者之间隔得较远，产品通过从生产地运送到消费地而提高价值。这种作业即使不是零售商直接进行，但结果等于零售商所为，因产品的地点转移而使价值增加。

3. 信息收集职能

在高度发达的现代社会，最重要的不是"如何制造产品"，而首先是"制造什么"的问题。换言之，就是首先要制造市场所需要的产品。为此必须以市场及消费者的信息为基础。零售商平常置身于市场，直接接触消费者，最容易获得有关消费者的真实信息。零售商将获得的信息反馈给制造商或批发商，并使其反映在所要销售的产品上。

4. 标准化职能

零售商必须使产品适合消费者现实购买的需要。零售商通常从批发商或制造商大量购进产品，这是考虑到规模效益，降低单位产品的成本。然而，零售商在将这些产品卖给消费者时，却要按消费者的消费分成小份后进行销售。这样消费者就可以按当前所需量购买。例如，米店大量购进散装大米，然后将其分装成10公斤、5公斤等后进行销售。

5. 储存职能

制造商生产的大量产品在抵达消费者之前由批发商、零售商购入、保管。正因为批发商和零售商承担了这一职能，所以产品在出售之前可以储存在离市场最近的地方。

（三）零售商的种类

零售商随时代的变化、经济的发展要面对残酷的竞争。为了赢得竞争就必须按市场的要求不断进行自身改革，不断创新。结果诞生了各种各样的零售商。零售商可以根据不同的分类标准划分为各种类型。例如，按产品线的深度和宽度可将其划分成专卖店、百货商店、方便商店、超级市场等；按价格竞争方式分成折扣商店、仓储商店、平价商店、量贩店等；按管理方式可以分为独立商店、连锁商店(连锁作为零售业、饮食业中若干同行业店铺以统一组织、统一经营、统一进货等连接起来，共享规模效益的一种经营形态，连锁包括正规连锁(RC)、自由连锁(VC)和合同连锁(FC)三种)、特许专卖店、消费合作社等；按是否店铺销售可分为有店铺零售商和无店铺零售商。本书决定按有无店铺销售分类，因为只有这种分类才能将各种零售商包含进来。

1. 有店铺零售商

(1)一般零售店。这是最常见的一种小规模商店，如食品店、衣料品店、日用杂品店、服装店、书店、药店、面包店等。

(2)专卖店。专卖店一般位于繁华街道上，经营鞋、服装饰品、钟表、珠宝、家具、家用电器、体育用品等专门用品，或者专门销售较高级的衣料、食品等选购品，或者专门经营某一品牌产品，如宝姿专卖店、比利牛仔专卖店、雷俊专卖店等。这类店有两个特点，一是产品线较少而产品项目较多；二是较一般零售店具有高级店铺氛围，店铺营业员以丰富的产品知识和训练有素的姿态为顾客提供咨询和其他服务。

(3)百货商店。百货商店是器皿，是人类发明的非常好的文化、文明、都市性的器皿。它形成了装有各种各样产品、文化、服务、信息、游戏(消遣)等要素的都市空间。百货商店的最大特色是：第一，齐全的产品，产品组合广、深、长，能让顾客实现一站购物；第二，优美的环境，能使其成为顾客轻松、享受、游玩的场所；第三，方便，为顾客提供购物咨询，购物指导、信贷购物、配送制度等。

(4)超级市场。国际自助服务机构(ISSO)定义超级市场为"商场面积400m²以上主要销售食品的自助服务式商店"。超市起初是经营食品，现在无论是经营规模还是经营产品品种都发生了很大变化。从规模来看，既有营业面积120m²以下的超市，也有1500m²以上的大型超市。从经营品种来看，既有经营单一或少数品种的专门超市，如食品超市、衣料超市，也有经营各种产品的综合超市，甚至量贩店也算作其中。超级市场最大的特点就是自助服务，扩大购买者的自由度，使其从中获得自由选购产品的乐趣。

(5)平价商店。平价商店1948年起源于美国，是一种薄利多销的大规模零售店，起初主要销售电器具、家庭用品、照相机等耐用消费品。现在经营品种多种多样，除耐用消费品外，还有食品、日用品、特殊品等，已经发展到了可以和百货商店相提并论的程度。平价商店的基本特点是自助服务、现金支付、薄利多销、快速周转。

(6)方便商店。方便商店是营业面积在300m²及其以下的超市型零售业形态。方便商店的特点有五：一是设置地点，一般考虑方便一定地域的利用者，所以多设在居民区附近或较多人群通过的街道的拐角处；二是经营产品多为饮料食品及日用杂货类；三是自助服务；四是营业时间长，一般为 24 小时营业，原则上全年无休；五是大多采用连锁经营形式，追求规模效益。

以上是六种主要的有店铺零售商。此外还有折扣商店、仓库商店等一些新的零售业态。

2. 无店铺零售商

上述有店铺零售商是指通过店铺销售产品和服务的零售商。与此相反，无店铺零售商则是一种不设销售场所，不经店铺销售产品和服务的零售商。无店铺零售商较店铺零售商更显示出高速增长趋势，尤其是信息技术的进步将会使其有长足的发展。无店铺销售可以分为以下三大类。

(1)访问销售，或叫上门推销，也称直接推销。访问销售是由推销员上门访问消费者进行推销产品的一种销售方式。从推销(访问)的对象来看，直接推销有三种形式：第一，一对一推销，即挨家挨户上门推销，如雅芳公司；第二，一对多推销，即推销员上办公室推销或利用家庭和其他聚会，展示推销产品并接受订单；第三，多层次推销，即建立起多层级的推销员网络系统。由上级推销员向所属下级推销员一级一级地往下进行推销。推销员根据其推销金额和事先规定好的级别金额提成比例获取报酬，如安利公司。

(2)直接营销，也称直复营销。根据直接营销协会(DMA)的定义，直接营销是指运用一种或多种广告媒体引起消费者可度量的反应，并且不管其在何处都能进行交易的双向市场营销系统。从上述定义来看，直接营销的重点在于引起消费者可度量的反应，也就是获得顾客的订单。直接营销特点有三：一是要运用媒体，包括一种和多种；二是交易不受顾客所处地点的限制；三是营销系统的双向性。直接营销包括通讯销售、目录销售、电话营销、电视营销、网络营销、电子购物等主要形式。

(3)自动售货机销售。自动售货机销售如名称所示，是由机械自动进行销售的一种销售方法，自 20 世纪 70 年代以来在发达国家得到了迅速发展，尤其在日本无处不有。它可以销售饮料、牛奶类、酒类、香烟、杂志、咖啡、信封、邮票、明信片类、面包食品类、电池类、其他小型标准化日用品等。自动售货机的销售方法不受场所、时间和人员的限制，对卖主和买主都非常方便。

三、物流

(一)物流的概念

物流，又叫实体分配，译自英文 physical distribution，源于美国。

所谓物流，是指按照顾客需要有效地计划、实行和控制产品从生产地转移到消费地的实体转移过程的业务。从物流的概念来讲，其任务应该包括原料及最终产品从起点到最终使用点或消费点的实体转移，但这里主要研究最终产品的实体转移。

物流活动与分销渠道的决策紧密相关，在整个市场营销中发挥着不可估量的重要作用，它对产品的成本影响很大，物流的总成本约占销售额的 8% ~ 10%，削减物流成本已成为企业的重要经营课题。因为物流是降低产品成本并使其合理化的"最后的可开发领域"。另一方面，物流还会很大程度地影响到企业的市场营销服务水平和竞争力，因为产品的地点效用和时间效用的体现取决于有效、快速的实体转移。

传统的物流观念从工厂出发来考虑如何有效地以低成本将产品送达使用地或消费地，而现代物流观念即市场后勤学观念则认为，物流系统及其规划都应从市场出发，首先是充分研究和了解市场，根据市场需要来研究如何以适当的成本在适当的时间以适当的方式将适当的产品送到适当的地点，从而及时有效地满足顾客的需要，并使其获得满意，同时也能使企业满意，并获得较好的经济效益。关键的问题是"适当"二字，要使这"适当"得以实现就必须做好如下三点：第一，运用现代科学技术来建立和运作物流系统；第二，统一管理物流的各种职能和物流系统中的各环节；第三，根据市场需求和产品的特点，既要考虑其统一性，又要实行差异化策略。

（二）物流的职能

物流的职能，是将产品由生产地转移到最终使用地或消费地，从而创造时间效用和地点效用，提高价值。物流作为渠道构成成员承担着订单处理、物资处理、保管、库存管理、运输等重要职能。

1. 订单处理

物流系统最初阶段的订单处理就是接受和发送销售及订货信息。订单处理一系列活动看似简单，容易被忽视，然而高效率的订单处理却能使产品顺利流通，并增加再订货订单和利益。

一般来说，订单处理包括订货的受理、订购品的出货和订购品的配送等三项业务。这些业务的开展涉及企业的许多相关部门，所以需要各部门予以高度重视，积极协作，迅速作出反应。当企业订单受理部门接到顾客订单后，一旦受理其订单，就要将其订货信息传达给仓库，由仓库确认是否有其产品。接下来就由订单受理部门检验和确认价格及其交易条件、顾客的信用度。如果订购品没有库存，就必须将制造指令书传送工厂或征求顾客意见，是否可用代替品取而代之。

订单处理可以反映一个企业对市场信息的反应能力和企业的管理效率。现在计算机广泛运用于订单受理、订单处理和配送等业务，大大缩短了处理时间，降低了成本，提高了效率。如美国通用电器公司（GE）在接到顾客订单后，可以立即确认顾客的资信，查到企业是否有存货和存货地点，发出发货指令，给顾客开出账单，更新存货记录，发出生产指令，向推销人员反馈有关订货的处理信息等，这一系列工作可以在15秒内完成。

2. 产品的处理

产品处理对有效的仓库运营极为重要。产品自身的特征往往决定其产品如何处理，如量多的液体和气体，其独特的性质将决定如何移动和储藏它们。

产品的科学有序处理，可以提高仓库的容纳能力，减少产品的处理次数，改善对顾客的服务，提高顾客对产品的满意度。因此，必须调整有关包装、装货、移动的系统，以期最大限度地降低成本和提高顾客的满意程度。适当的包装既可以保护产品，又可以方便搬运、装卸和储存。

产品的处理过程中一般要使用货物处理机器。如通过铲车、传送机等来移动或装卸产品就可大大提高效率。不过这需要将产品以统一包装的形式进行包装调整或集中处理，如按产品类别或出货的需要把产品集中堆装在专用货架或货台上，或者进行打包处理。另外，集装箱也是货物处理的好装备。集装箱的货物运送可以说给物流带来了一场革命，使运输能力得到飞跃地提高。它能以稳定的价格，迅速、安全地运输各类的货物。集装箱的利用不仅大大地提高了运输效率，而且提高了对产品的保护程度，减少了货物的丢失和破损。

3. 保管

保管是重要的物流职能，通过保管，企业可以克服生产和消费在时间上的差异，即能产生时间效用。保管并不是单纯的产品储藏，它还承担着将产品小批量化或收集货物等职能。保管一般包括八种基本职能：①接收所送产品；②确认产品；③区分产品；④调整产品储藏；⑤保管产品；⑥检索和选择产品；⑦运送的准备；⑧开始装运。

4. 库存管理

库存管理包含着足以满足顾客需求的产品配备的计划和维持。库存管理的目的在于，一方面要保持足够数量的产品，而另一方面却要将库存费控制到最小限度。由此可见，库存管理至关重要，是物流的中心课题。

（1）库存管理方法。主要考虑三点：一是建立起使用计算机、电子机器的现代化库存管理系统，将现场库存、出货电子计数器直接与中央计算机系统相连接，及时掌握库存和销售量等情况，并作出补充货物或下达生产指令等相应的反应。二是将JIT（just in time）用于库存管理，做到只保持必要的、最低限度的库存，这样可以避免浪费，大幅度减少库存费用。三是运用 8：2 法则，在库存管理上必须差别对待，即周转率高的 20% 的品种要保持较充足的库存，以免发生缺货现象，但对周转缓慢的品种，其库存量应控制在最小限度。

（2）订货点的决定。这是库存管理者要做的重要决定之一。所谓订货点，就是指重新开始订货时的库存水平，即库存达到何种水平时开始订货。决定订货时库存水平因素有三：一是从订货到产品入库所需天数；二是每天平均销量；三是防止断货的最低保有量，如图 12 - 8 所示。

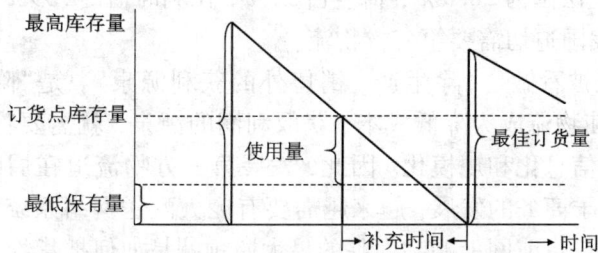

图 12 - 8 订货点库存量、最低保有量、最佳订货量的关系

5. 运输

主要运输手段有铁道、汽车、水运、航空、管道，各种手段都有其优点，许多企业将两种或两种以上运输手段组合起来使用。

运输手段的选择不仅会影响顾客需求的满足，而且对物流成本的影响也较大。因此，在运输手段选择中，必须充分考虑对顾客需求的满足程度、对产品和市场的适应性、速度、成本、可靠性、运输能力、便利性、配货能力、安全性等因素。下面列表（表 12 - 2）比较如下。

表 12 - 2 各运输手段比较（1 = 最高位次）

比较项目 运输手段	速度（从门到门的配送时间）	成本（平均吨/公里）	便利性	可靠性（在预定时间内抵达）	运载能力 L（运载各种货物的能力）	可利用性
铁道	3	3	2	4	2	4
水运	4	1	4	5	1	4
汽车	2	4	1	2	3	1
管道	5	2	5	1	5	5
航空	1	5	3	3	4	3

（三）第三方物流

1. 国外的第三方物流

第三方物流，是指由第三方全面负责物流体系的设计和维护、调货、库存管理、装卸、配送等全部物流业务。第三方物流在日本、美国、欧洲等发达国家都比较普遍。据有关资料显示，日本的商业企业和工业企业以及第三方物流企业之间的社会化配送是世界上搞得最好的，第三方物流在各类物流中所占比例是最高的，达到80%左右。美国有57%的物流量通过第三方物流业完成。欧洲一些主要国家虽比日本和美国所占比例要小一些，但也占到20%以上：英国为34.48%，法国为26.9%，荷兰占25%，比利时占24.99%，德国占23.33%。

2. 我国迫切需要第三方物流

物流被看做是"除生产、销售外的获利源泉"，是"降低成本的最后处女地"。要使物流成为降低成本、获取利润的源泉，就需要物流专业化、系统化、网络化、信息化和规模化。因此，发展第三方物流迫在眉睫，尤其是随着网上营销、电子商务的发展，越来越需要有庞大配送网络系统、专门从事配送的第三方物流。目前网上购物面临的最大瓶颈就是如何把货物及时且低成本地送达用户手上。市场呼唤第三方物流，企业期待着第三方物流。中国仓储协会对全国450家大中型工业企业的调查结果表明，45%的企业将在未来一两年内选择新的物流商，其中75%的企业将选择新型物流企业，而不是原有的仓储运输企业，并且60%的企业将把所有的综合物流业务外包给新型的物流企业。上述数字充分反映出我国第三方物流的市场需求相当可观。可以说，现在我国已处在一个最需要第三方物流又最缺乏第三方物流的时代。

3. 第三方物流的发展趋势

从国外第三方物流的发展来看，其趋势可概括为三个方面：一是第三方物流要扮演物流集成商的角色，它提供一个计算机接口，一个接触点，一份合同，一份订单，买卖双方把所有的与物流有关的业务交给其全权代理，不管它是自己运作，还是再去转包给他人。二是第三方物流有很大的利润空间，第三方物流不但给第一方和第二方带来利润，而且也能使自己赚到钱。如果第三方物流更好地使用信息技术，严格内部管理，有效成本控制，并提供一些增值服务，就能赚取更多的利润。三是构成"第三方物流－客户"供应链关系，客户将更加依赖于第三方物流，因为实践证明第三方物流有现成的比客户自己做要好得多的物流解决方案，所以，客户都非常愿意把这项工作外包出去，第三方物流和客户之间就构成一种不可分割的供应链关系。

☞ 案例背景资料

立邦漆的渠道调整

立邦涂料自 1881 年创建以来，已发展成为全球重要的汽车漆供应商及最大的建筑装饰漆供应商之一，产销量在亚太地区始终稳居首位，在全球化工行业名列前十名。1992 年，立邦正式进入中国市场。目前，在全国已拥有 4 家独资厂、1 家合资厂、30 多家办事机构，几乎覆盖了各个省份。自 1997 年至今，立邦已连续蝉联国内涂料市场产销量的冠军宝座。2006 年下半年，立邦提出了新的战略目标：在不远的将来，其在大陆市场上销售将达到 100 亿元，从一家装饰材料商转变为一家提供不同生活方式的服务商。为实现这一战略目标，2006 年，立邦的一些省级办事处开始着手调整渠道结构。

取消区域性独家代理。调整前，立邦在全国的渠道政策主要有两种，一种是针对大城市的大分销渠道政策，这种政策让立邦占领了超过 30% 的市场份额；另一种是针对大城市以外的内地市场的区域性独家代理政策，其结构如下：

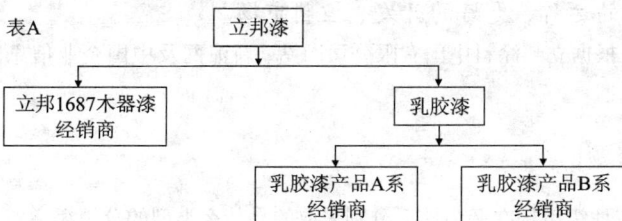

表A

```
                        立邦漆
            ┌─────────────┴─────────────┐
     立邦1687木器漆                    乳胶漆
        经销商                ┌──────────┴──────────┐
                         乳胶漆产品A系          乳胶漆产品B系
                           经销商                经销商
```

从上表可以看出，之前立邦把 1687 木器漆系列单独作为一个体系，与其优势产品乳胶漆的销售渠道区分开来；对于乳胶漆，立邦一般会选择两家或两家以上的经销商，以不同的产品系来做区隔。调整后，立邦的渠道结构如表 B 所示：

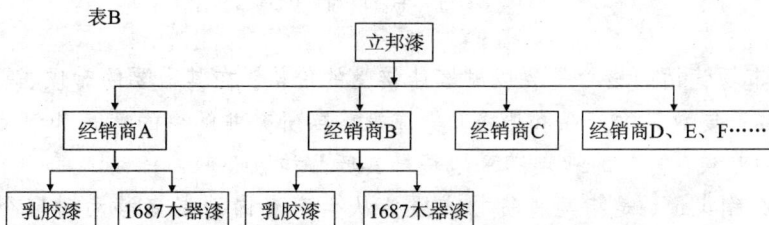

表B

```
                              立邦漆
        ┌──────────────┬──────────────┬──────────────┐
     经销商A          经销商B         经销商C      经销商D、E、F……
    ┌────┴────┐     ┌────┴────┐
  乳胶漆  1687木器漆  乳胶漆  1687木器漆
```

在新的渠道网络中，立邦不但改变了以品类来选择经销商的渠道政策，还做了一些具体的政策调整:一是把经销商零售与批发的销量分开考核。二是排它性代理。即立邦只许经销商经营立邦产品,未经立邦书面授权,经销商不能同时经营其他品牌的涂料产品。三是经销商选择标准降低。要在一个地级市场内同时选择多家立邦经销商或零售店,选择标准就不可避免地会降低。

对原 1687 木器漆经销商的安排。在调整之前立邦的木器漆服务是由经销商提供的,调整之后,立邦与原来的 1687 木器漆经销商签定区域独家服务商协议,对当地木器漆的销售提供多方面的服务,这其中也包括 1687 木器漆之外的原有木器漆产品。立邦将在一定的区域内,委托一家服务商向区域内所有零售立邦木器漆的商店提供专业服务,主要有导购培训、油工培训、打板服务、调色服务、调色产品施工监理服务、投诉服务等 6 个方面。服务商按立邦制定的详细服务标准进行服务,并收取一定的费用。同时,立邦按标准付给服务商相应的成本,并根据当月实际服务费用抽取一定比例作为服务商的利润。

直接管理和维护三四级市场。之前,县乡等三四级市场都是由立邦地市级的独家区域经销商负责开拓和维护;调整之后,由立邦的办事处直接向县乡级分销商供货,并对其进行管理与维护;另一方面,以合同的形式规定新开发的地级经销商将不再拥有向下级市场批发的授权。这样一来,立邦可以对直接参与三四级市场的运作,更好的开发、控制市场。

(资料来源:根据立邦涂料中国有限公司网站、新浪网及中国企业信息网相关资料整理而成)

[案例思考题]

1. 立邦的省地级市场在调整前后分别采取的是什么类型的分销渠道? 它们各自的优势与劣势是什么?

2. 立邦进行渠道改革的目的是什么?

3. 立邦的渠道策略还有可改进之处吗? 请阐述理由。

本章小结

1. 市场营销的核心是要以顾客能接受的价格,在其需要的时候、需要的地点提供其需要数量的产品和服务。渠道策略要研究并解决的就是如何使顾客能在需要的时候、需要的地点满意地获得其产品和服务。

2. 分销渠道,是指某种货物或服务从生产者向消费者移动时取得这种货物或服务的所有权或帮助转移其所有权的所有企业和个人。因此,分销渠道主要包括商人中间商(取得所有权)和代理中间商(帮助转移所有权)。此外,它还包括作为销售渠道的起点和终点的生产者和消费者，但是，它不包括供应商、辅助商等。

3. 市场营销渠道和分销渠道常被人们混为一谈，其实是两个不同的概念。科特勒曾经指出："市场营销渠道是指那些组合起来生产、分销和消费某一生产者的某些货物或服务的一整套所有企业和个人。"这就是说，市场营销渠道包括某种产品的供产销过程中所有的企业和个人，如资源供应商、生产者、商人中间商、代理中间商、辅助商(包括运输企业、公共货栈、广告代理商、市场调研机构等)以及最后的消费者或用户等。

4. 渠道方案的选择和决策也就是遵循一定的标准从许多种可行方案中选择一个方案。其主要标准有三：一是经济性标准；二是控制性标准；三是适应性标准。

5. 批发商，是指介于生产者和零售商之间从事产品的买卖交易及其他流通活动的流通机构(企业和个人)。零售商，是指将产品或服务直接销售给最终消费者、处于分销渠道最末端的中间商(包括企业和个人)。物流是指按照顾客需要有效地计划、实行和控制产品从生产地转移到消费地的实体转移过程的业务。从物流的概念来讲，其任务应该包括原料及最终产品从起点到最终使用点或消费点的实体转移，但这里主要研究最终产品的实体转移。

6. 物流的职能，是将产品由其生产地转移到最终使用地或消费地，从而创造时间效用和地点效用，提高其产品的价值。物流作为渠道构成成员承担着订单处理、物资处理、保管、库存管理、运输等重要职能。

7. 库存管理包含着足以满足顾客需求的产品配备的计划和维持。库存管理的目的在于，一方面要保持足够数量的产品，而另一方面却要将库存费控制到最小限度。由此可见，库存管理至关重要，是物流的中心课题。

8. 第三方物流是指由第三方全面负责物流体系的设计和维护、调货、库存管理、装卸、配送等全部物流业务。

思考题

1. 分销渠道与市场营销渠道有什么区别？
2. 简述分销渠道的主要职能。
3. 如何选择分销渠道？
4. 选择中间商需要考虑哪些因素？
5. 什么是直接营销？直接营销有哪些特点和类型？
6. 什么是物流？物流具有哪些主要职能？

第十三章　促销策略

　　促销(promotion)是市场营销组合中的一个关键要素。促销，是指利用各种沟通方式向人们就一个组织或个人的物品、服务、形象、观念、社区义务或对社会的影响等进行通告、说服和提示。促销策略是4P组合策略之一，是企业向顾客传递商品(服务)信息，激发购买动机，促成购买行为，从而实现促销目的的重要手段。本章主要介绍促销沟通、促销组合、人员促销和非人员促销四个方面的内容。

第一节　促销沟通

　　促销即促进销售，是指卖方向顾客传递商品信息，引起他们的注意和兴趣，激发其购买动机，并转化为购买行为，从而实现和扩大企业销售的工作。
　　市场买卖双方在达成交易之前，卖方必须要了解买方在何处，需要的是什么产品；买方必须要知道卖方能供应何种产品，在何处能购买到。这就需要通过各种促销活动，沟通信息。

一、沟通过程

1. 沟通的含义

　　沟通，是指企业将产品或服务的信息以某种(些)媒体传播给企业以外的受众，并引起反应的行为。它包括：谁(信息的发送者)；说什么(信息的内容)；通过何种渠道(信息传播和沟通的工具或手段)；对谁说(信息的接受者或受众)；效果(顺畅传播到达至接受者，并引起反应和反馈)。

2. 沟通的过程

　　信息的发送、接受和反馈运行全过程，如图 13-1 所示。
　　发送者(sender)必须知道要把信息传播给什么样的接受者，要获得什么样的反应。他们必须是编译信息的能手，要考虑目标接受者倾向于如何解释信息，必须通过能触及目标接受者的有效媒体传播信息，建立反馈渠道，以便能够了解接受者对信息的反应。要使信息有效，发送者的编码过程必须与接受者的解码过程相吻合。发送者的信息必须是接受者所熟悉的。他通常是指试图向受众提供消息的公司、独立机构或舆论的领袖。企业借助发言人、名人、担任角色的演员、消费者代表或者销售人员来进行沟通。

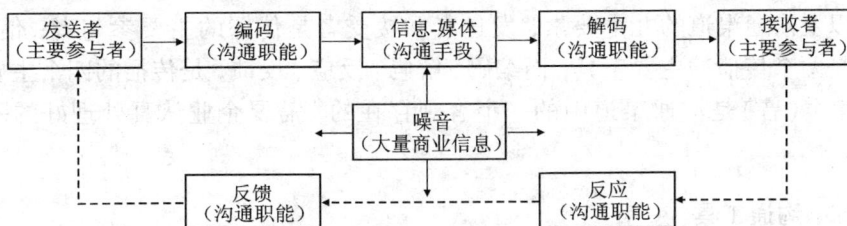

图 13 - 1　信息沟通的过程

编码(encoding)，是指发送者(信息源)将一种思想或观念转译成一则消息的过程。在这个阶段需要考虑和决定消息的内容，如采用的符号和文字。思想和观念必须按发送者(信息源)的意愿进行准确的转译，这一点至关重要。

信息－媒体(message. media)，是两种传播和沟通的工具。信息又可表示为消息，是传递给受众的文字和符号的综合体。它的风格和力度取决于企业的目的是通知、说服还是提醒受众。几乎所有的信息都多少包括公司名称、产品名称、希望的形象、与众不同的优点和产品属性方面的信息。媒体是用来传递信息(消息)的个人或个人手段。个人媒体指公司的销售人员和其他代表以及舆论领袖。非个人(大众)媒体包括报纸、电视、广播、直邮、公告牌、杂志和流动广告媒体。

解码(decoding)，指受众对信息源(发送者)所传递的信息(消息)进行理解的过程。信息的理解及其程度，取决于受众背景、信息清晰度和复杂性。一般来讲，随着象征性和复杂性的提高，信息的清晰度会下降。

接收者(receiver)，又称受众，是信息源(发送者)的信息所要传播的对象。在多数情况下，接收者就是目标市场。不过，信息源还可能与股东、独立媒体、公众、政府官员，以及其他人沟通，树立形象，给予信息。企业采用何种沟通渠道，取决于接受者的规模和分散情况、人口统计特点、生活方式和可采用的合适媒体等。

反应(response)－反馈(feedback)，是传播的两个职能。反应的主体是接受者，发送者作为客体通过反馈渠道，了解接受者在接受信息后的表现及其程度，并进行分析、整理，制定和实施相应的对策。反馈的主体是发送者，客体是接受者。发送者作为主体通过建立和使用反馈渠道，收集、分析、整理接收者的信息，进而采取相应的对策。

噪声（音）（noise），指在沟通渠道的任何环节上所遇到的干扰。它是一些胡乱的和竞争的信息，干预了计划中的传播。由于噪声的存在，编码或解码有时会出错，或者使得受众（接受者）反应平淡。

以上沟通渠道的九个要素，发送者和接受者是传播的主要参与者；信息、媒体是两个传播的主要工具；而编码、解码、反应、反馈，是传播的四个主要职能；噪声（音）是沟通渠道中的一个客观存在的、需要企业认真处理好的一个要素。

二、沟通工具

现代营销不仅要求开发优良产品，制定有吸引力的价格，使它容易为目标顾客所接受，还要求企业必须与现实和潜在的顾客、零售商、供应商、其他利益方面和公众进行沟通。每个公司都不可避免地担当起传播者和促销的角色。对大多数公司来说，问题不在于是否要传播，而在于传播什么，对谁传播和怎样传播。

营销传播组合（marketing communications mix）也称促销组合（promotion mix），由五种主要传播工具组成。

（1）广告：以付款方式进行的创意、商品和服务的非人员展示和促销活动。

（2）销售促进：各种鼓励购买或销售商品和服务的短期刺激。

（3）公共关系与宣传：设计各种计划以促进或保护公司形象或它的个别产品。

（4）人员推销：与一个或多个可能的购买者面对面接触以进行介绍、回答问题和取得订单。

（5）直接营销：使用邮寄、电话、电子信箱和其他以非人员接触工具沟通，或征求特定顾客和潜在顾客的回复。

表13－1列出了为数众多的传播概况。由于技术的突破，人们的传播方法可以是传统的媒体（报纸、收音机、电话、电视），也可以通过较新的媒体形式（计算机、传真机、蜂窝电话和寻呼机）。为了减少传播成本，新技术鼓励更多的公司从大众化传播方法走向目标传播和一对一的交流。

然而，公司的信息传播又远远超出这些特定的信息传播工具。产品的式样、价格、包装的形状、颜色、销售人员的风度和服装——所有这些都作为某种信息传递给购买者。整个营销组合，不仅是促销组合，还必须为建立和推出公司预期的战略定位而和谐地结合起来。

每种沟通工具的具体应用，我们将在下面各节中具体展开分析。

表13-1 通用的传播工具

广 告	销售促进	公共关系	人员推销	直接营销
印刷和电子广告	竞赛、游戏	报刊稿子	推销展示陈述	目录销售
外包装广告	对奖	演讲	销售会议	邮购服务
包装中插入物	彩票	研讨会	奖励节目	电话营销
电影画面	赠品	年度报告	样品	电子购买
宣传小册子	样品	慈善捐款	交易会与展销会	电视购买
招贴和传单	展销会	捐赠	电子信箱	传真邮购
工商名录	展览会	出版物		音控邮购
广告复制品	示范表演	关系		
广告牌	赠券	游说		
陈列广告牌	回扣	确认媒体		
销售点陈列	低息融资	公司杂志		
视听材料	招待会	公司活动		
标记和标识语	折让交易			
录像带	交易印花			
	商品搭配			

三、制定传播规划

企业理解了沟通过程之后，就可以着手制定整体的传播规划。这类规划有三个组成部分：目标、促销组合计划和预算。

1. 目标

促销目标可以分成两大类：刺激需求和提高公司形象。

刺激需求包括如下内容：①提供信息，博得消费者对产品的认同，由此可掌握消费者对产品属性的了解程度。②培养积极的态度和情感，博得良好的印象，由此可了解公司品牌相对于同类产品的受欢迎程度。③刺激购买和引起愿望，博得消费者强烈的偏好，争取让消费者购买物品或服务，鼓励不断购买（品牌忠诚性）。

在刺激消费者需求时，公司可以就自己提供的产品按部就班地对顾客进行通告、说服和提示。在早期阶段，当物品和服务鲜为人知的时候，应该寻求扩大初级需求（primary demand）。初级需求指消费者对一类产品的需求。后期阶段以偏好为目标，就应该寻求扩大选择需求（selective demand）。选择需求指消费者对特定品牌的需求。有时一些组织机构会试图维持或重新激发人们对成熟产品的兴趣，从而恢复对初级需要的重视。

如果促销的目的以树立形象为主，那么企业就会借助适当的广告、宣传、个人销售和销售促进等手段致力于公共关系工作。机构广告（institutional advertising），其目的在于提高公司形象而不是推销物品或服务的广告。国外，如美国主要的广告客户中有一半以上做过这类广告。

2. 促销组合

确立总的促销目标之后，公司必须决定它的促销组合（promotion mix），即企业总体的和具体的沟通活动，包括从事的广告、公共关系（宣传）、个人推销和销售促进。企业很少只用一种促销方式，例如邮购公司只依赖于广告、医院只靠宣传、跳蚤市场上的小贩只靠推销。一般来讲，企业会采取促销组合的方式。

当企业实施的促销组合非常协调一致时，说明企业在进行整合营销沟通（integrated marketing communication，IMC）。按照美国广告商协会的定义，IMC是指"重视综合计划的价值，认真评估各种沟通手段——广告、公共关系、个人推销和销售促进——的战略作用，并将它们结合起来，使沟通产生清晰、一致和最大的影响"。例如，中国的 TCL 公司派销售人员走访经销公司产品的各家商店，在报纸、杂志和电视上做广告，同时还分发象征性的优惠券或赠送大礼包。日本的日立公司拥有庞大的技术性销售人员，同时还在行业和贸易出版物上刊登广告，并派代表参加贸易展览。

每一种促销方式都有其独特的功能，并且是对其他类型的补充。广告可以吸引大量的受众，让大家产生印象，没有广告，销售会困难得多，既费时间又多花钱；公共关系中的宣传工作，能向广大受众提供可靠的信息，只是内容和播出时间难以控制；推销是一对一的接触，有灵活余地，而且能完成交易，没有推销，广告所激发的兴趣可能会付诸流水；销售促进则可以刺激短期销售额，同时补充广告和推销的影响。

下列情形以广告为主		下列情形以人员推销为主
市场大而分散，涉及最终消费者 ←	消费者	→ 市场小而集中，涉及组织机构消费者，上一般的促销费用
预算足够大，能够支付在大众媒体上的宣传←	预算	→ 预算有限，或只打算满足特定顾客的需求
产品简单不贵，有明显的特殊优点 ←	产品	→ 产品复杂而昂贵，没有什么特殊的优点
竞争者在它们的促销组合中重视广告 ←	竞争	→ 竞争者在它们的促销组合中重视人员推销
有各种各样的媒体可供选用 ←	媒体	→ 找不到媒体或效果不好
顾客喜欢商店的自助服务或者喜欢邮购 ←	购买场所	→ 顾客期待在商店得到销售人员的帮助和服务

3. 预算

确定总预算有五种基本方法：尽你所能法、渐增法、竞争对等法、销售额比率法、目标－任务法。具体选择要看各企业的需要。工业产品企业的预算可以占销售额的 1% ~ 5%，消费产品企业的促销预算可以占销售额的 20% ~ 30%。

（1）尽你所能法（all-you-can-afford method），指企业先给市场营销的其他方面拨款，市场营销经费所有剩余部分就划为促销预算。这种方法没有什么技术，小型企业、以生产为主的企业常采用这种方法。该方法不重视促销工作，没有将支出与目标联系起来，一旦资金紧张，促销预算可能就没有。

（2）渐增法（incremental method），即公司根据上一次预算做出新的预算。一般是在本年度预算水平上增加或减少一定百分点。这种技术也主要是小公司采用。它的优点是：有参照点，根据企业过去的成绩和未来趋势方面的感觉做出预算，计算容易。该方法存在重要的缺陷：预算额基本同目标无关，过于"凭感觉"，很难评估该方法是成功还是失败。

（3）竞争对等法（competitive parity method），指企业的促销预算根据竞争对手的动静或增或减。这种方法对大小企业都适用。其优点是：预算紧扣参照点，市场取向，比较谨慎。其缺点是：采取的是追随者而不是领先者的姿态，很难了解竞争对手的促销资料，前提假设是企业和竞争者之间有相似性（在业务、年头、物品和服务、形象、价格等方面）。然而，企业同竞争对手之间一般都有极大的差别。

（4）销售额比率法（percentage of sales method），即企业将促销预算同销售收入联系起来。在第一年确定一个促销费用同销售额之间的比率，随后各年度这个百分比保持不变。其优点是以销售额为基点，有适应性，将收益同促销挂钩。但是，同促销目标无关，促销只是伴随销售而不是带动销售，销售业绩不佳时(可能正需要促销)促销费用可能会削减。这种技术造成一种苦乐不均的结果，即销售高峰和销售低潮时预算反差太大。

(5)目标–任务法(objective and task method)，即企业先确立促销目标，决定实现这些目标所需要的活动，然后再建立适当的预算。这是最好的预算方法。其优点是：目标阐述明确，开支同目标取向的任务挂钩，具备适应性，同时很容易评估效果。主要缺陷是：确立目标及具体任务是非常复杂的，尤其对于小企业来说更是如此。多数大公司多少都会采用目标–任务预算法。

在做促销预算时，企业应当牢记边际收益的概念。边际收益(marginal return)指每增加一份促销费用所增加的销售额。对于新产品，因为其市场不断扩展，所以边际收益很高。当产品站稳脚跟之后，因为每一次新的促销活动对销售的影响都在减少(目标市场饱和)，所以边际收益会降下来。

如何选择促销组合，取决于公司的特点、产品的生命周期、利用媒体的可能性和渠道成员的情况。小企业能担负或有效利用的广告类型是有限的，它们可能不得不强调个人推销和一些销售促进活动。而横跨若干地区的大企业就能够综合采用大量的广告、个人推销和频繁的销售促进活动。随着产品生命周期的发展，促销重点会从信息转移到劝说然后再是强化；不同阶段需要不同的媒体和消息内容。有些媒体可能用不上(如电视上禁止做香烟广告)，或者需要提前很长的时间(如《电话黄页》)。渠道成员可能指望特殊的促销活动、销售支持或者合作作为广告的补助。

制定促销预算、确定促销组合以及向促销各个方面分配资源，这些都是企业的市场营销主管(或副总经理)的工作。大企业可能分别设有广告、公共关系、个人推销和销售促进经理，这些人向市场营销主管汇报工作，市场营销主管负责协调。

第二节　促销组合

促销组合是指促进销售不同形式的综合运用，它包括人员促销和非人员促销两大类，其中，人员促销主要指人员推销，非人员促销则包括广告、公共关系和营业推广三项内容。

促销组合从策略角度上看，包括推式策略、拉式策略和两者的混合等三种形式。

一、推式策略

推式策略，是指企业利用人员推销，以中间商为主要促销对象，把产品推入分销渠道，最终推向消费者（见图13－2）。这种推销策略要求推销人员针对不同顾客、不同产品采用相应的推销方法。常用的推式策略有示范推销法、走访销售法、网点销售法、服务推销法等。

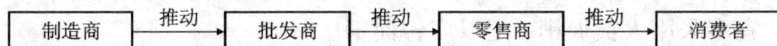

```
┌───────┐  推动  ┌───────┐  推动  ┌───────┐  推动  ┌───────┐
│ 制造商 │ ────→ │ 批发商 │ ────→ │ 零售商 │ ────→ │ 消费者 │
└───────┘        └───────┘        └───────┘        └───────┘
```

图13－2　推式策略

二、拉式策略

拉式策略，是指企业利用广告、公共关系和营业推广等促销方式，以最终消费者为主要促销对象，设法激发消费者对产品的兴趣和需求，促使消费者向中间商、中间商向制造企业购买该产品（见图13－3）。常用的拉式策略有会议促销法、广告促销法、代销、试销等。

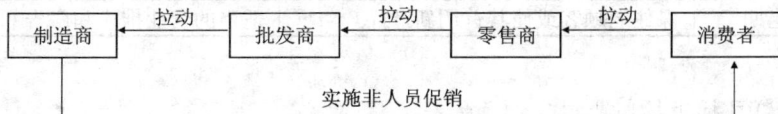

```
┌───────┐  拉动  ┌───────┐  拉动  ┌───────┐  拉动  ┌───────┐
│ 制造商 │ ←──── │ 批发商 │ ←──── │ 零售商 │ ←──── │ 消费者 │
└───────┘        └───────┘        └───────┘        └───────┘
    ↑                    实施非人员促销                    │
    └──────────────────────────────────────────────────┘
```

图13－3　拉式策略

三、混合策略

在市场营销实践活动中，更多的是推、拉结合的混合策略，也就是促销组合四种方式综合使用，多方面影响、多途径接近消费者（见图13－4）。

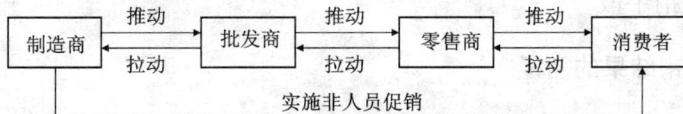

```
┌───────┐  推动  ┌───────┐  推动  ┌───────┐  推动  ┌───────┐
│ 制造商 │ ⇄ │ 批发商 │ ⇄ │ 零售商 │ ⇄ │ 消费者 │
└───────┘  拉动  └───────┘  拉动  └───────┘  拉动  └───────┘
    ↑                    实施非人员促销                    │
    └──────────────────────────────────────────────────┘
```

图13－4　混合策略

四、最佳促销组合的选择

为了达到促销形式或手段的最佳组合，需要根据以下一些因素进行选择：

(一)产品特点

对不同特点的产品应选择不同的促销手段组合。如消费品的销售因购买者众多，分布广泛，应采用以广告手段为主，以展销、商品陈列、公共关系为辅的促销组合办法；而工业品具有技术性高、专业性强、销售批量较大、价格昂贵等特点，宜多采用人员促销，配以广告促销。

(二)产品所处寿命周期的阶段

产品所处寿命周期阶段不同，促销方式也不同(见表13－2)。

表13－2　产品寿命周期与促销方式

产品寿命周期	促销的主要目的	促销的主要方法
投入期	使消费者认识产品，使中间商愿意经营	广告宣传，对中间商用人员推销
成长期	使消费者感兴趣，扩大市场占有率	扩大广告宣传、强力推销
成熟期	使消费者形成品牌偏好，保持市场占有率	促销组合各方式
衰退期	保住老顾客或使其首用新产品	适当的营业推广和广告

(三)目标市场特点

企业产品所需投放的市场，其规模大小、集中程度、消费者的消费习惯都不同。对这些不同的市场促销，应有不同的手段或形式的组合，不能千篇一律。对距离近、规模小的市场应以人员促销为主，而对广泛的全国性市场或国际市场应以广告为主，营业推广和公关为辅。例如，一般县市以下的市场，销售渠道短而销售面集中，适宜人员推销。而大城市则是销售渠道多，顾客多而分散，销售面广，则应以广告宣传为主，营业推广为辅。此外，由于消费者的文化素质、生活习惯、性别、年龄等各不相同，因而也需要根据消费者的构成状况选择不同的促销手段。

五、促销结果的衡量

促销计划贯彻执行后，信息传播者必须衡量它对目标受众的影响，如他们看到它几次，记住哪几点，对信息的感觉如何，对产品和公司过去和现在的态度等。信息传播者也要收集受众反应的行为数据，诸如多少人购买这一产品，多少人喜爱它并与别人谈论过它。

图13－5提供了一个良好的信息反馈衡量的实例。观察品牌A，发现整个市场的80％的人是知道品牌A的，其中60％的人已经试过它，试用的人中仅有20％对它满意。这表明信息传播方案在创造知名度方面是有效的，但该产品未能满足消费者的期望。另一方面，整个市场中仅有40％的人知道品牌B，其中仅30％的人试用过它，但试用的人中有80％是对它满意的。在这种情况下，信息传播方案需要加强发挥对品牌的满意程度。

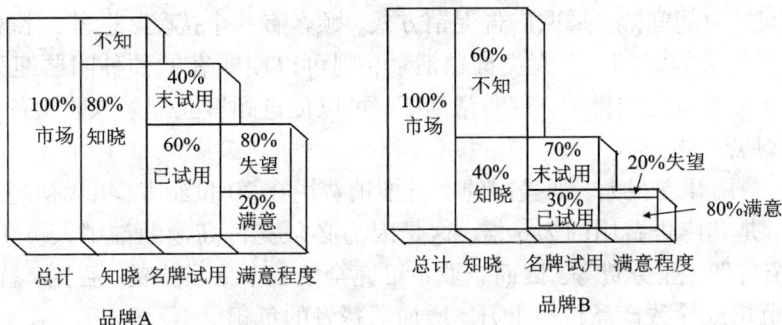

图13－5 两个品牌的消费现状

第三节 人员推销

一、人员推销的概念和特点

（一）人员推销的概念

人员推销是指企业推销员直接与顾客接触、洽谈、宣传介绍商品和劳务，以实现销售目的的活动过程。

它是一种古老的、普遍的但又是最基本的销售方式。在大部分企业中，人员推销的费用比广告费用大。企业与顾客之间的联系主要通过推销人员这个桥梁。推销人员、产品、顾客三者结合起来，才能成为统一的人员推销这一运动过程。

（二）人员推销的特点

1. 优点

（1）机动灵活，双方沟通。推销员可以根据顾客具体情况随机应变；可以针对顾客的疑问直接演示和说明，说服性较强，有助于消除顾客的购买心理障碍；可以及时、全面地获得顾客对产品、对企业的意见和要求，并迅速反馈、调整。

（2）针对性强，减少不必要浪费。和广告促销不一样的是：推销员可以根据产品的用途、特点、主要消费者的分布和消费特征等，有针对性地向目标顾客推销，从而减少盲目性及其带来的资源浪费。

（3）联络感情，巩固营业关系。成功的推销员有一个共同的特点，那就是与顾客联系密切，与老顾客之间通常都有很深厚的友谊。这种感情，对于巩固营业关系起着非常重要的作用，这也是新推销员难以打开局面，企业要建立新销售渠道很困难的原因。新老推销员对此不可不知。

（4）即时购买性。人员推销的直接性，大大缩短了从促销活动到采取购买行为之间的时间间隔。采取广告促销方式，顾客有一个接受、思考、比较、认定以及到店购买的时间，而人员推销活动，则可以使顾客的种种问题迎刃而解，在推销人员面对面的讲解、说明帮助下，可以促进顾客立即采取购买行为。

2. 缺点

（1）费用开支很大。如美国的人员推销费用在 20 世纪 80 年代初超过 1 000 亿美元，是其广告费用的 2.6 倍。这是因为必须支付高额的推销人员工资、差旅费、招待费、业务费等。因而企业不可完全依赖于人员推销，否则，就会增加企业的负担或导致产品价格上升，增加消费者的负担。

（2）对推销人员的素质要求较高。人员推销能否取得好的推销业绩，在很大程度上取决于推销人员的推销技术和综合素质，不仅要有丰富的专业知识，对产品十分熟悉，还要有公关意识、应变能力，以及对顾客和推销工作高度负责的精神。因此，选择合适的推销人员以及培养新的推销员并非易事。

二、人员推销的策划

人员推销的策划分为：组织策划、程序策划。

（一）组织策划

人员推销的组织工作有三种基本形式：

（1）按销售区域组织，为区域结构式派员。大部分企业均指定业务员在指定的区域活动。许多区域集合起来，成为较大的地域，而这些地域又可集合成更大的领域。采用这种方式，每个地区有一个或几个推销员专门负责。这样可以节约销售费用，但是这种"责任田"似的方法，经常会妨碍推销员人际关系的充分利用。

（2）按产品结构组织推销，即按产品品种分配推销员的工作。它比较适合产品线多、品种多、市场差异大的产品和企业。但这种方式对推销人员掌握区域性的市场行情不利。

（3）按顾客结构组织销售，属用户结构式派员。即按顾客来分配推销员的工作，有的是以产品来分，有的是按企业的规模来分，也有的是按销售渠道来分。这种方式有利于加深对顾客的了解，有利于建立顾客档案，满足特定顾客的要求。但如果顾客地域过于分散，推销路线过长，就会增加费用，还可能出现同一地区有若干名推销员同时参与对同一用户推销的重叠现象。

这三种形式是基本形式，必要时既可以综合运用它们，又可以变化出新的形式。如果企业产品多、顾客杂且分布零散时，可采用区域产品式、区域顾客式、产品顾客式等组织方式。

（二）程序策划

推销过程一般包含以下七个步骤：

（1）寻求顾客。寻找顾客的方法很多，可以通过推销员个人观察、访问、查阅资料等方法直接寻找，也可以通过广告开拓，或利用朋友介绍，或通过社会性团体与推销员间的协作等间接寻找。

（2）事前准备。在走出去推销之前，推销员必须先熟悉要推销的产品、要访问的顾客以及竞争产品的优缺点。

（3）接近顾客。推销员要选择恰当的时机访问顾客，鉴于现在很多顾客对每天各类推销员频繁的打扰很不耐烦，所以接近顾客一定要选好时间、地点、方式。

（4）介绍阶段。这一阶段是推销过程中的关键，推销员这时要运用提示说服、演示说服等多种方法尽量使顾客相信自己的产品，产生购买欲望。

（5）处理异议。虽然推销员对自己的产品作了很好的演示和说明，但是顾客还是会有些疑虑或不同看法，如果推销员不正确对待，则会导致推销失败。处理异议首先得判定这种异议是否真的重要。如果顾客仅仅是随意提出或异议内容无足轻重时，可以不予理睬。但如果顾客是很郑重并反复提出某种异议，则推销员必须根据自己对产品的了解作出适当的解释。

（6）促成交易。在进行了演示及排除了各种异议后，推销员不要再迟疑，应抓住时机促成交易。

（7）售后服务。一个真正成功的推销员绝不会奉行"货经售出，概不负责"的思想的，他们往往会教顾客如何使用产品，而且有机会还会通过电话或登门拜访等方式了解顾客使用产品的情况和意见。

三、推销人员的管理

（一）推销人员的类型

（1）其主要工作为运送货品的推销员。如运送牛奶、面包、燃料、油等。

（2）其主要工作为在内部接受订单的推销员。

（3）其工作为建立商誉、教育现有和潜在的顾客，而不做接受订单的工作的推销员，例如酒厂之宣传员和代表药厂的解说人员等。

（4）有形产品的推销者，所谓有形产品即真空清洁器、电冰箱等。

（5）无形产品的推销者，所有无形产品即保险、广告等服务类产品。

推销活动的成功要诀是招募和选择好的推销人员。一个普通的推销人员与最佳的推销人员其业绩有天壤之别。根据一项研究，推销超级明星比一般的推销员成果要高 1.5 ~ 2 倍。在典型的推销员中，60% 以上的销售额是由 30% 的最佳推销员所创造的。因此，谨慎甄选推销人员可大幅度增加总的推销业绩。

（二）推销人员的报酬

报酬的构成要素包括：①工资；②佣金或奖金；③费用津贴，用于补偿推销员与工作有关的费用，使他们能从事所需的和有效的推销；④附加福利，包括可报销的休假、生病或意外事件的福利，养老金和人寿保险，目的是提供对职业的满意和安全感。

对报酬的构成要素进行不同的组合产生四种基本类型的报酬计划：①完全的工资；②完全的佣金；③工资加奖金；④工资加佣金。

美国一项有关推销人员报酬的研究报告显示：14% 的企业完全付工资；19% 的企业完全付佣金；26% 的企业付工资加奖金；37% 的企业付工资加佣金；10% 的企业付工资加佣金加奖金。

（三）推销人员的监督

（1）对推销人员进行指导。销售主管应对推销员的实际推销工作进行适当的指导，特别是对于新手更应如此。

（2）决定目标顾客和访问方式。企业应将顾客按销售额、利润、成长潜力将其分成若干种类，并规定推销员对不同客户的访问次数和访问方式，规定推销员应花多少时间去发掘新客户。

（四）推销人员推销绩效的评估

通过平时的业绩登记表和推销人员的总结报告，企业可正式评估推销人员的推销绩效。评估方法有：

（1）推销员绩效的横向比较。即将所有推销员的推销绩效加以比较，并评定其等级。但是，这种比较容易引起误解。由于不同责任区域的市场潜力、工作负荷、竞争水平、公司促销效果和其他因素不同，推销员的绩效可能有差异。

（2）推销员绩效的纵向比较。即是将推销员本期与前期实现的销售额等指标情况进行比较。这种比较可以直接显示一个推销员的进步情况，从而判断其是否有发展前途。

（3）推销员的定性评估。即查看推销员对企业、产品、顾客、竞争者、销售地区及本身职责的认识。推销员的特性——日常举止、仪表、谈吐及性情都是能评估的。销售主管还应考察动机或服从方面的问题。企业应将这些评估标准传达给推销员，使他们了解绩效如何评估，从而努力改善其绩效。

综上所述，人员销售至今仍然是企业搞好营销工作，提高产品销量和市场占有率的重要方式或手段。为此，企业还必须花大力气去提高推销人员的素质，进一步提升销售队伍的管理层次和管理水平。

第四节　非人员促销

如前所述，促销方式分为两大类：人力方式和非人力方式。人员推销就是人力方式，而广告、公共关系和营业推广（又称特种推销）属于非人力方式。下面具体介绍非人员促销的三种方式。

一、广告

（一）广告的产生及作用

广告是以付费为原则，运用一定的艺术形式，通过一定的媒体广泛传递商品、劳务信息，以达到增加信任、促进销售的一种经济活动。广告形式有多种，如经济广告、公益广告、文艺广告、社会广告等，这里主要是讲的经济广告。

广告一词源于拉丁文"Adventure"，原意为大喊大叫，以引起注意或诱导作用，自1300年至1475年中古英语时期，才有英语"Advertise"（今译为广告）一词的出现，至17世纪世界上才开始通用此词。广告实践可以追溯到有纪录的历史开始。中国早在春秋战国时期，就有以旗帜、幌子代替实物陈列的广告形式。唐朝杜牧的诗《江南春》中就有"千里莺啼绿映红，山村水廓酒旗风"的旗帜广告。随着印刷术的发明、利用，出现了印刷广告，开创了广告史上新的里程碑，给广告业带来了繁荣。在希腊的黄金时代的城市公告牌上，刊登着拍卖家畜、工艺品甚至于化妆品的通知。1882年，英国人哈默创造了灯光广告，是广告业的又一次飞跃。20世纪20年代无线电的普及，40年代电视机的出现，使广告的影响渗透到社会生活的每一个角落，广告在市场经济中逐渐显示出其重要地位。随着科技发展，现代广告注意用声、光、色、味等技术手段，使广告更加新颖、动人。例如，美国底特律城的城郊，有一块食品公司建造的高80英尺（约6.96米）、长100英尺（约34.48米）的推销面包的巨型广告牌，行人走近它时，不仅能听到介绍面包的声音和优美的轻音乐，而且还能闻到一阵阵诱人的"神奇混合面包"的香味，引起食欲，使面包销量大增。

广告发展到现代，人们已无法回避它无处不在的影响。在电视里，广播里，在报纸上，在街头巷尾，在地铁车站……你无时无处不在接触着各种各样的广告。广告正在影响着人们的消费观念，影响着人们的购买行为，甚至影响着我们的学习、工作和生活。国外有句名言：想推销商品而又不做广告，犹如在黑暗中向情人递送秋波，可见广告的影响和作用。

广告有着如下的一些作用：①传达产品或劳务的信息；②激发和诱导消费；③介绍产品知识、引导消费；④促进新产品、新技术的发展。

（二）广告策划的原则

广告策划就是根据广告主的营销计划和目标，在市场调查预测的基础上，对广告活动的战略性和策略性安排进行整体、系统的筹划。

广告策划是超前性思维和创造性思维发生作用的成果之一，有其自身的规律性，必须遵循一定的原则，主要有：

1. 系统原则

所谓系统原则，就是要如实地把广告策划作为一个有机整体来考察，从系统的整体与部分之间相互依赖、相互制约的关系中，揭示系统的特征和运动规律，实现最优的组合。系统原则具体体现在四个方面：一是广告和产品是同一系统中的两个子系统，必须相互协调。二是广告的各种发布手段在相互配合上应协调一致，组合有序。三是广告内容和形式同属一个系统、应和谐统一。四是广告与周围环境是一个系统。

2. 心理原则

科学的广告诉求是依照心理学法则的。人们接受广告的过程，或者广告对受众的影响过程，一般可以概括为：①诉诸感觉，引起注意；②赋予特色，激发兴趣；③确立信念，刺激欲望；④创造印象，加深记忆；⑤坚定信念，导致行动。

运用心理原则具体筹划一项广告时，应处理好信息与情感的关系，有时应将其糅合在一起，有时则可以分开。在广告内容组织时，有时可以运用正程序，有时可以运用逆程序，以引起足够的注意。

3. 差异原则

创造性思维是广告策划生命力的源泉，它贯穿于广告策划过程的始终。创造性思维的核心是积极的求异性，表现为突出广告的差异性，即广告中的特殊性与个性。纵观许多成功的广告，无一不是充满个性，或能充分展现其差异性的广告。在广告策划中，不仅要使广告产品的利益点在同类产品中有差异，而且要使广告作品的设计也具有差异性，才能引人注目。

4. 小组原则

在现代广告活动中，单凭一个人的能力和精力，不可能完成广告策划的全部工作，必须得有一个有形的或无形的广告策划小组，集中集体的智慧来完成广告策划工作。在一般形式下，广告策划小组由下列几种人组成：客户主管、策划人员、文稿撰写人员、美术设计人员、摄影摄像人员、广告调查人员、媒体策划与联络人员、公关人员等。

5. 效益原则

任何一个广告活动都应讲究投入产出，讲求实际效果；要杜绝那些人情广告，杜绝大少爷作风，杜绝毫无价值的广告活动，避免广告中的浪费。

6. 法律道德原则

凡是广告内容中有违反国家政策、法令的，有损我国各民族尊严的，有反动、淫秽、丑恶、迷信内容的，有诽谤性宣传的，有违反国家保密规定的，就必须禁止刊登、播放、设置、张贴。户外广告还要遵守城市管理部门和广告管理机关的规定，不得妨碍交通或破坏市容和风景地区的优美。

(三) 广告策划的程序

广告策划是一项科学的营销组合活动，应该在严密的计划和目标明确的情况下展开。虽然每一项广告策划的具体工作细节不同，但广告策划的产生过程，都是按照一定的程序，有计划、有步骤地进行的。

广告策划程序主要分为调查分析、拟定计划和执行计划等三个阶段，见图 13-6。

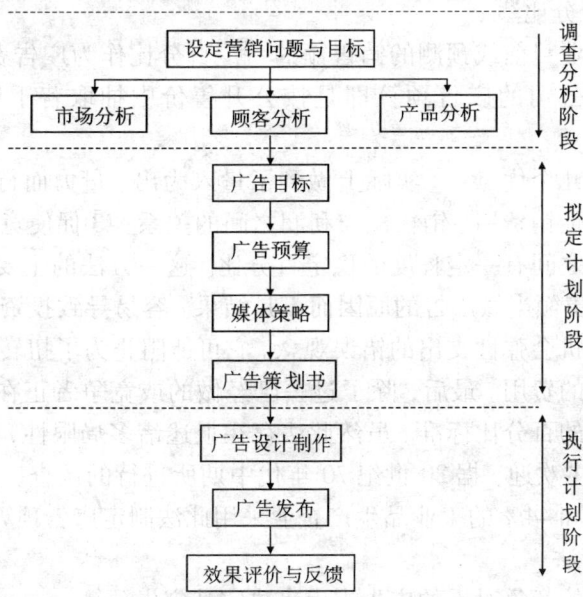

图 13-6　广告策划程序图

最后形成广告策划书。策划是见诸于文字的方案，或是广告活动的"蓝本"。策划书的写作实际上从最初的构想就已开始，随着构想的完整而把它展示出来。能否提供一份完整的有说服力的策划书，是广告人或广告公司策划能力的重要表现之一。

（四）广告预算

广告预算是一项系统性工程，它要求广告主首先确定准备用于开展广告活动费用的具体数目，而后再决定是出于何种目的，于何时、何地支配使用这些广告经费。

制定广告预算的主要方式有四种，即量力而行法，销售额百分比法，竞争平衡法和目标任务法。

1. 量力而行法

即将广告促销预算制定在企业能够负担的水平上。小企业经常使用这种方法，理由是企业在广告上花费不能超出它现有的资金。他们从总收入中减去业务费用和资本支出，然后将剩余的一部分资金投入广告费用。这种方法的不足之处是完全忽视了广告活动对销售量的影响，它倾向于将广告放在费用优先次序的最后一项，即使在广告对企业的成功很关键的时候也是如此。此法往往导致广告支出不足。

2. 销售额百分比法

即是按照企业目前或预测的销售额的一定百分比作为广告费支出的数额。例如，很多石油公司的广告预算即是按公升售价中抽取若干比例作为广告费用。

这种方法有几个优点：①实际上做到了量入为出、量力而行；②可促使企业领导考虑广告促销费用、销售额与利润之间的关系；③促使竞争企业在其销售额和广告预算之间有一定程度的稳定百分比。这一方法的主要局限在于：它倒果为因，把销售额当做广告的原因而不是结果。容易导致投资广告支出只是固定支出而不是机会弹性支出的错误观念。它可能阻止为了扭转销售额下降的情况而需要增加的费用。最后，除了过去已经做的或竞争者正在做的，此法并未提供一个特定的百分比标准。虽然此法存在上述诸多局限性，但由于简便易行，而深受广告主欢迎。据20世纪70年代中期所进行的调查，美国有64%的消费品生产企业和44%的工业品生产企业采用此法制定广告预算。

3. 竞争平衡法

即按照企业的竞争对手的广告支出来决定其广告预算。这一方法主要有两种形式：①广告主可以其主要竞争对手和本行业中少数几个领先企业的广告预算规模为蓝图来具体确定自己的广告预算数目，或在数目大体相同的情况下按销售额百分比来确定广告预算规模。②如果广告主不了解主要竞争对手或同行业领先企业的广告预算规模，那么广告主则可根据同行业各个企业用于广告预算的平均值来确定自己准备投入的广告经费。这一方法的主要缺陷是：竞争对手的预算资料不易获得，而且也没有理由相信竞争对手会有更好的主意来决定其广告费用。因而采用此法时，应对所获资料进行分析，并结合自身情况作出预算。

4. 目标任务法

最合逻辑的预算编制法为目标任务法，企业依据营销任务、广告目标来制定广告预算。采用此方法必须做到：①明确广告目标；②决定现实广告目标所要完成的工作；③估计执行此项工作所需的成本。这些成本的总和就构成广告预算。目标任务法的局限是：通常决定实现广告目标到底需要做哪些工作是件复杂而困难的事情。

(五)广告媒体的选择

1. 广告媒体的主要种类与特点

广告媒体是传播广告信息的一种物质技术手段。它的基本功能是适时、准确地传播广告信息，引起人们阅读、收看、收听的兴趣，以机动灵活地适应广告者的不同目的和要求。

随着科学技术的飞速发展，广告媒体的发展也是日新月异，种类不断增加，形式不断变化，为商品信息的传播带来了极大的方便。

最常见的是被称之为"四大媒体"的报纸、杂志、广播、电视。从这四大媒体的广告额来看，报纸仍居第一，电视次之，广播和杂志上的广告额不相上下，通常只有报纸或电视广告额的1/3左右。除了这四大媒体外，还有号称第五大媒体的网络，以及很受欢迎的直接信函(DM)、户外广告、交通广告、POP广告等。

(1)报纸。报纸作为一种重要的广告媒体，主要有以下优点：及时性，在报纸上刊登广告比起杂志等媒体而言，没有什么时滞；可以较好地覆盖当地市场；制作简单，费用也较经济；可保存，可查阅；报纸具有新闻性、知识性、客观性等显著特征，报纸广告的可信度也因而增加。

报纸作为一种重要广告媒体也存在一定的缺点：平面广告，缺乏动感画面及音响效果，吸引力较电视广告弱；有效期短暂，印刷效果欠佳；报纸以新闻为主，广告版面有限，尤其是大报，版面不易取得；现代报纸张数很多，而广告又常有专版，较易被读者忽视。

(2)电视。电视作为广告媒体的优点：兼有光、声和动作，有极强的感性吸引力；电视普及率高，广告可深入各地区，各个层次的消费者，诉求力强，接触率高；传播迅速及时；动感画面，借制作技术最能强化商品特色。

电视作为广告媒体的缺点：制作耗时，成本较高；展露时间短暂，容易被受众错过或只接收到部分信息；广告受片长制约，只能传递简单商品信息，对商品的性能、特点和品质不能做详细说明。观众选择性较低，广告针对性不强，造成许多广告费用的流失。

(3)广播。广播作为广告媒体的优点是：传播面广，迅速及时；较能依据地区和人口统计做选择；制作简便，成本低廉。

广播作为广告媒体的缺点有：有声音没有图像和文字，难以给人留下深刻印象；展露时间短暂，难以记忆和存查。

(4)杂志。杂志作为广告媒体的优点是：与报纸相比，杂志的专业性强，读者稳定、集中；有效期长，可传阅性强，易于保存查阅；印刷效果好，图文并茂。

杂志作为广告媒体的缺点有：定期发生，时效性差；受专业性限制，传播面窄；篇幅小，刊登的位置不能保证。

(5)网络。随着知识经济的到来，随着计算机技术和网络技术的飞速发展，以电子商务为核心的网络经济这种新的经济运行模式也应运而生。企业又有了一种全新的广告媒体——网络。网络广告发展非常迅速，以至于很多专业人士都将网络视为广告的第五大媒体。

网络作为广告媒体的优点是：①高效的制作发布。网络广告在计算机上设计制作后，即可发送到互联网上进行发布，免去了排版、排印或拍摄剪接广告的时间。②形式更加生动活泼。③灵活的交互方式。交互方式是网络所提供的，是其他媒体无法具备的一种人机对话形式，它可以使受众对网络的阅读层次化，甚至可以实现网上即时购买，大大缩短了购买滞后期。④针对性更强。利用网络技术，广告主可以选择某一特定人群作为广告播放对象，大大提高了广告的针对性。例如，如果客户在长沙举办一个产品展销会，他可以要求网站只向由长沙登录的网民播放广告，网站可以通过监测 IP 地址做到，广告效果可测量性提高。我们可以通过计算机对网络点击数的自动统计等功能，更为方便地测量到广告发布的效果。

网络作为广告媒体的缺点是：①因法律不健全或较难执法等原因，虚假广告容易泛滥。②网上广告等各类信息太多，受众应接不暇，甚至可能造成信息垃圾和污染。③阅读广告者需支付费用。原来一些广告，诸如广播、灯箱、橱窗、霓虹灯、路牌广告的阅读是完全免费的。看电视需缴纳电视维护费，看报纸杂志要花钱买，但是就收看其中一个广告的费用来比较，阅读网络广告则要花费更多。

2．媒体选择的步骤

(1)确定媒体的接触度、频率和效果。接触度是衡量在一定时间内，目标市场里接触到该广告宣传的人数百分比。一般而言，广告商要求的接触度、频率与效果愈高，对媒体的要求就越高，所需广告预算也越大。

(2)选择主要媒体类型。媒体策划者必须了解各种主要媒体的广告接触度、频率和效果以及其优缺点，以资决策。

(3)选择最佳的媒体组合。媒体规划者应综合考虑广告目标、广告预算、各媒体的特点等因素，来选择一定的媒体构成最佳媒体组合，以达到广告促销的目的。

(4)决定播放时间和方式。广告商必须决定在适当的时机，适当的时段，以适当的方式来播出广告。例如，羊毛衣广告播放应选择集中于换季之前就开始高频率播放直到使用季节即将结束为止。

(六)广告效果的评定

对广告效果进行评定有利于企业广告预算的正确支配，在降低广告费用的同时，获得较好的广告效果。

对广告进行评估主要应从评估其沟通效果和销售效果两方面进行。

1．衡量沟通效果

即评估广告是否将信息有效地传递给了目标顾客，具体表现为受众对广告注意、理解和记忆的程度。对广告沟通效果的评估，从广告过程来区分，可以分为事前测试和事后测试两类。事前测试常见的方法主要有直接评分法(由专家对广告策划进行评分)、组合测试法(一组消费者观看广告后进行回忆测试)、实验室测试法。事后测试包括回忆测试法和认知测试法。

2．衡量销售效果

研究广告的沟通效果并不能准确揭示某一广告到底带来了多少销售增长。常见的衡量销售效果的方法有：

(1)广告收益测量法。即根据商品销售量变化率对广告费用变化率的弹性系数的大小来测定广告效果。计算公式如下：

$$E = \frac{\Delta Q/Q}{\Delta A/A}$$

式中，E 为弹性系数；ΔQ 为广告前后销售变化量；Q 为广告前销售量；ΔA 为广告费增量；A 为原广告费用。

如果 $E > 1$，表示广告效果好；$E < 1$，表示广告效果不好，甚至有负作用。

(2)实际设计分析法。即将某种产品的销售市场按地区划分，在甲地使用大量广告，在乙地使用少量广告，在丙地不做广告，一定时期后检查各地的销售记录，就可以估计出广告对销售额的影响。

二、公共关系

企业公共关系，是指企业为了促使人们对产品和企业形象产生好感，运用大众传媒，通过官、民、社团的宣传和推介，取得社会公众的信赖和支持而进行的各种活动。

开展公共关系活动，其意义在于树立企业、产品的良好形象，提高知名度、满意度。公共关系说到底是企业之间的"信誉之争"，它是企业无形的财富，也是产品竞争的有力武器。

"公共关系"一词，是美国《纽约时报》著名作者李纳维于1904年提出的。随着1906年世界上第一个公共关系事务所的创办，1922年美国社会评论家李普曼撰写的《公共舆论》一书的出版，使人们对公共关系理论的认识与研究日渐深入，并为企业家们重视和应用。如世界八大船王之首的包玉刚先生，生前曾就他的一艘万吨级豪华游轮下水之际（20世纪70年代），就邀请当时英国的伊丽莎白女王为之剪彩，使豪华游轮身份大增。以后不少国家首脑和名流、大亨们纷纷花巨资租用，用于庆典和重大活动，显示了企业开展公共关系活动的重要意义。

（一）公共关系的功能和特点

1. 公共关系功能

①处理新闻界关系，即创造并将有新闻价值的信息刊登于新闻媒体，以引起大众对某些人物、产品或服务的注意。②宣传企业及其产品，扩大企业与产品的知名度。③建立和维持国内和当地的社区关系。④游说功能，建立和维持与立法者及政府官员的良好关系，以影响有利于公司的立法和规章。⑤维持与股东和其他金融界人物的关系。

2. 公共关系特点

①公共关系工作的对象是社会公众，即有直接关系和间接关系的社会公众，包括政府部门、社会团体、顾客、股东、企业职工等，通过与社会公众的信息沟通，可加深相互了解，建立信任关系。②企业公关工作一般着眼于较长远的打算，其效果是需日积月累才能反映出来的。

（二）开展企业公共关系工作应遵循的原则

1. 重视形象，优化管理

企业的良好形象是企业的无形资产，它建立在企业优化管理的基础上，是提高企业形象的生命线。企业公关部门必须经常地监测企业的经营管理状况，积极向决策层提出改进意见，促使企业加强管理，注意提高企业素质。所以重视企业形象，监测企业，加强管理，是企业公共关系活动的根本前提。

2. 双向沟通，科学真实

企业与公众之间的信息交流是双向的。它不仅要对外传播信息，使公众认识并了解企业，而且还要通过各种途径运用多种手段，听取反映，吸收意见，根据社会公众的需求和建议改进工作。

3. 平等相待，真诚合作

一个具有良好形象的企业，必须注意从公共利益出发，重视社会效益，在企业效益与社会整体效益一致的前提下，求得不断发展。公共关系的效果应该是企业、国家、社会、公众都得利，都受惠。因此，企业公关活动就必须注意促使企业处理好利己与利他的关系，强调企业与公众平等相待，互惠互利。同时在人际交往过程中真诚合作，注意企业与公众的情感。

4. 珍惜信誉，忠实诚恳

企业的公关工作自始至终都必须充分珍惜信誉，重视社会公众利益，增强企业的社会责任感，努力使企业的信誉由商品信誉向较高层次的企业信誉发展。但是要珍惜信誉，还必须忠实诚恳，真诚相待。只有忠实地传递信息，诚恳地待人接物，才能与公众建立友谊，才能赢得社会公众的了解、信任、好感和合作。

（三）企业公共关系活动的主要形式

（1）新闻报道。借助新闻宣传工具，宣传企业、宣传产品、宣传企业的人和事，以扩大影响，树立企业形象。新闻报道具有客观真实性，信息较易为公众接受，因此企业一定要注意与新闻单位建立长期的、密切的联系。

（2）赞助公益和社会活动。如赞助大学生运动会，捐款捐物支援灾区人民，捐建希望学校，支助贫困学生等。

（3）特殊的公关活动。如召开新闻发布会、研讨会、展览会，举办周年庆祝活动，有奖比赛等。

（4）散发宣传资料。如公司年度报告、小册子、文章、内部刊物等。

（5）编制音像材料。随着传播手段的进步，企业开始越来越多地利用幻灯、录音带和录像带传递信息。视听材料比文字资料更为生动形象，更加易于为观众接受。

（6）企业识别系统。又被称为CI，即通过统一的视觉符号达到创造和强化企业形象的目的。企业将代表其形象的某种视觉符号，包括色彩、字体、图案、符号，印制在企业的建筑物、车辆、制服、办公用品、产品包装物、文件、小册子、招牌等上面，力图给人以深刻、强烈的印象。

（7）电话咨询服务。电话是一种快捷便宜的信息沟通手段，通过电话，顾客可方便地得到所需信息和服务，化解烦恼。例如中国联通公司各用户设置了热线电话，专供各种咨询。

（四）企业公共关系活动的时机选择

中国传统谋略中很讲究审时度势，趁势造势有时会产生奇效。企业公共关系活动也需要抓住有利时机，采取有针对性的相应措施和行动，才能收到事半功倍的效果。公共关系活动时机可从企业内部、企业外部和传播时机方面加以把握。

1. 把握企业内部机遇

企业内部的凝聚力是企业发展的真正动力。公共关系工作的指导思想是"对内求团结、对外求发展"，因此必须通过各种方法，把企业职工凝聚在一起，形成一股无坚不摧的力量。这样不仅求得了对内发展，也同样扩大了对外影响力。

（1）开业机遇。这是企业开展公共关系活动的大好时机。这时公共关系的主要目标应是加强与社会各界的联系，展现企业经营宗旨，展现企业的新产品、新服务项目，广泛了解客户的需求，公共关系策划要根据这一目标，组织好必要的开业典礼、剪彩仪式、接待新闻界朋友和各界知名人士等，尽量扩大影响。

（2）庆典机遇。借助企业周年、10 周年、20 周年等庆典日时机，宣传企业的崭新形象，明确今后的发展目标，密切企业与公众的关系。如上海第一百货商店在 40 周年店庆时，提出了主题口号是"不惑之年，赤诚之心"，通过各种媒介广泛传播，增强了职工的归属感和荣誉感，也使社会公众重新认识"上海一百"。1986 年可口可乐饮料诞生 100 周年庆典之际，公司向全世界发布各类可口可乐的信息，使人们了解可口可乐不仅历史悠久，而且已向太空时代迈进，领导着今日世界技术高度发展的饮料行业。这些机遇的把握大大增强了企业的竞争地位。

（3）改名或合并。企业因各种原因改换名称，或通过扩张合并，组建新的生产经营单位，这时应通过各种传播渠道广而告之，维持企业原有的声誉和影响，加强新的联系，使企业形象不因改名、合并而受到损害。当然，如因原有企业声誉不好，也可通过改名或合并重塑企业良好形象。

（4）推出新产品或新服务。这个时候公共关系宣传走在推销前面，运用各种活动形式消除顾客的疑虑和观望心思，提高他们购买、使用的兴趣和新鲜感。被誉为日本"即食面之父"的日清食品公司，每当一种新产品上市，公司必派人采访消费者，并进行街头销售，很快就扩大了影响，使新产品顺利进入市场。

（5）年终恳谈会。企业年终都要进行总结，可利用这个机会，召开各种类型的恳谈会，如领导层恳谈会、职工代表恳谈会、技术人员恳谈会、家属代表恳谈会等。通过这些形式，推动信息流动，吸取合理化建议，解决企业中的某些问题，从而协调各方面的关系，使企业更好地发挥整体性的功能。

（6）送温暖活动。员工结婚、生日、病痛或遇到某些特殊困难，企业及时表示关心，让全体员工从生产、生活的各个侧面都感受到企业的温暖，使员工从不同的渠道汲取前进的力量。

总之，企业内部公共关系机遇很多，只要善于把握，精心设计，就能取得良好的效果。

2．把握企业外部机遇

社会上的各种传统节日、国内外的重大事件，某一时期人们议论的热点问题，某种方兴未艾的时尚等，都可以造成企业外部公共关系的某种机遇。如能借着这股东风，往往能起到意想不到的效果。例如，可口可乐公司借助重大体育活动提高企业和产品的知名度和美誉度，公司为2000年悉尼奥运会赞助10亿美元，成为奥运场馆唯一的指定可乐，场馆内外一时难见其他可乐踪影，大出风头，也进一步扩大了知名度。

3．把握最佳传播时机

能否把握时机，及时地传播对企业有利的正面信息，引导公众舆论的发展趋向，这与增强公众关系活动的效果密切相关。公共关系策划人员必须以敏锐的触觉，注意寻找和利用公众接受信息的最佳时机，有时还可有意识地创造这样的时机。事实上，机遇既不是上帝赐给的，也不是坐等来的，必须善于发现，及时抓住。

在公共关系策划中传为佳话的美国联合碳化钙公司的"鸽子事件"，是一次"飞来"的机遇。一群鸽子无意中飞进了新盖的公司大楼，公司人员不是把鸽子一赶了之，而是倍加爱护，并乘机进行企业形象策划和宣传，使公司一下子名声大振。策划人员抓住了这瞬间的机遇，并取得了巨大的成功。

机遇经常与危机同在。古人云：天有不测风云，人有旦夕祸福。公共关系中把这种出人意外的事件称为"突发事件"或"危机公关"。在危机面前，也有许多极好的机遇可以把握，这主要取决于策划者本身的素质和经验，取决于他对社会重大事件的判断和预测能力。1988年7月20日，某电冰箱总厂生产的某品牌电冰箱在某城市一用户家发生爆炸。对于这个突发危机事件，该厂进行了大量的公共关系工作，实事求是地将真相告诉广大用户，同时利用这次事件化危机为机遇，充分利用各种新闻媒介，借助记者的眼睛和手笔为企业作了大量义务宣传，这要比花大钱做广告更深入人心。一次冰箱爆炸事件换来了该厂的兴旺和发达，因为通过"爆炸"的考验证明：这一品牌冰箱质量是信得过的。

(五)企业公共关系人员的管理

现在，企业一般都有专职公关人员，很多企业都设立了公关部，公关在企业已很受重视。但是，为了搞好公关工作，还必须加强对公关人员的管理。

1. 要培养一批高素质的公关人员

公关工作是一项十分复杂的工作，光靠漂亮的脸蛋是不能胜任公关工作的，只懂得庸俗的金钱关系，也不能做个真正的公关人员。合格的公关人员要有广泛的知识基础、口才、敏捷的思路、灵活的处世方式，以及多方面的兴趣和一定的管理决策经验。因此，公关人员的选拔一定要慎重、严格，对在岗的公关人员也要经常进行培训。

2. 要结合企业营销状况下达任务

产品营销过程往往波澜起伏，有时顺利，有时困难，因此，要注意在不同时期、不同情况下下达不同任务。顺利时，主要下达带有长远战略的任务，如支持社会公益活动、维持消费者利益、抓服务态度等；困难时，主要下达突击性任务，如打通某个环节、做好某个人的思想工作、寻找和联络特殊关系。

3. 要经常对公关人员进行评估，并做到奖罚分明

公关工作相对宽松些，但绝不能放任自流，要经常对公关人员的行为进行监督、检查，并实事求是地对其工作成绩和得失进行评估，对业绩突出者给以奖励，对无所用心、毫无建树者给以批评，对个别违法乱纪或假公济私者给以惩罚。

4. 要支持公关人员的创造性设想和业务活动

公关人员由于站在特殊的角度、熟悉广泛的信息，往往能产生管理者意料不到的设想，并希望领导支持他们的某项公关活动。作为管理者应热情支持，只要是确实有助于企业和销售的，不管原来工作计划中有无此项内容，都应认真考虑和采纳。

三、营业推广

(一)营销推广的概念与特点

营业推广又称销售促进，是指人员推销、广告和公共关系以外的，为刺激顾客需求、鼓励购买行为而采取的各种促销活动。它包括代价券、奖券、竞赛等多种形式。它是一种特种推销产品和服务的方式。

营业推广与其他三种促销方式相比具有以下特点：①非正规性和非经常性。营业推广不同于广告、人员推销和公共关系等经常性的促销活动，它有各种各样的方式，但无法预先确定在什么时间、对什么样的顾客非得采用什么样

的方式销售。它只能用于解决一些短期的、额外的、具体的促销问题。②立竿见影。广告有时滞性，公关则更是间接的促销，带有长远性。与广告和公关不同的是，营业推广活动的开展往往是很快就能看到活动的效果的。③灵活多样性。营业推广可采用的方式非常之多，针对不同的促销对象可采取不同的方式。企业应发动营销人员，甚至是一般的职工提出有关营业推广的新构想，以新、奇来吸引顾客的积极参与。

（二）营业推广的形式

1. 消费者营业推广方式

（1）样品赠送和礼品赠送。为了打开销路，推销者把产品免费送交给用户试用，并通过他们把试用效果传播给其他用户，试用结束后，一般是把样品折价处理给客户或送给客户。另外，为了扩大影响，有时也可以把产品赠送给顾客，例如给运动员赠送运动鞋，给演员赠送衣服，给参加选美的小组赠送化妆品等。

（2）优惠券。是企业向老客户或所有顾客发放优待券，指定他们到一定地点减价购买本企业的产品或服务。现在，优惠券非常盛行，形式也多种多样，如对购买数量或金额累计达到一定值时发给优惠券，吸引顾客下次购买。有的商家甚至按购买额的百分比发放全免消费券。当然，有些时候，这仅仅是一种噱头。

（3）产品陈列以及现场表演。陈列，是通过商店橱窗、货架进行专柜陈列，让顾客全面了解自己的产品。现场表演有两类，一类是操作性表演，例如，对技术性产品的实际操作表演，目的是让顾客掌握产品的性能，增加对产品的安全感、信任感和学会使用；另一类是渲染式表演，例如，服装模特表演，目的不仅是介绍产品，更是渲染气氛，把美感传播给消费者，诱发消费者购买欲望。

（4）竞赛活动。为塑造企业形象、扩大产品知名度，让顾客更进一步了解或记住产品的特征、企业的名字，很多商家或企业会在销售现场开展各种各样的竞赛，例如有奖竞猜、知识竞赛等，当然竞赛的内容以与企业和产品有关的内容为主。

（5）特价包装。又称减价交易，以产品正规价格为基础给消费者提供优待。生产厂家直接将优惠价格写在标签或包装上。特价包装可以是单一的包装降价出售（如两件只卖一件的价格），或两件相关的产品挂在一起（如牙刷或牙膏）。在短期促销方面，特价包装甚至比优惠券更为有效。

（6）现金退款。即在顾客购买产品后一定期间，退还部分货款给顾客。采用这件方式，已被顾客作为"已发生费用"的货款，一段时间后，又"意外地"返回，另增了一笔收入，真是令人开心的事。但是，如果小商店小企业采用时，可信度有限，顾客将信将疑。因此，信誉度不高的企业宜慎用此法。

（7）广告特赠品。即将印有广告主名字的有用物品作为礼物送给消费者。典型的项目包括笔、日历、钥匙链、火柴、购物袋、T恤衫、帽子以及咖啡杯。这些特赠品相当有效。很多顾客经常带着或穿着，简直就是一件流动的广告作品。

2. 中间商营业推广方式

企业有更多的营业推广的费用是针对零售商和批发商，而不是消费者。对中间商促销能说服他们销售某一品牌，给予货架空间，在广告中促销，然后"推"给消费者。中间商营业推广的主要方式有：

（1）订货会。吸引中间商参加订货会可使购销双方互通信息、汇集信息，有利于调查和完善企业的经营战略方针、生产经营结构和促销组合等。方法有期货交易、现货交易、样品订购交易等。

（2）展销。是利用定期或不定期的展销会展示自己的产品，在展销会期间积极寻求客户，或现实交易或签订合同交易。

（3）津贴。即企业为了鼓励中间商经营本企业产品，采用现金奖励形式给予补贴。其中分为：商品推广津贴，即在中间商第一批订货或大量订货时，给予购买补贴；广告津贴，即中间商为企业的产品刊登广告时，企业支付的广告补贴；陈列津贴，即中间商为企业某个商品举办特别陈列时，企业给予的津贴。

（4）销售竞赛。采用现金奖售、旅游、物品奖售以及精神奖励等方面，鼓励中间商推销本企业产品。

（5）列名促销。由企业在广告上列出中间商的名称和地址，告知消费者前去购买，提高中间商的知名度，以吸引中间商。

此外，许多用于消费者促销的工具——比赛、奖品、陈列等也可用于中间商促销。

3. 对企业开展的营业推广的方式

企业对企业的销售额一般金额都很大，而企业作为顾客，它与消费者和中间商具有不同的消费特点和购买心理，购买行为。因此，研究对企业开展营业推广的方式是必要的。

对企业的营业推广方式主要有两种：一是产业会议和商业展览，二是销售竞赛。

（三）营业推广策略

1. 保证盈利策略

在营业推广中不论是减价或赠送都是为了获取一定利润，改变的只是盈利的方法。畅销品降价是为了薄利多销；滞销品减价则赚头蚀尾；赠送样品是以赠送代广告；先尝是为了后买；优惠是为了吸引再次光顾，增加销售量等。

2. 最佳规模策略

营业推广规模大，轰动效应就大，一般能产生更好的推广效果。但是，一旦规模太大，超过某个临界值，则营业推广费用会迅速增加，组织协调工作也很不好开展，因此企业或商家在开展营业推广活动时，要根据自己的能力开展，不能盲目地追求规模，追求轰动效应。

3. 最佳时段策略

开展营业推广必须寻找最佳时段，例如在节日期间开展，在会议期间开展，在企业周年庆典时期开展。营业推广工作一般都具有时段性，不可能持续不间断地开展；如果那样，反而会减少新奇性，不能吸引顾客积极参与。

4. 最佳途径策略

营业推广所采用的途径不同、费用不同、达到的目的也不相同，效果也不一样。临街散发造成的影响非常大，但是需要实力配合；在展览会上分发，很具针对性，但是影响范围有限；销售时赠送能吸引顾客再购买，但只局限于现有顾客，影响力有限。因此，企业务必结合营业推广的预设目标，营业推广费用预算和企业实力来确定最佳的营业推广途径。

(四)拟定营业推广方案

企业或商家要拟定周全的营业推广方案必须做出几种决策。

1. 决定激励的规模

促销要取得成功，某种最低程度的激励是需要的；较高的激励将产生更多的销售额。

2. 制定参加的条件

激励的对象可以遍及所有人或只限于某些特定的群体。

3. 决定如何促销和传送促销活动本身

每种促销方法的接触程度和成本各不相同，因而越来越多的营销者将几种媒体组合成一种总的宣传概念。

4. 决定促销时间的长短

如果开展营业推广的时间过短，许多潜在的顾客可能会因为暂时不需要或没有时间等原因而错过机会。如果营业推广时间过长，顾客又会认为是长期性的削价推销，提不起购买兴趣。

5. 决定营业推广的预算

最通常的方法是在营业推广的总预算中维持一定的百分比。

6. 进行评估

很多企业在开展营业推广以后，没有进行评估，或者只是随便作个总结了事。这样不利于总结经验，以备再战。评估的方法与广告、公关等效果评估方法大致类似，最常用的方法是比较营业推广活动前后销售额的变化。

☞　案例背景资料

宝洁公司 cheer 品牌的促销策略

22 岁的 seth 大学毕业后来到宝洁公司（p&g）的包装肥皂和洗涤剂部门的 cheer 品牌组上班。他了解到 cheer 牌的洗涤剂是专门为开顶式洗衣机设计的一种白色并有蓝色和绿色微粒的洗涤产品。

Seth 在制定新促销方案的时候，一个蓝绿色交织有红斑纹长腿的小玩意儿引起他的注意，那是一种小孩玩的、无毒安全的橡胶玩具，促销部随后的测试表明：玩具很受欢迎。seth 给它命名为 cheery 怪物，并考虑各种促销手段。

根据采购部门的估计，玩具的成本大约每个 6 美分，包括制造成本和运费。seth 的设想是每个大包装的 cheer 放 3 个 cheery 怪物来促销。那么，1 盒就要增加 18 美分的成本。seth 分析了所有能想到的促销方式：

邮寄促销：让顾客把洗涤剂包装盒上的标签寄到公司换取礼品。这样的方式对生产毫无影响，但无疑会减少礼品的吸引力。预计增加销量：200 000 盒；成本：每 3 个礼品的包装邮寄处理费用是 75 美分。

放在包装内：礼品放在包装内，那么包装外面必须有醒目提示。包装过程不受影响，但是包装盒制造要修改，且顾客不能直接看到可爱的小怪物。预计增加销量：500 000 盒；成本增加：改变包装的额外花费不会高于 1.30 美元。

捆在产品包装的外面：用真空包装膜将礼品和 cheer 洗涤剂捆在一起，这要看工厂有没有专门的设备了。但是爱占便宜的客户会将礼品扯下偷走，而不买产品。不过放在外面的直观性要强多了。预计增加销量：至少 750 000 盒；成本增加：将礼品捆绑在产品外——1.75 美元，由包装体积增大后成本——45美分。

随产品派送：在购买点即时派送。预计增加销量：600 000 盒；成本增加：每 300 个 cheery 怪物运费是 25 美元。全国有超过 8 000 家零售商。

互联网上促销：seth 没能想出很好的策略利用互联网来促销，但是他觉得这也许是条路子。

在向上司 tom 做出详尽汇报之前，seth 必须做出选择和决定。

（资料来源：http：//www.cnmanage.com 2004 年 9 月 20 日 中国管理联盟摘自世界经理人 作者：陈雨青 有改动）

[案例思考题]

1. 请你帮助 seth 作出最终的促销决定，并说明理由.
2. 你认为 seth 所提出的促销方式可以归纳为哪几大促销策略? 依据是什么?
3. 请你帮 seth 设计一套更为有效的促销策略.

本章小结

1. 促销的过程实质上是沟通的过程和传播的进程。促销目标、制定促销组合计划和预算是传播规划的三个组成部分。

2. 促销组合是人员推销、广告、公共关系和营业推广等要素的选择和运用。促销组合策略包括推式策略、拉式策略和混合策略。最佳促销组合要依据商品性质、产品所处寿命周期的阶段和目标市场特点等因素选择。

3. 人员推销是一种古老的促销方式，与非人员促销方式相比，它具有直接性的特点，这个特点决定了它在现代社会中是一种最重要的促销手段。人员推销决策包括制定人员推销目标和任务，选择人员推销方式和工作程序，推销队伍的建设和管理，考核等内容。

4. 广告是现代社会中一种应用最普遍的促销方式。它具有传播广、传播速度快、表现力强的优点，广告决策包括确定广告目标、制定广告预算、设计广告信息、选择广告媒体、评估广告效果等内容.

5. 公共关系是一种隐性的特殊促销方式，它具有可信度高、传达力强、戏剧性和成本低廉的特点，是一种以长远目标为主的促销方式。公共关系决策包括确定公关目标、选择公关内容和方法、实施公关计划、评估公关效果等内容。

6. 营业推广是一种带有激励作用的短期特别促销方式。它具有见效迅速和灵活性两个鲜明的特点，营业推广决策包括制定营业推广目标、选择推广工具、制定推广方案、预试方案、实施和控制方案及结果评价等内容。

思考题

1. 什么是促销组合?
2. 人员推销的优缺点有哪些?
3. 广告媒体主要有哪几种形式?
4. 简述公共关系活动的主要形式。
5. 简述营业推广的主要方式。

第四篇　管理篇

第十四章　市场营销管理

　　企业市场营销活动过程涉及各个方面、各个环节，为了保证整个营销系统的有序运行，实现企业营销目标，如何加强市场营销管理，便成为企业营销的一个核心问题。本章将介绍如何建立市场营销组织，怎样制定市场营销计划，以及如何加强营销控制等基本内容。

第一节　市场营销组织

一、市场营销组织的含义

　　营销组织是企业营销决策的执行机构。它是指企业根据其营销战略需要，为研究市场环境、履行营销职能、贯彻营销策略、实施营销计划、提高营销工作效率而建立起来的岗位结构。建立结构合理、反应灵活、信息畅通的营销组织，是企业对营销工作实施科学管理的组织保证。通过营销系统的管理，企业可以动员全体员工为共同的经营目标进行有组织、有计划、有秩序的努力。科学、合理的营销组织，也是企业提高营销工作效率、降低营销费用的必要前提。

二、市场营销组织的发展过程

　　营销组织是随着社会经济的发展和营销观念的发展变化而发展变化的，它从单纯的销售部门发展到以市场营销为中心的组织结构，大体上经历了四个阶段：

　　第一阶段：单纯的销售部门。这种组织非常简单，一般由一位经理分工主管，领导若干销售人员，其职能就是销售，企业生产什么就销售什么。

　　第二阶段：兼管营销职能的销售部门。在这个阶段，营销组织的功能扩大了，比第一阶段增加了两方面的职能：一是市场调研、营业推广和广告宣传等职能；二是人员培训、销售分析及售前售后服务活动。尽管如此，销售部门在企业中的地位仍很低。

　　第三阶段：市场营销部门和销售部门并立。随着市场营销业务活动的不断增加，许多企业先后将市场营销发展成一个独立的部门，配备主管营销活动的经理。市场调研、广告宣传与营业推广、顾客服务、包装设计等业务，均由市场营销经理分工负责。这时，企业仍有一个销售部门。这种组织结构的优点是加强了营销活动及其管理，但缺点也很突出，即两个并立的部门经常发生冲突，销售活动与其他营销活动往往脱节。

第四阶段：以市场营销为中心。由于第三阶段有冲突，所以销售部门与营销部门又合并，成立以市场营销为中心的市场营销部，由市场营销副总经理负责，下设销售、市场调研、新产品开发、广告宣传等分部。这时，营销组织在企业的地位大大提高，并受到高度重视。在这一阶段有的大型企业还成立了专业的营销公司。

三、现代营销组织的特征

传统的营销组织在企业中仅属于从属地位，并未独立分离出来，有的仅仅作为其他业务部门的一小部分。现代企业制度下的营销组织，并不仅仅作为完成产品销售任务，实现商品实体的价值转移和物质转移而组建的相对独立的职能部门，而是一个企业与外界环境相互联系的开放性系统。处于企业内部系统和外部系统的结合部，它不断地与外界环境进行市场的信息交换，因而是一个不断适应外界变化的动态系统。现代营销组织的特征表现在：

（一）具有灵活性

一个良好的营销组织，必须具有一定的机动灵活性，能适应内外经营环境的变化而不断调整自身的运行状态。由于市场是多变的，影响企业经营的因素又是多样的，企业营销组织就必须根据市场需求的变动态势，把握经营环境各要素变动的脉搏，并对这种变动会给企业带来多大影响作出准确判断，从而适度地调整自身系统的运行规则，使之符合环境的要求。例如，新产品上市对企业业务造成的影响；新的竞争者出现对市场供应造成的波动；新科技应用对生产或经营成本所带来的变化；政府新的改革政策或产业政策所产生的效应；市场监督部门的行动对企业形成的压力等，都会给企业营销目标和营销策略选择带来巨大的影响。

（二）具有开放性

由于企业的营销任务的完成并不单纯取决于推销人员的业务素质，还要决定于企业对预测未来的信息视野宽度和为准备营销方案而收集数据的活动视野广度。信息视野越宽和活动视野越广，营销组织的环境适应性就越强，反之就越差。因此，企业的营销组织必须是一个开放性的系统，能及时吸收环境信息和扩散企业信息，并经常处于动态交换状态，不断地与外界进行物质、信息的交换，使企业营销系统不断地调整、完善和发展。

（三）具有系统性

现代社会中的营销活动是一种全方位的活动，它不仅是推销人员与顾客达成产品成交的简单行为，在这种成交行为背后，还须做大量的售前售后工作。例如产品面市前的市场需求调查、产品开发研究、品牌设计、企业和产品形象宣传、经营成本测算、价格策略选择、产品广告设计与传播、促销方案研究、售后服务网点的建立等。这些工作，涉及企业的各个部门，如生产部门、科研部门、财务部门、人事部门、广告部门、仓储部门、维修部门等。任何一笔买卖的完成，都必须取得这些部门的支持和配合，如果有一个部门从中作梗，销售工作就无法完成。而营销组织的任务完成情况，又直接影响和制约着企业内其他部门的工作绩效。因此，营销实际上是一种动态过程，是一个联系着整个企业经营活动神经的循环系统。同时，营销工作的完成又是营销人员与顾客、企业与外界环境相互作用的结果。营销组织的一切活动都是建立在对顾客的市场信息的了解的基础上的，从这个意义上讲，现代推销组织又是企业与外部交流的信息系统。

四、营销组织的功能与任务

（一）营销组织的功能

合理而有效的营销组织，对于搞好营销管理，实现企业营销战略目标，调动营销人员的积极性，扩大市场占有率，提高销售效率，都具有十分重要的意义。营销组织的功能主要有以下三个方面：

1. 完成营销战略目标功能

每个企业都有自己明确的营销战略目标，完成这一目标的直接承担者便是处在一线业务的营销组织。通常情况下，营销组织的建立，其依据首先就是企业的营销战略目标，根据战略目标确定营销组织的机构和规模。因此，营销组织的一切活动都应以营销战略目标为中心，营销组织的机构是否健全，层次结构是否合理，职权的划分是否恰当，都应该以符合企业营销战略目标为依据。营销组织完成营销战略目标的功能，又是衡量营销组织效应的尺度。一个高效能的营销组织，能够以最快的速度，最少的消耗实现营销战略目标。

2. 传递营销信息功能

由于营销组织本身就是企业为了实现其营销战略目标而建立起来的内外信息交流系统，它的组织成员代表着企业直接与市场和顾客发生联系，因而具有收集和传播信息的功能。企业通过营销组织把企业的产品、劳务、观念、行为方式等经营信息传递给市场和顾客，又通过营销人员收集市场信息，反馈顾客意见，在这基础上调查和完善营销战略，了解和分析企业的经营效果。

3. 导向企业行为功能

营销组织是处于企业与市场之间的交界点，因此，企业适应环境的程度，完全取决于营销组织对环境反应的灵敏度。营销组织通过营销人员和客户，准确及时地了解市场，把握消费需求和竞争者的动态，并通过综合归纳和分析判断，提出正确的营销方案和营销策略，在此基础上，形成企业整体营销战略。作为指导企业各部门行为的准则，企业的各个部门、各个环节和各个系统必须协调一致，为完成共同的营销战略目标而共同努力。如果有任何一方协调不好，都会影响到企业营销战略目标的实现。同样，如果营销组织所反馈的市场信息不真实或者滞后，又会误导或延缓企业的营销决策，使企业遭受损失，严重时甚至还危及企业的生存与发展。

(二)营销组织的任务

营销组织所具备的功能，决定了营销组织在企业经营管理活动中占据着十分重要的地位，也决定了它本身所应承担的任务：

1. 营销调研

营销调研是与在市场营销观念指导下的现代推销观念相联系的一个新概念，它与市场调查不同。市场调查是与传统推销观念相适应的概念，其职能范围仅局限于流通领域，它只是对某一特定市场的研究。例如，特定市场上有多少潜在顾客，他们的分布、购买情况怎样，某产品的市场最大容量是多少，本企业可能达到的市场占有率等。营销调研的范围比这个广泛得多，它研究的是把产品从生产者转移到消费者手中的全部过程，即系统地搜集、记录与分析所有与企业市场营销问题有关的资料。具体内容包括：经济形势、竞争形势、政策与法律、产品、广告、价格、消费者或用户、推销人员、推销渠道等方面的调研。

2. 市场预测

企业要对自身的经营业务作出长远规划，必须在营销调研的基础上，通过对现有的和过去的销售资料的比较分析，估计企业某种商品在未来一定时期内可能的销售量及其变化趋势，才能作出准确的营销决策。市场预测的内容有：①市场需求。即在一定的市场环境下，企业使用一定的营销费用，某一顾客群在某一时期内可能购买某一产品的总数量。②市场潜量。即市场需求的最高限量。在一定的市场环境下，市场需求会随推销费用的增加而增加，这时的市场需求便是市场潜量。③销售潜量。是指一个企业在营销费用不断增加的情况下可能获得的最高销售量，即企业的市场占有量。一般来说，任何企业的销售潜量都不会达到市场潜量(即100%的市场占有率)，因为市场上其他竞争者也拥有一定数量的顾客。

3. 制定营销战略和营销计划

对企业营销活动进行全面的有效的规划和控制，是营销管理的中心内容，因而制定营销战略和营销计划是营销组织的主要工作任务。由于各个企业的产品和组织机构不尽相同，推销计划的内容也有区别，因此，任何企业的营销计划都应反映以下三个问题，即：公司现在处在什么地位？公司要走向何处？公司如何达到目的？围绕解决这三个问题，营销计划的基本内容就应包括分析现状、确定营销目标和制定战略策略三个方面。企业营销组织在制定中、短期计划（一般以季度或月、日）的基础上，还要从较长时期（一年以上）的角度去制定战略营销规划，即企业的长期营销计划。战略营销规划虽然在编制程度和主要内容方面与年度计划相差不大，但战略营销规划需要考虑更多的因素。

4. 策划广告宣传

随着信息传播技术的进步，广告已成为一种普遍的社会经济现象。除了复杂的工业产品和特种专用产品外，绝大多数商品或劳务销售都或多或少地借助广告进行推销。可以说，随着市场的扩大和消费频率的加快，广告推销正在逐步替代人员推销而居于主导地位。因此，广告宣传的策划和管理就成为营销组织的重要工作任务。其主要内容有，确定广告策略，制定广告活动方案，进行广告预算并做好广告资金的管理，做好广告具体工作项目的准备等。

5. 组织人员开展推销业务

人员推销业务是营销组织经常性的主要的任务，它包括访问客户、签订销货合同、送货、回收贷款、处理顾客投诉、售后服务等。

6. 营销效益评估

营销效益评估是企业监督、检查、控制营销活动的有效手段。通过效益评估，了解各种营销策略的运用是否得当、费用开支是否合理、人员与任务定位是否科学，做到检查过去，评价当前，估计未来。营销效益评估的内容主要包括营销预算分析、营销成本分析、营销效益分析。

五、营销组织的组建

（一）建立营销组织的原则

（1）精简原则。即在满足企业营销任务需要的前提下，优化企业营销队伍，把人员减少到最少限度，使营销组织规模与企业营销任务的大小相适应。

（2）系统性与整体优化原则。即要使营销组织成为一个系统，一方面与企业其他机构如生产、财务、人事等部门保持协调；另一方面是营销组织内部各部门能相互配合。

（3）权责对等原则。也就是职权与职责对应的原则。职权是履行职责的条件和保障，职责是享受职权所付出的代价，是承担某种职务的义务，二者必须相对应。

（4）效率与效益原则。效率要高、效益要好，这是对营销组织的最根本的要求。

（5）管理幅度与管理层次相适应的原则。管理幅度是指一个上级领导者能够直接地、有效地领导的下级人数。管理幅度的大小受到各级管理人员的知识、能力、经验和精力，管理活动相似性和复杂性，管理销售业务量的大小及组织机构在空间上的分散程度等条件的制约。一般管理幅度大的，管理层次可以少。在设置企业营销组织机构时应从实际出发正确地处理好管理幅度与管理层次之间的关系，使两者相适应，防止两者之间不协调。

（二）营销组织的组建方法

营销组织的组建一般有三种基本方法，即职能组织法、产品组织法和顾客组织法。其他的组建方法，都是在这三种方法的基础上加以改进的。

1. 职能组织法

它是按需要完成的工作或职能来建立营销组织机构的方法。职能组织法是营销部门最常见的组织形式。在最高营销主管之下，分成营销调研与计划、新产品研制开发、市场研究、广告、产品推销、顾客服务等职能组织部门，如图14－1所示。

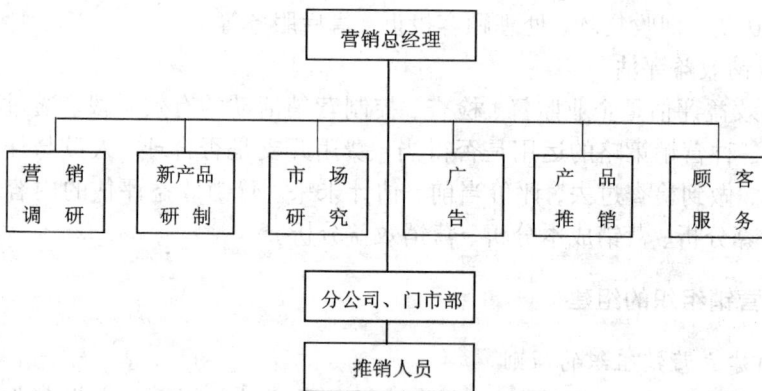

图14－1 按职能设置的营销组织结构

职能组织法的优点是可以解决主管领导对专业指挥的困难，有利于职能部门对各种专业业务的管理，决策的科学性较强。缺点是各职能部门都分头研究决策，对推销一线人员都拥有指挥权，而导致下属要接受多头领导，使指挥不能向纵深发展。特别当企业经营的产品种类比较复杂或市场业务量较大时，这种职能组织的管理形式就难以适应了。

2. 产品组织法

它是指按产品或品牌的分类来设置营销组织的一种方法。按这种方法配备的营销业务负责人，一般称为产品经理或品牌经理，如图14－2所示。

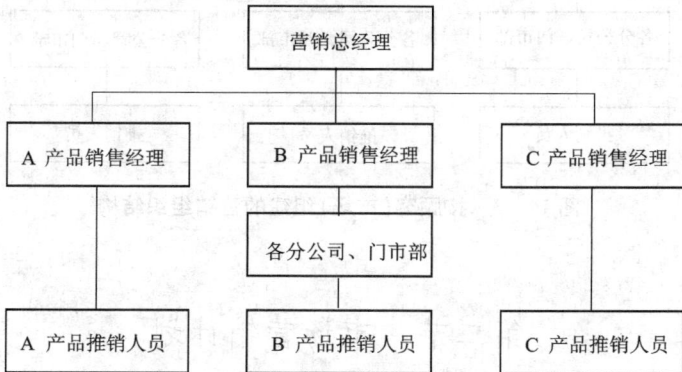

图14－2　按产品设置的营销组织结构

按产品组建营销机构的优点是能集中力量管好具体产品，尤其是占销售额比例大的骨干产品，便于熟悉业务和开展专题促销研究。当市场上出现问题时，产品经理能迅速作出反应，保证各种广告和促销活动的针对性和实效性。缺点是当企业产品品种繁多时，所需的人员多，因而费用高，分管人员只致力于所辖品种的经营，对整个市场缺乏总体了解；多头管理难以协调，影响企业整体形象的传播。

3. 顾客组织法

顾客组织法又称市场管理法，是指按市场细分类别来设置营销组织内部的机构和层次，由专人负责管理不同市场的推销业务，如图14－3所示。

这种方法的最大优点是以市场为基础，根据顾客的需求进行有针对性的推销，对市场和顾客的情况了解得比较全面。综合费用低，推销成交率较高。缺点是当企业有多种品种投放市场时，管理难度较大，容易造成混乱，售后服务难以开展。因此，顾客组织法最适宜于那些仅有一种或少数几种产品线的企业采用。

以上介绍的是建立营销组织的三种基本方法。在实践中，企业很少只使用一种组织方法，大多数企业特别是大型企业都综合采用三种方法。

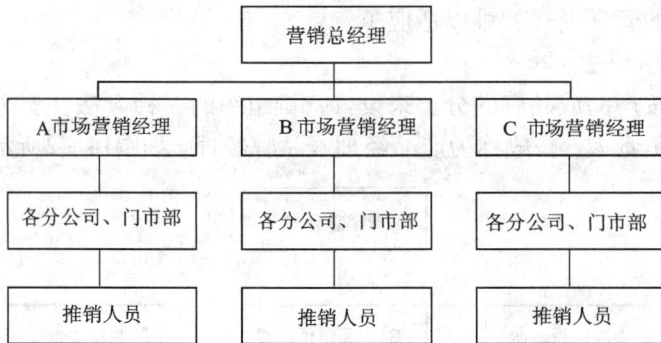

图 14 – 3 按顾客(市场)组建的营销组织结构

第二节 市场营销计划

一、市场营销计划的内容

市场营销计划是企业开展营销活动的行动纲领。正确制定营销计划，对企业营销战略目标的实现，企业营销活动的合理安排，以及市场需求的满足，企业经济效益的提高都有着十分重要的意义。

不同企业由于其营销战略不同，会有不同的营销计划，其具体内容也有很大差异。但是，大多数的市场营销计划包含以下八方面的内容，如图 14 – 4 所示。

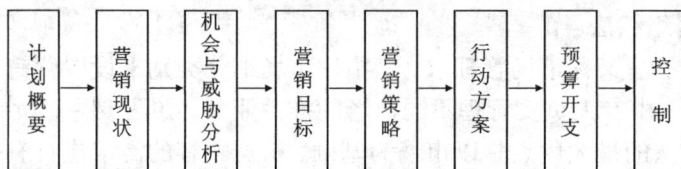

图 14 – 4 营销计划内容

(一)计划概要

一般来说，营销计划要形成正式的文字，即各种具体的营销计划书，在计划书的开头便要对该计划的主要营销目标和措施作简要的概括。如某企业的年度营销计划概要可能是这样表述的：本年度某产品系列的销售额和利润额要比去年有较大幅度的增长，前者要达到 8 000 万元，比上年增长 20%；后者要达到 700 万元，比上年增长 15%。计划概要的目的在于让高层主管迅速了解计划的核心内容。

（二）分析营销现状

这个部分主要是提供与市场、竞争对手、产品、分销及宏观环境因素有关的背景材料。如市场情况，应说明潜在的市场规模，顾客需求的特点与变化发展趋势；产品情况，应说明近年来各主要产品品种的销量、价格、获利水平等；竞争形势，应说明谁是主要的竞争对手，每个竞争对手在产品品质、特色、定价、促销、分销等方面都采取了哪些策略，他们各自的市场占有率及变化趋势；分销情况，应说明各主要经销商近年在销售额、经营能力和地位方面的变化。

（三）机会与威胁分析

机会是指营销环境对企业有利的因素；威胁是指环境中对企业营销不利的因素。找出这些因素，并分出轻重缓急，以便使其中较重要的能受到特别关注。

评估环境机会可以从两方面进行，一是看其吸引力，即潜在的获利能力；二是看成功的可能性。图 14-5（A）给出了一个评价环境机会的简单工具。对环境威胁也可以从两个方面进行评估：一是可能带来损失的大小；二是发生的概率。具体做法如图 14-5（B）所示。显然，图 14-5（A）中机会①的位置最好；图 14-5（B）中，威胁②和③各有千秋，一个损失小，但发生的概率高，一个损失大，但发生的概率低。

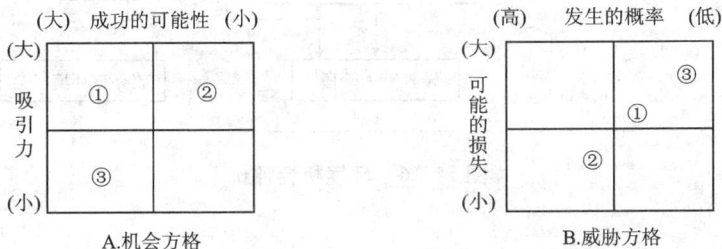

图 14-5　环境机会与威胁评估方格

环境机会能否就是企业机会，要看它是否符合企业目标和资源。可运用图 14-6 的方法来评估环境机会是否等于企业机会。

除了机会和威胁分析外，计划中还有必要对本企业的优势与劣势作出分析。与环境机会和威胁相反，优势和劣势是内在因素，反映企业在竞争中与对手相比的长处和短处。优势指企业可以利用的并比竞争对手具有特色和差异的优势因子，如高质量的产品；劣势指企业应加以改进的部分，如公关宣传不得力，服务设施须进一步完善等。

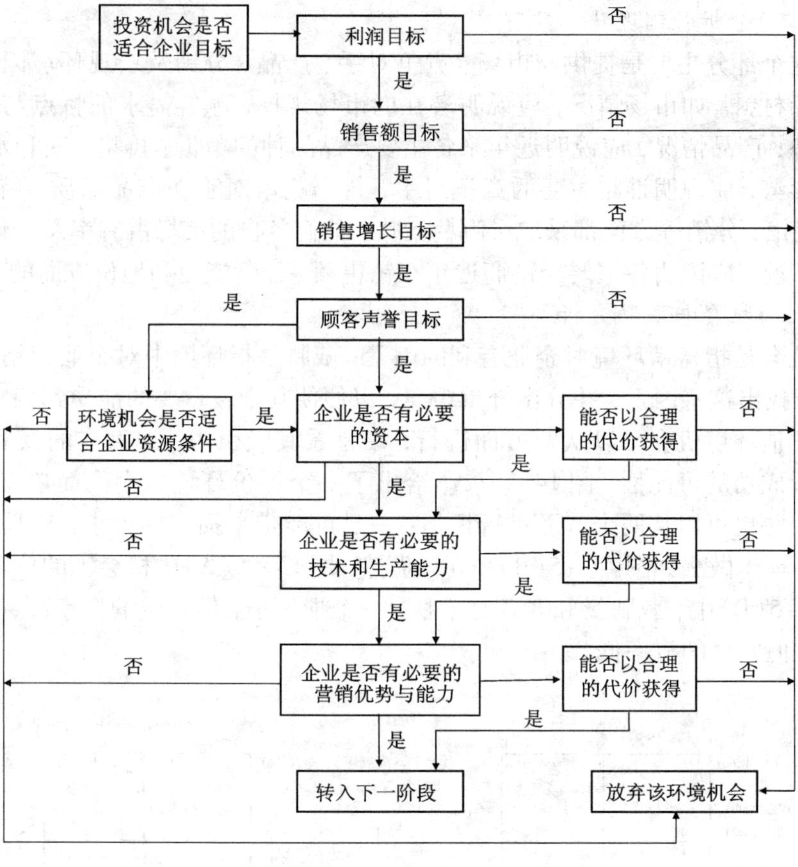

图 14-6 环境机会评价

（四）拟定营销目标

营销目标是营销计划的核心部分，是指企业在营销活动中预期完成的营销任务和预期取得的营销成果。营销目标的确定为企业营销活动指明了方向，规定了任务，确定了标准，从而增加了营销工作的目的性。在确定营销目标的过程中，必须遵循以下原则：

（1）营销目标要形成一个有机的目标体系。在总目标之下应建立相应的中层目标，并将其分解转化成具体目标。同时应注意各项具体目标之间的协调与平衡，使之相互配合。

（2）确定营销目标应具有先进性和可行性。没有先进性则缺乏一定的难度，也没有鼓励作用；若缺乏可行性，则目标也无法实现。

（3）营销目标应重点突出。所涉及的应是关系到营销成败的重要问题。

（4）营销目标应有一定的弹性。任何营销目标都应考虑各种可能出现的情况变化，要有一定的伸缩性。

（五）营销策略

每一个营销目标都可以通过多种途径去实现，但具体的营销策略要在计划书中加以陈述。包括目标市场策略，产品定位，新产品开发和市场营销组合策略等。

（六）行动方案

有了营销策略，还要转化为具体的行动方案，如怎么具体着手做？何时开始，何时完成？由谁做？将花费多少？这些都要按时间顺序列成一个详细且可供实施的行动方案。

（七）预算开支

即在企业财力允许的前提下，确定各项营销活动的费用开支，努力做到在资金有限的前提下，取得较好的经济效益和社会效益。

（八）控制

即明确规定对计划执行过程进行控制。包括将计划规定的目标和预算按季度、月份或更小的时间单位进行分解，以便于管理部门能对计划执行情况随时监督检查。有些计划的控制部分还包括发生意外时的应急计划。

二、市场营销计划类型及指标体系

（一）产品营销计划及指标体系

产品营销计划和指标体系是企业市场营销计划和指标体系的核心部分。主要包括：

（1）产品销售计划。这是以产品销售为主要内容的营销计划。包括主产品、副产品，多种经营产品，可重复使用的包装物品，通过对其性质、特点的分析和市场需求的把握，制定出相应的营销策略。

（2）新产品上市计划。新产品试制成功投入市场试销或上市，应编制上市计划方案，使新产品能够迅速打入市场。

（3）老产品更新换代计划方案。

（4）产品结构调整及产品最佳组合计划方案。

（5）产品市场寿命周期分析及其不同阶段的策略计划方案。

（6）出口产品销售计划方案。

产品销售计划中涉及的有关指标一般包括：产品销售收入、产品销售税利率、产品市场销售增长率、产品适销率、产品知名率、产品再购率、产品市场占有率等。

（二）市场信息、调查、预测计划及其指标

（1）有关市场信息方面的计划方案。包括市场信息收集、整理、存贮、传输计划；企业市场营销信息系统建立计划；市场信息网络及与外部信息联网的计划等。

（2）有关市场调研方面的计划方案。包括用户调研、产品调研、竞争对手调研、流通渠道调研、技术服务调研及未来市场领域分析研究等方面的计划内容。

（3）有关市场预测方面的计划方案。包括市场预测计划、市场环境监控系统计划等。

（三）市场开拓及事业发展计划方案及其指标

（1）市场开拓计划。包括国内区域市场开拓计划、港澳市场开拓计划、国际市场开拓计划、边贸扩展计划、进出口计划等。

（2）事业发展计划。包括按领域划分的进入不同领域市场开拓计划以及按市场类型划分的各层次计划。市场开拓方面的主要指标有：目标市场开拓、建立和巩固的数量指标、市场覆盖率、市场占有率、企业知名率或产品目标市场知名率、履约率、创汇率、出口产品的产销量或金额占总产量或总产值或销售总收入比值、出口产品增长率等。

（四）促销计划及其指标

按促销方式涉及的内容，建立有关的计划。一般包括以下几个方面：

（1）人员推销计划。包括推销人员选拔、培训计划，推销人员考核、奖惩计划等。

（2）广告宣传计划。包括宣传计划、广告计划、广告预算、产品样本、目录等的设计、制作、分发、反馈计划，不同广告媒体选择及建立计划等。

（3）营业推广方面的计划。营业推广总体设计计划及其单项计划，包括促成交易的营业推广计划、直接对顾客的营业推广计划等。

（4）公共关系方面的计划。包括公共关系目标、对象、活动方式及发展方面的计划等。

（五）分销渠道计划方案及其指标

分销渠道计划方案包括以下几个方面的内容：

（1）销售网络建立与发展计划。

（2）有关流通渠道完善计划。包括与仓储、运输、银行、保险、海关、广告、邮电、旅游等部门建立广泛的横向经济联系的计划等。

（3）建立或参加企业集团、企业群体、科技生产联合体以及发展横向经济联合的计划等。

涉及分销渠道的指标包括：与促销相关的指标，以及中间商组织的个数、效益指标等。

（六）营销费用预算计划

（1）市场营销信息管理系统费用预算。包括市场信息收集及管理经费、市场调查及情报费用，市场预测有关费用等的预算。

（2）宣传广告费用预算。包括广告费、宣传费、产品目录及样本费用的预算。

（3）推销费用预算。包括推销人员工资、奖励、差旅费等有关费用的预算。

（4）营业推广费预算。包括展览、展销、有奖销售等经费预算。

（5）公共关系费用预算。

（6）分销网络建设费用预算。

（7）销售业务管理费用预算。包括企业营销机构有关的管理费用、产品包装装潢费用、运输费用等的预算。

（七）综合营销计划方案

营销计划是一个完整的计划体系，必须把上述计划全部组织在计划体系之中，进行综合平衡、全面安排，使之统筹兼顾、相互协调。同时，还要体现市场营销计划体系的目的性、全面性、完整性及系统性，把营销观念、营销方针、目标、战略、市场营销因素及组合以及提高企业市场营销能力等方面的措施列入计划，组成综合营销计划。

三、市场营销计划的编制

（一）编制营销计划的准备工作

为了编制好企业的营销计划，使计划指标先进合理，各项营销活动切实可行，企业必须做好以下几个方面的准备工作：

1. 建立科学的营销信息系统

只有掌握全面的、及时的、准确的信息，才能进行正确决策，制定出切实可行的营销计划。

2. 开展营销研究工作

研究的内容主要有以下几个方面：

（1）政策研究。主要研究国家经济、技术政策的变动情况，如价格政策、产业政策、外贸政策、经济体制改革中的各项政策、有关科学技术发展方面的政策、国家对集团购买力的控制政策，固定资产投产方面的政策变化等。

（2）市场研究。主要研究消费结构及其变化趋势，购买力的变化情况，消费者的购买动机及其变化趋势等。通过市场研究，在进行市场分析的基础上，力求掌握需求变化的趋势。

（3）竞争对手研究。主要研究竞争者的生产技术、产品质量、价格、营销策略、服务方式等。

（4）用户研究。主要研究老用户和重点用户的需求变化，新用户的需求情况，潜在用户的发掘可能性等。

3. 制定好各种先进合理的定额。

（二）市场营销计划编制程序

无论是长期计划，还是短期计划，无论是专项营销计划还是综合营销计划，它们的编制过程都有一定的规律性。

（1）分析市场现状，包括市场环境分析、产品情况分析等。

（2）确定营销目标及营销策略。

（3）编制正式营销计划。

四、市场营销计划的执行

（一）分解落实营销计划指标

就是把企业的营销计划指标，分成若干具体指标，分别落实到有关部门和个人，明确在实现企业营销计划过程中自己应尽的责任和努力的目标，从而有利于计划的执行。

（二）授予下级应有的权限

根据有关部门和个人承担的责任大小，由上级授予相应的权限，使其能更好地实现其应尽的责任。

（三）实行严格的考核制度

为了衡量有关部门和个人是否履行了自己的责任，必须进行严格的考核。所谓考核就是用实绩与责任进行比较，测量其完成任务的程度。考核必须全面、客观，并尽量用数据衡量。

（四）坚持物质利益原则

正确运用利益原则，可以推动企业营销计划的实现。在严格执行考核的基础上，对成绩优良者给予物质奖励，相反，对完不成任务，甚至带来经济损失的部门和个人，应予以经济处罚。

第三节　市场营销控制

一、营销控制的基本程序

控制是一个管理过程，是确保企业按照管理意图或预期目标运行的过程。市场营销控制，就是市场营销管理者跟踪企业营销活动过程的每一环节，确保其按期望目标运行而实施的一种工作程序或工作制度，以及为使实际结果与预期目标一致，而采取必要的措施加以调节的过程。

为了达到预期目标，企业市场营销控制大体需经过以下步骤，如图 14 - 7 所示。

第一步，确定应对哪些市场营销活动进行控制。诚然，控制的内容多、范围广可获得较多信息，但任何控制活动本身都会引起费用支出，因此，在确定控制内容、范围、额度时，管理者应当注意使控制成本小于控制活动所能带来的效益或可避免的损失。最常见的控制内容是销售收入、销售成本和销售利润，但对市场调查、推销人员工作、消费者服务、新产品开发、广告等营销活动，也应通过控制加以评价。

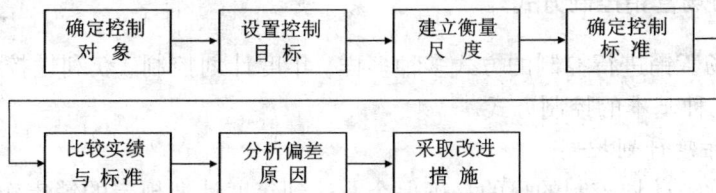

确定控制对象 → 设置控制目标 → 建立衡量尺度 → 确定控制标准 → 比较实绩与标准 → 分析偏差原因 → 采取改进措施

图 14 - 7　营销控制程序

第二步，设置控制目标。这是将控制有计划连接起来的主要环节。如果在计划中，那么这里只要借用过来就可以了。

第三步，建立一套能测定营销结果的衡量尺度，在很多情况下，企业的营销目标就决定了它的控制衡量尺度，如目标销售收入、利润率、市场占有率、销售增长率等。但还有一些问题须用其他尺度衡量，如销售人员的工作效率可用年内新增加的客户数目及平均访问频率来衡量，广告效果可以用记住广告内容的读者（观众）占全部读者（观众）的百分数来衡量。由于大多数企业都有若干管理目标，所以，在大多数情况下，营销控制的衡量尺度实际上也会有多种。

第四步，确立控制标准。控制标准是指以某种衡量尺度来表示控制对象的预期活动状况或可接受的活动范围，即对衡量标准加以定量化。

设立标准可参考外部其他企业的标准，并尽可能吸收企业内多方面的管理者和被管理者参与意见，以使其切合实际，受到各方面的承认。为使标准具有激励作用，可采用两种标准：一种是按现在可接受的水平设立；另一种是以激励营销活动达到更高水平设立。

设立标准还须考虑到产品、地区、竞争情况不同造成的差别，这些差别使标准也有所不同。

第五步，比较实际与标准。在将控制标准与实际结果进行比较时，需要决定比较的频率，即多长时间进行一次比较。这取决于控制对象是否经常变动。比较结果若未能达到预期目标，就需要进行下一步工作。

第六步，分析偏差原因。产生偏差可能有两种情况：一是实施过程中的问题，这种偏差比较容易分析；二是计划本身的问题，确认这种偏差通常易出差错。而这两种情况往往交织在一起，致使分析偏差的工作很可能成为控制过程中的一大难点。

第七步，采取改进措施。如果在制定计划时，还制定了应急计划，改进就能更快。不过，在多数情况下并没有预定措施，这就必须根据实际情况，迅速制定补救措施，或适当调整某些营销计划目标。

二、市场营销控制方式

对市场营销进行控制的方式多种多样。年度计划控制、获利性控制和战略控制，是几种基本的控制方式。

(一)年度计划控制

年度营销计划控制的目的是确保企业达到年度计划规定的销售额、利润指标及其他指标，这是一种短期的即时控制，中心是目标管理。控制步骤如图14-8所示。

图14-8 年度计划控制过程

第一步，管理者必须将年度计划分解为每月或每季的目标；

第二步，管理者随时跟踪掌握营销情况；

第三步，当营销实绩与计划发生偏差时，找出产生偏差的原因；

第四步，采取措施，弥补目标与实际执行结果之间的差额。这个措施一般是改进实施方式，但也可能是修正目标自身。由此可见，年度计划控制的实质就是随时检查年度计划执行情况。

这一控制模式适用于企业内各层次，区别仅在于最高主管控制的是整个企业年度计划的执行结果，而各部门或地区经理只控制各个局部的计划执行结果。

检查年度营销计划执行情况的指标主要有以下几种：

1. 销售额分析

即对与年度销售目标有关的销售情况进行统计分析，具体包括总量差额分析和个别销售分析，从中找出主要原因，并采取措施加以解决。

2. 市场占有率分析

销售额的绝对值并不能证明企业与竞争对手相比的市场地位怎样。例如，有时一家企业销售额上升并不说明它的经营就成功，因为这有可能是一个正在迅速成长的市场，该企业的销售额虽然上升，其市场占有份额也很可能在绝对地下降。只有当企业的市场占有率上升时，才说明它的竞争地位在上升。

市场占有率分析有三种指标：

（1）总体市场占有率。它表明本企业销售额在全行业销售额中所占的比重。进行这种分析首先需要对两个测量尺度作出决策：一是限定行业的范围。例如一家生产机械手表的企业，如果把生产电子表及各种装饰表都包括在它的行业范围内，则该企业的市场占有率会较低，因为它根本不生产电子表。另一个决策是使用销售量还是销售额计算市场占有率，前者反映的问题比较简单，后者则除了数量，还有价格等其他因素变化的影响。

（2）区域市场占有率。即企业在某一有限区域市场内（例如某省或某城市市场）的销售额占全行业在该区域内的市场销售额的比重。这一指标对大多数仅在局部市场从事营销活动的企业十分有用，也是衡量企业进入某一新的地区市场是否获得成功的重要尺度。毕竟，多数企业总是努力取得局部市场上的最大占有率，再进入新的地区市场。

（3）相对市场占有率。即将某企业的市场占有率与行业内领先的竞争对手的市场占有率进行比较所得出的百分比。相对市场占有率为100%时，意味着该企业与最大的竞争对手在行业中平分秋色；小于100%，则该企业在行业中不处于领先地位；大于100%，则表明该企业目前较之最大竞争对手干得更好。

3. 费用销售额比率分析

年度计划控制要确保企业不会为达到其销售额指标而支付过多的费用，关键是要对市场营销费用/销售额的比率进行分析。市场营销费用一般包括人员推销费用、广告费用、营业推广费用、市场调查费用、营销管理费用等。这些费用在总体销售额中应有一个明确的比例，并控制在一定的范围之内。

4. 顾客态度追踪

为了尽早察觉市场销售可能发生的变化，具有远见和高度警惕性的公司建立了跟踪顾客、中间商及与市场营销有关人员态度的系统。这个系统包括：

第一，顾客建议和投诉制度。通过设置意见簿、热线电话等，企业记录、分析和答复来自客户的信函和口头抱怨。

第二，重点用户调查访问。可以得到很多有关真实信息。

第三，定期的用户随机调查。了解一般顾客对公司产品和服务的态度。

（二）获利性控制

除了年度计划控制外，企业还需要测算它的各类产品在不同地区、不同市场，通过不同分销渠道出售的实际获利能力。它通常是分析各类产品、各个地区、各条分销渠道对企业所创总利润的影响，并分析其费用、成本开支及分摊情况合理与否，以减少不合理开支，提高获利能力。这一分析结果能帮助主管人员决策，哪些产品或哪些市场应予以扩大，哪些则应缩减，以至放弃。

（三）战略控制

企业处在变化的动态营销环境中，要不断适应环境，战略控制必不可少。营销战略控制是指市场营销管理者采取一系列措施和方法，使营销活动实际与营销规划尽可能保持一致，在控制中通过不断评审和信息反馈，对战略不断进行修订和协调。营销战略控制的目的是要能确保企业营销目标、政策、战略和战术措施与市场营销环境相适应。

三、市场营销审计

市场营销审计是定期对企业营销环境、目标、战略、组织和计划实施情况进行全面、系统、独立的审查评价过程，是最高等级的控制。市场营销审计的目的是确保企业战略、目标、政策和策略与市场营销环境和企业内部资源的变化相一致。现代企业面对的营销环境变化极为频繁，因此，每个企业都有必要建立这样一种营销审计制度，定期对企业有关方向性、战略性、全局性问题作出全面评价，及时发现问题，也及时发现机会，供企业最高主管部门作决策参考。

（一）市场营销审计的标准与步骤

市场营销审计具有以下四个特征：

1. 综合性

市场营销审计涉及企业市场营销的各主要方面，而不仅是少数发生问题的部分。后者称之为职能性审计，职能审计也是很有用的方法，但易导致片面推断。如某项产品销售额急剧下降，可能并不是因为推销员推销不力，而是因为广告宣传不力。综合性的营销审计通常能更有效地确定市场营销过程中的问题所在。

2. 系统性

市场营销审计包括一套完整有序的诊断步骤，涉及企业的营销环境，内部市场营销系统和具体的营销活动，并要分别提出短期和定期的改进措施，以提高企业的整体营销效益。

3. 独立性

市场营销审计要聘请企业之外的富有经验的咨询部门和专家顾问参加，或主要由他们进行，这不仅有利于借助他们对大量同类型企业咨询指导的经验，而且能保证营销审计的客观性、独立性。

4. 计划性

市场营销审计要依计划定期进行。如果只是在企业遇到困难或危机时才进行，目的仅限于解决一些临时性问题，则往往为时已晚。因此，无论企业是处在顺境还是逆境，定期进行市场营销审计是十分必要的。

市场营销审计的基本步骤如图 14 - 9 所示。

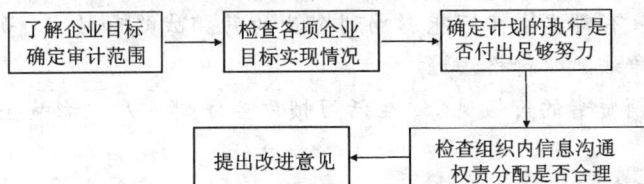

图 14 - 9　市场营销审计程序

市场营销审计通常由公司人员和审计人员会面，从拟定一项关于审计目标、范围、资料来源、报告形成及所需时间的协议开始。第二、三、四步实际却是收集资料、评价比较的过程。这里需要慎重地拟定一个包括调查访问的问题、评价标准、审查方法等内容的详细计划。访问对象不能仅限于企业内部人员、顾客、经销商和其他有关的外部团体都应造访。最后，最高主管应参与审计工作的全过程，并听取汇报。整个市场营销审计计划还要考虑如何使所耗时间、费用最少。

(二)市场营销审计的内容

营销审计内容由检查评价企业营销工作的六个方面组成：

（1）营销环境审计。主要分析宏观环境中影响公司目标的关键部分，如顾客、竞争对手、经销商等。

（2）营销战略计划审计。要求考察企业营销目标、战略与当前及预期的营销环境相适应的程度。

（3）营销组织审计。审查营销组织在预期环境中实施公司战略的能力。

（4）营销系统审计。主要是指对企业的分析、计划、控制系统的审查。

（5）营销效率审计。即核查各营销部门的获利能力和各项营销活动的成本效率。

（6）营销职能审计。对市场营销组合因素进行检查、评价。

具体问题举例如下：

第一部分：环境审计

1. 宏观环境

（1）人口统计：在人口统计方面有哪些因素对本企业构成机会或威胁，本企业已采取了哪些相适应的措施？

（2）经济：收入、价格、储蓄等方面有哪些主要变化，对企业有何影响？

（3）技术：在产品技术和工艺过程方面发生了哪些重要改变，本企业在其中处于什么地位？目前产品有哪些换代或替代可能？

（4）政治：有哪些法律可能影响到企业的营销战略和技术？如《广告法》、《反不正当竞争法》、《价格法》等。

（5）文化消费者的价值观念、生活习惯发生了哪些足以影响企业营销策略的变化？

2. 微观环境

（1）市场：本企业的市场规模、地区分布、获利性、增长速度如何？有哪些主要的细分市场？

（2）顾客：本企业现有和潜在的顾客对本企业和竞争对手在广告、产品质量、提供服务、定价等方面评价怎样？

（3）竞争对手：谁是主要竞争对手？他们的目标战略是什么？他们有何优势、劣势，他们的规模及市场占有率怎样？

（4）经销商：企业依靠哪些分销渠道将产品送达顾客？不同分销渠道的效益和增长潜力怎样？

（5）供应商：生产所需主要原材料的供应商的销售方式可能发生什么变化？

第二部分：营销战略审计

1. 任务：营销任务是否得到明确阐述，并切实可行？

2. 目标：公司目标是否通过指标形式得到明确表达，并切实指导营销计划及检查？营销目标是否充分利用了本企业的竞争优势、资源和机会？

3. 战略：达到目标战略的核心是什么？是否有足够的资源保证？资源是否以最佳的组合分配到各产品、地区和细分市场上？

第三部分：营销组织审计

1. 组织结构：市场营销部门是否有充分的权力和责任？现行组织的结构是最好的吗？

2. 部门关系：职能部门效率及部门间关系如何？各部门之间有良好的信息沟通制度吗？

3. 组织效率：产品管理工作是否有效？

4. 组织职能：是否都能得到充分的发挥？

第四部分：营销系统审计

1. 信息系统：市场情报系统是否准确、及时、有效地提供有关市场营销信息？企业决策是否充分利用了市场调查？

2. 计划系统：计划系统工作是否有效？市场预测是否经常进行并能充分发挥其作用？

3. 新产品开发系统：企业能很好地鼓励、采纳和评价有关新产品开发的设想吗？企业在决定向某种新设想投资之前，是否作充分的调查和商业分析？

4. 控制系统：控制过程能否确保年度计划目标实现？是否定期分析了各产品、市场、地区和分销渠道的获利性？定期审查了市场营销成本吗？

第五部分：营销效率审计

1. 获利性分析：企业在不同产品、市场、地区和渠道中的获利性怎样？企业应进入、扩展、收缩或撤离哪些细分市场？短期或长期的利润怎样？

2. 成本效益分析：哪些营销活动的成本过高？可采取哪些降低成本的措施？

第六部分：营销职能审计

1. 产品：现有产品类是否适合顾客需要？应增加、扩大或淘汰哪些品种？

2. 定价：定价目标、政策、策略和过程是什么？应在怎样的程度上根据成本、需求或竞争状态定价？

3. 分销渠道：分销的目标和策略怎样？是否有充分的市场覆盖率和足够的服务？现有分销渠道的工作是否有成效？需要调整吗？

4. 促销：企业的广告目标是什么？预算怎样做，实际支出是否适当？广告传播效果怎样？顾客和公众的看法如何？其他促销方式是否得到充分有效的利用？

5. 人员推销：推销部门的规模、组织方式是否胜任或适于公司销售任务？推销人员的能力、素质、努力程度如何？推销人员的工作是否得到了足够的报偿和奖励？

📝 案例背景资料

长虹：集权营销组织的变革

长虹集团始建于1958年，1974年开始研制并试生产电视机，1992年长虹牌彩电在国内同行中首家突破年产100万台的大关，一跃成为我国彩电行业的龙头企业，自此，长虹彩电年产销量连年高居全国行业首位，并涉足彩电、空调、数字视听产品、电子产品及军用雷达等行业，并于2006年荣获"2006中国最具品牌影响力企业"称号。

重启没有执行的方案。四川长虹1994年在上交所上市，1997年经营到达巅峰时期，实现主业收入156.73亿元，净利润26.1亿元。自1998年开始，长虹开始出现持续的业绩滑坡。2000年，在国际咨询公司罗兰贝格的协助下，针对长虹的痼疾，提出了在内部实施组织机构和经营机制改革的方案，即实施"新政"。但由于各种原因，新政不了了之。时至2004年，长虹的经营状况不仅没有改变，还陷入了巨大的国际债务纠纷中。随着该公司董事长的更替，让世人的目光再一次聚焦长虹。

2004年9月20日，长虹全体领导和中层干部参加了公司经营机制改革启动会，改革方案正式进入运作实施阶段。本次改革方案在组织架构方面，长虹将所有的机构分为三类：总部职能机构、各产业公司群和服务平台。这个"新"的方案，实际上和2000年的方案如出一辙。然而4年已过，物是人非，昔日的竞争对手TCL、KONKA、HAIER、HISENSE等国内大型家电企业在经营规模上、在产品的多元化与升级换代上、在国际化的运作上都到达了新的高度，而当时被国产品牌的价格战打得节节败退的国外家电厂商，现在又卷土重来。

集权营销组织之弊。长虹的营销结构从1996年开始调整频繁，几年的高频率但方向不明确的变革，使得管理的延续性、稳定性大大削弱，集权管理体系在多元化产品结构下日益力不从心。具体表现如下：

一是各个管理层次缺乏清晰的核心职能定位。

二是长虹的销售一线授权过小，削弱了对市场的快速反应能力。

三是长虹营销管理系统中销售功能突出，但营销策划功能分散薄弱。

四是长虹在产销衔接和新产品开发方面亟待提升。

五是由于专业化分工过细，缺乏对策划等职能的重视，缺乏科学的、目标统一的考核体系，组织内存在部分职能重叠、冲突、空白的现象。

市场推进处、营销策划中心、宣传广告中心存在部分职能重叠。物流部门以费用控制作为最主要的考核指标，而销售一线更关心速度、灵活度，考核指标的冲突造成部门的不协调。信用控制的滞后导致信用管理空白，等等。

营销组织的变革与创新。在对比研究了直线型和矩阵型的多产品营销模式后，长虹决心选择矩阵型的多产品营销模式作为本次变革的方向。

在咨询公司的帮助下，长虹研究了国内以TCL为代表的竞争对手的组织设置，发现同时期TCL在组织机制上已经走在了长虹的前面，TCL已经建立了较为清晰的组织架构体系。

在TCL的营销组织中，作为在市场最前沿的经营部，拥有很充分的权力。如有价格制定权、销售政策制定权、市场推广计划的预算和使用权、商家信用额度制定权、办事处之间的货源分配权、各项费用使用权、招待费用实报实销及有招聘、解聘权。

咨询公司根据长虹所面临的问题及实际情况，确定建立矩阵型多产品的营销体系模式比较适合长虹经营机制改革的方向，提出了建设5大平台的组织机构调整方案。

对总部进行的调整如下：

第一，总部不再负责区域性和日常性的具体业务决策，只负责全国性和策略性的决策。

第二，加强营销功能，成立独立的市场部，将宣传广告中心、营销策划中心、事业部市场推进处的功能整合，成立三个产品策划中心(彩电/视听、空调、电池)、信息研究中心、品牌推广中心。

第三，加强经营功能，成立独立的经营部；增加预算控制的功能，成立经济分析和预算控制两个部门，负责利润核算，价格管理，产品结构管理，预算制定和预算管理，总体营销费用控制和管理，产销衔接管理。

第四，成立独立的销售部，将人力资源中心、成品仓储中心、运输队、销售财务中的开单与制票、营销策划中心的任务分配、经济运行中心的货源分配、库存控制、运输管理等日常业务功能整合，强化总体计划和物流管理的功能，成立计划订单、销售财务、人事行政、物流配送等4个中心。

第五，成立独立的售后服务部，从费用中心向准利润中心转化，保留售后服务中心的基本功能，增加经营核算的功能。

大区作为营销监控平台，承担维护市场秩序、控制运作风险、促进销售经验和人员的交流、提供业务指导和支持、接受下属处长、经理的述职、代表大区向总部提出营销整改建议等使命。管理处成为区域决策中心，对下属各分公司的销量和利润负有直接责任，可以作为模拟利润中心来运作。

考核指标也同时作出更改，定量的指标为：销售任务完成率（数量，产品结构）、回款总额及应收账款坏账率、毛利率、市场覆盖率、客户利用率及市场份额的提高等，定性的指标为：公司在区域市场的品牌形象、财务核算的规范及风险控制、市场信息反馈的及时性和准确性、员工培训的落实，人才结构的优化、广告、促销执行结果，等等。分公司成为营销执行平台，分公司增加市场推广的功能，对促销策划、重点卖场管理、促销执行等功能负责具体业务的操作和执行，分公司分成 A、B、C 类，核心职能分别定位于利润中心、模拟利润中心、费用中心。

组织结构调整以后，长虹又重现了活力，并于 2006 年荣获"2006 中国最具品牌影响力企业"称号。

[案例思考题]

1. 你认为矩阵型多产品的营销体系模式有何特点？从近两年表现来看，长虹集团进步较大，是否与实施新组织模式有关，原因是什么？

2. 从长虹集团的长远发展来看，采用新模式以后，能否达到预期的目的？为什么？

3. 你是否可以设计出一种更有效的营销组织模式？新模式的主要内容是什么？

本章小结

1. 营销组织是企业营销决策的执行机构。营销组织的发展大体经历了四个阶段。现代营销组织应具有灵活性、开放性和系统性的特征，具有完成营销战略目标、传递营销信息和导向企业行为的功能，具有营销调研、市场预测、制定营销计划、策划广告宣传、组织开展推销业务、进行营销效益评估等任务。营销组织组建的方法主要有职能组织法、产品组织法和顾客组织法等三种。

2. 市场营销计划是企业开展营销活动的行动纲领。企业制定市场营销计划应从市场营销计划的内容、市场营销计划指标体系、市场营销计划的编制及市场营销计划的执行等方面考虑。

3. 营销控制大体需要经过七个步骤。年度计划控制、获利性控制和战略控制是营销控制的基本方法。市场营销审计具有综合性、系统性、独立性和定期进行等特征。营销审计主要包括营销环境审计、营销战略审计、营销组织审计、营销系统审计、营销效率审计和营销职能审计等六个方面。

思考题

1. 简述现代营销组织的特征与功能。
2. 市场营销组织的组建方法有哪些？
3. 如何进行营销风险和机会分析？
4. 如何编制市场营销计划？
5. 简述市场营销审计的基本步骤。
6. 简述市场营销审计的内容。

第十五章　市场营销道德

　　道德调节是对市场营销活动实施管理的一项重要内容。市场营销道德是用来判定市场营销活动正确与否的道德标准，即判断企业营销活动是否符合广大消费者及社会的利益，能否有效地满足消费者和社会利益的重要标准，这是涉及企业经营活动的价值取向并贯穿于企业营销活动始终的重要问题。本章分别概述了市场营销道德观；中国传统文化中的营销道德思想以及在市场营销实践中存在的各种不道德现象；探索了构建与社会相适应的市场营销道德体系的对策。

第一节　市场营销道德含义及评判标准

一、市场营销道德的研究意义

　　中共中央颁布的《公民道德建设实施纲要》中指出："要充分发挥社会主义市场经济机制的积极作用，在实践中确立与社会主义市场经济相适应的道德观念和道德规范，为改革开放和现代化建设提供强大的精神动力和思想保证……"这就是说，在社会主义市场经济中，必须要建立与社会主义市场经济特征相适应的道德观念和道德规范。这是社会主义市场经济建设能否沿着正确方向发展的重要因素之一，理所当然，在市场营销活动中建立和完善与之相适应的道德体系是非常必要的。我国在加入 WTO 之后面对全球经济一体化的加速趋势，更急需加快营销道德问题的研究与建设。

　　（一）市场经济对营销道德的双重影响

　　党的十四大以来，我国明确了经济改革的目标是建立有中国特色的社会主义市场经济体制，市场经济由此迅速发展。但市场经济本身的功能与特点，给营销道德带来了双重的影响，因此迫切需要加强营销道德的建设。

　　市场经济的自主性，激励人们最大限度地发挥自主性，从而增强了人们的自主性道德观念。在计划经济条件下，企业是政府的附属物，企业无自主权。而在市场经济条件下，企业成了市场的主体，自主经营，自负盈亏，自我约束，自我发展，在市场竞争中最大限度地发挥主动性、积极性和创造性。

　　同时市场经济本身是一种竞争经济，市场经济促使企业重视科技，它要求不断更新知识，学习新技术，增强创新的道德观念。它激励人们的拼搏进取心，从而增强了人们的竞争道德观念，它要求以诚信为本，公平、公正、公开，提倡在竞争基础上合作、在合作基础上竞争的道德风尚。

从另一角度看市场经济它本质上是一种以经济利益为导向的经济，要求市场的参与者义利并重，从而增强人们的义利并重的道德观。社会主义市场经济充分肯定个人追求正当利益，也反对唯利是图、损人利己。

我国还要经历双重体制并存的转轨经济阶段，社会主义市场经济的发展起步迟，市场发育不充分，市场规则还很不健全，市场秩序还不完善，加上市场经济本身固有的自发性、盲目性和决策的分散性等功能性缺陷，在市场竞争中，会对人们的营销道德观念产生一些消极影响。

市场经济的利益驱动性，容易诱发利己主义的冲动。社会主义市场经济虽然强调社会利益与个人利益的结合，但是人们行为的出发点还是自己的利益，因此在利益的驱动下，一些人极易滋生个人利己主义思想。甚至为了个人利益不择手段，铤而走险以身试法，走上了犯罪道路。

市场经济强调交易价值，容易诱发拜金主义。在"金钱万能"陈腐观念的影响下，一些财迷心窍的人，甚至把权力、良心、荣誉、爱情、亲情、友谊、肉体等本来不是商品的东西当作"商品"出售，以换取金钱。同时市场经济的趋利性，也容易诱发享乐主义，忽视理想追求、精神价值。在一些人看来，赚钱是为了享乐。由于拜金主义、享乐主义、极端个人主义的存在及危害，在转轨经济过程中，我国的社会道德和营销道德出现了下滑的迹象，致使社会风气不正，交易不公平，腐败现象丛生，假冒伪劣产品屡禁不止。这些严重影响了我国市场经济秩序的建立。因此，必须加速构建适应我国社会主义市场经济需要的营销道德体系，来维护市场经济的正常秩序，保障社会主义市场经济健康发展。

(二)提高市场营销道德水准的紧迫性

随着市场的全面放开和市场竞争越来越激烈，市场营销中诸多矛盾也逐渐暴露出来，特别是市场营销中的道德问题越来越突出，如市场营销中的欺诈、霸市、信息垄断、不公平竞争、贩假卖假等问题严重影响了市场经济的发展。在新的历史条件下，要坚持科学发展观，促进我国市场经济的和谐发展，构建适应我国市场经济的营销道德体系也就显得尤为迫切，有着十分重要的现实意义和理论指导意义。

1. 参与国际市场竞争的需要。我国加入 WTO 以后，一方面要求我国的企业能迅速融入国际市场参与竞争，在竞争中壮大自己；另一方面国际市场也要求我国企业能按照国际市场规则进行运作。这当然首先是要通过加强营销道德水准来增加相互了解和相互信任。

2. 规范市场竞争秩序的需要。解决当前市场中存在的问题，除了法律之外，加强营销道德建设是最重要的手段。营销道德虽然没有法律的强制性作用大，但它通过社会舆论的压力和个人良心的约束，它的有些作用是法律无法取代的。因此，加强营销道德建设是解决当前市场中存在诸多问题的一个重要手段。

3. 具有指导市场经济运作的决策和政策导向作用。通过对市场营销中存在的诸多问题的分析，找出发生问题的症结，可以有针对性地制定一些管理政策，因而对政策决策起着一定的导向作用。

4. 市场营销主体的行为导向作用。市场营销的主体应该遵循什么样的道德规范，营销道德体系提出了合理的主张。在市场营销运行中，相关管理机构在履行其管理职能时，究竟如何把握？通过构建营销道德体系可提供理论依据，并且也能使这些机构在实施管理职能时产生自律。从而规范和约束市场营销主体今后的市场行为。

5. 营销道德体系是构建和谐社会的组成部分。市场和谐是和谐社会的基础，随着社会主义市场经济的发展，研究社会主义市场营销道德，构建适应我国市场经济的营销道德体系，对于建设和谐社会是十分必要的，也是和谐社会的题中之议。

总之，在社会主义市场经济体制建立和不断完善的宏观经济环境下，随着营销观念的深入贯彻和营销理论与技能的发展，营销对个人和社会的影响日益突出，越来越多的人生活在企业营销的氛围中，营销已成为现代文明不可缺少的内容，以交换为基础的营销活动始终贯穿于人们经济活动的各个环节。因此，可以说营销道德状况如何，对于社会经济的正常运行和构建和谐社会都有举足轻重的作用。

二、市场营销道德的含义及其判断标准

(一)道德与市场营销道德的含义

道德是社会意识形态之一，是一定社会调整人们之间以及个人与社会之间的关系的，依靠社会舆论、内心信念、风俗习惯来实现的行为规范的总和。人类社会道德的产生与发展，是和人类社会以及每个人的生存发展密切相关的。自从人类脱离了动物界，人的行为就有一个道德规范问题。道德是区别人与动物的一个重要标志，道德是人的专利。原始社会人类过着十分简单的生活，在艰苦的环境下为了生存人们必须共同生活，共同打猎，共同抵御自然灾害和外部别的氏族部落的侵略，这便产生了道德的萌芽。随着人类社会的发展，不同

的阶级社会里，由于经济关系、阶级利益不同，也就有了统治阶级的道德与被统治阶级的道德。可见道德是随着社会经济的发展而不断发展的。因此，道德就是一定社会、一定阶级向人们提出的处理人与人之间、人与社会之间、人与自然之间各种关系的一种特殊的行为规范。它是调节社会关系的重要手段。也正因为如此，人类社会在其长期发展的过程中，就形成了两大社会规范：道德规范与法律规范。二者相互依存、相互促进。

市场营销道德是调整企业与所有利益相关者之间的关系的行为规范的总和，是客观经济规律及法律以外制约企业行为的另一要素。道德是由一定社会的经济基础所决定的，并为一定社会经济基础服务的，任何道德都具有历史性。营销道德在不同的社会制度下和不同的历史时期，其评判标准可能有所差异。

（二）和谐社会营销道德的提出

《左传·襄》写道"八年之中，九合诸侯，如乐之和，无所不谐。"千百年来，中国人一直在追求政治和谐、社会和谐。近年来，随着中国整个社会经济结构的快速转型，"以人为本"和"和谐社会"等日益受到重视。和谐社会的构建以崇尚和谐、追求和谐为价值取向，融思想观念、思维方式、行为规范、社会风尚为一体的和谐文化为基础，它反映着人们对和谐社会的总体认识、基本理念和理想追求，是中国特色社会主义文化的重要组成部分。无论是经济社会的协调发展、人与自然的和谐相处，还是人与人的团结和睦，乃至人自身的心理和谐，都离不开和谐文化的支撑。建设和谐文化，就是要培育和谐精神，倡导和谐理念，在全社会形成共同的理想信念和道德规范，不断增强中华民族的凝聚力、向心力、亲和力，为构建和谐社会创造良好的人文环境和文化生态。中国有句话，叫做"不以规矩无以成方圆"。社会的规矩是社会行为的准则。人生在世，无不需要制衡。"有条"则"不紊"。有轨才会减少越轨。有了交通规则，故意闯红灯的人便会大幅度减少。大家都按规矩办事，社会就会井然有序。规范的内容很广泛，风俗、道德、法律、纪律、宗教都属于社会规范。社会规范分成文与不成文两大类：法令、条例、规章、纪律以及一部分道德，为成文的；风俗习惯以及一部分道德为不成文的。法是强制性，虽有弹性，总体上是刚性。道德水准虽然也分层次，但是总体上是高层次的，比法律水准高。成文的、强制性的规范固然有效，不成文的、非强制性的，靠褒贬来规范的，能内化到心灵深处，更具有长效的功能。

在提出"小康社会"的国家建设目标后，党的十六届四中全会又提出了构建"社会主义和谐社会"的新蓝图，将其放到同经济建设、政治建设、文化建设并列的突出位置，并明确了构建社会主义和谐社会的基本要求。但是，我国目前正处在市场经济发育的初期，与之相适应的新的道德体系正在形成和构建之中。因此，还存在着不少影响社会和谐的突出矛盾和问题，主要是：城乡、区域、经济社会发展很不平衡，人口资源环境压力加大；就业、社会保障、收入分配、教育、医疗、住房、安全生产、社会治安等关系群众切身利益的问题比较突出；体制机制尚不完善，民主法制还不健全；一些社会成员诚信缺失、道德失范，一些领导干部的素质、能力和作风与新形势新任务的要求还不适应；一些领域的腐败现象还比较严重；敌对势力的渗透破坏活动危及国家安全和社会稳定。这些问题不仅制约着经济社会发展，而且严重影响社会的和谐稳定。因此，正确运用理性力量对人的自然本性加以干预和节制，实现自然性向社会性、个人利益向社会利益、权利向义务的转化，实现市场经济与道德的和谐发展，已成为我国市场经济建设与营销道德体系建设的迫切任务。

（三）市场营销道德的判断标准

市场营销道德是用来判定市场营销活动正确与否的道德标准，即判断企业营销活动是否符合消费者及社会的利益。其实质是解决企业如何承担好社会责任，妥善解决企业利益同顾客利益、自然环境利益以及社会利益的关系，强调营利与道德的有机结合，杜绝损害社会和公众利益的营销行为，在谋取利润的同时，也要满足消费、引导消费，传递新的生活标准和新的价值准则，引导社会道德风尚，推动整个社会的文明进步。判断某一营销行为是否符合道德，在很多情况下并不像人们想象的那么容易。有的营销行为，诸如贩卖假烟、假酒、假种子，漫天要价，虚假广告等普遍为社会所痛恨，其不道德性一目了然。然而某些营销行为，囿于个人价值观及生活经历不同，每个人对道德与不道德存在着不同的见解，例如对何为欺骗性广告，人们的看法就各不相同。西方国家伦理学界对营销道德的判断存在两大理论。一是功利论，主要以行为后果来判断行为的道德合理性。如果某一行为能为大多数人带来最大的幸福，该行为就是道德的，否则就是有问题的或不道德的。二是道义论，主要从处理事物的动机来审查是否道德，并从直觉和经验中归纳出人们应当共同遵守的责任和义务，以这些义务的履行与否来判断行为正确与否。

在现实生活中，人们通常把功利论与道义论结合起来评价营销道德问题。其实市场营销道德与企业营销活动的营利性并不矛盾。营利性指企业的存在以营利为目的，力争在一定投入的条件下收益最大或在一定收益的条件下投入最小。营利性是企业"与生俱来、终生不变"的性质，是企业生存与发展的根本动力。但是企业的营利活动并不意味着对顾客和社会造成危害。按照对顾客和社会是否有利，企业的营销活动可以分为三类：（1）利他活动，（2）损他活动，（3）害他活动。其中，非道德的营销活动＝损他活动＋害他活动，因为非道德营销或多或少地要损害顾客、社会及自然环境的利益；符合道德的营销活动＝利他活动，企业在营销道德的规范下，通过创造顾客满意，推动社会进步来实现自身营利和发展。了解企业营利性与道德观念之间的关系有助于加深对营销道德标准的理解。按照西方学者的功利论与道义论，就企业的社会责任看，功利论是从"利润长期最大化"来履行社会的义务，来支持社会的事业。道义论则从企业是社会的一分子、是社会的基本细胞来支持社会公益及履行社会义务的。

三、中国传统文化中的营销道德思想

中国传统文化博大精深，作为传统道德根基的儒家伦理，其核心思想与现代市场营销观念有许多相通之处。传统儒商"守信用，重诺言"，"童叟无欺"，"诚招天下客，义纳八方财"等经营格言明显体现了儒家伦理思想，"以信为本，以义为利，以和为贵"等伦理观念也是一种经营思想。儒家伦理的核心"仁义礼智信"既是伦理之德，又是营销之道。

1. "仁"与市场营销理念。儒家伦理中的"仁"体现了人与人之间的关系，具体到营销活动中，使顾客满意就是企业最大的"仁"，正所谓"仁者，爱人"。关心消费者需求及其满足和满意程度，就是"仁"的体现。企业只有对消费者"仁"，即充分满足消费者需求，消费者才能以"仁"来回报企业，即成为企业的长期顾客。

孔子说："仁者，人也"（出自《礼记·中庸》），他认为仁的本质是人，仁所讲的是做人的道理。人之所以为人，就在于人的社会性，人类社会是一个有着尊卑亲疏差别的社会，它需要有人伦道德来维系人与人之间的伦常关系，使社会保持和谐稳定。人伦道德基础，就在于人道爱心，即仁。百年老店同仁堂的大堂对联"同声同气，济世济人；仁心仁术，医国医民"的营销理念就充分体现传统儒家思想中"仁"的精华。

2. "义"与市场营销规则。"义"是儒家重要的道德规范，要求人要自觉地做合理之事。义泛指做人做事处世的原则、标准、道义。在行为规则上，儒家并不排斥人对自身利益的追逐，但应以"义"为前提。在"义"与"利"的关系方面，儒家伦理主张"见利思义"、"先义后利"、"以义求利"、"义然后取"，即把"义"作为人的行为的重要精神支柱。现代市场营销活动固然要求"利"，不但要追求正常的利润，有时也不排除对超额利润的追求，但必须要有以"义"为基础的行为规范，坚决反对的是那种不仁不义、重利轻义、见利忘义甚至惟利是图的不义之举，主张在"义利合一"的关系基础上，以义生利。

3. "礼"与市场营销手段。在儒家伦理道德体系中，相对于内在的感情或

思想的"仁"而言，"礼"是外在的伦理行为。讲究礼尚往来，对待顾客及其他合作伙伴彬彬有礼，是"礼"的重要体系。儒家之所以重视"礼"，是因为"礼"是协调人际关系的行为手段。激烈的市场竞争有时难以避免残酷的商战，但在商战中企业也应遵守"礼"，杜绝非"礼"的行为，如恶语中伤竞争对手、以谎言欺骗消费者或合作伙伴、通过行贿收买政府官员等，均是不守"礼"的行为。营销手段的使用应遵守社会的法律规范和人们普遍信仰的道德规范，而不应为一时的利益而不择手段。

4."智"与市场营销策略。儒家伦理中的"智"指的是人的聪明才智和专业技能。"待物为智"表明对万物的认识依赖于"智"，由此可见知识和技能的重要性。事实上，整个营销活动过程都贯穿着"智"，如预测市场需求、细分目标市场、制定营销组合策略等，无处不需要"智"。尤其是在当今知识经济时代，"智"的重要地位更加突出。"智"离不开人才，所以应重视智力投资，也就是重视人才的培养和管理技能的培训。在营销活动中，企业家不仅仅要爱才、惜才、识才，广揽人才，而且要信才、容才、用才，做到"以人为本"，人尽其才。

5."信"与市场营销效果。"信"是"仁义礼智"的必然结果，儒家伦理对"信"的评价极高。信者包括信任、信誉、信仰。孔子曾在《阳货》中指出，如能把恭、宽、信、敏、惠这五种品德推行天下，便是仁了。他在对学生的教学中，把信作为"四教"（文、行、忠、信）的内容之一，居于重要的地位。"言必信，行必果"既是人的处世原则，也是企业求生存、求发展的基本保证。信是一种树立在他人心目中的人格形象，是人际交往中彼此建立认识知情感的基础。在管理关系中，是指被管理者对组织、对管理者的信任，以及由此产生的被管理者的信心。

企业在营销活动中，必须以"诚信为本"，"用户至上，信誉第一"的口号要求企业向客户提供全面满意的服务，以此赢得顾客的信任、树立企业形象和提高企业的信誉。在日趋激烈的现代营销活动中，企业的信誉和形象变得比产品和价格更为重要，只有取信于民，企业才能获得经营的成功，求得可持续的发展。

第二节 企业市场营销道德问题的表现

一、产品策略中的道德问题

产品是企业营销中最重要的可控因素。为消费者提供货真价实的优质产品是企业最基本的社会责任，如果违反这一原则便会产生营销道德问题。在现实中某些企业的产品策略往往同道德标准背道而驰。产品策略违背营销道德的主要表现，可从功利论与道义论相结合的角度来考察。从企业设计生产产品的动机来看，是否存心欺骗顾客，将假冒伪劣产品充当真货好货出售给消费者；与动机相联系，在手段上是否操纵消费者需要，过度刺激消费者欲望，并刺激社会经济成本的增加；从后果来看，消费者从企业购买的产品能否给自己带来最大的幸福。产品策略中的道德问题还可从企业应承担的社会责任来考察。企业在产品的生产过程中，对广大职工的工作条件及工作时间能否作出合理的安排，能否保证职工的人身安全及身心健康；企业在生产产品的过程中，是否造成环境污染及影响附近居民的正常生活；产品的包装及标签是否提供了真实的商品信息，产品包装是否过多而造成社会资源的浪费及环境的污染等。

（一）产品策略中的不道德行为

产品策略中的不道德行为主要表现为：

1. 产品没有达到应有的质量标准，产品实际上为消费者或用户提供的利益较少。

2. 企业出于自身利益的考虑，未和消费者披露与产品相关的价值、功能、用途或安全，如儿童玩具中所含有的有害化学元素或者家用电器在使用时可能发生的危险等。

3. 产品包装不能提供真实信息，包装所注明的内容与包装内物品不相符以及包装过多造成社会资源的浪费。

4. 由于竞争，企业采用劣质材料或配置冒充优质材料或配件，或者是企业改用廉价代用品而未告知消费者产品质量的变化等。

5. 产品生产过程中，为降低成本，以损害员工的利益、健康及社会环境为代价。

（二）产品策略不道德行为的判别

在有些情形下，产品策略的不道德行为并非是一目了然的，对某一产品策略，人们从不同的角度去分析，可能得出不同的看法和认识。例如，根据产品的生命周期理论，企业加快开发新产品，淘汰旧产品，有利于提高竞争能力，保持企业的可持续发展，从企业的角度来看，这一点无疑是正确的。但从整个社会的角度来看，企业在新产品开发上的过度竞争，会导致旧产品很快过时，造成产品的人为淘汰。而且从资源的角度来看，人类能投入生产过程的石油、天然气、金属、煤等都属于非再生资源，新产品过度开发将导致资源枯竭，也就是说，一代人需求的满足是以剥夺今后几代人的需求为代价的。从整个社会的可持续发展来看，这种行为是不道德的。所以，应把正常状态下产品的更新换代与产品的人为淘汰两种情况区分开，把企业的新产品开发引导到节约资源、提高质量、改善性能的轨道上来。

再如产品的差异化问题。通过差异化策略，使本企业产品的品种、规格、质量、外观、颜色和包装等区别于其他竞争者所生产的产品，这能使消费者的各种不同需求得到满足，建立消费者对本企业产品的市场占有率。但是，从整个社会的角度来看，产品差异化策略如果不受一定的限制，也会带来许多社会问题。首先，产品差异化策略的过度使用同样会带来社会资源的浪费。其次，差异化策略会导致所谓的新产品与原有产品只是在颜色、形状或其他一些次要功能上存在差异，产品的实质性功能和质量并没有改进，这样的差异化策略会成为企业欺骗消费者的一种手段。最后，无节制的差异化策略，会造成产品的品种、花色、规格、型号等过滥，使消费者在购买时很难对不同厂家的同一种产品进行比较和选择，导致消费者购买商品时产生困难。所以，适度的产品差异化是企业的有效策略，而产品差异化策略的滥用则会存在严重的营销道德问题。

二、价格策略中的道德问题

为消费者提供货真价实的产品是企业所应履行的社会责任。所谓价实就是要求企业必须依据产品成本、消费者的承受能力和竞争对手的状况来制定价格，并把真实的价格信息提供给消费者。但在实际的定价活动中，却经常出现掠夺性价格、歧视价格、垄断价格及未披露全部价格信息等一系列违反道德标准的定价行为。

价格策略中的道德问题可从功利论与道义论相结合的角度来考察。从动机来看，企业为牟取暴利而欺骗顾客，如变相涨价、哄抬物价来掠夺消费者的利益；为了压垮竞争对手面实行差异性歧视价格或实行垄断价格。与动机相联系，在手段上采取欺骗、诱惑及强制方法迫使顾客购买产品。从后果来看，顾客购买产品后造成严重的经济损失。价格策略中的道德问题还可从企业应承担的社会责任来考察。企业未按照价值规律进行公平交易，损害了企业及消费者的合法权益。企业未向用户提供真实价格信息不利于消费者的购买抉择。

（一）定价策略中的不道德行为

定价策略中的不道德行为具体表现为：

1. 某些企业为追求利润而变相涨价或漫天要价，掠夺消费者利益。

2. 差异价格不一定都是违法的，但如果企业是为了削弱或伤害竞争对手而实行差异性的歧视价格，就是营销不道德的表现。

3. 有些企业为了掠夺消费者及打击竞争对手而实行垄断价格，有些垄断行业对产品实行超额加成，都构成了营销中的道德问题。

4．有些企业利用消费者对价格信息的缺乏而不披露真实价格，目的是欺骗及诱惑消费者购买其产品，这也是违背道德的典型表现。

(二)定价策略中不道德行为的判别

有些定价行为中存在的道德问题是比较落后模糊的，需要加以认真分析。例如，赊购与分期付款的问题，从表面上看是企业通过这种方式给低收入的消费者购买其产品提供了便利，但在这一个过程中却可能出现不道德现象。因为企业和消费者在定价问题上存在着信息不对称，也就是说，消费者在购买时对所要支付的费用一无所知，而企业具有丰富的市场知识和法律知识，企业有能力运用某些信贷条件来迷惑消费者，造成低收入消费者分期支付了比一次性支付更高的成本和费用，从而引发营销道德问题。

再如折扣定价，企业经常利用数量折扣或现金折扣的策略来吸引消费者大量购买或提前付款，但对于低收入人群来讲，只能是多次少量地购买；相对于那些能大量购买或购买大包装商品的高薪阶层来讲，低收入的消费者付出了更高的成本费用。所以，这一价格策略有利于高收入的消费者却不利于低收入的消费者，这也同样存在着营销道德问题。

三、渠道策略中的道德问题

分销渠道主要涉及生产者、中间商、消费者之间的购销关系，渠道成员要根据各自的利益和条件相互选择，并以合约形式规定双方的权利和义务，如果违背了合约规定，损害了一方的利益，便会产生营销道德问题，因此，渠道中的营销道德问题主要来源于企业与中间商之间的关系。

(一)渠道策略中的不道德行为

渠道策略中的不道德行为具体表现为：

1．如果合约中规定中间商只能销售企业的产品，而实际上中间商出于自身利益的考虑，只要是畅销商品就都去经营，由此产生营销道德问题。

2．按合约规定，中间商在货到后要及时付款给生产者，并及时反馈其库存需求，如若中间商未及时付款，影响了生产者正常的资金营运，便会引发营销道德问题。

3．倘若某些零售商避开合法的生产者和批发商，另外从非法渠道进货，损害了生产者、批发商和顾客的利益，也是营销不道德的表现。

4．假如生产者凭借其自身的产品优势或经营性垄断地位，采用减少或停止供货的手段来迫使中间商屈服于自己的指挥，对中间商的销售活动施加种种干预，便会产生营销道德问题。因此，无论是生产者对中间商的胁迫，还是中间商对生产者利益的背离。一旦企业与中间商之间的关系处理不当，就可能出现不道德行为。

（二）渠道策略中不道德行为的判别

在市场营销实践中，有些渠道策略从企业角度来看是有利的，但从社会角度来看却并不一定有利，它隐含着一定的不道德因素。例如，企业为节省商品储存费用，往往在一个城市中设立一个中心仓库，然后再将商品分送至各个销售网点；又如，企业为提高竞争能力，采取免费送货上门的方式将货物送到每个消费者手中。所有这些做法从企业角度看或许是有利的，但却可能给城市的交通带来较严重的影响。

再如，垂直整合营销渠道系统是指由生产者、批发商和零售商组成的一体化整合营销渠道系统。在该系统中，可能某个成员拥有其他成员的产权，即公司式渠道系统；或者渠道成员之间有一种特约的代营关系，即合同式渠道系统；或者由于某个成员拥有相当的实力，其他成员因此愿意与之合作，即管理式渠道系统。整合渠道系统的形成固然有利于降低产品分销费用，提高渠道系统效率，但这种渠道模式在把生产环节和营销环节连为一体的同时，也提高了市场垄断程度，削弱了竞争力度，从而把那些未参加整合营销渠道系统的生产者和中间商排挤在市场之外，或者使它们在市场上处于一种很不利的地位，整合渠道系统的成员便可通过控制产量和垄断价格来牟取自身的最大利润，也就有可能导致损害消费者利益的营销不道德现象的发生。

四、促销策略中的道德问题

（一）广告策略中的不道德行为

广告是促销组合中最重要的因素。广告中不道德行为具体表现为：

1. 为搞垮竞争对手，经常制作和播发针对竞争者的攻击性广告，并通过这种方式诋毁同行业竞争对手来提高本企业和产品的地位。

2. 为诱惑消费者购买自己的产品而制作过度夸大产品功能效用的广告或隐瞒产品缺陷的广告，这种广告在药品和保健产品上表现得尤为明显。

3. 在广告宣传中使用含糊其词、模棱两可的词句，引起消费者对广告真实含义的误解，使消费者作出错误的购买决策。

（二）人员推销中的不道德行为

在销售人员的促销活动中也暴露出许多违背营销道德的行为，其具体表现为：

1. 推销员使用诱惑方式促销消费者购买那些他们不需要也不想购买的产品，如百科全书、保险、不动产及珠宝这类产品常常是靠推销员推销出去的，而不是由顾客主动购买的。

2. 销售人员通过操纵或强迫手段向顾客推销伪劣产品或积压滞销产品。

3. 推销员通过向对方送礼，甚至行贿的手段来获取销售订单。或者为获得个人回扣而向其他企业购买假冒伪劣产品等，这些行为都存在着较严重的营销道德问题。从表面上看，贿赂似乎给个人或企业带来了好处，但它会损害个人或组织的长远利益及根本利益。因此，西方国家的某些著名公司为了约束其员工的经营行为，制定了营销道德标准，其中也包括对贿赂行为的界定及限制。

（三）推拉策略与营销道德

传统的营销观念是通过各种强制性手段把商品强行卖给消费者，它体现了一种"推"式促销观念。现代企业促销的本质是信息沟通。通过生产者与消费者之间的信息沟通，以刺激和诱发消费者需求为手段来吸引消费者购买产品，这体现出现代营销中"拉"式促销的营销理念。

但从整个社会的角度来看，人们对现代促销活动中的道德合理性提出了质疑。例如，从企业角度来看，广告能产生传递产品信息、建立消费者忠诚、造成产品差异化营销等效用；但广告也经常成为企业传递欺诈信息的手段，如虚假和误导性广告、操纵或欺骗性广告等。除此之外，大量的广告宣传还会带来其他社会问题，高额广告费用必然会增加产品的销售费用支出和耗费大量社会资源，从而提高了产品销售价格，很多消费者指责现代商品价格中所包含的广告及促销费用过高。

还有，大企业固然有充分的财力资源，可投入大量资金进行广告宣传，使得消费者对大企业的产品产生较强的品牌偏好，保证了大企业拥有一个较大的市场份额，其广告促销费用得以补偿；相比较而言，小企业进入市场却十分困难，广告宣传成为小企业进入市场的障碍。

除广告策略外，对人员推销的社会评价也存在营销道德问题。广告是一种单向信息沟通，而人员推销是一种双向信息沟通。从这个意义上讲，人员推销比广告更为有效，但人员推销中的推销员都是被训练得具有整套的推销谈话技巧，以引诱人们购买产品。由于在购买时顾客无法确定推销员的真实身份，使人们对推销员的行为缺乏有效的制约，这一不确定性极有可能引发促销不道德行为的产生。

五、市场营销调研中的不道德行为

市场营销调研往往涉及三个方面的关系，即调研人员同委托者、调研人员同受访者、委托者同调研人员三个方面的关系。各方均需要承担一定的权利与义务，只有履行彼此间的道德责任，方能保证营销调研任务的顺利完成及保证调研资料的真实性和可靠性。

1. 从调研人员对委托者的道德责任来看，委托者有权要求调研人员保守企业秘密，未经委托者许可不能泄密；调研人员必须根据委托者的要求，保证调研工作的质量，如问卷设计要认真，访问次数不要偷工减料等；调研人员要严格培训，否则不仅浪费了委托者支付的调研费，而且往往使所收集的资料失真而误导委托者的决策；调研的对象、调研地点、访问方式及问卷反馈率等，使委托者据此推断所调研的资料是否可靠。如果调研人员违背委托者签订的合约，必须会引起营销道德问题。

2. 从调研人员对受访者的道德来看，调研人员要尊重受访者的权利，如受访者可拒绝接受调研人员的访问；调研人员要尊重受访者的尊严和隐私权；调研人员不要在受访者繁忙或不便时去访问，并要对受访者身份进行保密；未经受访者许可，不能随意公布受访者提供的资料。

3. 从委托者对调研人员的道德责任来看，委托者必须依约支付调研费；委托者要公正、全面地发表调研成果，不得断章取义而引起读者的误解。

第三节　构建企业市场营销道德体系

一、强化企业的社会责任

任何企业都具有双重身份。首先，企业是"经济人"。作为经济人的企业，势必以追求利润为标准衡量自己的经营成果及决定自身的价值取向。同时，企业又是社会经济细胞，是社会财富最基本的创造者，企业的这种社会性决定了它是"社会人"。企业的生存与发展所需的各种资源（包括人、财、物等）及企业生产的产品的实现条件都有赖于社会，因而企业应承担一定的社会责任，其营销行为应当受到社会的约束和限制。所以说，提高企业市场营销道德水准就必须强化企业的社会责任。

一、企业的社会责任

企业的社会责任可概括为三大类：保护消费者权益，保护社会的利益和发展，保护社会自然环境。

（一）强化企业社会责任的内容

1. 保护消费者权益。1962 年，美国总统约翰·肯尼迪在对国会的咨文中提出，消费者有安全权、知情权、选择权和表示意见权。美国国会随之对某些行业进行调查并且提出了消费者保护法案。之后，消费者至上主义在世界各国逐渐兴起，各种有关保护消费者权益的法律纷纷出台，并且日臻完善，政府及民间的相关组织也应运而生。消费者至上主义是公民和政府一种有组织的活动，其目的是增加买方对卖方的权利和力量。消费者至上主义团体期望通过对公司的劝说和立法，使消费者获更多的信息、更多的商品知识和更多的保护。有的用户至上主义者还要求企业遴选消费者代表参加企业的董事会会议，以使企业在作出决策时考虑消费者的利益。尽管一些公司认为过细、过严的法规会给企业带来约束和威胁，导致生产及服务成本上升，并最终以提高售价的形式转嫁到消费者头上，然而，今天的大多数公司都已经承认消费者至上主义，精明的经理则在寻找由此创造的各种积极的机会，以便在满足消费者需要的前提下实现企业的利润。

保护消费者权益是企业的主要社会责任。具体来说，它要求企业为广大消费者提供品种多样的、优质的产品和服务，以满足其各种不同的需求。为此，企业应树立起以顾客为导向、以人为本的经营哲学，并根据市场需求的变化，不断调整市场营销策略，以适应消费者不断变化莫测的需求。随着市场经济的发展，众多企业为广大消费者提供了日益丰富及品种多样化的产品，大大提高了人们的生活质量，并充分考虑了广大消费者的利益。但是，某些企业由于出于自身利益，追逐利润最大化，生产和销售假冒伪劣产品；哄抬物价或实行垄断价格；进行欺骗性的广告宣传；诱惑及操纵、强迫顾客购买自己不需要的产品；利用过多的包装而造成严重的浪费及环境污染，破坏了自然环境生态平衡，破坏了人类生活的环境及生活质量。为了保护社会及广大消费者的利益，西方国家的消费者自发地掀起了保护消费者权益运动，迫使企业保护消费者的权益。我国则是在全国及各级消费者协会的领导下，有组织地开展保护消费者权益活动，从而推动企业承担以下的社会责任。

（1）使消费者获得安全的产品与服务的权利，即要求企业保证购入产品或服务消费者的身体健康及生命安全。为此，要求生产者及经营者对其生产和出售的产品或服务所产生的后果负责任。

（2）使消费者获得有关产品充分信息的权利，即要求企业向消费者提供充分的关于产品优劣、构成成分、使用方法及使用效果等真实信息，以避免误导消费者作出错误的购买决策。

（3）使消费者具有自由选择产品的权利，即要求企业在任何时候都要让消费者自由选择自己所需要和所喜爱的产品，反对企业对消费者采取高压推销及垄断政策，反对诱惑消费者购买并不需要的产品。

（4）使消费者具有申诉的权利，即消费者因购入的产品或服务不满意而向有关部门进行申诉，企业对此应持欢迎及支持态度，并对消费者的损失进行赔偿。

2. 保护社会利益和社会发展的责任。保护社会利益和社会发展是企业义不容辞的社会责任。建设和谐社会，企业要勇于承担责任。企业从事市场营销活动，一方面为社会创造日益丰富的物质财富，为中央及各级政府、各企事业单位职能正常运行提供所需的物质条件，为保护社会利益及社会发展提供使用价值形态的财富；另一方面，企业为国家及各级政府提供一定的税收，即从价值形态上为国家作贡献，以增加国家积累资金，促进国家建设事业迅速发展。此外，企业还应当对社会公益事业进行支持和捐赠，帮助教育、娱乐、社会贫困地区的发展，这是近年来企业社会责任的延伸。例如，美国特快专递分公司建立一种计算机培训计划，用来帮助残疾者应聘计算机工作。又如，IBM 公司捐赠或降价销售计算机给教育部门。在实践中，许多企业认真地履行了为社会提供丰富的财富及照章纳税等社会责任，但有些企业由于经营指导思想不端正，一味追逐利润最大化，或生产和销售不符合社会要求的产品，或偷税漏税，严重地违背了法律及道德原则。由于诸多原因，许多企业还不可能对社会公益事业进行支持和捐赠，更不可能将这些活动纳入社会责任的范畴。

3、保护自然环境的责任。保护社会自然环境免遭污染，实现社会生态平衡是企业重要的社会责任。随着市场经济的发展，企业在为社会创造巨大财富、给广大消费者提供物质福利的同时，严重地威胁着人类生存环境的良性循环。因此保护自然环境，治理环境污染，解决恶劣的社会环境，实施社会可持续发展战略势在必行。通过绿色营销，从微观方面实施可持续发展战略和保证消费者的绿色消费成为企业的社会责任。

环境保护主义者把注意力集中在现代营销对环境的影响以及在满足消费者需求的过程中带来的成本。他们对市场营销的要求比消费者至上主义更加严厉。他们希望营销与消费能符合生产平衡的原则，营销系统不应追求消费者选择或消费者满足的极大化，而应追求最佳的生活质量。他们要求把环境的代价纳入生产者及消费者的决策范围，如主张对恶化环境的行为课税并征收实际社会费用；要求企业投资安装防污染设备；对不可回收的包装物课税，禁止使用高含磷量的洗涤剂和含铅汽油等。

（二）社会责任对企业营销的影响

市场营销道德和社会责任两个概念虽然经常互换使用，但二者是存在区别的。道德与个人哲学观（或价值观念）相联系，即在某个特定的决策环境中判断是非。社会责任是指某个组织有责任扩大其对社会的积极影响对社会的整体影响的。任何公司既要履行社会责任，又要遵守营销道德规范。

实践证明，社会责任与企业利润二者之间不仅不矛盾，而且企业的社会责任感还能为其带来长远的利益。它会改变人们对企业的看法，间接地促进企业的声誉、形象以及销售等。美国一项对469家不同行业的公司的调查表明：资产、销售、投资回报率均与企业的社会形象有着不同程度的正比关系。

判断某一行为是否道德或是否履行社会责任，主要视企业根据这两种因素及有关条件制定的营销策略是否获得广大消费者的拥护、是否是合法的、是否符合行业的习惯。如果回答是肯定的，那么该策略是符合道德规范的。企业履行社会责任，可以促使企业营销策略不仅以顾客的需求为出发点，而且以社会责任为出发点，从而使企业经营目标能将企业利益同消费者利益及社会利益三者有机地结合起来，使企业短期利益同长远利益更好地结合起来。企业通过承担社会责任，可以赢得声誉和组织认同，同时也可以更好地体现自身的文化取向和价值观念，为企业发展营造更佳的社会氛围，使企业得以保持生命力，长期可持续地发展。

事实上，许多企业通过营销实践逐渐认识到，企业要取得竞争优势，要生存和发展，以社会责任心从事企业经营活动带来的长期利益比无社会责任带来的近期利益更加重要。因此，西方国家某些大公司建立了调控系统对社会价值变化及发展趋势进行监测，并不断调整企业的社会责任。例如，可口可乐公司积极参与希望工程，截至2004年5月底，该公司已在中国捐建了52所希望小学、100多个希望书库，使6万多名儿童重返校园。因为中国是潜力巨大的战略性市场，可口可乐公司选择农村教育作为突破口，专门设立了公益事务部，全力负责公益项目的策划、实施和跟进工作。在可口可乐公司公益事务部的电脑里，存有捐建的52所希望小学的详细资料和信息，并与28个装瓶厂紧密配合，一同为这些希望小学持续服务。又如，摩托罗拉公司一进入中国就提出"做社会好公民"，截至2004年5月底，已为中国教育事业捐资累计2100万元人民币。柯达公司则推动银行为下岗工人提供购买彩扩设备的贷款，帮助他们实现再就业。

应该看到，企业履行社会责任面临诸多困难。例如，由于社会存在各种不同的团体。各个团体具有不同的利益。企业要发现整个社会的需求是有一定困难的。企业往往满足某一个群体需求的同时，很难满足另一个群体的需求，亦即对某一个群体履行了社会责任，对另一个群体则未能履行社会责任。而且，满足整个社会的需求及满足某一个群体的需求，均需付出成本。例如，净化环境和保护野生植物及其生存环境需要支出大量费用，从而使产品成本及价格提高，并将成本的提高转嫁到消费者身上；而消费者则要求低价高质产品。这种企业利益同消费者利益的矛盾，必然会影响企业履行社会责任。因此，企业需要权衡各种利益，作出最佳的社会责任决策。

二、提升企业市场营销道德水准

(一)影响企业道德水准和社会责任感的因素

企业在市场营销实践中，能否注重市场营销道德，增强社会责任感，作出符合道德规范的营销决策，主要受制于如下因素：

1. 个人道德观。个人道德观是指用来指导个人行为的原则或规则。个人道德观，尤其是高层管理者的个人道德观必然会渗入企业营销策略中。个人道德观正确与否及其水平的高低，必然会影响企业营销策略是否符合道德标准及营销策略道德水准的高低。

2. 企业价值观。企业价值观是指企业职工拥有共同的价值观念。它是在企业经营哲学指导下构成企业文化的基础与核心，它决定企业的经营目标、企业的管理风格及企业的行为规范。因而，它是决定营销策略是否符合道德规范的关键。例如，当企业价值观是"实现利润最大化"时，企业的营销策略往往会忽略、甚至无视消费者及社会的利益。反之，如果企业价值观是"为用户提供最优质的产品和服务"时，企业的营销策略就会以消费者利益为立足点。

3. 组织关系。组织关系是指在企业中，领导与员工、上级与下级、同事之间的关系。在这些诸多关系中要保持相互信任、履行相互的责任及义务等。一般来说，高层管理者设计整个营销管理的道德性基调，中下层领导干部则根据高层管理者的决策指示，结合自己的个人道德哲学观，去影响道德性营销策略的实施。职工在道德性策略中发生的相互影响。而职工在营销道德性策略中的作用程度取决于个人受道德行为与不道德行为影响相比的程度。如果职工面临越多的不道德经营行为，他就越可能做出不道德的营销行为；反之，如果职工面临越多的道德经营行为，他就越可能效仿作出道德的营销行为。

4. 报酬制度。报酬制度是指对经营者提供的一些有利条件，它减少障碍或提供报酬，从而影响营销策略的道德性。报酬包括来自内部或外部的。内部报酬是指为他人做某事后的良好感觉。外部报酬是指在等价交换基础上从他人那里获得自己想得到的有价值的东西，如获得领导者的提升和加薪、同事的赞扬等。但如果当某一经营者采用欺骗手段为增加销售额而增加个人提成，获得领导的奖励，这就表明，领导者肯定了其不道德行为，从而为经营者指明了未来努力方向。可见，领导者为经营提供的报酬或机遇对企业职工的营销道德进而对企业营销道德性策略起着十分重要的作用。

(二)提升企业市场营销道德水准的对策

1. 以《公民道德建设实施纲要》为依据，建立市场营销活动运行的正确道德规。党中央高瞻远瞩，制定和颁布实施了《公民道德建设实施纲要》，这是建立社会主义营销道德体系的一个纲领性文件。对于全国人民，特别是从事市场营销活动的人员，首先要努力学习《公民道德建设实施纲要》，深刻领会《公民道德建设实施纲要》的精神实质；其次是按照《公民道德建设实施纲要》所提出的要求，身体力行，强化营销道德观念和提高道德修养。这是解决市场营销道德问题、构建适应我国社会主义市场经济体制的营销道德体系的关键。

2. 要端正经营思想，树立社会主义市场营销观念。尽管"天下熙熙皆为利来，天下攘攘皆为利往"，但企业在开展营销活动中，要有正确的经营指导思想，要用正当的、合法的手段获利，不能唯利是图，更不能见利损人；要以弘扬社会主义市场道德观念为导向，既满足广大消费者的需求和欲望，又要考虑与维护消费者和社会的长远利益。企业需承担相应的社会责任，关心社会福利的增长，将企业利益与消费者需要以及社会利益有机地结合起来。这是形成老少无欺、诚实守信、买卖公平的良好经营思想，构建适应我国社会主义市场经济体制的营销道德体系的重要保证。

3. 优化市场营销环境。优化市场环境就是要打破市场垄断，做到市场机会公平，市场竞争公平，这是建立营销道德的一个重要手段。行业的垄断，是市场经济的阻碍，是实行公平竞争的障碍，也是产生腐败现象的根源之一。因此，建立社会主义的市场营销道德体系，必须要打破行业的垄断，实行公平竞争。除极少数关系到国家命脉的行业外，其他都应该走向市场，参与市场的公平竞争。政策信息、工程与采购的招标投标信息及时向社会公开，对所有参与竞标的单位做到在同一起点上公平竞争。这是解决市场经济的负面影响及地方保护主义的有效办法。

优化市场营销环境的对策，一是要创造客观条件，即迅速发展社会生产力，为企业文明营销奠定物质基础；二是转换政府职能，通过科学的宏观调控引导企业营销沿着法制及道德的轨迹运行；三是不断完善立法及强化执法力度，既打击非法营销行为，又要保护和鼓励合法营销行为。

4. 塑造优秀企业文化。在企业经营活动中，渗透着大量文化因素，它融存于企业经营哲学思想、价值观念、群体意识、管理方式、道德规范及行为标准中。随着企业经济的发展，逐步形成了企业自身经营管理哲学及精神文化即企业文化。如果每个企业都重视塑造具有创造力、影响力、凝聚力、显示出鲜明个性的高水平的企业文化，将有利于企业领导者及广大职工树立正确的价值观，从而有利于企业作出道德性的营销策略。

5. 建立和完善监督机制，加强市场监控。市场营销道德的形成和建立，一方面要靠全民的道德素质的提高，另一个是依靠严格的监督制度。市场营销活动中很多的不道德行为的出现，往往是由于公民素质低与市场管理监督制度不力所致。因此，应在提高人们营销道德素质和道德修养的前提下，营造道德舆论监督与法律制裁相结合的监督机制，同时提高消费者的自我保护意识，对企业的营销行为进行监督。企业自觉地建立营销道德标准，并将道德标准实施融入控制系统中。西方国家的企业对道德标准的创建及实施，为我国企业营销道德的建设提供了有益的借鉴。自20世纪80年代以来，西方国家许多大企业创立起道德决策及执行机构，并制定了用来约束职工经营行为的道德标准，如美国营销协会（AMA）制定出协会成员必须遵守的职业道德条例，并规定了相应的惩处办法。又如IBM公司、GE公司及McDonald公司等均制定出各具特色的营销道德标准，有力地规范了企业的营销行为。

6. 奉行社会营销观念。企业要自觉树立社会市场营销观念，真正地将企业利益、消费者利益及社会利益结合起来，并成为企业制定道德性营销策略的保证。

7. 缩小分配差距，纠正分配不公平现象，这是实现整体营销道德目标的一个重要手段。市场经济中不道德行为的出现，往往都是利益的原因导致的。特别是市场经济发展初期，由于资源占有的不合理性、不均衡性，收入分配不公的现象还依然存在，这是导致心理不平衡及产生不道德行为的主要原因。因而，缩小分配差距，纠正分配不公平现象，是建立社会主义营销道德体系的一个重要手段。解决社会分配不公也是建设和谐社会的必然要求，党的十六届四中全会明确提出了要构建社会主义和谐社会的目标，强调要坚持最广泛最充分地调动一切积极因素。因此，解决分配不公是实现和平发展的重要保证。

8. 解决传统道德与加入WTO后国外市场道德的冲突。我国加入了WTO以后，与外国的营销交往机会多了，就面临着怎么样处理我国的传统道德观念和道德规范与国外的市场道德的冲突。由于历史的原因，我国的传统道德观念和道德规范与国外的市场道德存在着许多不同的地方，有些是中国人所抛弃的、斥责的，而外国人却不反对，而有些是中国人所崇尚的，而外国人却又不赞成。因此，在国际营销业务中，就存在怎么样处理好我国的传统道德观念和道德规范与国外市场道德的冲突。我国传统道德体系是我国民族文化的精髓，我们应该继承、完善和发扬，而对于外国的优秀道德规范我们可以吸收，而对其中的糟粕应予抛弃。随着更多的人走出过门和更多的外国人进入国内，我们将会面对更多的外国文化和国外道德观念进入中国，也就将存在怎样去扬弃国外道德观念和道德规范的问题。

9. 加强法制建设，增强法制观念，充分利用法律法规与道德的互补性规范市场的行为。市场经济本身就是一种法治经济，对于规范营销中的不道德行为，特别是影响市场经济发展的道德问题，单靠道德本身的自我约束力量是不够的，还必须把一些具有共性的、重要的道德问题上升为法律问题，用法律来进行规范。如对制假、售假、欺行霸市等问题，用法律来加以约束，以实现对消费者和整个社会利益的维护。

提高道德素质，培育健全的企业人格，也是实现法制与道德有机融合的重要途径。不仅要加强企业领导人的道德、法纪学习和修养，更要加强市场营销人员的道德教育。使企业从纯粹的"经济人"向适应时代要求的"社会人"转变，在从事营销活动的过程中，变成为一个遵守道德、法律规范的"道德人"、"法律人"。

☞ 案例背景资料

雀巢公司面对"雀巢事件"的对策

雀巢公司有130多年的历史，是世界顶尖的几大食品公司之一。在中国，它有18家分公司，生产和销售奶制品、咖啡、矿泉水等食品。

双城雀巢有限公司是雀巢于1987年和黑龙江双城市乳食品公司共同投资兴建的在中国的第一家合资公司，于1990年7月完全投产，是目前中国最大的奶制品工厂之一。

2005年5月25日，《北京晨报》以及CCTV经济半小时、浙江卫视均报道了黑龙江双城雀巢有限公司生产的"雀巢"牌金牌成长3＋奶粉含碘超标。对于奶粉，国家标准是每百克奶粉碘含量应在30微克到150微克之间，而雀巢的这种产品被发现碘含量达到191微克到198微克，超过国家标准的上限40微克。

由于雀巢的产品一直受消费者信赖，当雀巢碘超标被媒体披露后，消费者感到异常震惊。

26日，雀巢中国公司迅速反应，发布声明，称雀巢碘检测结果符合《国际幼儿奶粉食品标准》。雀巢对浙江碘的检测结果高度重视，立即对原材料使用和生产加工过程进行了全面检查。调查发现：该产品使用了新鲜牛奶做原料，碘天然存在于鲜奶中。此次抽查显示的碘超标是由于牛奶原料天然含有的碘含量存在波动而引起的，并且该成分的含量甚微，雀巢金牌成长3＋奶粉是安全的。

27日，雀巢称中国营养学会公布的《中国居民膳食营养素参考摄入量》，儿童碘摄入量的安全上限为每日800微克。因此，上述检测中所提及的碘含量不会带来任何安全和健康问题。但是业内有关专家指出，中国营养学会公布的《中国居民膳食营养素参考摄入量》只是公布了儿童碘每日摄入量的安全上限，这个衡量标准与雀巢奶产品本身应遵守的国家标准，没有直接联系。

同日，联华、欧尚等大超市纷纷表示，已与雀巢经销商协商，将对问题产品撤柜，而家乐福已向全国发布撤柜通知。继全国各大超市将"雀巢"金牌成长3+奶粉全面撤柜后，部分超市开始无条件退货，但雀巢中国公司表示对"问题奶粉"目前尚不实行召回。

28日，雀巢（中国）有限公司正式对外公布，出现碘超标质量问题的奶粉批次为：2004.09.21。雀巢公司虽然声称清楚生产数量及销往哪些市场，但拒绝向公众透露具体信息。

29日，中央电视台经济半小时播出《雀巢早知奶粉有问题》。节目中，雀巢中国有限公司商务经理孙女士接受记者采访时说："按国家标准，这批产品是不合格。"但又说："我们的产品没有问题，是非常安全的。"

另外，在碘超标的雀巢奶粉外包装袋上看到标明的碘含量是30~150微克，这个数字是符合国家标准的。但实际检测结果是191~198微克，与包装上的标注完全不吻合。

5月30日，越来越多知情的消费者到超市要求退货，然而大部分消费者的退货要求却遭到了拒绝。雀巢方面依然没有就问题奶粉事件给出关于召回或者退货的进一步答复，导致大部分消费者退货无门。

同一天，在接受浙江卫视的采访时，孙女士称"非常遗憾，被检出来微量超标，这是事实，我们表示道歉"。但针对退货要求，孙女士回答"它超了这么一点，是不是就不能用？29种微量元素有一种超了一点，微超是不是就不能用了？这个问题这是个关键。我们认为这个产品是没有问题，所以我们认为安全"。

5月31日，有法律界人士指雀巢已违反《刑法》相关条款。《中华人民共和国刑法》第140条规定：生产者、销售者在产品中掺杂、掺假，以假充真，以次充好或者以不合格产品冒充合格产品，销售金额5万元以上，就应承担刑事责任。同时，《刑法》第143条还规定，生产、销售不符合卫生标准的食品，对人体健康造成严重危害的，应承担刑事责任。

（资料来源：《市场总监》cmo.icxo.com，2005-12-01有删改）

[案例思考题]

1.请分析本案例中"雀巢"公司是否存在不道德的营销行为？如果有，表现在哪些方面？

2.作为一家知名企业，"雀巢"公司为何在此事上会有如此有做法？请分析其原因。

本章小结

道德是一定社会调整人们之间以及个人与社会之间的关系的，依靠社会舆论、内心信念、风俗习惯来实现的行为规范的总和。道德是区别人与动物的一个重要标志，是随着社会经济的发展而不断发展的。因此，道德也就是一定社会、一定阶级向人们提出的处理人与人之间、人与社会之间、人与自然之间各种关系的一种特殊的行为规范。它是调节社会关系的重要手段。市场营销道德是调整企业与所有利益相关者之间的关系的行为规范的总和，是客观经济规律及法律以外制约企业行为的另一要素。在不同的社会制度下和不同的历史时期，营销道德的评判标准存在着差异。

本章首先总结了营销道德问题的研究意义。特别指出在当前社会主义市场经济不断发展、完善的过程中，强调企业的营销道德建设，具有十分重要的现实意义。其次较系统地介绍了有关道德的概念与营销道德的概念，以及二者之间的关系。接着讨论了企业营销道德问题的主要表现形式，分别就企业的营销组合4P中的营销道德问题进行了剖析；分析了营销道德与企业的社会责任的关系。最后提出通过优化市场营销环境、塑造优秀企业文化、制定营销道德规范、奉行社会营销观念等手段来提高企业的营销道德水平，使企业自觉树立社会市场营销观念，真正地将企业利益、消费者利益及社会利益结合起来，承担应有的社会责任。

思考题

1. 如何理解西方学术界中关于道德和营销道德的主要理论？
2. 中国传统文化中有哪些观念在市场营销道德建设中具有借鉴意义？
3. 在市场营销调研中经常出现的不道德行为有哪些表现？
4. 制约企业使之遵循市场营销道德的因素有哪些？
5. 中国企业在维护市场营销道德方面应采取哪些对策？
6. 如何看待遵循市场营销道德和增加企业盈利之间的关系？

第十六章 市场营销效益

随着企业的营销活动的发展，企业营销活动的效果和效益问题日益受到各界人士的关注。企业营销活动的各个环节必须要考察其效益，而营销活动的整体既要有最优的效益，又要有最佳的营销效果，这才符合企业长远发展的需要，符合企业营销活动的最终目的。现代企业进行的各种市场营销活动所追求的最终目标是获得最大的边际营销效益。而企业营销效益的考核是一项复杂的工作，不能只从某一个指标的高低来判断营销效益的高低。

第一节 市场营销效益的内涵及重要性

一、市场营销效益的含义

人们的一切市场经济活动都是为了达到一定的预期目的，即取得某种有效的成果。为了取得一定有效的成果，就要消耗和占有一定数量的人力、物力、财力，这种消耗在一般情况下必然会有一定的收获。因此，所谓市场营销效益，是指市场营销活动中营销活动耗费和占用与营销有效成果之间的对比关系，也就是通常所说的所费与所得的关系或者是投入与产出的关系。同样的营销耗费、占用，取得的有效成果越大，营销效益就越高；反之，营销效益就越低。马克思在引用李嘉图的话时指出："真正的财富在于用尽量少的价值创造出尽量多的使用价值，换句话说，就是在尽量少的劳动时间里创造出尽量丰富的物质财富。"[①]企业市场营销效益就是要以最小的营销投入，为企业创造最优的边际收益。企业的市场营销活动的最终目的就是要以一定的投入获得最大可能的营销效益。

市场营销活动中所创造和实现的符合社会需要的营销有效成果是指一定时期内实现的商品价值和市场影响的无形效果，具体表现为商品销售额或利润及对企业知名度、品牌知名度、顾客满意度的影响等。营销活动中的耗费，包括物化劳动和活化劳动耗费，具体表现为市场流通费用额。营销活动中的占用，具体表现为资金占用。因此，市场营销效益的具体表现是市场营销活动中的销售额或利润及企业知名度等无形效果同营销费用与占用额之间的比较。

---

① 剩余价值理论(马克思恩格斯全集第26卷Ⅲ). 人民出版社, 1974: 281

上述各项经济指标与市场营销效益之间的关系是不相同的。其中，销售额、利润额、企业知名度、品牌知名度、顾客满意度等指标与市场效益是正相关的，成正比例关系；而营销费用和营销占用与市场营销效益之间是负相关的，成反比例关系。从总体上讲，"所得必须大于所费"，企业进行市场营销活动的目的无疑是要追逐最大边际效益。

在这里有一点必须弄清楚，市场营销效益与企业经济效益是有所区别的。企业经济效益所侧重的是企业的销售额或者利润额与费用额之间的比较，主要强调的是现实的经济效益。而市场营销效益所涵盖的内容，既包括现实的企业经济效益，又包括市场营销活动所产生的无形效益，这是一种市场营销活动影响市场的无形的长远的效果。企业进行营销活动譬如促销活动，对企业知名度和企业形象的影响，对产品形象和品牌知名度产生的影响，对客户关系建立和顾客满意度的影响等，这些方面都会对企业的经济效益产生长远的效果。企业每进行一次市场营销活动，可能近期效益不明显，但从长远看，对今后经济效益的提高有较大的帮助，因而并不能说该次营销活动的市场营销效益低。因此，市场营销效益是对市场营销活动效果的综合评价、检验，比企业经济效益指标更能全面反映企业市场营销活动的投入与产出关系。

二、市场营销效益的特点

提高企业市场营销效益是企业进行市场营销活动的核心，没有效益的企业是没有生命力的。同时，市场营销效益是整个社会经济效益的组成部分，具有一般经济效益的共性，例如要以最少的投入获得最大的产出。但是市场营销效益由于它所涵盖的范围不同，对指导企业进行营销运作的作用不同。认识这些特性，对于深入理解和掌握市场营销效益的性质，更有针对性地提高市场营销效益，是非常必要的。

市场营销效益的特点主要有：

1. 市场营销效益的两重性

市场营销效益的两重性表现在它可以用定量化和定性化的指标来衡量。由于市场营销活动的最终目的是要实现商品的销售，实现价值和交换价值的转移。所以市场营销效益如何，最终可以由市场销售额、利润额、市场占有率或费用水平等具体的数字指导来体现。但是现代市场营销活动有时并不单纯追求产品销售，它还会将顾客满意、顾客忠诚等内容摆在营销人员的重要位置。所以，在考核市场营销效益时，要同时运用定量分析和定性分析的方法。

2. 市场营销效益的全面性

市场营销效益指标既包括反映企业经济效益的指标，也包括反映营销活动产生的无形效果的指标，即既可以用销售额或费用等硬性指标来分析，也可以知名度或美誉度等软指标来体现，因此，它更能全面真实地反映市场营销效益。市场营销效益的全面性还体现在它既能体现企业的营销效益，又能较好反映企业营销活动为社会所带来的影响。这也决定了在评价营销效益时要求将企业经济效益的数量标准与企业执行政策、维护社会和消费者利益等情况结合起来加以考虑，体现出企业在从事市场营销工作时所完成的经济任务与承担的社会责任的有机结合。

3. 市场营销效益的复合性

市场营销是一种复合的、综合的活动，其效益的高低取决于多项因素的综合作用。如在某一定时期内国家的宏观经济形势将决定市场需求状况，当国家宏观经济较好时且政策引导消费需求时，企业的市场营销活动没有倾力而为，也有可能会带来较高的市场营销效益，反之，则有可能会出现事倍功半的现象。企业战略及发展规划也是决定市场营销效益的重要因素。另外，消费心态、营销人员素质及社会流行等因素也将影响企业的市场营销效益。总之，企业的市场营销效益受多种因素影响，是多种因素共同作用的结果。

4. 市场营销效益的积累性

企业的市场营销活动是一个长期的、连续的、动态的系统。那种想以一次或几次市场营销活动来衡量整个市场营销活动效益的做法是不合理的，任何企业的市场营销效益都不是依赖于一次营销活动就能见效的，市场营销效益有一定的积累性，即前阶段开展的市场营销活动对后阶段的营销活动将会产生积累效应。在消费者真正实施某一产品或服务的购买行为时，一定受该产品或服务多次营销活动的影响。所以，企业在考察其市场营销效益时不要孤立地分析某一次营销活动，而应该进行系统性的分析，注重营销效益的积累性。

5. 市场营销效益表现的间接性

市场营销效益并不完全通过企业实现销售量的多少而决定，它主要是通过满足消费者需求、为消费者服务来实现的。也就是说，只有当消费者对企业营销的产品产生认同并实现其价值与使用价值的交换后，才体现出一定的营销效益。所以，从某种意义上说，是消费者决定了营销效益的高低而不是企业营销部门自身。市场营销效益的间接性还体现在它为社会所带来的效益方面，营销虽是一种商业服务性活动，但它对社会产生的影响是不可忽视的，因此，企业在评价营销效益时要将经济效益与社会效益、微观效益与宏观效益结合起来。

三、评估市场营销效益的意义

追求经济效益是人类社会生活的基础，也是人类社会生存和发展的基础。

总的趋势而言，人类社会的效益是不断提高的，市场营销效益也一样，评估市场营销效益是企业自身营销活动的客观要求，也会对合理利用资源，促进整个社会宏观调控产生积极的影响。其意义具体表现在以下几个方面。

1. 有利于更好地满足消费者的需求，为提高人民生活水平和生活质量提供客观条件

市场营销活动是实现产品价值与使用价值的转移，它的核心内容实质上是交易，通过交易实现商品时间、空间上的转移，来满足消费者的需求。在这一活动过程中，营销人员的劳动虽然不能直接创造价值，但在现代市场营销观念的指导下，营销活动作为整个贸易活动的组成部分，在营销内容、营销方式、营销时间、服务质量、服务范围等方面，完全是围绕着消费者进行的，给消费者以最大的方便，并根据消费者需求适时地调整，且其调整的原则是市场营销效益（包括企业经济效益和社会效益）最大化。这样，客观上保证了消费者需求得以实现，人民生活水平和生活质量得以提高。

2. 有利于衡量企业经营管理水平，提高企业的市场竞争力

市场营销效益作为企业经济效益的一个重要内容，它反映了一个企业管理水平的高低。如果一个企业管理水平较高，则在每个营销环节的劳动耗费就比较小，而实现的劳动效率就会高，反之，则劳动效率低。所以，改善企业经营管理是提高市场营销效益的重要手段，也只有通过改善企业经营管理水平，将商品管理、资金管理、财务管理及全面质量管理结合起来，才能提高企业的整体素质，增强企业市场竞争力，使企业在市场竞争中立于不败之地。

3. 通过对市场营销效益的定性化和定量化评估，有利于加强市场营销人员的责任感，提高市场营销人员的积极性

在衡量市场营销人员的工作业绩时，存在着一个误区，即认为只要有了销售额和利润，就能说明市场营销人员的工作。实质上，销售和利润只反映了市场营销人员工作的一面，而营销人员工作的另一方面无法用定量化指标来分析，如顾客满意度与忠诚度、危机公关的处理等，营销人员一样付出了劳动，但可能无法用销售量来衡量。所以，通过运用定性和定量相结合的方法，能够全面衡量市场营销人员的工作业绩，从各个环节加强市场营销人员的工作责任感，并且由于评估的合理化，也能够充分调动市场营销人员的积极性。

4. 可以为企业经营管理活动提供丰富的经验资料，为下一次市场营销活动的调整提供依据

企业在开展市场营销活动时，并非每一次都会成功，但想要从失败中得到教训则必须通过对市场营销效益评估而取得。所以，成功的企业大都会定期地、有效地总结和分析上一次营销活动所实现的效益情况，找出不足和失败，

分析失败的原因，从而有针对性地开展下一次市场营销活动，以取得满意的效益。一个不善于总结经验、吸取教训的企业是无法提升其经营管理水平的，更无法实现理想的市场营销效益。

5. 评估市场营销效益，可以明确哪些因素是企业营销活动中无法改变的

一个企业开展市场营销活动时，必然会受到诸多因素的影响，有些因素是企业可以控制的，有些因素则是企业无法控制的。也正是由于影响因素的复杂多变，在评估市场营销人员工作效率时不能只考察其实现销售的多少。当市场营销人员工作很努力而没有实现预期效益时，必须分析其原因，究竟是由于整个市场疲软、国家宏观经济形势欠佳等不可控因素造成的，还是由于营销方法、营销技巧等个人因素造成的？明确原因之后，才能有针对性地采取改进措施，及时调整营销策略，保证营销效益处在一个较佳的水平。

6. 更能全面地反映企业的投入与产出情况，有利于企业更合理地配置资源

由于市场营销效益能够真实地、全面地反映企业营销投入的效果情况，因此企业可以利用这个指标所反映出来的状况，合理地调整、利用企业现有的资源，使企业有限的资源投入到最合理的项目上，使其发挥最大的边际收益。

第二节　评估市场营销效益的指标体系

一、评估市场营销效益的基本原则

市场营销作为一种在满足消费者需求基础上实现企业盈利的经济活动，其效益的高低不仅依靠给企业带来的盈利，还必须考虑为消费者、为社会带来的利益。所以，在评估市场营销效益时必须遵循以下基本原则。

1. 目标性原则

即进行市场营销效益的评估首先必须明确评价的具体目标，根据目标来选定科学的评价方法。如果其目标是为评价开展市场营销活动之后所实现的企业销售增长情况，就要以定量化分析为主，如果考核目标是开展市场营销活动之后企业或产品知名度的提高，顾客偏爱的产生及企业形象的树立，则评价指标体系就会完全不一样。

2. 统一性原则

即满足消费者需求与寻求合理的企业利润相统一。实现盈利是企业开展市场营销活动的最终目的，但在现代市场营销观念的指导下，企业不应该单纯追求某次的利润水平，必须在满足消费者需求的基础上取得长期而稳定的利润。所以，在评估市场营销效益时必须将两者紧密结合起来，既考虑企业利益又考

虑社会利益，也只有这样才能实现企业长远的效益目标。

3. 整体性原则

即将营销效益与企业整体效益相结合的原则。虽然一个企业的营销效益主要体现在销售额、费用水平等营销指标方面，但营销指标并未全面反映企业整体效益。如企业发展规模、投入产出情况特别是资产的增值情况、其他管理人员的工作效率等无法通过营销效益来体现。所以，在评估企业市场营销效益时必须将其放在企业整体中去认识，其指标确定、考核方法、奖罚措施等必须与企业整体办法相一致。

4. 适应性原则

不同的企业有不同的营销特点，如制造业的营销效益主要表现在销售的多少及售后服务情况，而服务业则不同，除了接待顾客的多少外，顾客在消费过程中满意水平是一个很重要的方面。所以，不同的企业在考核市场营销效益时应根据自己的营销特点制定相应的考核指标，找出各种因素之间的必要性和规律性，避免主观性和片面性，从而保证市场营销效益评估的准确有效。

5. 经常性原则

进行市场营销效益的评价并非一劳永逸的事，对企业而言，定期地、经常地进行市场营销效益的评价有利于促进企业整体效益的提高，也有利于企业整体营销战略的实现。经常性原则要求对市场营销效益的评价处在一个动态过程中，根据影响因素的变化随时调整考核指标及考核方法。

二、评估市场营销效益的基本要求

市场营销效益是通过一系列经济指标和具体的考核标准来进行的。在考核过程，指标的设置和考核的方法都必须合乎一定的要求，才能做到评价的科学和公开，真正实现通过评估营销效益而提高营销效益的目的。在坚持前面所述的市场营销效益考核的基本原则下，进行市场营销效益评价的具体要求有：

1. 评价指标的具体化

由于市场营销效益涉及企业市场营销工作的各方面，每个方面的指标有不同的要求。人员推销、营业推广或广告促销等不同的营销形式体现不同的结果，人员推销以销售量指标和访问次数为主，营销推广则主要通过销售额提高来反映，而广告则主要围绕知名度提高而进行。每一种形式都有自己的主要考核指标和次要指标，所以，企业要能针对每一种具体的营销方式将评价考核指标具体化。如果只是一个笼统而抽象的指标，是很难全面反映企业市场营销效益的。

2. 评价工作的针对性

对市场营销效益的评估要求有一定的针对性，要根据不同行业、不同营销主体及不同的营销内容确定有效而可行的市场营销考核指标。并且还要根据营销目标的不同，市场营销人员的个性特点及所面对市场的困难程度不同而分别制定考核标准。假若一个企业的营销目标是提高企业和产品知名度，而考核市场营销效益的指标却是以销售量的提高为主，则说明该评价指标没有针对性也是不合理的。总之，在进行市场营销效益评价时，服务业有服务业的特点，制造业有制造业的特点，人员促销与广告促销之间营销效益体现不同，上门推销与固定门面的营销员也存在较大的差异。所以，企业在进行营销效益评价时必须把握这些不同，保证营销效益评价的有针对性地开展。

3. 评价指标的可行性

凡是开展市场营销活动的企业或其他非盈利性单位都存在市场营销效益的评价问题，每个企业或组织单位都会根据其不同特点制定相应的科学评价的指标体系。然而不管怎样，对企业而言，最主要的还是所制定评价指标体系的可行性，如果一个指标体系在评价过程没有可行性，再科学也只是纸上谈兵而已。

4. 评价指标要有可比性

随着市场营销理论应用的不断扩大和发展，各行业各部门纷纷运用市场营销理论来指导自己的实际工作。由于经营性质不同，经营产品不一，各行业、各部门之间市场营销效益是无法进行横向比较的。市场营销效益的高低必须在同类型企业或同一企业不同时期进行比较，才能判断在某一时期内企业营销效益的好坏及发展情况。

5. 评价工作要求经常连续地进行

所有企业都应当对营销效益评价常抓不懈。

三、市场营销效益的指标体系

影响市场营销效益的因素是多方面的，因此考察市场营销效益也应通过一系列指标来进行，通过经引入多个指标项目综合评价，来全面地观察和把握市场营销效益的本质和规律性。

根据市场营销效益的特点及要求，大体可将市场营销效益指标体系分为以下五大项。

（一）销售额

即在一定时期内通过市场营销活动销售商品或服务所实现销售额的多少。它反映了产品或服务价值的实现程度和满足消费者需求的程度，也是企业市场营销效益评估指标体系中的基本指标。销售额作为衡量市场营销效益指标，通常的情况下是在开展市场营销之前制定一个销售目标，然后将通过开展市场营销活动后所实现实际销售额的多少进行对比来体现。在其他条件相同的情况下，如果通过营销活动后实现的销售额越大，则说明营销效益越高，反之，则营销效益越低。用公式表示则为：

销售额 = 销售量 × 单价

需要指出的是，在一定时期内，企业产品销售额的增减，不仅取决于营销工作的好坏，还取决于产品价格的变动。如某企业计划一年内销售 4 000 台空调，单价 2 200 元一台，计划销售额为 880 万元，但实际却完成了 902 万元，且价格高于 2 200 元每台。这里就必须分析在增加的销售额有多少是营销效益提高而形成的，有多少是由于价格上涨而形成的。

一般的情况是企业销售实际达不到计划要求，于是通常运用微观销售分析，分别从产品、销售地区以及其他有关方面考察未能完成预定销售额的原因。假设上述空调集团在三个地区销售，预期销售量分别为 1 500 台、500 台和 2 000 台，而实际销售量分别为 1 400 台、525 台和 1075 台，这样，地区 1 只完成了任务的 93%，而地区 2 却超额 5%，地区 3 却有 46% 未完成。地区 3 就成了陷入销售困境的主要原因。这就需要营销经理对地区 3 进行深刻分析，弄清究竟是营销员的责任还是竞争激烈的缘故，还是该地区经济方面的原因，从而合理地评估本年度的营销效益。

（二）市场份额

企业的营销效益不仅仅表现在销售额这一指标上，即使销售额有所下降，但如果占有较大的市场份额，也是营销效益的提高。市场营销份额作为衡量营销效益的指标主要是从三个方面来体现的。

（1）绝对市场占有率的增减。即通过企业开展有效的市场营销活动后，本企业产品的销售在同行业总销售额中比例的变化。如果比例提高，则说明营销效益较高，反之，则说明企业营销效益有待改进。如果说销售额是从纵向考核企业营销效益的话，则绝对市场占有率就是横向分析。

（2）相对市场占有率的变化。相对市场占有率是指将本企业的市场占有率同同行业中最大竞争者市场占有率的比较。相对市场占有率的变化也是考察市场营销效益的一个重要指标，因为在一定的市场总额中，通过营销活动将顾客从竞争者手中吸引过来，就表明企业的市场营销效益提高了，反之，则说明市场营销效益下降。

企业往往从产品线、顾客类型、地区和其他相关方面来分析市场份额的变动，考虑市场营销效益。用公式表示为：

总市场份额 = 顾客渗透率 × 顾客忠诚度 × 顾客选择性 × 价格选择性

式中：

顾客渗透率是指所有向该公司购买的顾客占所有顾客的百分比；

顾客忠诚度是指顾客从该公司所购买的商品量占这些顾客向其他同类产品的供应商所购买商品数量的百分比;

顾客选择性是指该公司的顾客平均购买量与某个一般公司的顾客平均购买量之比;

价格选择性是指该公司的平均价格与所有公司的平均价格之比。

当然,如果某公司的市场份额在一定时期内下降了,则说明可能受四种因素的影响。但实质上,除这四种因素之外,市场份额的下降还可能受其他因素的影响,如企业所处的宏观环境、公司考核指标的合理性、公司是否面临着更多的竞争对手、公司自己的战略目标及其他许多偶然的因素,等等。这些分析,为提高市场营销效益提供了较为详细的依据。

(三) 费用水平

费用水平是考核企业市场营销效益的一个重要指标,它是指通过开展市场营销活动后,完成一定的商品销售时所需支出的各种费用之和。如果费用小而实现商品销售大,则说明市场营销效益高,反之,则说明市场营销效益较低。一般情况下,在考核费用水平时,不能将费用水平孤立来分析,必须将其与销售额进行对比。用公式表示为:

$$市场营销费用率 = 销售额/市场营销费用 \times 100\%$$

此公式是表示在不考虑其他因素的前提下,每100元市场营销费用支出实现的销售额。需要指出的是,这只是一个普通意义的数据资料,实际上,在真正对市场营销效益进行评估时,必须将费用水平细分化,从而找出哪些费用水平是合理的,哪些是浪费的。通常考虑五类费用水平,即市场营销人员所需要费用与销售额之比;广告费用与销售额之比;营销调研费用与销售额之比;营销管理费用与销售额之比;其他促销费用与销售额之比。

一个企业要能有效地控制营销费用,就必须对以上的费用水平进行具体分析,从而有效地控制这些营销费用开支,并且分析费用较高的原因,决定是否需要削减某些费用。如某企业的广告费用与销售额的比率通常在6% ~15%之间,如果100次里面有99次是正常的,但其中有一次超过了上限,就要对其进行费用分析。假设有两种情况会导致这一现象的产生:一是企业对广告开支方面的控制正常,二是企业对广告开支方面失去了控制。对于第一种情况,则说明不是费用控制问题而可能是市场上发生了某偶然的事件,而对第二种情况,则必须寻找原因,调查真相,从而保证市场营销效率。

(四) 盈利能力

1. 盈利能力分析的含义

盈利能力分析即营销利润率的分析,它是指企业通过开展一定的营销活动后所实现的利润水平。这是评价市场营销效益的一个关键性指标。营销利润额是指企业通过开展市场营销活动后所实现的商品或服务的销售额减去营销成本的营销费用及应纳税金之后的余额。它又分为营销毛利和营销纯利。一般情况下，营销利润与营销费用成反比例的关系。营销盈利不仅反应营销部门效益的高低，它也反应了企业整个经济效益水平。其主要计算公式为：

营销毛利 = 营销额 - 营销成本

营销利润率 = 营销毛利/企业营销总额 × 100%

营销净利润率 = 税后净利润/企业营销总额 × 100%

总资产收益率 = 税后净利润/企业总资产 × 100%

股东权益报酬率 = 税后净利润/企业股东权益 × 100%

2. 营销盈利率分析的步骤

以某洗衣机通过家用电器专店、超市和百货商店三种不同渠道销售为例，判断三种不同渠道的营销盈利率。

首先，要确定职能性费用。如果一个企业营销费用是由销售产品、广告、包装和运送产品及其他活动所引起的，那么，首先就必须衡量每项活动将引起多少费用。假定营销代表工资占较大部分，而其他相关人员占的比重较小。将9 300 元分为5 100 元(销售代表工资)、1 200 元(广告人员工资)、1 400 元(包装和运送工人的工资)和1 600 元(会计人员工资)。表16 - 2 中表明了工资支出在这几项活动中的分配。

表16 - 1　某洗衣机企业简化的收益表　　　　　　单位：元

销售额	60 000
销售产品成本	39 000
毛利	21 000
各项费用	
工资	9 300
租金	3 000
易耗品费用	3 500

表16 - 2　按性质划分的费用转化为按职能划分的费用　　　　　　单位：元

自然账户	总计	销售	广告	包装和运送	开单和收款
工资	9 300	5 100	1 200	1 400	1 600
租金	3 000	—	400	2 000	600
易耗品费用	3 500	400	1 500	1 400	200
合计	15 800	5 500	3 100	4 800	2 400

表 16 - 2 还表明,销售代表一般在固定的办公场地上班,几乎不发生租金费用,而且易耗品费用又再次被分配到更详细的各项职能性活动中去了。

其次,将职能性费用分配给各个营销实体。即衡量每一种渠道的职能性支出。如果对这三种渠道共进行 275 次销售访问,那么平均每次的销售访问费用为 5 500/275 = 20 元。如果各渠道共做广告 100 个,则平均每个广告成本为 3100/100 = 31 元,相应地,包装和运送费用及其他费用也可以依此类推,如表 16 - 3。

表 16 - 3　各渠道分配的职能性费用

渠道类型	销售	广告	包装和运送	开单和收款
家电专店(个(次))	200	50	50	50
超市(个(次))	65	20	21	21
百货商店(个(次))	10	30	9	9
职能性支出(元)	5 500	3 100	4 800	2 400
单位个数(个(次))	275	100	80	80
平均费用(元/个(次))	20	31	60	30

最后,为每一类型的营销渠道编制一张收益表,如表 16 - 4。

表 16 - 4　各渠道收益表　　　　　　单位:元

	家电专店	超市	百货商店	整个公司
销售额	30 000	10 000	20 000	60 000
销售成本	19 500	6 500	13 000	39 000
毛利	10 500	3 500	7 000	21 000
各项费用				
推销(每次访问 20 元)	4 000	1 300	200	5 500
广告(每个广告 31 元)	1 550	620	930	3 100
包装和运送(每一订单 60 元)	3 000	1 260	540	4 800
开单(每一订单 30 元)	1 500	630	270	2 400
总费用	10 050	3 810	1 940	15 800
净利润	450	(310)	5 060	5 200

通过以上分析可知,采用超市的方式销售营销效益最低,而采用家电专店销售销售额较大,但营销效益一般,而采用百货店销售则营销效益最高。当然,要提高营销效益的方法并不是简单地放弃超市或家电专店营销方式,而是应从其他方面想办法提高营销效益,如收取不定期的特别销售费用或提供多种促销措施等。

以上只是以某一个具体的事例来分析营销盈利能力，企业在实际操作中，还应该全面考虑其他因素，特别是成本的区别，这样，将有助于更准确地评价营销效益。

（五）顾客满意度

顾客满意度是评价企业营销效益的一个定性化指标，它是顾客在购买与消费了相应的产品或服务后所获得的不同程度的满足状态。一般情况下，为了说明顾客满意的程度，用 CSM（customer satisfaction measurement）来表示满足状态。在顾客满意级度数轴上可以把顾客满意的状态等分为七个级度：十分满意、满意、较满意、基本可以、较不满意、不满意、十分不满意，并分别赋予他们 90、60、30、0、-30、-60、-90 等满意状态的数值。如下图：

十分不满意　　不满意　　较不满意　　基本可以　　较满意　　满意　　十分满意
　　-90　　　　　-60　　　　-30　　　　　0　　　　30　　　60　　　90

用公式表示：$CSM = \sum Xn / N$

式中，CSM 表示顾客满意度；$\sum Xn$ 表示调查项目的满意级度分值之和；N 表示调查项目的数量。

顾客满意七个级度的内在规定性主要是通过感觉报告法和事实陈述法进行界定。感觉报告法是指顾客根据自己购买和消费某种产品或服务后所获得的主观感觉来判定满意的级度。事实陈述法则是根据顾客购买和消费某种产品或服务后的事实来判定满意的级度。感觉报告法是反映顾客个人的价值取向，同样的事实因人而异就会有不同的判定级度。而事实陈述法是根据客观标准来判断。如产品的价格合理、质量合格、功能正常、设计合理、包装新颖、品位不俗、服务周到等，顾客满意度就可以定为十分满意。这种方法基本上可以做到客观公正。但事实陈述法的不足之处是否定了顾客的个人主观价值取向。顾客满意指标包括：

1. 产品满意指标

产品满意指标包括产品的品质、价格、服务、数量、时尚等因素。

2. 服务满意指标

服务满意指标包括服务的效用、保证、整体性、便利性、情绪与环境等因素。

3. 企业内部顾客满意指标

（1）一般员工的顾客满意指标。一般员工的满意指标十分复杂，可以根据马斯洛的需求层次理论、麦克利兰的成就需要理论、佛隆的期望理论等进行分析，但必须包括物质、安全保障、尊重和发展等主要满意指标。

（2）管理人员的顾客满意指标。管理人员的顾客满意指标除一般员工的之外，还包括企业文化、个人晋升机会、公司及个人的发展前景、个人才能充分发挥、充分授权、自我价值实现感等因素。

（3）股东的顾客满意指标。企业经营业绩、年度盈余和分红、企业的发展前景、劳资关系、企业社会责任等。

除此之外，货款的回收、新客户的开发、老客户关系的维持等，也是市场营销效益考核的一些重要的指标体系。

四、营销效益等级考核

一个公司或一个营销部门的营销效益可以从营销导向的五种主要属性体现出来。即顾客观念、整合营销组织、充分的营销信息、战略导向和工作效率。一般而言，公司可以将以上五个方面列成一个营销效益等级评定表来考核营销效益，根据下列内容进行打分测试，以分数值的多少来衡量。

1. 顾客观念

（1）企业管理层是否认识到根据其所选市场的需要和欲望设计公司业务的重要性？

A. 企业管理主要考虑如何把现有产品或新产品出售给任何愿意购买的人。　　0分

B. 企业管理层考虑为范围广泛的市场提供同等效率的服务。　　1分

C. 企业管理层考虑为其所选市场的需要和欲望服务，这些市场都是在慎重分析市场长期成长率以及公司的潜在利润后选定的。　　2分

（2）企业管理层有否为不同的细分市场开发不同的产品和制定不同的营销计划？

A. 没有。　　0分

B. 做了一些。　　1分

C. 做得相当好。　　2分

（3）企业管理层在规划其业务活动时是不是着眼于整合营销系统观点？

A. 不是。　　0分

B. 有一点。企业管理层尽管将大量的精力集中在向当前的顾客出售商品和提供服务方面，但是也从长远观点考虑了它的渠道。　　1分

C. 是。企业管理层从整合营销系统观点出发，了解由于系统中某个部分的变化可能给公司带来的各种威胁和机会。　　2分

2. 整合营销组织

(1) 对于各重要的营销功能是否有高层次的营销整合和控制?

A. 没有。销售和其他营销功能没有高层次的整合协调并有一些非生产性的摩擦。 0分

B. 有一点。各个重要的营销职能部门有形式上的整合和控制,但是缺乏令人满意的合作和协调节器。 1分

C. 是。各重要营销职能部门被高度有效地整合在一起。 2分

(2) 营销企业管理层是否有效地和市场研究、制造、采购、实体分配以及财务等其他部门的企业管理层进行合作?

A. 否。人们抱怨说营销部门向其他部门提出的要求和需要的费用是不合理的。 0分

B. 还可以。尽管各部门一般都倾向于维护本部门利益,它们之间的关系还是融洽的。 1分

C. 是。各部门能有效地进行合作,并且能从全局考虑,从公司的最高利益出发来解决问题。 2分

(3) 新产品制作过程是如何组织的?

A. 这一制度未明确规定,管理不善。 0分

B. 这一制度形式上是存在的,但是缺乏有经验的人员。 1分

C. 这一制度结构完善,配备了专业人员。 2分

3. 充分的营销信息

(1) 最近的一次研究顾客、采购影响、营销渠道和竞争者的营销调研是何时进行的?

A. 若干年以前。 0分

B. 一两年以前。 1分

C. 最近。 2分

(2) 企业管理层对于不同的细分市场、顾客、地区、产品、渠道和订单及潜在销售量和利润的了解程度如何?

A. 一无所知。 0分

B. 略有所知。 1分

C. 了如指掌。 2分

(3) 在衡量不同营销支出的成本效益方面采取了什么措施?

A. 很少或没有措施。 0分

B. 有一些措施。 1分

C. 有大量措施。 2分

4. 战略导向

(1)正规营销计划工作的程度如何?

A. 企业管理层很少或者没有正规的营销计划工作。　　　　　　　　0分

B. 企业管理层制定了一个年度营销计划。　　　　　　　　　　　1分

C. 企业管理层制定了一个详细的年度营销计划和一个精心制定的每年更新的长期计划。　　　　　　　　　　　　　　　　　　　　　　　　　2分

(2)现有营销战略的质量如何?

A. 现有战略不明确。　　　　　　　　　　　　　　　　　　　　0分

B. 现有战略明确,但只是代表传统战略的延续。　　　　　　　　1分

C. 现有战略明确,富有创新性,根据充足,合情合理。　　　　　　2分

(3)有关意外事件的考虑和计划做得如何?

A. 企业管理层很少或者不考虑意外事件。　　　　　　　　　　　0分

B. 企业管理层尽管没有正式的意外事件应付计划,但是对于意外事件有一定的考虑。　　　　　　　　　　　　　　　　　　　　　　　　　　1分

C. 企业管理层能够正式分别最重要的意外事件,制定了应付意外事件的计划。　　　　　　　　　　　　　　　　　　　　　　　　　　　　　2分

5. 工作效率

(1)在传播和贯彻最高管理层的营销思想方面做得如何?

A. 很差。　　　　　　　　　　　　　　　　　　　　　　　　　0分

B. 一般。　　　　　　　　　　　　　　　　　　　　　　　　　1分

C. 很成功。　　　　　　　　　　　　　　　　　　　　　　　　2分

(2)企业管理层是否有效地利用了各种营销资源?

A. 否。　　　　　　　　　　　　　　　　　　　　　　　　　　0分

B. 做了一些。营销资源足够,但是它们没有得到最充分的利用。　　1分

C. 是。营销资源充足,并且对它们进行了有效的部署。　　　　　　2分

(3)企业管理层在对当前变化作出迅速有效的反应方面是否显示出良好的能力?

A. 否。销售和市场信息不很及时,企业管理层的反应比较迟钝。　　0分

B. 有一点。企业管理层一般可以及时获得销售和市场信息,但其反应快慢不一。　　　　　　　　　　　　　　　　　　　　　　　　　　　　1分

C. 是。企业管理层建立了若干专门制度,用以收集最新信息,并能及时反应。　　　　　　　　　　　　　　　　　　　　　　　　　　　　　2分

根据自己的具体情况进行测试,不同的分数表示不同的营销效益水平。

0～5分=无　　　　6～10分=差　　　　11～15分=普通

16～20分=良　　　20～25分=很好　　　25～30分=优秀

第三节　提高市场营销效益的途径

一、正确地制定和完善企业营销管理的发展战略

提高市场营销效益是所有营销活动的出发点和立足点。随着市场营销理论在不同领域的运用，各个企业和非盈利性单位将市场营销活动摆在一个很重要的位置，市场营销效益的好坏也成为其决策层所重视的一项重要工作内容。如何提高市场营销效益，实现市场营销活动的最优化，也就成为摆在各营销者眼前的一个重要课题。

市场营销活动受到宏观和微观环境因素的制约，如国家法规政策、国家经济状况、生产力布局或配置、就业水平、科技水平、社会风尚与宗教、文化传统等，以及企业本身资源条件，这些都是制约企业营销活动的主要因素。因此，企业在开展营销活动以前，必须全面、准确地了解自身所面临的市场状况和自身的资源条件，正确地分析市场与评价市场，发现企业现在所面临和即将面临的市场威胁，寻找在激烈的、复杂的市场竞争中可能存在的企业发展机会，为企业选择有利的目标市场，制定正确的营销策略奠定基础。而要做到这些，企业就必须制定和完善企业营销管理的发展战略，也就是市场占领与市场开拓的发展战略。包括：①发现和评估市场机会；②细分市场和选择目标市场、市场定位；③满足市场需求的措施；④怎样去开拓新的市场，等等。企业的战略是实现营销效益的保证。

1. 目标市场的选择战略

对于企业来说，正确地选择有长远发展潜力的企业有能力有效利用的细分市场，是企业营销发展的关键一步，这是实现营销效益的前提条件。如果企业选择的目标市场失误，无疑会导致企业的营销发展受阻。因此，企业必须慎重地选择适合企业的目标市场。

2. 市场定位战略

错误的市场定位制约着企业全面发展。因此企业正确地给自己定位，使自身能在激烈的市场竞争中找到发展的出路，也是实现营销效益目标的关键因素之一。

3. 确定企业的竞争战略

这是企业发展战略的重要内容。在目前全球经济一体化的局势下，国家之间、地区之间、行业之间、企业之间及品牌之间的争夺战不断升级，企业如何在竞争中获得优势，如何获得较高的营销效益是至关重要的。企业在确定竞争

战略时，必须处理好企业眼前利益和长远利益、企业效益和社会效益的关系，实现企业效益和顾客利益、企业效益和社会效益的统一。

4. 营销组合战略

这也是企业发展战略的一个主要内容，对企业市场营销效益同样有着重要作用。企业使用什么样的营销组合，各种组合模式的营销效益如何，各种组合对提高企业的核心竞争力的推动大小等，是企业在确定营销组合时要综合权衡的。营销组合战略是企业如何利用现有有限的资源，使之发挥最大的边际营销收益的重要方法。

二、实行全方位的、灵活多变的营销战术，是企业夺取市场胜利，扩大市场占有率，提高营销效益的重要途径

当代的市场格局是，一方面经济全球化一体化不断深入，另一方面各国在保护本国经济利益上寻求新的突破。因而各国企业在营销的方式、方法上新招迭出，不断探索创新。作为企业的营销战术来说，就是依据战略决定的方向，综合运用各种营销手段，进入和占领目标市场，实现企业的战略意图。因此，企业针对复杂多变的一体化的市场趋势，应该实行全方位的、灵活多变的营销战术，赢得市场竞争的胜利，促进企业营销效益的提高。

（1）按照市场需求，组织适销对路的、满足更多细分市场需求的产品。企业营销效益的实现，首要问题是企业的产品是否符合市场需求。因此，企业就必须对产品的经营、功能、外观、包装及产品市场定位等针对市场需求进行全方位的综合设计，确保产品能真正形成差异化，满足市场多层次的需求。

（2）加强资金管理，提高投入产出的效率。加强资金管理，首先是对流动资金的合理调配使用，实行勤进快出，提高库存商品的出库率，降低资金浪费和占用时间；其次是强化成本核算，如全国优秀企业——河北邯郸钢铁厂的成本"一票否决法"，对提高企业营销效益产生了重要的作用；再次是节约营销管理各环节的费用开支，为了提高企业营销效益，在保障企业经营活动正常运转的前提下，在不损害消费者的利益、不降低服务质量的前提下，应努力降低费用水平；最后，是对各种费用投入，既要考虑近期的经济效益，又要考虑长远的营销效果，即综合评价营销活动的短期与长期利益。譬如企业实施 CIS 策划，在短时间内的效益可能并不明显，但从长期来看对企业的营销活动的开展和经济效益的作用是非常之大的。因此，对一个适合企业的 CIS 策划方案实施引起的费用投入，我们只能从长远的产出效果来评介其营销效益的好坏。

（3）加强客户管理，提高顾客满意度。客户关系管理是当前市场营销的一大趋势，受到企业的广泛关注。究其原因，主要是通过有效的客户关系管理，可以提高企业的营销效益。在当今市场形势复杂多变、竞争激烈的情况下，企业的竞争主要由产品转向了服务和客户管理上，客户满意、客户价值提升和客户忠诚度的形成与提高之间存在着密切的关系，因而企业之间的竞争更重要的是客户关系管理水平的竞争。通过建立客户忠诚，一方面可以扩大企业的营销额，实现当前营销效益的提高，另一方面因客户忠诚度的提升又可以促进企业长期效益的提高，增强企业竞争力。

三、加强营销人才的培养，实施现代营销人才战略

加强营销人才的培养，实施现代营销人才战略，是适应当前市场经济全球一体化、营销管理现代化发展的要求。企业的营销活动，需要各种能力的营销人才，因此，实施营销人才战略，是企业发展的前提条件，是企业提高营销效益的一个重要途径。企业营销人才的培养和合理使用，对促进企业的发展，提升竞争力，提高营销效益起着十分重要的作用。企业的营销人才战略包括：

（1）营销队伍设计。即根据企业的发展战略和资源条件以及市场竞争状况，确定营销的目标、结构、规模及报酬等内容。

（2）选拔。包括在内部挑选和向外招聘两种形式，要求企业根据设计要求，正式在人才市场或企业内部进行招聘和考察，寻找企业营销中最需要的人才。

（3）培训。即对选拔出来的培养对象进行规范化的培训，使员工了解企业岗位的要求，适应企业营销工作。

（4）合理分配和使用。人才之所以成为人才，合理分配和使用是发挥其作用的关键，只有适合的人才放在合适的岗位上，才能保证人才资源的充分利用，保证营销业务顺利进行，提高营销效益。

（5）评价考核。人才的管理是企业营销管理的一个重要内容，对人才的工作业绩、工作态度进行综合的、正确的、及时的评价考核，是企业营销人才管理的有效手段。

（6）对人才的合理监督是保证人尽其用、人尽其能的重要手段，合理的考核指标和考核体系会让营销人才的效能得到最大的发挥。

（7）激励。现代营销学之父科特勒曾说：营销人员"他们面对咄咄逼人的竞争对手"，营销工作"经常会遭到挫折"，"常常缺乏足够的赢得客户所必须的权力"。因此，营销人员需要企业的关怀和应有的激励，这样才能调动营销人员的积极性、创造性，企业的营销能力才会提高，当然企业的营销效益也才会提高。

（8）建立竞争机制实现人才效益的最大化，并通过人才资源的最大利用来提高营销效益。

四、重视市场信息，提高企业决策水平

企业面对复杂多变的市场，必须时刻了解市场的发展变化情况，掌握市场主动权，做到知己知彼，方能百战不殆。市场信息是企业应对市场进行决策的前提和基础，只有及时地调查市场情报信息，企业管理者才能作出正确的决策，也才会减少失误，减少损失，才可以提高营销效益。比尔·盖茨在《未来时速》一书中写道："将您的公司和您的竞争对手区别开来最有意义的方法，使您的一切领先于众多公司的最好办法，就是利用信息来干最好的工作。您怎样收集、管理和使用信息将决定您的输赢。"微软公司曾经因为判断失误，未投入精力开发网络浏览器，致使网易公司得以一度占据高达80%以上的市场份额。为了重新夺取网络浏览器市场，微软充分发挥了竞争情报研究部门的特长，每月定期监测网络浏览器市场占有率的变化，以此作为微软公司制定网络浏览器市场策略的依据，最终击败网易公司并夺取了该市场的领导者地位。这说明市场情报信息对于营销效益的重要。重视市场信息，获取市场信息关键在于：①决策者要重视信息，通过信息的管理来提高领导能力和决策水平；②建立健全信息网络，广泛搜集市场信息；③必备的信息手段，保证信息来源的真实性；④科学预测未来市场发展趋势，为正确制定决策提高依据。

五、运用现代化的技术手段，促进市场营销效益的提高

将现代化的技术手段运用于市场营销活动中，是提高营销效益的有效途径之一，也是营销手段的发展潮流。特别是在营销活动已突破有限的时间和空间范围以后，运用现代化手段更显重要。以2003年春季我国所面临的"非典"疫情这样的突发事件来说，能够利用网络开展营销活动的企业就占有极大的优势。运用现代化技术手段来提高营销效益主要表现为：

1. 营销物流现代化

营销物流现代是指随着营销活动的开展，与之相适应的商品实体的空间移动。一般而言，实体商品的营销活动都会发生物流，而物流必须有相应的工具来辅助，如包装、运输、搬运、保管及分等定级等，如果没有现代化的技术手段来保障，就会影响企业的营销效益。

2. 营销支付现代化

随着科技的发展，银行支付可以实现无实币化使得支付活动能在瞬间完成，这为远程购物、就医等创造了条件，大大节省了时间和费用开支。

3. 网络营销

利用互联网等信息高速公路来满足消费者购物的需要。这是一个很有潜力

的发展方向。

六、加强企业职工队伍的职业道德建设，提高服务质量和劳动效率

营销效益是企业整体素质的表现形式，而企业素质又决定着营销效益的高低，特别是营销队伍的素质尤其是职业道德素质更是其关键所在。因而要提高企业营销效益就必须提高营销队伍的整体素质，包括营销队伍的职业道德素质、工作能力、专业知识、身体素质、心理素质及管理素质等。通过高素质的营销队伍，遵守职业道德规范，提供高水平的服务来实现较好的营销效益。要通过教育培训来形成科学管理、民主决策、团结协作的营销队伍。

1. 职业道德有利于企业提高产品和服务质量

在市场经济条件下，如果企业不重视职业道德，就容易产生急功近利，不重视产品和服务质量的思想倾向，导致侵害消费者利益行为的产生。因此：

（1）掌握扎实的营销技能和相关知识，是提高产品和服务质量的前提。

（2）在企业的经营管理中，员工工作认真，一丝不苟，精益求精，避免差错；给顾客的服务中，文明礼貌、热情周到、耐心细致。这种认真的工作态度和敬业精神，是提高产品和服务质量的直接体现。

（3）忠于企业，维护企业形象，力争为企业创造更大的利润，为企业的生存和发展作出自己的贡献，是提高产品和服务质量的内部精神动力。

（4）严格遵守企业规章制度，服从安排，是提高服务质量的纪律保证。

（5）奉献社会，全心全意为顾客服务，让顾客满意，是提高服务质量的外部精神动力。

2. 职业道德可以降低产品成本，提高劳动生产效率和营销效益

从原材料购进到生产、销售全过程，如果员工的道德素质高，都能认真履行职责，严格把关，就可以减少浪费，降低成本，从而提高产品在市场上的竞争力，提高经济效益和营销效益。

（1）职工具备良好的职业道德，有利于减少厂房、机器、设备的损耗，节约原材料，降低废、次品率。

（2）职工具备良好的职业道德，有利于保持良好的企业人际关系和增强吸引力、向心力，提高工作效率。

（3）职工具备良好的职业道德，有利于改善企业形象，提高企业声誉。

3. 职业道德有利于企业摆脱困境，实现发展目标。

任何企业在市场竞争中不可能是一帆风顺的，相反，经常会遇到这样或那样的困难和挫折。当企业遭受挫折时，如果职工有崇高的职业道德，能爱企如家，以企业的前途和命运为重，为企业的大局着想，与企业同心同德、同舟共

济、奋力拼搏，企业就有可能走出困境。否则，企业就只能被置于死地。因此，职工职业道德的高低在一定情况下决定着企业的生死存亡。

另外，职工具有良好的职业道德，有利于调动员工的积极性、创造性，为企业管理积极出谋划策，企业创立名牌、实现企业的发展目标而贡献力量。

4. 职业道德可以促进企业技术进步

企业能否开发出新技术、新产品，关键看企业职工是否具有创新意识、创新能力和创新动力，看企业是否有一支稳定的富有创新素质的职工队伍，能开发出满足社会需求的新技术和新产品。具备良好的职业道德是职工努力钻研技术、革新工艺、发明创造的现实保证，同时也是保守企业商业机密的重要条件。

☞　案例背景资料

可口可乐小宠物的营销之道

尚未步入2007年的新春，"金猪年"的热潮就已开始涌动，受其影响，春节前全国大部分地区普降"猪猪"，并且，这一现象在极具传播力的网络中得到了迅速的蔓延……"猪猪"是可口可乐与腾讯在春节前为迎接金猪年而联手推出的新明星，因与新年契合的形象和其所带来的全新娱乐体验而迅速获取了千万网民的垂青。

掌握时尚，获得效益

作为饮料行业的领头羊，可口可乐在节日营销方面素来有着丰富的成功经验和一贯的路线主张。在中国，它一直关注于本土文化，春节期间的活动推广逐渐形成了它的传统节目，其目的就是为了培养和消费者的感情，从而以深度沟通来最终带动其节日期间的销售。

时尚群体的风行密码不止是深谙中国的本土文化，可口可乐对于时下的流行风向也是尽在掌握。处于时尚中心的年轻族群一直以来都是其品牌推广的重要构成。可口可乐不断地去发现和了解年轻消费者所喜欢的生活方式和习惯，致力于为他们提供革命性的沟通体验。

2006年3月底可口可乐与腾讯公司缔结战略联盟，双方宣布结成战略合作伙伴，联手打造全新的3D互动在线生活之后，2007年1月25日，腾讯正式与可口可乐公司举行战略合作签约仪式，计划在未来两年中继续运用多元化互联网平台手段，使得双方在品牌、产品内容、用户体验、营销模式上有更大的提升。

在金猪年到来之际，可口可乐与腾讯便携手联合举办了"养QQ宠物，带Q

宠新年伙伴回家过年"的活动，也标志着双方战略合作的帷幕正式拉开。

新年特使猪猪拜年

"猪猪"，这个由全球最大的虚拟宠物社区"QQ宠物"在新近所推出的桌面宠物，正是传统文化与潮流风向的一个交点，既顺应了"金猪年"的大潮，又符合了时尚族群的喜好。

品牌置入

活动中，腾讯为"猪猪"这一新的宠物明星开发了四款全新的个性化游戏，并有效地加入了可口可乐的背景，在用户参与游戏的同时使品牌在潜移默化中达到渗透。

娱乐互动

QQ宠物强烈的互动因素是吸引用户的重要原因。宠物和主人之间的交互将直接影响到宠物的成长，宠物之间还有结婚、PK、游戏、旅游等交互方式，这些不断创新的项目不仅增加了娱乐效果，更重要的是巩固了既有用户资源，保持了用户的忠诚度，而且还会通过用户之间的交流而广为传播。特别是新近开通的旅游功能，更是让宠物实现了串门，甚至可以一起玩带有可口可乐Logo的足球！

媒体整合

可口可乐与腾讯构建媒体传播的航母，整合优势资源，实现交叉互补。本次的合作推广采用线上、线下全通道覆盖的方式。线上部分由腾讯组合QQ.com、Qzone、QQ秀、QQ会员等强势的资源与iCoke社区进行配合，只要用户上线，就能实现信息到达；而可口可乐方更是将擅长的电视广告、可乐瓶身、销售终端、大型活动等多种线下资源动员起来。全国各地，满城皆领黄金猪！

[案例思考题]

1. 结合可口可乐公司的案例，分析企业扩大营销效益的途径。
2. 请结合案例分析，企业应如何加强营销效益管理？

本章小结

1. 企业经济效益是企业现实投入与产出的比较，它反映企业当前的经营状况。

2. 市场营销效益是指市场营销活动中营销活动耗费和占用与营销有效成果之间的对比关系，也就是通常所说的所费与所得的关系或者是投入与产出的关系。既包括现实的企业经济效益，又包括市场营销活动所产生的无形效益，这是一种市场营销活动影响市场的无形的长远的效果。

3. 市场营销作为一种在满足消费者需求基础上实现企业盈利的经济活动，其效益的高低不仅依靠给企业带来的盈利，还必须考虑为消费者、为社会带来的利益。

4. 影响市场营销效益的因素是多方面的，因此考察市场营销效益也应通过一系列指标来进行，通过经引入多个指标项目综合评价，来全面地观察和把握市场营销效益的本质和规律性。

5. 如何提高市场营销效益，实现市场营销活动的最优化，也就成为摆在各营销者眼前的一个重要课题。

思考题

1. 如何理解市场营销效益？它与企业经济效益有何区别？
2. 市场营销效益的评价原则有哪些？
3. 市场营销效益的评价指标有哪些？
4. 提高市场营销效益的途径有哪些？

参考文献

[1] 菲利普·科特勒(美)著. 市场营销管理(新千年版). 北京：中国人民大学出版社, 2000

[2] 菲利普·科特勒(美)著. 梅汝和, 梅清高等译. 营销管理. 北京：中国人民大学出版社, 2001

[3] 纪宝成. 市场营销学教程(修订本). 北京：中国人民大学出版社, 1996

[4] 迈克尔·杰伊·波隆斯基(澳大利亚), 阿尔玛·明图·威蒙萨特(美)著. 王嗣俊译. 环境营销. 北京：机械工业出版社, 1998

[5] 柳思维, 邹乐群主编. 营销学原理. 长沙：湖南人民出版社, 2002

[6] 吴健安. 市场营销学. 北京：高等教育出版社, 2000

[7] 伯德·史密特著. 王育英等译. 体验行销. 北京：经典传讯有限公司, 2000

[8] 周岩, 远江. 体验营销. 北京：当代世界出版社, 2002

[9] 殉米尼克·夏代尔(法)等. 网络营销. 北京：生活·读书·新知三联书店, 1999

[10] 张廷茂. 网络营销. 石家庄：河北人民出版社, 2000

[11] 张文贤. 高级市场营销学. 上海：立信会计出版社, 2001

[12] 杨慧, 吴志军. 市场营销学. 北京：经济管理出版社, 1997

[13] 郭国庆. 市场营销新论. 北京：中国经济出版社, 1997

[14] 郭国庆. 市场营销学. 武汉：武汉大学出版社, 1996

[15] 胡其辉. 市场营销策划. 大连：东北财经大学出版社, 2000

[16] 刘振明. 哈佛市场营销. 延吉：延边大学出版社, 1999

[17] 彭星间. 市场营销学. 北京：中国财政经济出版社, 1999

[18] 郭国庆, 刘凤军, 王晓东. 市场营销理论. 北京：中国人民大学出版社, 1999

[19] 王方华等. 新概念营销丛书. 太原：山西经济出版社, 1998

[20] 菲利普·科特勒. 营销战略全书. 谢德高编译. 北京：九州出版社, 2002

[21] Philip Kotler. Marketing Management: Analysis, Planning, Implementation and Control (11th) Prentice-Hall. Inc, 2002

[22] Philip Kotler. Koler On Marketing. Free Press, 1999

[23] Philip Kotler. Lateral Marketing. John Wiley & Sons, 2003

[24] Philip Kotler. Ten Deadly Marketing Sins: Signs and Solutions. John Wiley & Sons, 2004

[25] Philip Kotler Nancy Lee. Social Marketing: Improving the Quality of life. Sage Publications, 2002

[26] Gary L. Lilien Arvind Rangaswamy. Marketing Engineerings: Computer—Assisted Marketing Analysis and Planning (2th). Prentice-Hall, 2003

[27]　Steven P. Schnaars. Marketing Strategy: Customers and Competition (2th). Simon & Schusters, 1997

[28]　Orville C. Walker. Marketing Strategy: A Decision-Focused Approach (4th). Mc Graw-Hill College, 2002

[29]　Delbert I. Hawkins, Roger J. Best, Kenneth A. Coney. Consumer Behavior: Building Marketing Strategy (9th) Mc Graw-Hill College, 2003

[30]　Swift Ronal. Accelerating Customer Relationship: Using CRM and Relationship technology. New Jersey: Prentice Hall, 2001

[31]　Schiffman, L. G & Kanuk, L. L. Consumer Behavior (8th) Prentice Hall, 2004

[32]　Dell. Hawkins/Roger J. Best/Kenneth A. Coney. Consumer Behavior—Building Marketing Strategy (8th ED) Mc Graw—Hill Companies Inc, 2001

[33]　Jim Blythe. Consumer Behavior Prentice—Hall International, Inc, 1997

[34]　John C. Mowen & Michael S. Minor. Consumer Behavior: A Framework. Prentice Hall, 2001

[35]　Hunger J. D. & Wheelen Th. L. Strategic Management. Addison-Wesley, 1996

[36]　G. L. Urban. Digital Marketing Strategy: Text and Cases. Prentice-Hall. Inc, 2003

后　记

　　《市场营销学》系中南大学出版社牵头组织湖南省高校各个学科专家联合编著的"21世纪经济、管理类课程教材"中首批出版的8本教材之一。本教材以高校经济、管理类本科学生为主要服务对象，兼顾其他专业本科学生学习需要，本着"好学、好教、好用"的原则，力求体系完整，突出特色，做成精品。本教材由湖南商学院柳思维教授主编。各章撰写人如下：第一章，柳思维教授（湖南商学院）；第二章，石青辉教授（湖南商学院）；第三章，吴运生教授（长沙理工大学）；第四章，王兆峰教授（吉首大学）；第五章，任天飞教授（湘潭大学）；第六章，卜华白副教授（衡阳师范学院）；第七章，李莉副教授（湖南商学院）；第八章，邹乐群教授（湖南商学院）；第九章，姜曙光副教授（湖南商学院）；第十章、第十一章，张曙临教授（湖南师范大学）；第十二章，秦仲簇副教授（长沙大学）；第十三章，于坤章教授（湖南大学）；第十四章，杨伟文教授（中南大学）；第十五章，易松芝教授（湖南商学院）；第十六章，张贵华教授（湖南商学院）。全书最后由柳思维、邹乐群、易松芝、石青辉修改、总纂、定稿，张贵华协助主编作了大量组织联络工作。

　　本教材在编写过程中，得到了湖南省教育厅、中南大学出版社、湖南商学院等有关领导和国内学术界市场学专家、教授的关心和支持，并广泛借鉴了国内外市场营销学专家、教授的最前沿的学术成果和企业界最新的营销经验，我国著名市场学专家、中南财经政法大学彭星闾教授在百忙之中为本书热情作序，在此一并表示衷心地感谢！由于作者水平有限，书中难免存在不足和错误，恳请专家和广大读者斧正！

编　者
2003 年 7 月 10 日

图书在版编目（CIP）数据

市场营销学／柳思维主编.—长沙：中南大学出版社，
2005.5 （第2版时间：2007·8）
ISBN 978－7－81061－744－4

Ⅰ.市… Ⅱ.柳… Ⅲ.市场营销学 Ⅳ.F713.50
中国版本图书馆 CIP 数据核字（2005）第 050085 号

市 场 营 销 学

（第2版）

主　编　柳思维
副主编　邹乐群　易松芝　石青辉

□**责任编辑**　谭晓萍
□**责任印刷**　易红卫
□**出版发行**　中南大学出版社
　　　　　　社址：长沙市麓山南路　　　　邮编：410083
　　　　　　发行科电话：0731－88876770　传真：0731－88710482
□**印　　装**　长沙印通印刷有限公司

□**开　　本**　730×960　1/16　□**印张** 30　□**字数** 551 千字
□**版　　次**　2007 年 8 月第 2 版　□2019 年 8 月第 8 次印刷
□**书　　号**　ISBN 978－7－81061－744－4
□**定　　价**　50.00 元